**Corporativismo
Fascismos
Estado Novo**

Corporativismo
Fascismos
Estado Novo

2012

Coordenação
Fernando Rosas
Álvaro Garrido

CORPORATIVISMO
FASCISMOS
ESTADO NOVO

COORDENAÇÃO
Fernando Rosas e Álvaro Garrido
REVISÃO
Isabel Maria Luciano
Marlene Taveira
EDITOR
EDIÇÕES ALMEDINA, S.A.
Rua Fernandes Tomás nºs 76, 78, 80
3000-167 Coimbra
Tel.: 239 851 904 · Fax: 239 851 901
www.almedina.net · editora@almedina.net
DESIGN DE CAPA
FBA.
PRÉ-IMPRESSÃO
G.C. – GRÁFICA DE COIMBRA, LDA.
Palheira Assafarge, 3001-453 Coimbra
producao@graficadecoimbra.pt
IMPRESSÃO E ACABAMENTO
Pentaedro, Lda.
Abril, 2012
DEPÓSITO LEGAL
342647/12

Toda a reprodução desta obra, por fotocópia ou outro qualquer processo, sem prévia autorização escrita do Editor, é ilícita e passível de procedimento judicial contra o infractor.

BIBLIOTECA NACIONAL DE PORTUGAL – CATALOGAÇÃO NA PUBLICAÇÃO
Corporativismo, fascismos, Estado
Novo /coord. Fernando Rosas, Álvaro Garrido
ISBN 978-972-40-4751-5
I – ROSAS, Fernando, 1946-
II – GARRIDO, Álvaro
CDU   94(469)"193/194"
       321
       330

APOIO

  FCT Fundação para a Ciência e a Tecnologia
MINISTÉRIO DA CIÊNCIA E DO ENSINO SUPERIOR

ÍNDICE

Introdução
FERNANDO ROSAS e ÁLVARO GARRIDO 7

I PARTE
O Corporativismo Enquanto Regime
FERNANDO ROSAS 17
Os corporativismos e as "terceiras vias"
LUÍS REIS TORGAL 49
Corporativismo, Fascismos e Constituição
DIOGO FREITAS DO AMARAL 81

II PARTE
Corporativismo, instituições políticas e desempenho económico
JOSÉ LUÍS CARDOSO 101
Corporativismo e Keynesianismo no Estado Novo
CARLOS BASTIEN 121

III PARTE
Contexto, fundamentos e lógicas de construção da economia nacional corporativa
ÁLVARO GARRIDO 143
Corporativismo e economia de guerra: o salazarismo
e a Segunda Guerra Mundial
JOÃO PAULO AVELÃS NUNES 165
Modernização agrícola, política e economia
FERNANDO OLIVEIRA BAPTISTA 179

CORPORATIVISMO, FASCISMOS, ESTADO NOVO

Desmandos da organização corporativa e reencontros do corporativismo
no rescaldo da II Guerra. O inquérito à organização corporativa de 1947

MARIA FERNANDA ROLLO   191

IV PARTE

A corporativização dos tempos livres: a acção da FNAT (1935-1958)

JOSÉ CARLOS VALENTE   231

A liquidação do sindicalismo livre

JOANA DIAS PEREIRA   253

O Estado Corporativo em acção: sociedade rural e construção da rede
de Casas do Povo

DULCE FREIRE   273

18 de Janeiro de 1934: as greves que não existiram

FÁTIMA PATRIARCA   303

BIBLIOGRAFIA ESSENCIAL SOBRE O "CORPORATIVISMO PORTUGUÊS"   313

NOTAS BIOGRÁFICAS DOS AUTORES   321

INTRODUÇÃO

Neste livro reúnem-se os textos de treze comunicações apresentadas ao Seminário *Corporativismo, Fascismos, Estado Novo,* cujas sessões decorreram no Instituto de História Contemporânea (IHC) da Faculdade de Ciências Sociais e Humanas da Universidade Nova de Lisboa nos dias 15 e 16 de Outubro de 2010. O Seminário e o livro que agora se publica resultam da iniciativa comum de dois centros de investigação em História Contemporânea, o IHC e o CEIS20 (Centro de Estudos Interdisciplinares do Século XX da Universidade de Coimbra).

A ideia de promover um debate académico sobre o tema do corporativismo assentou num propósito claro e ousado: reinscrever na historiografia portuguesa o estudo do sistema corporativo instituído pelo Estado Novo, tomando-o enquanto doutrina e como realidade política e institucional concreta. Pretende-se, ainda, que este conjunto de textos fomente um balanço da investigação já realizada e em curso sobre uma problemática central na história das sociedades da época contemporânea e no sentido de uma história comparada do sistema ditatorial do salazarismo. Por último, foi nossa intenção revisitar as interpretações fundamentais do "corporativismo português" contidas em obras que já podemos considerar "clássicas"[1], partilhando novas

---

[1] Além da obra de referência de Lucena, Manuel de – *A evolução do sistema corporativo português.* Lisboa: Perspectivas & Realidades, 1976. 2 vols. e dos ensaios de Philippe Schmitter adiante citados, a historiografia do corporativismo português instituído pelo Estado Novo tem colhido muito nas seguintes obras: Brito, J. M. Brandão de – *A Industrialização Portuguesa do Pós-Guerra (1948-1965). O Condicionamento Industrial.* Lisboa: Publicações Dom Quixote, 1989; Patriarca, Fátima – *A Questão Social no Salazarismo, 1930-1947.* Lisboa: Imprensa Nacional Casa da Moeda, 1995. 2 vols. No campo do Direito e da história institucional, é indispensável

perspectivas sobre o tema e dando a conhecer projectos de investigação em Ciências Sociais que tomaram o corporativismo como objecto de estudo.

As intencionalidades de debate que acabámos de enunciar exprimem-se na diversidade dos textos que compõem este livro e na arrumação temática que lhes demos, um ordenamento capaz de incluir perspectivas que alimentem uma visão aberta e sistémica do fenómeno social do corporativismo, em particular sobre a prática instituída pelo Estado Novo português. Sem anular a diversidade de perspectivas dos autores dos textos que aqui se publicam, este livro e o debate que o precedeu privilegiam o estudo dos "corporativismos históricos" e dos sistemas institucionais criados por sua égide.

Na primeira parte, dedicada às raízes e significados históricos do corporativismo, encontram-se os textos de Fernando Rosas, Luís Reis Torgal e Diogo Freitas do Amaral. Ensaios que permitem situar a experiência portuguesa na vaga multiforme das "terceiras-vias" que o pensamento católico do século XIX propôs como resposta conservadora e tendencialmente autoritária à "questão social", ou seja, às clivagens de classe entre capital e trabalho, antinomia que a industrialização das sociedades viera acentuar e tornar potencialmente revolucionária.

A segunda parte do livro trata da expressão económica do corporativismo, a "economia corporativa", como a designavam os próprios corporativistas. Aqui se incluem as abordagens de José Luís Cardoso e Carlos Bastien, ambas do domínio da história do pensamento económico, embora a primeira se detenha, também, num balanço teórico das várias acepções do conceito de corporativismo.

A terceira secção do livro, ostensivamente mais ampla, debate a institucionalização da ordem económica corporativa inscrita na Constituição portuguesa de 1933, em especial a organização corporativa instituída pelo Estado Novo, quer na sua fase de implementação entre a Ditadura Militar e o ante--guerra, quer em plena economia de guerra e no período de recomposição e catarse do sistema corporativo que dominou o final dos anos quarenta e o princípio da década de cinquenta. Aqui se incluem os textos de Álvaro Garrido, Fernando Oliveira Baptista, João Paulo Avelãs Nunes e Fernanda Rollo.

Na quarta e última parte do volume, dedicada ao corporativismo como doutrina social, encontram-se os textos de Joana Dias Pereira, Fátima Patriarca, Dulce Freire e José Carlos Valente. Sínteses de estudos anteriores que permitem observar o corporativismo do Estado Novo na sua dupla função de dou-

a obra de MOREIRA, Vital – *Auto-Regulação Profissional e Administração Pública*. Porto: Livraria Almedina, 1997.

INTRODUÇÃO

trina estruturante de relações sociais inseridas na ordem política autoritária, por um lado, e como expediente de inibição forçada da liberdade sindical e da própria cultura de classe do trabalho e do lazer, por outro.

O livro fecha com uma bibliografia essencial sobre o tema do "corporativismo português", uma listagem sucinta de estudos que, embora conhecidos dos especialistas, poderão estimular a investigação sobre esta problemática fundamental para o conhecimento histórico da realidade salazarista.

Apesar da evidência das suas expressões históricas mais institucionalizadas, a exemplo das organizações de direcção da economia e da sociedade impostas pelos regimes de tipo fascista, o corporativismo é um conceito difícil de classificar, mesmo num plano puramente teórico.

Defini-lo no plural – "corporativismos", em vez de "corporativismo" – é, com certeza, mais prudente e rigoroso. Não apenas porque a história das sociedades europeias dos séculos XIX e XX evidencia várias formas de corporativismo, mas também porque a ideia corporativa e as práticas que ela gerou resistiram ao tempo dos fascismos. Subsistiram e permaneceram, sob diversas formas, no chamado "neocorporativismo"[2], modelo de regulação social que se expressou no âmbito dos Estados-providência liberais do segundo pós-guerra e, mais recentemente, debaixo da lógica de "mercado-providência" que o neoliberalismo tem vindo a impor às sociedades capitalistas e aos próprios Estados.

Numa tentativa de sistematizar e classificar as diversas modalidades de corporativismo, em 1974 Philippe Schmitter alertou para a existência de "corporativismos democráticos"[3]. No entanto, afirmando a relevância dos "corporativismos históricos", pouco tempo antes o mesmo autor havia dedicado um estudo importante ao "fóssil institucional" do sistema corporativo português[4]. Aparelho fortemente burocrático, o corporativismo salazarista nascera apegado à natureza política do Estado Novo, tendo sobrevivido à crise da Guerra e às crises dos seus próprios e sucessivos desvios.

---

[2] Para uma formulação do conceito, veja-se SCHMITTER, Philippe C. – "Neo-corporatism and the State". In GRANT, Wyn (ed.) – *The Political Economy of Corporatism*. London: Macmillan. p. 32-62.

[3] Id., "Still the century of corporatism?". In SCHMITTER, Philippe C.; LEHMBRUCH, Gerhard (eds.) – *Trends Towards Corporatist Intermediation. Contemporary Political Sociology*. London: Sage Publications, 1979. Vol. I, p. 7-52.

[4] Estudo posteriormente publicado, juntamente com outros ensaios que o autor dedicou à realidade política portuguesa do século XX, na seguinte obra: *Portugal: do Autoritarismo à Democracia*. Lisboa: Imprensa de Ciências Sociais, 1999.

CORPORATIVISMO, FASCISMOS, ESTADO NOVO

Recuperando alguns alertas de Schmitter, mas desvalorizando a "memória negra" do corporativismo – a sua associação histórica aos fascismos e a diversos regimes autoritários conservadores da Europa de entre as guerras –, alguma bibliografia recente, da área da Ciência Política, e no cruzamento desta com a Economia Institucional, tem insistido numa acepção ampla e flexível do conceito de corporativismo. Tomando-o numa perspectiva eminentemente teórica, enquanto categoria conceptual não vinculada a sistemas políticos, diversos autores têm sugerido que entendamos o corporativismo, não tanto como experiência histórica umbilical dos fascismos, antes como um sistema de organização e representação de interesses e de ligação do Estado com a sociedade que persiste em múltiplos contextos políticos e sob diversas formas de organização social. Evitando a perspectiva historicista, esta interpretação considera o corporativismo uma "variedade do capitalismo"; coloca-o num plano semelhante a outras formas institucionais de intermediação de interesses que, historicamente, o sistema capitalista gerou.

Este entendimento trans-histórico do fenómeno tende a inserir a mais contundente expressão histórica do corporativismo – os sistemas corporativos criados pelos Estados de tipo fascista no período de entre as guerras –, num plano de "economia política comparada". Acepção que, embora vaga e demasiado plástica, oferece a vantagem analítica de mostrar as diferenças do quadro institucional em que ocorre o desempenho económico dos países desenvolvidos nos quais subsistem práticas corporativistas de regulação social[5].

Embora estas perspectivas teóricas tragam novas questões ao estudo dos corporativismos históricos e alertem para as continuidades entre os vários tempos e formas de corporativismo, de pouco serve adoptar uma agenda teórica da Ciência Política ou da nova Economia institucional se o fenómeno do corporativismo não for inquirido através de perguntas historicizadas; isto é, por meio de questões sugeridas pelas circunstâncias concretas e pela causalidade específica das experiências corporativistas que se pretendem interpretar.

Em nosso entender, o corporativismo deve ser tomado como ideia em movimento, como doutrina não prescrita mas indelevelmente marcada por um tempo histórico que lhe transformou a herança e a memória. A "era corporativa" de entre as duas guerras mundiais foi um tempo de espectros revolucionários, marcado pela dupla crise do Estado liberal e do capitalismo enquanto

---

[5] Cf. HALL, Peter A.; SOSKICE David (edit.) – *Varieties of Capitalism. The Institutional Foundations of Comparative Advantage*. New York: Oxford University Press, 2001. Esta perspectiva já se encontra sistematizada em WILLIAMSON Peter J. – *Corporatism in Perspective. An Introductory Guide to Corporatist Theory*. London: Sage Publications, 1989.

INTRODUÇÃO

sistema institucional, conjuntura de vazios que precipitou a imersão do corporativismo em realidades políticas que acabaram por alterar a identidade do próprio conceito. Referimo-nos aos diversos regimes antidemocráticos que se declararam corporativistas e usaram o corporativismo como instrumento de ordenação estatal da sociedade, no sentido de reprimir a autonomia do trabalho e, de forma menos explícita, a fim de submeter o mercado à direcção política do Estado.

Afirmamos, assim, a necessidade de re-historicizar as abordagens do corporativismo enquanto realidade política, social e económica. Se há que admitir que o corporativismo não é necessariamente totalitário nem autoritário e se importa não esquecer os seus precedentes solidaristas, organicistas e social-católicos, é evidente que essa diversidade histórica tem como fundo comum o combate ao individualismo liberal e à "anomia social" denunciada por diversas correntes de pensamento. Neste sentido, dado o denominador reaccionário, organicista e anti-liberal das correntes ideológicas que confluíram no corporativismo autoritário do século XX, ele foi o único que refundou a herança corporativista de Antigo Regime[6].

Para se poderem desembaraçar nas areias movediças do corporativismo histórico, os historiadores terão necessidade de completar o estudo das fontes doutrinárias, sem dúvida importantes mas apenas discursivas, com a análise dos níveis mais crípticos do ordenamento político, económico e social instituído sob a égide ideológica do corporativismo. Esta epistemologia prática do problema permitirá considerar articuladamente, por um lado, o carácter sistémico do corporativismo e, por outro, a evidência casuística das organizações corporativas que foram impostas – ainda que negociadas por meio de processos oligárquicos – por diversos Estados autoritários e totalitários em nome de uma harmonia entre o "capital" e o trabalho". Convergência que teria por objectivo evitar que as sociedades pudessem ser organizadas por efeito da luta de classes e da "revolução social".

O estudo das experiências corporativistas da Europa de entre-guerras põe em evidência comum o sentido instrumental da ideologia corporativa e dos aparelhos burocrático-institucionais que nela se apoiaram para cumprir, entre outras, as seguintes finalidades políticas: reorganizar a economia liberal debaixo dos interesses do Estado autoritário e das suas oligarquias; ordenar

---

[6] Esta interpretação fundamental para uma distinção das várias expressões históricas do corporativismo foi expressa na introdução a uma síntese sobre as trajectórias históricas do corporativismo francês: KAPLAN, Steven L.; MINARD, Philippe (dirs.) – *La France, malade du corporatisme? XVIIIe-XXe siècles*. Paris: Éditions Belin, 2004.

a sociedade de modo a prevenir a desordem pública e movimentos sociais hostis; impor sistemas de intermediação de interesses de forma a regular as relações entre o público e o privado no âmbito de instituições fortemente controladas pelo Estado.

As incoerências entre a teoria e a prática, as contradições e desvios dos corporativismos históricos da Europa de entre-guerras, em geral, e do sistema corporativo português instituído pelo Estado Novo, em particular, têm sido identificadas por historiadores, sociólogos e politólogos.

No caso português, tais evidências contraditórias têm-se revelado reconfortantes para o entendimento do corporativismo enquanto sistema, mas insuficientes para o estudo histórico da sua experiência concreta. Nomeadamente, no que toca à acção quotidiana e ao impacto estrutural da miríade de organismos corporativos e para-corporativos imposta às forças vivas da "nação" a partir de 1933 ou mesmo antes. A tentativa de apurar em que medida o dogma corporativista gerou um sistema político e de representação de interesses realmente corporativo parece inibir, ainda, a análise dos usos económicos da ideia corporativa e o estudo dos seus impactos sociais.

Embora a historiografia portuguesa tenha desconstruído os principais significados do sistema salazarista, nomeadamente a sua evidência de "corporativismo de Estado", fê-lo a partir de "cima", a partir do guião inscrito nas meta-fontes construídas e legadas pelo próprio "Estado corporativo". Salvo algumas excepções, ainda não se estudaram por dentro os processos de institucionalização corporativa, sector a sector, identificando e comparando os modelos de intervenção do Estado, exercício que implica regressar ao arquivo e tomar em devida conta as circunstâncias de inserção da economia dos produtos intervencionados nos mercados internacionais.

Tendo presente a natureza arbitral do regime e as circunstâncias específicas do impacto da crise capitalista de 1929 em cada sector ou "fileira" da actividade económica, reconstituir a "agenda política" do Estado no seu processo de institucionalização corporativa implica detectar as negociações oligárquicas que se estabeleceram, caso a caso, entre o Estado autoritário em construção, de um lado, e os actores económicos e sociais que foram objecto de intervenção pública, por outro, de modo a identificar diferenças e soluções comuns[7].

Retomando o fôlego de uma historiografia crítica sobre o Estado Novo, que nos anos 80 e 90 do século passado permitiu construir grandes linhas

---

[7] De certo modo, já foi este o itinerário de análise seguido por um dos autores deste preâmbulo: ROSAS, Fernando – *O Estado Novo nos Anos Trinta, 1928-1938*. 2ªed. Lisboa: Editorial Estampa, 1996.

de interpretação sobre o tempo do salazarismo, será possível compreender os contextos políticos que moldaram o funcionamento das instituições corporativistas e reinterpretar as suas funcionalidades políticas e de reprodução social. Como notaram diversos autores, muitos desses organismos revelaram-se pouco corporativos e próprios de um "capitalismo de organização"[8]. Modelo que, nas circunstâncias portuguesas de crise do Estado liberal, fez do corporativismo o seu principal instrumento de recomposição das classes dominantes e de reconstrução do Estado.

FERNANDO ROSAS
ÁLVARO GARRIDO

[8] Nomeadamente Manuel de Lucena, na sua série de longos artigos sobre os organismos de coordenação económica da lavoura. Cf. "Sobre a evolução dos organismos de coordenação económica ligados à lavoura". *Análise Social*. Vol. XIV, N.º 56 (1978) (I), p. 817-862; id., *idem*, Vol. XV, N.º 57 (1979) (II), p. 117-167; id., *idem*, Vol. XV, N.º 58 (1979) (III), p. 287-355. Do mesmo autor, veja-se ainda, "Salazar, a fórmula da agricultura portuguesa e a intervenção estatal no sector primário". *Análise Social*. Vol. XXVI, N.º 110 (1991) p. 97-206.

I PARTE

O Corporativismo Enquanto Regime

FERNANDO ROSAS

O debate em torno do corporativismo enquanto experiência política autoritária na primeira metade do século XX (na Europa, com serôdios prolongamentos ibéricos no pós-II Guerra Mundial) é, em Portugal, raro e escasso. E, tanto entre nós, como internacionalmente, penso que é frequentemente obscurecido por uma confusão de níveis da realidade que a lição de Renzo De Felice já detectara a propósito da necessidade central de distinguir, no estudo dos fascismos, o fascismo enquanto movimento do fascismo enquanto regime[1]. Ora, para sabermos do que estamos a falar quando convocamos o estudo do corporativismo, o mesmo tipo de *distinguo* há-de ter-se em conta, como em estudo recente bem sugeriu Daniele Serapiglia[2], entre o corporativismo enquanto mero discurso ideológico das direitas autoritárias e anti-liberais e o corporativismo enquanto realização prática. Isto é, enquanto expressão institucional, instrumento de intervenção política e administrativa na economia e na sociedade dos regimes que se reivindicavam do corporativismo como ideologia. É o estudo comparado dessa prática política, social e económica dos corporativismos que permite, como propõe Manuel Lucena[3], concluir pela identidade essencial

[1] FELICE, Renzo de – *Entrevista sobre o Fascismo*. Civilização Brasileira, 1976. p. 28 e segs.
[2] SERAPIGLIA, Daniele – *La Via portoghese al corporativismo*. Roma: Carocci, 2011. p. 226.
[3] LUCENA, Manuel – "Corporatisme au Portugal, 1933-74". In OLIVEIRA, Pedro Aires; REZOLA, Maria Inácia (coord.) – *O Longo Curso. Estudos em Homenagem a J. Medeiros Ferreira*. Lisboa: Tinta-da-China, 2011. p. 178 e segs.

do fascismo italiano e do Estado Novo (até aos anos 40) enquanto fenómenos político-ideológicos, sem prejuízo das suas diferenças a vários níveis, necessariamente filtradas pelas distintas realidades sócio-económicas e culturais em que esse tipo de regime emergiu. Nesta maneira de ver, digo eu, duas expressões da "época dos fascismos" ou duas variantes desse "fascismo genérico" que marca grande parte da Europa entre as duas guerras.

Pretendemos neste texto, não tanto discutir essa dimensão comparativa, já muito bem estudada por outros autores[4], mas analisar o corporativismo português sobretudo na sua dimensão de prática social e económica do regime salazarista. Ou seja, procuraremos demonstrar como o corporativismo prático e real, enquanto regime, longe de constituir uma solução mais ou menos técnica de "concertação social" ou de regulação económica, longe também de ser uma prática neutra em si mesma ou politicamente descartável dos regimes que lhe deram concretização, é pelo contrário um instrumento indissociável da natureza dos fascismos e da sua apetência totalitária. Mas antes disso vale a pena comentar brevemente alguma coisa sobre a dimensão doutrinária e ideológica do corporativismo lusitano.

1. O corporativismo enquanto doutrina e as suas ambiguidades

É sabido que em Portugal, como em outras sociedades da época, a doutrinação corporativista assumiu *nuances* diferentes entre as várias direitas da direita sobre que assentaria o Estado Novo. O Integralismo Lusitano (IL), surgido como corrente em 1912/13, actualizaria o discurso contra-revolucionário de génese legitimista dos finais do século XIX, cruzando-o com as influências do carlismo espanhol e, sobretudo, da *Action Française* maurrassiana. A versão integralista do corporativismo é por isso mais política, abertamente monárquica e restauracionista, discordante da estratégia entrista do *ralliement* definida pelo papado para a direita católica (com quem os integralistas entram em conflito táctico aberto no início dos anos 20), menos centrada no social ou na defesa dos direitos da igreja e mais

---

[4] Cf. Entre outros autores portugueses LUCENA, Manuel – *Op.cit*; TORGAL, Luís Reis – *Estados Novos, Estado Novo*. Coimbra: IUC, 2009. Vol. I; LOFF, Manuel – *"O Nosso Século é Fascista!" O Mundo visto por Salazar e Franco (1936-1945)*. Porto: Campo de Letras, 2008; ROSAS, Fernando – "Cinco Pontos em torno do Estudo Comparado do Fascismo". *Vértice*. N.º13, II Série (Abril, 1989); ou, com orientação distinta, PINTO, António Costa – *O salazarismo e o fascismo europeu*. Lisboa: Estampa, 1992.

ideológica na cerrada apologia dessa utopia de regresso ao Antigo Regime de que o organicismo corporativo era a trave mestra.

Neste campo da direita autoritária, conservadora e anti-liberal, a direita católica, reorganizada após o sidonismo na nova versão do Centro Católico, não tinha divergências doutrinárias de fundo com o integralismo no tocante ao que se pretendia como sociedade alternativa à crise do liberalismo e à ameaça da luta de classes. As suas divergências eram de ordem táctica, como referimos, e o seu discurso sobre o corporativismo de pendor retoricamente mais social, mais personalista, mais associativo (no sentido do *corporativismo de associação* teorizado por Manoilescu[5]), ambas as versões recusando o estatismo corporativo em nome da autonomia, da descentralização, do organicismo social enquanto decorrência da própria ordem natural das coisas.

Também em Portugal, quando finalmente se constitui, em 1932, um movimento especificamente fascista, o Movimento Nacional-Sindicalista (MNS), em larga medida saído das fileiras da juventude escolar do IL sob a tutela de alguns dos seus fundadores[6], também aqui, o fascismo-movimento não inova teoricamente; faz seu o discurso corporativista das velhas direitas, ainda que emprestando-lhe, como em todo o lado, tons obreiristas, anti-plutocráticos e milicianos recebidos, aliás, com particular frieza pelo ultramontanismo endémico das elites conservadoras.

A direita republicana, essencial para a viabilização do regime salazarista, encararia, por seu turno, a doutrinação corporativa da forma pragmática e oportunista com que o geral dos meios conservadores se renderiam ao advento do Estado Novo. Ou seja, como um expediente prático e eficaz para repor a "ordem" nas finanças públicas, no Governo, nas empresas e nos negócios. De forma identicamente desideologizada iria a direita tecnocrática que se junta ao novo regime – a direita dos engenheiros ou "das realizações", como a tenho designado[7] – olhar para o corporativismo. Apreciá-lo-à essencialmente pela sua eficácia como instrumento de direcção e regulação económica ao serviço do Estado e da elite tecnocrática no ambicionado processo de fomento económico do país.

---

[5] Cf. MANOILESCU, M. – *Le Siécle du Corporativisme*. Paris, 1936.

[6] Rolão Preto e o conde de Monsaraz, ambos da geração fundadora do Integralismo Lusitano, assumirão em 1932 a liderança (como "chefe", o primeiro, e como Secretário Geral, o segundo) do Movimento Nacional-Sindicalista.

[7] Cf. ROSAS, Fernando – *Salazarismo e Fomento Económico*. Lisboa: Estampa, 2000. p. 38 e segs.

CORPORATIVISMO, FASCISMOS, ESTADO NOVO

Sem surpresas, será o discurso ideológico católico sobre a Nação orgânica e o corporativismo que marcará os textos solenes e fundadores do Estado Novo: a Constituição de 1933, o Estatuto do Trabalho Nacional do mesmo ano, os principais discursos de Salazar sobre o assunto. Seria esse enunciado teórico politicamente correcto, como hoje se diria, apologista de um corporativismo de associação demarcado da "omnipotência estatista" que, para o geral dos autores, haveria de sofrer o radical desmentido da sua concretização prática, isto é, do corporativismo enquanto regime. Donde a essencial insuficiência de centrar unilateralmente o estudo ou a caracterização do corporativismo na sua vertente de mero enunciado doutrinário, sobretudo com a pretensão de extrair daí conclusões sobre a natureza política dos regimes que dele se reclamam. Em certo sentido, só se podem entender os regimes corporativos tentando conhecer o que eles foram na prática social e política e não unicamente através da retórica dos seus ideólogos sobre o que pretendiam que eles fossem.

Dito isto, duas observações me parecem pertinentes.

A primeira, para dizer que mesmo no seu enunciado teórico-programático (intervenções do chefe do Governo, textos legais...) é bem visível a ameaça estatista e totalizante no discurso do corporativismo português. Nem a pureza associativa das intenções é assim tão imaculada como geralmente se aponta, nem a traição da prática é tão escandalosa como já na época alguns dos doutrinadores – com destaque para Marcelo Caetano – lamentavam.

Na realidade, preexistindo a Nação orgânica ao Estado, fruto que era da disposição natural das sociedades, do "instinto" associativo dos seus corpos harmónica e espontaneamente constituídos – as famílias, as freguesias, os municípios, as corporações morais e económicas – o cerne da "revolução corporativa" consistia em integrar a Nação orgânica, essa "constituição natural da sociedade", no Estado. O Estado social e corporativo constituía-se, assim, em estreita correspondência com a Nação orgânica, organizando-a corporativamente, conferindo direitos políticos e administrativos a essa organização corporativa e criando dessa forma "uma expressão, mais fiel do que qualquer outra, do sistema representativo"[8]. Na boa ortodoxia do corporativismo de associação, essa recepção da Nação pelo Estado – cuja expressão institucional é a organização corporativa como

---

[8] SALAZAR, Oliveira – *Discursos. 1928-1934.* 3ª ed. Coimbra: Coimbra Editora, 1939. p. 87.

fundamento legitimador do próprio Estado – realizar-se-ia respeitando e consagrando o espontâneo e livre associativismo, a organicidade social imanente aos corpos constitutivos da Nação, sem outra intervenção do Estado que não fosse a título supletivo das carências da iniciativa privada. Não obstante, Nação e Estado coordenam-se mas não se confundem, como repetidamente salientará Salazar nos seus discursos: "sobre a unidade económica – Nação – move-se o Estado", um "Estado que deve tomar sobre si a protecção e a direcção superior da economia nacional"[9] o que, aliás, será consagrado constitucionalmente.

Por isso, todo este discurso ideológico onde num prato da balança repousa a concepção da Nação orgânica e corporativista demarcada do estatismo totalizante, e no outro o Estado como intérprete e árbitro supremo do interesse nacional, é permanentemente atravessado por uma ambiguidade essencial: sempre debitando a obediência ao princípio da não "divinização do Estado", deixa-se adivinhar que em nome do "realismo", em nome "da razão e da história" ou "dos mais sagrados interesses da Nação", "nós temos de realizar o Estado forte... temos de dar à engrenagem do Estado a possibilidade de direcção firme, de deliberação rápida, de execução perfeita"[10]. E isso fazia-se, dizia o chefe de Governo num dos seus mais importantes discursos fundadores, coordenando "as corporações, federações e confederações económicas de carácter patronal ou operário (...) e sujeitando todas as actividades e interesses às necessidades e interesses superiores da Nação"[11], obviamente interpretados pelo Estado.

Nem se pode dizer que, logo em 1933, ao referir positivamente as novas tendências políticas do pós-I Guerra, Salazar não tenha sido bastante claro relativamente à dimensão centralizadora, totalizante e estatista do projecto corporativista em gestação:

> (...) tudo se pretende que obedeça uma direcção única, a um único espírito, e – à falta de um estado de consciência colectivo que espontaneamente se encaminhe para esse resultado – é o Estado quem se arroga determiná-los, como representante e guarda do interesse geral. Aparece assim quási como um axioma que o Estado deve dirigir a economia da Nação. Mas como? Como?

---

[9] SALAZAR, Oliveira – *Idem*, p. 205 e 207.
[10] SALAZAR, Oliveira – *Idem*, p. 285.
[11] SALAZAR, Oliveira – *Idem*. 3ª ed. Coimbra, 1939. p. 89.

O tempo revela que a direcção moderada e discreta das pautas, dos tratados de comércio, dos prémios aos produtores não evita desvios inconvenientes, excessos que se traduzem em prejuízos, falta de ajustamento das várias rodagens da produção. Tem-se ido mais longe (...)[12]

A esta luz, é difícil sustentar que o futuro corporativismo enquanto regime não estivesse já subjacente, por entre garantias formais de sentido diferente, ao enunciado do corporativismo enquanto discurso ideológico do Estado Novo. A ambiguidade da teoria deixava já adivinhar a prática.

2. A reacção corporativa e o seu contexto histórico

A segunda observação tem a ver com o risco de uma relativa irrelevância deste tipo de análise dos textos, dos discursos ideológicos, das suas particularidades, quando transformada numa espécie de exegese desligada do contexto histórico que lhe deu origem. A que perigos, a que ameaças pretendiam, afinal, reagir as direitas tradicionalistas – e depois não só elas – com a sua alternativa (revolução de "terceira via" lhe chamarão os movimentos fascistas do pós-guerra) corporativa? A resposta é importante não só para se apreender a lógica funcional da doutrina em si mesma, mas também para clarificar o sentido da sua transformação pela prática, ou seja, a lógica prática do corporativismo enquanto regime, aspecto de que trataremos um pouco mais adiante.

A partir dos finais do século XIX, e em especial nas mais vulneráveis periferias europeias do capitalismo ocidental, a crise multimodal do sistema liberal arrasta consigo dois perigos fatais para as oligarquias tradicionais e as suas elites.

Por um lado, a massificação da política decorrente do triplo fenómeno da nova vaga da industrialização/proletarização, da moderna terciarização (criando uma nova pequena burguesia com outro estatuto e expectativas sociais) e da rápida urbanização. A emergência de novos grupos sociais na política era decididamente marcada pelo surgimento do movimento operário organizado no último quartel do oitocentismo: a fundação dos partidos ou dos movimentos portadores de diferentes ideologias e políticas emancipatórias da classe operária (o socialismo reformista, o anarquismo, o sindicalismo revolucionário e o comunismo no pós-guerra); a

---

[12] SALAZAR, Oliveira – *Idem*, 1939. p. 287.

organização dos sindicatos operários e das suas uniões e confederações, desencadeando pela greve e pela luta reivindicativa o combate do trabalho contra a exploração do capital; a rápida expansão, nos principais centros urbanos e industriais, de uma densa rede de associativismo operário e popular para fins de solidariedade social, instrução, formação cultural, organização dos lazeres, etc.

A luta sindical e política levada a cabo com crescente expansão e sucesso pelo operariado organizado representava uma ameaça quase intolerável para as oligarquias dos países periféricos e para o seu processo de acumulação e dominação do trabalho. Sobretudo por se tratar de burguesias relativamente débeis, divididas e dependentes, cuja prosperidade assentava geralmente em sistemas de sobrexploração do trabalho assalariado. A possibilidade de alteração dessa relação de forças pela conquista de direitos sociais e políticos pelas organizações de trabalhadores, mesmo que gradual, vinha pôr em causa o modelo económico e social vigente, a sua lógica de acumulação e os seus privilégios. Pior: numa situação internacional marcada simultaneamente por uma sucessão de graves crises económicas globais (1890/91, o impacto da Grande Guerra, a crise de 1921, sobretudo a Grande Depressão de 1929) e pela onda de choque desencadeada, após 1917, com o triunfo da revolução bolchevista na Rússia, neste quadro, a "ameaça vermelha" torna-se verdadeiramente o "espectro"[13], o inimigo central das burguesias do ocidente. Mas nos países periféricos do sistema, como Portugal, com reduzida margem para as políticas mais ou menos renitentes de diálogo, reforma ou integração social e política ensaiadas nos países capitalista desenvolvidos, a destruição do movimento operário organizado e a eliminação drástica da sua capacidade reivindicativa – a "restauração da ordem" – são erigidas em condição central para a recuperação económica das classes dominantes e, portanto, da "renascença nacional". Reduzir os custos, os direitos e as condições de vida da força de trabalho à sua expressão mais simples era a base de partida para tudo o resto. Na realidade, e com esse propósito, acabar com a luta de classes seria o consenso genético que haveria de reunir as direitas dos interesses e da política na plataforma viabilizadora do Estado Novo.

---

[13] O *Manifesto Comunista* de Marx e Engels, 1848, abria com uma frase tornada emblemática: "Anda um espectro pela Europa – o espectro do Comunismo. Todos os poderes da velha Europa se aliaram para uma santa caçada a este espectro...".

Precisamente porque o corporativismo enquanto doutrina legitimava moral e politicamente o ataque ao movimento operário organizado. Se a harmonia entre o capital e o trabalho, a primeira e estruturante das demais, decorria espontaneamente da ordem natural das coisas, se era um fundamento essencial da Nação orgânica, toda a ideologia ou acção político-social disruptora, designadamente de índole anti-capitalista, tudo o que fomentasse a luta de classes e a "desordem" havia de remeter-se para o domínio dos comportamentos desviantes, da aberração política e moral, do antinatural, do herético, mais, da anti-Nação: "tudo pela Nação, nada contra a Nação"[14]. Assim sendo, o discurso corporativo justificava e de alguma forma impunha, e impôs, ao Estado, a criminalização, repressão e aniquilamento das organizações políticas e sindicais do operariado que persistissem no trilho da "subversão", que não aceitassem a sua auto--destruição, isto é, a sua conversão ao ideário e ao espartilho dos Sindicatos Nacionais corporativos. Ao perigo da luta de classes contrapunha-se o corporativismo enquanto instrumento central de vigilância e disciplina social. Uma vertente geralmente desconsiderada na maioria dos estudos sobre o corporativismo lusitano.

Mas o segundo perigo a que o corporativismo pretendia dar resposta era o dos graves efeitos internos das sucessivas crises económicas e financeiras que, desde finais do século XIX, como referimos, abalaram o capitalismo internacional. A quebra das exportações, os efeitos destrutivos da "concorrência desregrada" numa situação estrutural de excesso de oferta e subconsumo própria de um mercado interno demasiado estreito, a desprotecção dos mercados nacional e colonial face à concorrência estrangeira, as dificuldades de acesso ao crédito, as carências de capital originadas pela fraca propensão para o investimento produtivo por parte de uma classe dominante ainda marcada pelo forte peso dos seus sectores parasitários[15], o défice crónico das contas públicas, o enorme peso do analfabetismo, da incipiência do ensino a todos os níveis e do escasso desenvolvimento

---

[14] Num discurso dirigido aos estudantes da Acção Escolar Vanguarda a 28 de Janeiro de 1934, no rescaldo da tentativa de "greve geral revolucionária" de 18 de Janeiro desse ano, Salazar, após caracterizar o comunismo como a síntese de "todas as aberrações da inteligência" e de "todas as revoltas (...) da barbárie contra a civilização", proclama-o "a grande heresia da nossa idade" (SALAZAR, O. – *Op. cit.*, p. 308).

[15] Cf. ROSAS, Fernando – "O Estado Novo (1926-1974)". In Mattoso, José (dir.) – *História de Portugal*. Lisboa: Círculo de Leitores, 1994. Vol. VII, p. 101 e segs.

O CORPORATIVISMO ENQUANTO REGIME

tecnológico (com efeito pesados na qualidade do que reproduzia e na respectiva produtividade), tudo isso exprimia as vulnerabilidades estruturais de uma economia ainda subindustrializada nos primeiros trinta anos do século XX, subordinada ao peso preponderante da ruralidade e fortemente dependente do exterior (fosse do centro do sistema, fosse da ultraperiferia colonial).

Nesta situação de fundo, as crises originavam uma acumulação de efeitos recessivos que erodiam taxas de lucro e ameaçavam mesmo a continuidade de grandes, médios e pequenos negócios. Exigiam-se respostas drásticas que, aparentemente, a debilidade financeira e a instabilidade política endémica, e até a atitude tradicional de abstenção face à intervenção na economia do velho e corroído Estado liberal, se mostravam incapazes de fornecer. Nem a solução parecia poder encontrar-se no dinamismo da iniciativa privada, condicionado que estava pela natureza social e comportamental da classe dominante e das suas elites. Uma burguesia fragmentada, sem forças intestinas claramente hegemónicas, onde preponderava ainda o peso dos sectores rentistas. Uma oligarquia desde sempre alimentada e criada à sombra tutelar da protecção multiforme do Estado, educada no medo do risco, da concorrência e da agitação social, substancialmente dividida entre os diversos sectores de interesses quanto às estratégias de restauração das suas taxas de lucro, em suma, demasiado fraca e dividida para confiar ao mercado a regulação da resposta à crise.

Sem surpresa, nas economias periféricas, e em Portugal também, as "forças vivas" e as suas elites vão apelar e, depois, confiar a um novo tipo de Estado a tarefa de assumir a direcção suprema e a protecção e articulação *super partes* dos seus interesses. Um Estado dotado da autonomia suficiente para interpretar os interesses dominantes como um todo, como um equivalente do "interesse nacional". Um Estado forte, autoritário, estável, imposto sobre a anulação da democracia parlamentar, dos partidos e das liberdades fundamentais. Um Estado dotado de capacidade financeira para intervir regulando a economia e investido de autoridade para disciplinar ou anular a concorrência, proteger e articular os interesses e proceder à composição e equilíbrio dos vários objectivos e estratégias sectoriais em presença. Um Estado, como já vimos, que impusesse pela força a "disciplina social". Em suma, um Estado de "ordem" – nas finanças, na administração, nas "ruas" – para defender e compôr os interesses dominantes face aos perigos que espreitavam.

Para a prossecução de tais objectivos gerais deveriam "a lei e a administração pública" promover "a formação e desenvolvimento da economia nacional corporativa" (artigo 34.º do texto constitucional de 1933), isto é, "coordenar as corporações, federações económicas de carácter patronal ou operário, formadas espontaneamente ou por impulso do Poder". Verifica-se assim que o lato e, na prática, quase irrestrito poder de intervenção económica atribuído constitucionalmente ao Estado vai ter o seu primeiro e principal instrumento na organização corporativa de carácter económico e social. O corporativismo português nascia, mesmo no seu enunciado legal básico, não só politicamente subordinado ao Poder, como fortemente direccionado para a intervenção económica sob a tutela do Estado, tanto na iniciativa de criação dos respectivos organismos, como na sua efectiva orientação e articulação. O discurso corporativo nascia assim, em Portugal, fruto de uma dupla urgência para os grupos sociais dominantes: a de prevenir a subversão social e a de regular e arbitrar a vida económica cuja crise fazia perigar a prosperidade e os lucros. E essa dupla emergência ditará as duas principais vertentes da funcionalidade prática do corporativismo enquanto regime: instrumento de "ordem" e "disciplina social", por um lado, braço principal da intervenção reguladora do Estado Novo na vida económica, por outro.

Analisemos brevemente cada uma delas.

3. O corporativismo como instrumento de controlo e "disciplina" social

Vimos, portanto, que descendo da retórica ideológica do organicismo de livre associação para a realidade, a organização corporativa é chamada a vigiar e a tutelar a concretização do grande objectivo consensual da coligação suporte do Estado Novo e que lhe era externo: a contenção/repressão do movimento operário. Reduzir os custos de trabalho baixando os salários (em termos reais ou nominais), retirando regalias, mantendo ou aumentando as jornadas de trabalho, foi propósito que o patronato, de uma forma geral, associou ao advento da Ditadura Militar e do Estado Novo. E essa constituiu, como sabemos, umas das principais matérias consensuais entre as "forças vivas": a base sobre a qual deveria assentar a recuperação económica e a resposta à crise.

O novo regime, quanto ao essencial, não desiludiu esse propósito. Culminando a acção preparatória e ainda hesitante da Ditadura Militar, o

O CORPORATIVISMO ENQUANTO REGIME

Estado Novo suprime os sindicatos livres e proíbe a greve com a legislação de Setembro de 1933 (cf. Anexo I), reprime as lutas operárias, prende e deporta os seus dirigentes, numa palavra, desarticula o movimento operário organizado, com isso anulando ou diminuindo drasticamente a capacidade negocial e reivindicativa dos assalariados, uma vez que essa função é praticamente inviabilizada nos novos Sindicatos Nacionais corporativos.

Efectivamente, o regime vai criar, com o pacote legislativo-corporativo pioneiro de Setembro de 1933 (cf. Anexo I) os *organismos primários* da "pirâmide corporativa", destinados à regulação das relações do capital com o trabalho: os *Sindicatos Nacionais* (SN) para enquadrar operários industriais e empregados dos serviços privados (aos funcionários públicos era vedado o direito de associação sindical), os *Grémios* patronais da indústria, do comércio e da lavoura, as *Casas do Povo* e as *Casas dos Pescadores*, respectivamente para o conjunto de patrões e trabalhadores do mundo rural e das pescas. Sobre o conjunto tutelava política e ideologicamente o todo poderoso *Instituto Nacional do Trabalho e Previdência* (INTP), órgão do Estado pertencente ao Subsecretariado de Estado das Corporações, também criado nesse ano I do regime corporativo. Era o supremo garante da "disciplina social". Os Sindicatos nacionais tendencialmente de inscrição obrigatória[16], normalmente de base distrital e profissional, eram verdadeiros coletes de força da actividade sindical, estreitamente policiados pelo Governo através do Instituto Nacional do Trabalho e Previdência (INTP). As suas direcções geralmente "cozinhadas" pelo INTP, estavam sujeitas a prévia homologação governamental, podendo ser total ou parcialmente demitidas por livre decisão do Governo, tal como o próprio sindicato dissolvido. Praticamente sem capacidade financeira, não lhes era reconhecida liberdade de se federarem sectorial, regional ou nacionalmente, dependendo tal iniciativa da prévia autorização do Governo. Proibido constitucionalmente o direito à greve, os sindicatos nacionais seriam historicamente um "não parceiro" nesta decretada harmonia corporativa entre o capital e o trabalho.

Mais eficazes, ainda, nesta função administrativamente redutora da conflitualidade social se podem considerar as *Casas do Povo* e as *Casas dos*

---

[16] A regra teórica nos sindicatos nacionais era a liberdade de inscrição. Mas o Governo tinha a faculdade, a que recorrerá muito frequentemente, de obrigar os profissionais do ramo não inscritos a pagar quotas para o sindicato (cf. Decreto-Lei n.º 29 931, de 5/09/1939), sendo que os acordos ou contratos colectivos de trabalho por ele subscritos eram de aplicação vinculativa a todos os trabalhadores do ramo, mesmo que não sindicalizados.

CORPORATIVISMO, FASCISMOS, ESTADO NOVO

Pescadores, estruturadas com maior "pureza corporativa", isto é, realizando elas próprias o enlace orgânico tanto de assalariados como de patrões da agricultura e da pesca, respectivamente, com proibição da constituição de sindicatos de assalariados destes sectores. Estatutariamente entregue a sua direcção aos grandes proprietários ou às autoridades portuárias, sob estrito controlo do INTP – umas e outras funcionariam essencialmente como instrumentos da política salarial e laboral do patronato, de enquadramento político-ideológico da massa rural e piscatória e de uma embrionária e paternalística assistência social para os seus associados.

Os Grémios, os elementos primários da organização corporativa do lado patronal, têm, como já referimos, a sua origem directamente ligada à necessidade de cartelização patronal para responder a situações sectoriais de crise. A legislação criadora dos Grémios será também publicada em Setembro de 1933 (cf. Anexo I). Esta característica genética marcará a natureza essencial da organização gremial: órgãos de intervenção económica, dotados de latos poderes reguladores nos respectivos sectores, fortemente tutelados pelo Estado (através do INTP ou dos organismos de coordenação económica sectoriais). Os primeiros e principais Grémios (de comércio e indústria ou por produtos agrícolas – cf. Anexo I) são de inscrição obrigatória. Ou seja, são criados pelo Governo, sendo a sua área de actuação e funções determinados pelo Estado, que designa administrativamente os respectivos corpos gerentes: funcionam, na prática, como "quase institutos públicos". Mas mesmo os Grémios de inscrição facultativa, permitidos para o comércio e indústria em 1934 e para a lavoura em 1937, não fugirão a tal lógica de subordinação ao Estado: não só porque se transformarão frequentemente em Grémios obrigatórios[17], mas porque todos os aspectos da sua vida (desde a constituição, eleição das direcções, área de actuação, definição de funções até à possibilidade de federação) deveriam ser previamente autorizados pelo Governo, que igualmente vigia e orienta a sua actividade através do INTP e dos organismos de coordenação económica competentes.

É claro que durante todo o período que se estende desde antes do advento do Estado Novo até ao pós II Guerra Mundial, a repressão política

---

[17] A legislação gremial permitia a transformação por via administrativa dos Grémios facultativos em obrigatórios e vice-versa, ainda que esta segunda modalidade fosse de concretização mais rara.

O CORPORATIVISMO ENQUANTO REGIME

e policial sobre toda e qualquer forma de protesto social está no centro da resposta corporativa. É normalmente esquecida, ao tratar-se da "paz social" destes anos 30, a excepcional vaga de repressão que varre ininterruptamente o movimento operário organizado entre 1934 (tentativa de greve geral contra a "fascização dos sindicatos", em 18 de Janeiro) e 1939 (os anos terríveis da Guerra Civil de Espanha, entre 1936 e 1939). Nesses seis anos é praticamente liquidada a organização libertária, quase destruída a organização clandestina do PCP, morrem no campo de concentração do Tarrafal e em outras cadeias vários dos seus militantes e dirigentes históricos (entre os quais Mário Castelhano e Bento Gonçalves) e são presos por razões políticas cerca de 10.000 pessoas, 57% das quais operários e outros trabalhadores[18].

Não obstante, seria redutor limitar a intervenção do Estado Novo na conflitualidade social deste período à repressão. Os trabalhos de Fátima Patriarca vieram enfatizar o especial papel da prevenção dos excessos que o Estado, através do INTP, vai desempenhar neste "triângulo corporativo" (capital/trabalho/Estado) em que os trabalhadores se encontram praticamente desarmados (privados dos seus sindicatos e do direito à greve), face a uma renovada agressividade patronal, escorada na situação de crise e num ambiente politicamente favorável.

Evitar que os excessos da política de redução dos custos do trabalho e do arbítrio patronal, isto é, que a sobreexploração do trabalho, provocasse rupturas, protestos, explosões incontroláveis pelo sistema corporativo, fora dele e contra ele; denunciar, ainda que só nos circuitos internos do sistema, o espírito "plutocrático", a "imoralidade" dos abusos patronais, responsabilizando-os pela agitação social; tentar moralizar, à luz da pureza dos princípios corporativos ou da doutrina social da Igreja, as relações de trabalho, condenando o luxo ostentatório de certos patrões, a sua recusa à contratação colectiva ou ao simples respeito pela lei, a sua fuga frequente à organização gremial, a atitude persecutória contra quem protesta, incluindo os próprios filiados nos sindicatos corporativos – essa vai ser, até ao pós-guerra, a preocupação de alguns dirigentes sindicais e delegados do INTP, oriundos do nacional-sindicalismo ou do corporativismo católico. Interessados, não tanto, pelo menos ao nível do Estado/INTP, em

---

[18] *Presos Políticos no Regime Fascista (1936-1939)*. Lisboa: Comissão do Livro Negro sobre o Regime Fascista; Presidência do Conselho de Ministros, 1982. Vols. I e II.

CORPORATIVISMO, FASCISMOS, ESTADO NOVO

alterar o lugar do trabalho na estratégia de recuperação da crise, ou seja, em questionar o essencial da política de contenção dos direitos e regalias do trabalho, mas, sobretudo, em limitar os seus efeitos a níveis "moral" e socialmente toleráveis, níveis que não fizessem perigar o equilíbrio geral do sistema e a própria política de recuperação.

Por isso, vemos o regime, logo a partir de 1934, abandonar a sua crença original nas virtualidades do diálogo corporativo para chegar a acordos e contratos colectivos mais equilibrados, substituir-se a eles através de medidas administrativas de âmbito genérico, leis e normas de carácter geral, inicialmente recusadas como desajustadas às realidades sociais e estranhas ao espírito corporativo da contratação.

Efectivamente, não existia equilíbrio neste "diálogo corporativo". Nem diálogo: os sindicatos nacionais, face à persistente recusa patronal em contratar, face ao sistemático desrespeito pelos horários de trabalho, face à baixa de salários e aos despedimentos, só podiam queixar-se ao INTP. E a capacidade de este pressionar os patrões era, pelo menos, de eficácia reduzida. O limite teve de ser traçado autoritariamente, pelo Estado, em termos genéricos: em Agosto de 1934 pela reafirmação por via legal da jornada das oito horas de trabalho para a indústria e o comércio, a fixação do descanso semanal (em principio ao domingo), a proibição do trabalho nocturno das mulheres e menores, a fixação dos 12 anos da idade mínima para trabalhar e o estabelecimento de mecanismos de fiscalização e de multas aos infractores. E sabe-se o que foi a ingente batalha pelo cumprimento mínimo destas leis, não obstante elas permitiram numerosas excepções e "buracos"[19]. Em Agosto de 1935, os poderes de intervenção do Estado foram alargados à capacidade de fixar salários mínimos, faculdade que a prática administrativa alargaria à regulamentação minuciosa de todos os aspectos da organização, prestação e remuneração do trabalho.

A mesma preocupação, agravada pelo aumento do desemprego e a total ausência de mecanismos legais de protecção, quer para os desempregados quer para os que trabalhavam, leva o regime a tomar outras medidas enquadradoras de pendor social: cria em 1932 um subsídio de desemprego; contém os preços dos produtos alimentares básicos; ensaia os fundamentos de previdência social, e, sobretudo, pressiona o grande patronato – em

---

[19] PATRIARCA, Fátima – *A Questão Social no Salazarismo (1930-1947)*. Lisboa: INCM. Vol. I, p. 371 e segs.

troco das elevadas taxas de lucro que lhe assegura – no sentido da adopção de uma política de paternalismo empresarial, visível em algumas das principais grandes fábricas, com as suas cantinas, creches, postos médicos, bairros sociais, sistemas assistenciais privativos, etc...

O ambiente intimidatório e desmobilizador carreado pelo espartilho dos Sindicatos Nacionais e pelo ambiente policial e repressivo que se vivia, associado às medidas sociais preventivas já referidas e às políticas de reabsorção do desemprego (obras públicas, Campanha do Trigo...) poderão ajudar a explicar o relativo sucesso do regime na contenção da agitação social durante a segunda metade dos anos 30, apesar da crise e dos seus efeitos sobre as classes trabalhadoras.

4. A organização corporativa e a regulação económica: a política no comando

Não parece possível entender a lógica funcional da organização corporativa, pré-corporativa ou para-corporativa (estatal) (cf. Anexo I) enquanto instrumentos centrais de regulação económica por parte do Estado, sem ter presente a natureza social do novo regime que emergia no alvor dos anos 30.

Na realidade, o salazarismo impôs-se como um regime do conjunto da oligarquia com o apoio inicial de importantes sectores das classes médias, em torno, como vimos, de uma plataforma mínima muito clara no plano económico e social: o consenso em torno do equilíbrio orçamental, da estabilidade política de um "Estado forte" e anti-parlamentar, da liquidação da liberdade sindical e do direito à greve e da necessidade – e consequente capacidade política e financeira – da sua intervenção protectora e arbitral na economia em crise. Sob tal programa essencial se abrigaram distintas camadas sociais, diferentes estratégias económicas de preservação e de optimização de interesses, visões ideológicas contraditórias sobre a modernização económica e social ou sobre a conservação *à outrance* das economias e sociabilidades tradicionais. Como se o multiforme Portugal dos interesses, desde logo dos grandes, mas também de muitos dos médios e até de mais pequenos interesses, castigados desde 1921 por sucessivas crises económicas, se colocasse, ainda antes do rescaldo da Grande Depressão, sob a tutela protectora e arbitral de um Estado forte e dotado de uma autoridade tanto maior, quanto mais autónoma relativamente ao mundo de que, todavia, emergia.

A particular relação do Estado Novo com esse universo de "coisas" económica e socialmente contraditórias, com as tensões pró-fomento, com as forças da conservação, entre os grandes e entre estes e os mais pequenos, não foi essencialmente económica, mas política: satisfazer e compor de acordo com o critério básico de não provocar roturas subversivas; equilibrar compensatoriamente interesses contraditórios; arbitrar autoritariamente dissídios e partilhas de vantagens, quase sempre sem um claro critério económico de conduta, mas sempre sob o imperativo político da durabilidade do regime, da manutenção dos equilíbrios estruturantes do tecido económico e social, com a obsessiva preocupação da estabilidade garantidora do "viver habitualmente". Em certo sentido, nos anos 30 e 40, não se pode falar com rigor numa política económica do regime, mas em medidas e intervenções económicas avulsas, aparentemente incoerentes, cujo sentido último era determinado por uma política de valorização absoluta da estabilidade.

Estamos, assim, perante o primado indiscutível do político sobre o económico, mesmo quando de economia se trata. Porque, mesmo quando dela se trata, é a estratégia política do salazarismo para a conservação e durabilidade do regime que define e determina as lógicas economicamente erráticas de actuação do Estado. Para Salazar e para os salazaristas, nunca se tratou genuinamente de adaptar o regime a novas circunstâncias, designadamente durante o segundo conflito mundial e no pós-guerra, modernizando-o. Tratou-se sempre de o aguentar, mesmo à custa de ter de o modernizar. Ou seja, de ter de admitir esforços, mais ou menos relevantes, de fomento industrial, de melhoria de infra-estruturas ou de reforma educacional.

É precisamente com base neste consenso em torno da "ordem" (e das políticas indispensáveis à sua manutenção), subscrito pelos diversos sectores da oligarquia com distintas estratégias de defesa dos respectivos interesses e pelas classes intermédias ameaçadas pela crise económica, que o salazarismo vai gerir a economia do país: fazendo o consenso durar, adaptando-o às diversas circunstâncias, arbitrando compensatoriamente dissídios, tudo subordinado à prioridade absoluta da durabilidade do regime. Se há algo de discernível em termos de lógica na cuidadosa tecitura de equilíbrios que rege a intervenção económica do Estado Novo e da organização corporativa ao longo dos anos 30 e 40, é a referência à estabilidade como valor em si mesmo. É a preocupação central de não originar roturas, de compor contradições em função dos interesses instalados e do prolongamento de situações preexistentes. Permitir a prosperidade industrial possível, desde que isso não faça perigar a salvaguarda do velho mundo rural dos senhores do "pão e do vinho"; ou desde que a inovação e o crescimento dos "grandes" não ameace a continuidade do mundo de coisas económica e socialmente pequenas, que era a âncora de estabilidade e conservação da nova ordem; proteger a "produção nacional", mas nos limites necessários a atender às pretensões dos interesses coloniais ou do comércio internacional, em nome da "unidade do império" e da imprescindibilidade do abastecimento externo.

Noutra ocasião, chamei a esta delicada engenharia económico-social, suportada pelos andaimes da organização corporativa, um "triplo equilíbrio económico social"[20], uma espécie de empirismo regulador recriado face a cada situação concreta à luz de um principio geral de conservação da ordem.

Estamos agora, creio, em medida de propor alguma inteligibilidade para a crescente, dispersiva e tentacular intervenção económica da organização corporativa, nascida da urgência da resposta ao impacto da Grande Depressão de 1929 e drasticamente alargada na conjuntura da II Guerra Mundial[21].

A premência da intervenção reguladora do Estado nos mais importantes sectores do comércio externo e interno e da produção agrícola e industrial levará à constituição, na segunda metade dos anos trinta e durante o segundo conflito mundial, de uma importante rede de organismos de coordenação económica (cf. Anexo I), verdadeiros organismos de Estado, dotados de poderes de direcção superior e vinculativa sobre a actividade económica de todos os organismos corporativos (primários ou intermédios) integrados nos sectores ou nos subsectores por eles tutelados. Funcionando, efectivamente, como agências governamentais, os todos-poderosos organismos de coordenação económicas serão sempre mal digeridos pela ortodoxia doutrinária corporativa: considerados órgãos "pré-corporativos" (isto é de existência provisória, visando criar condições para a edificação das corporações e de um verdadeiro corporativismo de associação), tais organismos subsistirão mesmo após a constituição das corporações sectoriais, continuando, na prática, a dirigir as respectivas actividades.

---

[20] ROSAS, Fernando – *O Estado Novo nos Anos Trinta*. Lisboa: Estampa, 1986. p. 115 e segs.
[21] Idem, *Portugal entre a Paz e a Guerra (1939-1945)*. Lisboa: Estampa, 1990.

Através dos organismos de coordenação económica ou dos grémios obrigatórios, o Estado regulava tudo, ou quase tudo: dimensão mínima das empresas, cotas de produção, normas de produção, cotas de consumo de matérias-primas, preços desde o produtor ao consumidor, circuitos de distribuição, autorizações de importação, preços de exportação. O regime do condicionamento industrial e a manipulação das pautas aduaneiras estavam ao serviço do crescente dirigismo corporativo. Pouco ficava para a "autodirecção" pelos interessados. Nem eles – os empresários contemplados com a organização corporativa – inicialmente o desejavam: era exactamente nos sectores onde falhara a "autodirecção", o cartel privado, que era reclamada a intervenção corporativa do Estado, isto é, a cartelização e disciplina obrigatória. Na conjuntura de crise na primeira metade dos anos 30, a maioria dos industriais e os grandes agrários reclamavam não por "autonomia", mas pela autoridade do Estado, pela força que impusesse os remédios e as arbitragens que eles, por si só, pelo livre jogo da concorrência, não estavam em medida de aplicar, quer contra o movimento operário quer entre si.

Apesar de sucessivas vagas de críticas à organização corporativa em 1938[22], retomadas com redobrada intensidade no fim da II Guerra Mundial[23], o sistema, agora ainda mais hipertrofiado, não só não conhece alterações como se alarga com a criação do Ministério das Corporações em 1950 e, a partir de 1957, com o tardio lançamento da cúpula da organização, as corporações por grandes sectores económicos (cf. Anexo I). Mesmo com estes passos ou com os primórdios da aproximação económica à Europa, a adesão à EFTA, no início dos anos 60, nada de essencial mudará na tutela estatista da economia e no seu *bunker* corporativo. Por isso, é possível, pelo menos para o período que vai dos anos 30 aos anos 50, sugerir algumas ideias-síntese principais sobre a organização corporativa no domínio económico-social:

a) Em primeiro lugar, a organização corporativa não corresponde a nada que se assemelhe a um plano sistemático e coerente de organização das forças económicas e sociais, muito menos visando alcançar quaisquer metas em termos de desenvolvimento sectorial ou global.

---

[22] Cf. ROSAS, Fernando – *O Estado Novo nos Anos Trinta*. Lisboa: Estampa, 1986. p. 272 e segs.
[23] Idem, *Portugal entre a Paz e a Guerra (1939-1945)*. Lisboa: Estampa, 1990, p. 291 e segs.

Ela vai surgindo para ocorrer a situações sectoriais de crise, suficientemente importantes em termos económicos ou de peso social dos seus intervenientes para conduzir à intervenção do Estado.

b) As soluções adaptadas, por seu turno, não obedecem, normalmente, a um padrão de equilíbrio ou de gestão comum das contradições. Elas irão variar de acordo com as condições de cada ramo – o que é natural –, mas principalmente em função do poder negocial dos parceiros em presença. No conflito agricultura/indústria a jusante, apesar da orientação geral de defesa dos grandes interesses agrícolas tradicionais, é muito diversa a amplitude dessa protecção e a extensão das limitações impostas à indústria. Sem deixarem de se verificar grandes linhas tendenciais de intervenção, cada medida é temperada por outras medidas compensatórias de graus e natureza variáveis, de acordo com o peso dos conflituantes.

c) Dois aspectos conformam, no entanto, o fundo essencial e permanente da intervenção corporativa. O primeiro é a liquidação da liberdade sindical dos trabalhadores, enquadrados nos "sindicatos nacionais" – ponto reivindicativo comum a todos os sectores da classe dominante, como questão prévia para a imposição de salários e de condições de trabalho a níveis de verdadeira sobreexploração. O segundo é o condicionamento da liberdade de associação patronal, com a compartimentação sectorial e regional dos grémios e o encerramento de algumas das velhas associações patronais (não as principais), medida necessária para evitar a formação de frentes patronais que dificultassem a movimentação autoritária e arbitral do Estado.

d) Assim sendo, poderemos dizer que, nos anos 30, a organização corporativa surge fundamentalmente em quatro tipos de situações concretas (cf. quadro I)

QUADRO I

Sectores agrícolas e industriais organizados corporativamente nos anos 30 (até 1 de Setembro de 1939) (a) no Continente

AGRICULTURA e PESCAS		INDÚSTRIA		ORGANISMOS DE COORDENAÇÃO ECONÓMICA
Sector	Federações/grémios	Sector	Federações/uniões/grémios	
Trigo	Federação Nacional dos Produtores de Trigo	Moagem	Federação Nacional dos Industriais de Moagem	Instituto Nacional do Pão
		Panificação	Grémios dos Industriais da Panificação (b)	Comissão Reguladora das Moagem e Ramas Comissão Reguladora de Trigo
Arroz	Grémio dos Importadores e Armazenistas de Bacalhau e Arroz (c)	Descasque de arroz	Grémios dos Industriais Descascadores de Arroz	Comissão Reguladora do Comércio de Arroz
Azeite	(c)		Grémio dos Exportadores de Azeite (d)	Junta Nacional do Azeite
Lãs	(c)	Lanifícios	Federação dos Industriais de Lanifícios	Junta Nacional dos Produtos Pecuários
Vinho	Grémios, uniões e federações			Instituto do Vinho do Porto Junta Nacional do Vinho
Bacalhau	Grémio dos Importadores e Armazenistas de Bacalhau e Arroz (g)		Grémio dos Armadores de Navios da Pesca do Bacalhau	Comissão Reguladora do Comércio do Bacalhau
		Algodão	Grémio Nacional dos Importadores de Algodão em Rama	Comissão Reguladora do Comércio do Algodão em Rama
		Conservas	Grémios dos Industriais de Conservas de Peixe (e)	Instituto Português de Conservas de Peixe
		Resinosos	União de Grémios dos Industriais e Exportadores de Produtos Resinosos	Junta Nacional dos Resinosos
		Cortiça (f)		Junta Nacional da Cortiça
		Cerâmica	Grémio dos Industriais da Cerâmica	
		Fósforos	Grémio Nacional da Industria dos Fósforos	
		Ourivesaria	Grémio dos Industriais de Ourivesaria	
		Confeitaria	Grémio Nacional dos Industriais de Confeitaria	
		Especialidades farmacêuticas	Grémio Nacional dos Industriais de Especialidades Farmacêuticas	

Fonte: F. Rosas, 1986, p. 198 e 199

O CORPORATIVISMO ENQUANTO REGIME

(a) A partir de 1 de Setembro de 1939, com a eclosão da guerra, produzem-se grandes alterações na organização corporativa.
(b) Grémios em Lisboa e no Porto.
(c) Os produtores estavam obrigatoriamente inscritos nas comissões reguladoras ou nas juntas nacionais.
(d) Os exportadores de azeite eram, fundamentalmente, os industriais refinadores.
(e) Grémios do Norte, do Centro e do Sul e do Barlavento e do Sotavento algarvio.
(f) Industriais obrigatoriamente inscritos na Junta.
(g) O Grémio dos Importadores e Armazenistas de Mercearias, designadamente de Bacalhau e Arroz, teve várias designações e orgânica diversa desde a sua fundação em 1934 até 1940 (cf. Garrido, 2004, p.119 e segs.)

– Para defender os sectores industriais e agrícolas ligados às principais exportações portuguesas, ameaçados pelo colapso e a queda dos preços no início da década, sendo que eles eram uma fonte vital de divisas e um mercado empregador de largos milhares de pessoas, onde avultava o poderoso *lobby* vitícola;
– Para garantir, no rescaldo da crise de 1929 ou na conjuntura da II Guerra Mundial, a importação de bens alimentares essenciais ao abastecimento público (bacalhau, arroz, açúcar) ou de matérias primas vitais ao funcionamento da economia (algodão, carvões, metais, oleaginosas, produtos químicos), controlando todo o circuito e quotas de distribuição desses bens do importador ao armazenista, deste ao retalhista e daqui ao consumidor, incluindo a fixação dos respectivos preços em cada etapa. Como bem salienta Álvaro Garrido para o caso do bacalhau[24], o Estado assume, através de organismos de coordenação económica específicos (nestes casos Comissões Reguladoras), com a colaboração de Grémios obrigatórios, e frequentemente, com funções para-estatais, a direcção autoritária de todo o circuito, regulando e equilibrando com larga autonomia decisória os interesses de importadores, grossistas, retalhistas e consumidores. Apesar da maioria destes organismos ter sido criada entre Outubro de 1939 e Janeiro de 1940, já há comissões reguladoras para a

---

[24] GARRIDO, Álvaro – *O Estado Novo e a Campanha do Bacalhau*. Lisboa: Círculo de Leitores. p. 156 e segs

importação do arroz, do bacalhau e do algodão a funcionar desde 1933, 1934 e 1937 respectivamente.

– Para proteger a grande agricultura tradicional – trigo, arroz, azeite, lãs –, impossibilitada de exportar a preços concorrenciais e ameaçada pela concorrência estrangeira no próprio mercado interno, tendo-lhe sido reservado, com extensão e amplitudes bastante diversas, o mercado nacional a preços compensadores, mesmo em prejuízo de alguns dos sectores industriais a jusante – por isso também sujeitos à disciplina corporativa;

– Para defender os interesses da grande exploração e comércio coloniais (do algodão, do café, do açúcar, das oleaginosas), impondo a sua colocação no mercado português, à custa de restrições à indústria e ao consumo metropolitanos;

– E, ainda, por pressão de grupos familiares influentes ligados a indústrias dispersas, marcadas por aguda concorrência interna, onde as principais empresas desejavam impor a cartelização sob sua hegemonia, mas não o conseguiam por si só (cerâmica, fósforos, produtos farmacêuticos).

e) Finalmente, e porque a organização corporativa foi significante pelo que organizou e por o que prescindiu de organizar, registe-se a inexistência de qualquer regulamentação corporativa nos sectores de bens intermediários a montante da esfera agrícola, já altamente concentrados ou mesmo em regime de monopólio (adubos, cimentos, refinação do petróleo), ou ainda noutros sectores em que o processo de concentração estava bastante avançado (tabacos, vidros, cervejas). Aqui, a tarefa monopolizadora ou oligopolística carecia de qualquer interferência extra-económica, ou então esta realizava-se por processos mais expeditos, sob a forma de concessão estatal ou concentração administrativa. No tocante à indústria, a cartelização corporativa nos anos 30 parece ser uma forma de intervenção característica de sectores dispersos, onde as empresas de maior peso relativo carecem, todavia, da intervenção estatal para hegemonizarem os mercados onde actuam.

Pode assim afirmar-se que, na sua vertente de intervenção/direcção económica, a organização corporativa revela-se, com a sua crescente tentacularidade e o seu casuísmo pragmático, como o instrumento central da regulação autoritária e totalizante do Estado. Não é só o produto temporário de uma conjuntura ou de uma sucessão de conjunturas de crise, um "remédio heróico" a que a burguesia e o Estado recorram em fases de aperto. Dura para além delas com estabilidade, apesar das críticas e das crises. Provavelmente porque espelha a natureza profunda do fascismo português e dos seus propósitos de domínio e perpetuação. Por isso aguenta-se quase imutável ao longo do regime e, por isso, provavelmente, será um dos factores centrais da longevidade do Estado Novo salazarista.

5. Fascismo e corporativismo. Algumas conclusões

Assim sendo, em jeito de conclusões, talvez valha a pena sintetizar o seguinte:

1. Aquilo que mais se revela no corporativismo enquanto sistema de regulação económica autoritária dos interesses dominantes é, como salientamos, a sua ductilidade e, por isso mesmo, a sua durabilidade. Na realidade:

a) O corporativismo nasceu como resposta política e económico-social às urgências, aos "perigos", às "ameaças" da crise de 1929 e, em seguida, aos efeitos disruptivos da II Guerra Mundial sobre uma economia com as vulnerabilidades estruturais que apresentava a portuguesa[25]. Mas não só não vemos a organização corporativa desaparecer (nem sequer enfraquecer) findo o conflito, no surto económico do pós-guerra ou sequer nos primeiros passos de aproximação económica à Europa, como ela desempenha um papel central na consolidação dos grandes grupos financeiros que então emergem como entidades oligopolísticas na economia portuguesa. De aparente resposta conjuntural às crises, o corporativismo enquanto regime de direcção económica revela-se como uma permanência essencial á durabilidade do Estado Novo e à reprodução da ordem estabelecida.

b) É certo que a organização corporativa foi frequente e duradouramente um instrumento de contenção da modernização industrial, ao

---

[25] Cf. Rosas, Fernando – *Portugal entre a Paz e a Guerra (1939-1945)*. Lisboa: Estampa, 1990. p. 29 e segs.

serviço da manutenção dos privilégios parasitários e rentistas. Fosse, por exemplo, do ruralismo conservador da grande lavoura cerealífera do sul, fosse de interesses do comércio colonial na colocação sobreprotegida dos seus produtos mais caros e de baixa qualidade no mercado metropolitano (designadamente o algodão e o açúcar). Ou até no deliberado prolongamento da obsolescência produtiva duma multidão de "coisas pequenas" à sombra do condicionamento industrial e da cartelização corporativa. Mas a verdade, também, é que através de concessões monopolistas ou oligopolísticas da exploração de sectores estratégicos da economia (entre outras: refinação do petróleo, siderurgia, construção naval, químicas de base), de concentrações administrativas (moagem, fabrico mecânico de vidraça), da reserva de mercados através do condicionamento industrial ou da protecção aduaneira dos mercados nacional e colonial, de regimes fiscais de privilégio, de financiamentos públicos e, acima de tudo, da contenção policial dos custos de trabalho, a organização corporativa viria a desempenhar um papel central na constituição e no processo de acumulação que fez nascer e prosperar os grandes grupos financeiros e fomentou essa característica "modernização conservadora"[26] da indústria e da economia portuguesa, sobretudo entre os anos 50 e 70 do século passado. Era um crescimento, como sabemos, permanentemente peado por esse equilíbrio politicamente imposto entre a modernização e a conservação, uma industrialização incontornável e por isso admitida por Salazar como um risco necessário, mas sempre condicionada ao objectivo da não subversão das velhas lógicas económico-sociais de dominação, um preço que assumidamente se pagava pela salvaguarda da estabilidade político social, como explicitamente admitiu Salazar ao apresentar o I Plano de Fomento em 1953[27]. A organização corporativa foi, no seu aparente ecletismo casuístico a explicitação prática dessa lógica de domínio em que a economia se subordinava ao império político da salvaguarda da ordem e do "saber durar", afinal de contas a suprema virtude que o chefe do governo reconhecia em Mussolini.

---

[26] Cf. AA.VV. – *Os Donos de Portugal. Cem Anos de Poder Económico (1910-2010)*. Porto: Afrontamento. p. 201 e segs.

[27] SALAZAR, Oliveira – *Discursos*. Coimbra: Coimbra Editora, 1959. Vol. V, p. 104-105.

2. Assim sendo, talvez se possa concluir que apesar das críticas – que em certas conjunturas, como vimos, chegaram a ser acerbas – por parte de alguns sectores empresariais mais dinâmicos (e sobretudo do engenheirismo industrialista) à "hidra burocrática", por parte de pequenos e médios agricultores, comerciantes ou industriais prejudicados pela lógica oligárquica da regulação exercida, ou, sobretudo, de consumidores populares em conjunturas de escassez e/ou inflação, o certo é que a organização corporativa, de alguma forma, responde pela via equilibrante e compensatória que analisámos, aos propósitos do conjunto dos diversos sectores das classes dominantes e até às necessidades de sobrevivência de sectores intermédios.

No tocante aos primeiros, assegurando-lhes pela variada intervenção do Estado e da organização corporativa, um seguro processo de acumulação com escassa modernização nos anos 30 e 40, mas também de modernização conservadora centrada na oligarquização da economia no pós II Guerra Mundial. Quanto aos segundos, em nome de impedir a subversão das sociabilidades tradicionais, tidas como âncoras da "ordem", tentará aguentá-los e protegê-los, enquanto possível, através do condicionamento, do cartel gremial, do proteccionismo, dos baixos salários e de outros expedientes administrativos. E por isso se compreende, seja da parte dos interesses ligados ao ruralismo tradicionalista ou à banca e ao comércio colonial/internacional, seja dos homens da indústria, não encontrarmos, salvo algum descontentamento avulso ou conjuntural, críticas de fundo ou oposições sistemáticas ao corporativismo enquanto sistema ao longo de toda a história do regime. Para uma burguesia geneticamente educada a depender do Estado que a "criara", o corporativismo, sobretudo a regulação estatal – corporativa da economia (e da luta de classes) era verdadeiramente o seu regime.

3. Vale a pena, aliás, registar a ambiguidade do novo surto ideológico corporativo nos anos 50, com a constituição do super Ministério das Corporações (com os seus múltiplos órgãos de formação e inculcação ideológica) e das corporações sectoriais. Correspondendo, aparentemente, em plena Guerra Fria, a um ímpeto regressista à pureza dos valores genéticos do Estado Novo, o discurso doutrinário e as preocupações formativas produzidas pela acção dos novos organismos do Ministério, animados por uma jovem geração de tecnocratas, grande parte deles oriundos das orga-

CORPORATIVISMO, FASCISMOS, ESTADO NOVO

nizações da Acção Católica – os "tecnocatólicos" como os designa Albérico Afonso[28] – não deixam de representar a forma peculiar como parte das novas camadas de quadros do regime tentavam, sob o manto da ortodoxia corporativa, adaptar o Estado e o aparelho produtivo às novas prioridades e desafios do rápido desenvolvimento industrial em curso nesses anos. Tanto no campo das teorizações sociológicas neocorporativas que procuravam reformular em termos mais integrativos e de maior eficácia preventiva as relações entre o capital e o trabalho, como no domínio da formação profissional, da organização racional do trabalho e áreas afins. Fenómenos idênticos se processavam nos domínios da alfabetização de adultos e das reformas do ensino técnico e liceal que desde o final dos anos 40 cuidadosamente se ensaiavam, buscando, sempre sob grande retórica nacional-corporativa esconjuratória dos riscos da modernidade, responder às necessidades técnicas e de mão-de-obra da modernidade industrial. Bem se pode dizer, usando a conhecida metáfora hobsbawniana, que a burguesia portuguesa colocava os velhos rótulos do corporativismo nas garrafas novas do desenvolvimento capitalista. Essa forma de se ir disfarçadamente adaptando ao futuro garantindo que o passado era imutável e intocável, exprimia uma lógica essencial da intervenção corporativa na economia e da manutenção dos equilíbrios que garantiam a perenidade do regime.

4. Neste sentido se pode dizer que o corporativismo como regime, isto é, na sua dupla vertente principal de "disciplinador" social e de regulador da economia em nome da representação "nacional" dos interesses dominantes, é um factor essencial da definição e da durabilidade do fascismo português. A par daquilo a que tenho chamado os aparelhos de repressão preventiva (os órgãos de inculcação ideológica[29]) e dos órgãos de repressão punitiva policial, agindo como último *ratio*, a organização corporativa é um dos pilares basilares da ordem estabelecida. Ou seja, o corporativismo é o fascismo enquanto regime. Não constitui nem uma mera resposta conjuntural às crises, como vimos, nem uma espécie de técnica de concertação social descartável dos regimes fascistas. Participa da sua essência ou da essência da sua tarefa história nas economias periféricas: sujeitar

---

[28] ALHO, Albérico Afonso – *F.P.A. A. Fábrica leccionada. Aventuras dos Tecnocatólicos no Ministério das Corporações.* Lisboa: Profedições, 2008.

[29] ROSAS, Fernando – "Memória da violência e violência da Memória". In MADEIRA, João (coord.) – *Vítimas de Salazar. Estado Novo e Violência Política.* Lisboa: A Esfera dos Livros. p. 26 e segs.

o trabalho ao capital (através, dependendo das realidades nacionais, de uma combinatória de violência, demagogia obreirista ou paternalismo social) e gestão autoritária e dirigista da economia no interesse da restauração da acumulação das classes dominantes e da perpetuação do seu domínio, erigindo essa "Nova Ordem" em "Interesse Nacional". Tarefa que implicou a superação dos velhos liberalismos oligárquicos e do seu "demo-liberalismo", soluções demasiado fracas para levar a cabo com a eficácia e urgência requeridas pela natureza dos perigos, a missão da "Renascença Nacional". O corporativismo, nas suas *nuances,* foi a bandeira doutrinária dessa reacção (sobretudo nos países latinos), mas foi sobretudo um instrumento prático central da eficácia dos fascismos enquanto regimes.

5. É por isso que parece difícil de aceitar a iniciativa teórica, e sobretudo ideológica, de na esteira de cientistas políticos como Philippe Schmitter ou A. Giddens, fazer renascer um neocorporativismo alegadamente desligado da sua essencialidade histórica autoritária e fascista. Uma proposta cara ao conservadorismo neoliberal ou às "terceiras vias" da social-democracia que redescobrem, novamente contra o espectro da luta de classes, uma harmonia social essencial como esteio das democracias liberais do mundo capitalista. Uma engenharia social onde uma concertação entre patrões compreensivos e sindicatos "realistas" teria anulado, num novo enlace corporativo em democracia, o carácter antagónico dos interesses de classe. Bem sei não ser este o lugar para aprofundar tal discussão. Mas sempre se dirá que as dramáticas condições sociais do momento presente – e não só das economias periféricas – são, mais uma vez, o enfático desmentido à reedição um pouco inquietante desse essencialismo alegadamente superador da luta de classes. Ao contrário, o que se assiste quando esta nova retórica da harmonia social se transforma em prática governativa, é ao surgimento bem pouco espectral de novas formas de violência estatal e de discriminação social para atingir o velho propósito de sempre: alterar a relação de forças entre o capital e o trabalho. Agora, no contexto de uma nova época histórica e com formas de coerção e de cerco ao património histórico das conquistas do trabalho no pós-guerra seguramente diferentes. E talvez, até, mais eficazes. Como diria o velho mestre, a História nunca se repete a não ser como tragédia ou como farsa.

ANEXO I
Principais diplomas estruturadores da organização corporativa (1933.1960)

| Anos | Textos Básicos | Organismos Corporativos | | | Organismos Pré.corporativos (org.coord.ec.) (b) | Organismos paracorporativos/estatais (c) |
		Primários	Intermédios (a)	Corporações Nacionais		
1933						
10/04						Subsecretariado de Estado da Corporações (Dec.-Lei n.º 22 428)
11/04	Promulgada nova Constituição					INTP (Dec.-Lei n.º 23 053)
23/09	Estatuto do Trabalho Nacional (Dec.-Lei n.º 23 048)	Sindicatos Nacionais (Dec.-Lei n.º 23 050) Grémios Obrigatórios (Dec.-Lei n.º 23 051) Casas do Povo (Dec.-Lei n.º 23 051)				
1934						
15/08						Conselho Corporativo (Dec.-Lei n.º 24 362)
27/11				Org. da Câmara corporativa (Dec.-Lei n.º 24 683)		
03/12		Grémios facultativos do comércio e da indústria (Dec.-Lei n.º 24 715)				
1935 15/06						FNAT (Dec.-Lei n.º 25 495)
1936						
24/2						Constituição Técnico-Corporativa do Comércio e Indústria (Dec.-Lei n.º 23 370)

ANEXO I

Principais diplomas estruturadores da organização corporativa (1933.1960)

Data				Organismos de coordenação económica: -comissões reguladoras -juntas nacionais -institutos (Dec.-Lei n.º 26 757)	
08/07				Organismos de coordenação económica: -comissões reguladoras -juntas nacionais -institutos (Dec.-Lei n.º 26 757)	
1937					
11/03	Casas dos Pescadores (Lei n.º 1953)				Junta Central das Casas de Pescadores (Lei n.º 1953)
20/5	Grémios facultativos da lavoura; Sindicatos operários; Sindicatos de empregados (Lei n.º 1957)				
1938					
12/11			Bases para a futura constituição das corporações (Dec.-Lei n.º 29 110)		
1945					
10/1					Junta Central das Casas do Povo (Dec.-Lei n.º 34 373)
1947					
19/12		Regula federação dos Grémios da lavoura provinciais (Dec.-Lei n.º 36 681)			
1950					

ANEXO I
Principais diplomas estruturadores da organização corporativa (1933.1960)

01/08						Ministério das Corporações (Dec.-Lei n.º 37 909)
23/10						Comissão de Coordenação Economica (Dec.-Lei n.º 38 008)
1956 17/08						Plano de Formação Social e corporativa (Lei n.º 2085)
22/08				Corporações Nacionais (Lei n.º 2086)		
1957 23/09			Regula Federação das Casas do Povo (Dec.-Lei n.º 41 286)	São criadas as Corporações da Agricultura, dos Transportes e Turismo, do Crédito e Seguros e da Pesca e Conservas		
1958				São criadas as Corporações do Comércio e da Indústria		
1959				São criadas as Corporações da Imprensa e Artes Gráficas e dos Espectáculos		
1966				São criadas as Corporações das Artes, Ciências e Letras e da Educação Física e Desportos		

Notas:

(a) Salvo casos pontuais, a formação dos organismos corporativos intermédios (uniões e federações gremiais, sindicais e de casas do povo) era regulamentada nos diplomas constitutivos daqueles organismos primários.

(b) Organismos pré-corporativos: os organismos de coordenação económica eram teoricamente considerados de natureza provisória, destinavam-se a criar condições para o desenvolvimento da organização corporativa, designadamente para a constituição das corporações nacionais, altura em que deixariam de ter razão de existir. Na realidade, funcionavam como agências governamentais de intervenção económica sectorial que subsistirão para além da formação das corporações nacionais, onde se integraram. Foram criados três tipos de organismos de coordenação económica:

1) as comissões reguladoras: regulavam as importações;

2) as juntas nacionais: intervinham na coordenação da produção e exportação de produtos nacionais;

3) os institutos: coordenavam a produção e comércio de artigos de exportação e em actividades já organizadas corporativamente onde a garantia da qualidade dos produtos era essencial.

(c) Organismos paracorporativos: órgãos de Estado, não provisórios, destinados a orientar superiormente o desenvolvimento da organização corporativa.

Os Corporativismos e as "Terceiras Vias"

LUÍS REIS TORGAL

Em homenagem ao Manuel Lucena, que iniciou os estudos sobre o Corporativismo nos anos setenta, fora do contexto oficial do corporativismo do Estado Novo

O "sistema corporativo" e as suas origens ideológicas segundo Marcello Caetano

Marcello Caetano, na Introdução ao seu estudo, porventura mais genuíno, sobre o corporativismo, *O sistema corporativo*, de 1938, no qual analisou o corporativismo na sua forma sistémica, "integral", nas perspectivas da sociologia, da economia, do direito e da organização do Estado, nomeadamente em Portugal, dedicou algumas páginas ao que chamou a "Formação do moderno pensamento corporativo"[1].

Aí se refere, obviamente, a doutrina católica papal das encíclicas de Leão XIII, *Rerum novarum* (1891), e de Pio XI, *Quadragesimo anno* (1931), inspirada em última instância no tomismo e na sua ideia de "ordem", assinalando que a escola corporativa católica – que influenciou o Centro Académico de Democracia Cristã (CADC), de Coimbra, de que Salazar fora "membro e orientador" – defendia a liberdade sindical e era contrária à absorção pelo Estado dos organismos corporativos. Mas não deixa também de falar da experiência corporativista totalitária italiana do fascismo, de tipo fun-

---

[1] Cfr. *O sistema corporativo*. Lisboa: [s.n], 1938. p. 21-32.

CORPORATIVISMO, FASCISMOS, ESTADO NOVO

damentalmente jurídico, que havia sido inspirada no pensamento francês de Sorel, Péguy e Lagardelle e no grupo sindicalista italiano de Olivetti e Orano, a que Mussolini pertencia. Referia-se, no caso português, ao Integralismo Lusitano, nomeadamente de Pequito Rebelo[2], defensor de um corporativismo integral, que encontrava uma certa coincidência, sem pura imitação, no corporativismo integral e puro de Othmar Spann, influenciado pela escola de economia nacional de Frederico List, e de Manoilesco, cuja obra, *Le siècle du corporatisme*[3], considerou a obra prima da teoria geral do corporativismo ("ensaio brilhante, construtivo e persuasivo"). E não deixou mesmo de considerar a importância de certos autores que, navegando por outras águas, e até combatendo o corporativismo, sobretudo por receio da sua marca fascista, acabaram por aceitar certas ideias corporativistas. Estavam nesse caso o neo-socialismo de Marcel Deat ou de Henri de Man, e até "a mais notável cerebração jurídica dos últimos cinquenta anos em França", Léon Duguit, que "anteviu o fenómeno corporativo na sua concepção de um sindicalismo integral, cujo aparecimento influiria na própria estrutura política do Estado".

Mas Marcello Caetano foi mais longe, nesta busca genealógica do corporativismo moderno português. No plano prático, referiu-se às corporações de artes e ofícios de raiz medieval e à concepção de "Monarquia orgânica" vigente até ao século XVIII, que o pombalismo e o liberalismo destruíram, não sendo essa orgânica sequer contrabalançada, como sucedeu na França, pelas "ideias socialistas de solidariedade, cooperação e associação da *classe operária*". A partir de 1834 e sobretudo a partir do decreto de 9 de Maio de 1891 surgia um sistema especial de autorização ou de regulamentação geral para aprovar os estatutos das associações de operários e patrões. Só à margem do Estado e contra a sua vontade surgiam – segundo Marcello – associações, como em 1838 a Sociedade dos Artistas Lisbonenses, em 1850 a Associação Operária e em 1871 a Associação Protectora do Trabalho Nacional, assim como por altura da República surgirão federações e uniões, como a União das Associações de Classe de Lisboa, a União Operária Nacional (UON) e Confederação Geral do Trabalho (CGT), sendo o governo republicano obrigado a conceder o direito à greve, pelo decreto

---

[2] *Pela dedução à Monarchia*. Lisboa: Livraria Férin, 1922. Basicamente este texto foi publicado antes, em 1914, na revista do Integralismo Lusitano, *Nação Portuguesa*.

[3] *Le siècle du corporatisme: doctrine du corporatisme intégral et pur*. Paris: Félix Alcan, 1934. Cfr. CAETANO, Marcello – *ob. cit.*, p. 9-21.

OS CORPORATIVISMOS E AS "TERCEIRAS VIAS"

lei de 6 de Dezembro de 1910. Mas só em 27 de Dezembro de 1924, pelo decreto n.º 10.415, o governo se propôs legalizar as situações que se foram criando.

Ou seja, a tese de Marcello, que, como veremos, se radicava na teoria dos integralistas, era que o individualismo liberal e republicano se colocava numa posição intrinsecamente contrária ao sindicalismo e a todas as associações de tipo corporativo e cooperativo, que todavia resistiram ao "furor individualista do século passado" (o século XIX, evidentemente). E era oposto não só às associações económicas, mas também às associações espirituais e culturais, como as Academias, as Misericórdias e as Universidades.[4]

No plano teórico, havia, no entanto, juristas e ideólogos que defendiam o corporativismo ou o assinalavam como uma realidade social a ter em conta. Assim sucedera com o professor da Universidade de Coimbra Adrião Forjaz, primeiro lente de Economia Política, que publicou em 1839 a obra *Elementos de Economia Política*, e com António de Sousa e Silva da Costa Lobo, que, na obra *O Estado e a liberdade de associação* (1864), defendeu "uma completa organização corporativa, num sistema integralista". Mas quem primeiro formulou o pensamento corporativo, segundo Marcello Caetano, havia sido o movimento da Contra-Revolução, em face da extinção das corporações pelo liberalismo nascente. Assim escreveu Marcello:

> Os que primeiro o formulam e sustentam são, naturalmente, os *contra-revolucionários*, que reprovam o processo violento de substituição de instituições seculares e a postergação do espírito de reforma na continuidade que é o único progressivo e fecundo. Em Portugal o mais ilustre doutrinário desta corrente é o Dr. JOSÉ DA GAMA E CASTRO, autor do livro *O Novo Príncipe, ou o espírito dos governos monárquicos*, e as suas ideias ficaram sendo património do legitimismo, aliás sem grande repercussão.[5]

Como se vê, Marcello, que utiliza já uma expressão e uma ideia semelhante àquela que viria a ser o emblema do seu governo, de 1968-1974, "reforma na continuidade"[6], fazia assim jus à sua ideologia integralista da

---

[4] Cfr. CAETANO, Marcello – *ob. cit.*, p. 9-21
[5] *Idem*, p. 22.
[6] Como é sabido, Marcello Caetano utilizava como emblema do seu governo, referindo-se ao Estado Novo de Salazar, a expressão "Renovação na continuidade", que foi o título de um seu livro: *Renovação na continuidade*. Lisboa: Verbo, 1971.

CORPORATIVISMO, FASCISMOS, ESTADO NOVO

segunda geração, considerando José da Gama e Castro e os contra-revolucionários como os seus percursores. Neste caso, teriam sido os percursores do pensamento corporativo. Mas teria sido assim tão evidente essa ideia entre os miguelistas ou legitimistas, antiliberais, do século XIX?

O pensamento contra-revolucionário e o "Estado social e orgânico" entre o absolutismo inorgânico e o liberalismo

Na verdade, analisando o pensamento político, económico e social de José da Gama e Castro – trabalho que ocupou alguns anos no início da nossa carreira universitária[7] – poderemos ver que, no seu pensamento, ainda pouco estruturado e com algumas reais e aparentes contradições, ocupa um lugar particular a ideia de um "Estado orgânico e social". Ou seja, Gama e Castro, numa lógica absolutista e autoritária – ainda o conceito de "absolutismo" não era considerado uma ideia política a abater, em função do ataque a uma concepção "estrangeirada" que encontrava como paradigma o pombalismo –, defendia um absolutismo orgânico. Por isso, no seu livro *O Novo Príncipe*, publicado nos anos quarenta do século XIX[8], não deixa de criticar severamente o absolutismo anterior à Revolução de 1820, que afinal fora, para ele, a causa da queda do regime, procurando quase tanto atacá-lo como ao liberalismo, numa concepção que se pode dizer de "terceira via". Para ele, havia que criar um nacionalismo económico, mas ao mesmo tempo dar uma liberdade controlada ao comércio, baseado na força da marinha; havia que desenvolver a agricultura, com o regresso da nobreza ao campo e a utilização do trabalho produtivo, não apenas em matéria económica, mas social; havia que desenvolver a indústria, mas através da força humana, repudiando o progresso resultante do uso da máquina, gerador do desenvolvimento do capitalismo e não da harmonia social; havia que equilibrar a população em termos urbanos e rurais e não permitir que ela crescesse para além da sua necessidade. Toda a organização assentava

---

[7] Ver "José da Gama e Castro. Incidência económica do seu pensamento politico". In *Estudos de Humanidades*. Sá da Bandeira, 1969. Vol. I; e *Tradição e Contra-Revolução. O pensamento e a acção de José da Gama e Castro*. Universidade de Coimbra: Seminário de Cultura Portuguesa, 1973. Esta obra é somente a transformação da tese de licenciatura do autor, apresentada em 1966.

[8] *O Novo Principe ou o espírito dos governos monarchicos*. Rio de Janeiro, 1841. Esta edição apresenta-se como a segunda, embora se desconheça a primeira. Foram depois feitas mais duas edições: uma do Porto, de 1921, e outra, a mais vulgar, da Editora Pro Domo, inserida na campanha pró-tradicionalista e pró-monárquica, de 1945.

para ele na Tradição, de que Portugal e o mundo se afastavam em nome da Liberdade, quando o que havia a defender seriam sim as "liberdades".

Temos, pois, repetimos de outro modo, uma concepção de "Estado social e nacional", contra o arrecadamento de capital pelo Estado e em defesa do seu uso para bem da sociedade. Um Estado "organizado", em que a Nação, hierarquizada ocuparia um lugar fundamental e seria a razão de ser da política e da economia. Eram, afinal, conceitos que seriam defendidos pelos sistemas corporativistas, sem que, no entanto, José da Gama e Castro tivesse proferido quaisquer ideias de tipo claramente corporativo. O que estava em causa era afinal a luta pela Tradição contra o Liberalismo e pode dizer-se que Gama e Castro se afirmou como um construtor de um pensamento teórico, ainda que incipiente, ao invés de muitos contra-revolucionários "caceteiros" da sua geração, que enveredaram por uma via quase exclusivamente de combate. Outros poderíamos ainda acrescentar, como José Acúrsio das Neves ou António Ribeiro Saraiva.

No caso de Acúrsio, devido às suas qualidades de economista de certo relevo, deve dizer-se que a sua crítica à prática económica e o seu desejo de desenvolver todas as "artes" e a "indústria portuguesa" o levam mesmo a aproximar-se do absolutismo esclarecido do Marquês de Pombal e a tomar uma posição contra a própria experiência corporativa. Vejamos, assim, o que nos diz Acúrsio das Neves na sua obra *Memória sobre os meios de melhorar a indústria portuguesa, considerada nos seus diversos ramos*. Começa por uma descrição histórica, onde se antevêem já as suas ideias:

> O Senhor Rei *D. José I*, ou o seu Ministro, não obstante viver em um tempo em que ainda dominava o espírito dos regulamentos, conheceu bem que era necessário libertar a indústria dos vexames das corporações; permitiu à Junta do Comércio pelos Decretos de 9 de Fevereiro e 18 de Abril de 1761 autorizar todos os artistas insignes, ou de novos inventos, a trabalharem por seus ofícios sem que o Senado da Câmara lhes pudesse negar a licença. Esta providência, sem a qual a indústria nunca teria levantado cabeça, foi sempre um objecto odioso para os incorporados e para todos os que tiram interesse dos monopólios da corporações; e levantaram-se contra ela todas as vezes que puderam. Tanto insistiram que, em consequência da Real Resolução de 30 de Novembro de 1802, tomada em consulta da Real Junta de 8 do mesmo mês e ano, foram repreendidos e assinaram termo os juízes de diferentes ofícios para não reproduzirem mais semelhantes pretensões. Contudo, aproveitando-se das

mudanças de Governo ou de Ministério, eles não têm cessado de as renovar e agora mesmo pendem consultas a este respeito.

Depois desta descrição, apresenta a sua teoria:

Algumas das nações industriosas têm acabado com as corporações dos ofícios; e de que servem elas, se não de prender a indústria? Desde a abolição delas é que os Franceses datam os seus grandes desenvolvimentos. Em Londres ainda se conservam, porque estão em certo modo ligadas com a constituição do Estado e com o sistema das rendas públicas; mas tudo é livre em se passando o Tamisa, em Birmingham e nas cidades, e distritos onde mais floresce a indústria Inglesa. Não digo que se acabe de um golpe com as corporações em Portugal; porque isso seria contra o meu princípio, que se deve evitar a fricção, que sempre causam na sociedade as grandes mudanças repentinas, principalmente quando ferem os interesses de um grande número de indivíduos, nem uma nação recebe senão aquelas reformas para que está preparada, mas se em lugar de encaminharmos gradualmente a nossa indústria para a sua liberdade, retrocedermos nesta carreira, escusado será procurar outros meios de a promover, porque com a indústria agrilhoada todos serão baldados.[9]

Como se vê, os teóricos contra-revolucionários ainda não revelavam – antes pelo contrário – uma noção clara da importância das corporações como elemento fundamentador da sociedade. Poderiam pensar numa sociedade orgânica assente na Tradição, mas pensavam sobretudo em formas de desenvolvimento do país que passavam pela afirmação de "liberdades" e pela recusa em aceitar experiências liberais que consideravam prejudiciais e pouco sociais. Era necessário que o liberalismo se instalasse para que se visse as corporações como motor da organização social, em oposição ao individualismo e à formação de novos interesses da burguesia.

António Ribeiro Saraiva, o diplomata de D. Miguel em Londres, pôde ter uma visão mais alargada, pois viveu até muito tarde e assistiu ao desenvolvimento de liberalismo cartista. Mas nem por isso veio a defender uma posição corporativista, ainda que considerasse a Tradição como a posição

---

[9] *Memoria sobre os meios de melhorar a industria portugueza, considerada nos seus differentes ramos.* Lisboa: Na Offic. de Simão Thaddêo Ferreira, 1820. Na edição de 1964, do Ministério das Finanças/Centro de Estudos Fiscais da Direcção-Geral das Contribuições e Impostos, p. 73-74.

"liberal" e "constitucional" por excelência, aproximando-se assim da concepção monárquica britânica. Esta ideia transparece de forma evidente numa obra escrita em francês e publicada em 1847, em que o diplomata descreve uma audiência que tivera em 1833 com o Primeiro Ministro inglês Lord Grey. Aí se pode ler: "Mais aujourd'hui, le Roi lui-même est convaincu plus que personne, du devoir, en même temps que la nécessité impérieuse, de rétablir en son plein exercice et fonction naturelles toute la belle organisation de notre admirable Constitution, purgée des formes absolues, hétérogènes, que le Pombalisme (en vertu d'une sorte de dictature, peut-être nécessaire dans les circonstances alors) y avait introduites, au milieu du siècle dernier".[10]

Em 1882, perante o centenário do Marquês de Pombal, que constitui a grande fase de arranque da propaganda republicana, fica ainda mais clara a ideia de que o ministro de D. José destruíra a verdadeira "Constituição" portuguesa. No jornal de Pombal, *O Pombalense*, Saraiva fala das contradições de liberais e republicanos por defenderem o centenário do "déspota" que "aboliu, verdadeiramente (*de facto* que *de direito*, nem ele, nem o maçónico apostolado de 24 d'Agosto de 1820, o podia fazer) a Constituição Legítima, histórica, respeitável, da Nação, arrogando em si a mais despótica e tirânica autoridade, em nome do Rei, que, ele próprio, a não tinha até tal ponto!"[11]. Esta ideia passará para os integralistas, que considerarão o absolutismo um conceito a abater, colocando Ribeiro Saraiva, de forma mais clara, entre as ideias "absolutistas" e os liberais e republicanos, que afinal constituíam a mesmo linha, desenvolvida a pouco e pouco, da ideia de "revolução".

Entretanto, durante as celebrações do centenário do Marquês, também o jornal conimbricense *A Ordem* toma posição idêntica, fazendo vir ao de cimo a questão religiosa, que vai afinal ser significativa no aparecimento da concepção corporativista: "Depois do centenário de Voltaire, o ímpio, era lógico o centenário de Pombal, o déspota. Aquele por ódio a Cristo, mofou torpe e cinicamente dos dogmas sacrossantos da religião cristã;

---

[10] *Memorandum d'une conférence de António Ribeiro Saraiva, agent diplomatique portugais à Londres, sous le gouvernement de Don Miguel, avec Lord Grey, premier ministre de la Grande Bretagne, le 20 Décembre 1883, sur le meilleur moyen de pacifier le Portugal, d'y mettre fin à la guerre civile, d'y rétablir un vrai gouvernement constitutionnel.* Londres, 1847.

[11] Cfr. *O Pombalense*. N.º 249 (9 de Maio de 1882), artigo datado de Londres, 1 de Maio de 1882, intitulado "Ao Pombalense. Mais tributo para o Centenário".

CORPORATIVISMO, FASCISMOS, ESTADO NOVO

este por ódio à Igreja oprimiu a consciência católica e perseguiu cruelmente os fiéis soldados de Jesus Cristo. Um e outro sanguinários: aquele pelas ideias que propalou, este pelo sangue que derramou e pelas vítimas que sacrificou ao seu furor neroniano. Pombal é digno de ser glorificado pela maçonaria portuguesa, como Voltaire fora digno de ser glorificado pela maçonaria francesa"[12].

Mas é o órgão mais importante do partido legitimista, *A Nação*, que tece as considerações críticas mais interessantes e significativas. Não se limita a atacar os republicanos e as outras forças que dinamizaram e apoiaram as Comemorações, mas aproveita também para censurar igualmente os próprios liberais regeneradores – os "reaccionários do liberalismo", como lhes chama – que, a seu ver incoerentemente, porque eles próprios eram também "filhos da revolução", não aderiram a ela[13]. Numa posição maniqueia, própria do espírito contra-revolucionário miguelista, conclui: «Ou contra o centenário e a revolução; ou com a revolução e o centenário». É que Pombal representava, efectivamente, para este sector de pensamento, o ponto de partida do processo revolucionário, que se iria propagando em movimento acelerado. Por isso todo o contra-revolucionário terá de atacar Pombal: «Execramos o ministro prepotente d'el rei D. José – justifica a dado momento *A Nação* – porque preparou para a nossa pátria, o advento da revolução, simbolizada por ora, na monarquia da Carta, como, amanhã, o será na república, e no outro dia, no socialismo"[14].

O pensamento católico entre o liberalismo e o socialismo

Na verdade, será o pensamento católico a formar o conceito de corporativismo, ainda que não sob a forma de um *sistema corporativo*, de tipo estatal e antidemocrático, e sim de um corporativismo social e inserido na lógica da "liberdade", tal como a concebia, de uma forma orgânica e não individualista e de acordo com as concepções da Igreja. Ele constituía também uma "terceira via", agora entre o Liberalismo e o Socialismo nascente, sobretudo o socialismo marxista.

---

[12] *A Ordem*. N.º 358 (6 de Maio de 1882).

[13] Na verdade, certos sectores liberais, sobretudo regeneradores, não aderiram às Comemorações e tomaram até posições contra elas. O jornal *A Ordem* (n°. 358, 6 de Maio de 1882) dá conta dos jornais liberais que assumiram esse papel: *Instituições* e *Economista* (regenerador), de Lisboa; *Jornal do Porto*, *Voz do Povo* e *Jornal da Manhã*, do Porto; e *Viriato* (regenerador), de Viseu.

[14] *A Nação*. N°. 12047 (5 de Maio de 1882), editorial datado de 4 de Maio.

OS CORPORATIVISMOS E AS "TERCEIRAS VIAS"

É de destacar que o movimento social católico estava em acção, mesmo antes da encíclica de Leão XIII, prologando-se para além dela. Autores como Manuel Braga da Cruz[15], João Francisco Policarpo[16], Paulo Fontes[17], Amaro Carvalho da Silva[18], Jorge Humberto Seabra, António Rafael Amaro e João Paulo Avelãs Nunes[19], Maria Inácia Rezola[20] e vários outros têm-se encarregado de analisar esse movimento ou esses movimentos, que, se vêm desaguar no salazarismo, também vêm formar linhas de desenvolvimento diferentes que lhe são paralelas ou até opostas. Assim, vão aparecendo os primeiros congressos católicos e as tentativas falhadas de o movimento se consolidar através, por exemplo, da União Católica em 1882 e do Centro Católico em 1884, os círculos católicos de operários, a imprensa católica em que se afirma o pensamento do Conde de Samodães e o seu jornal *A Palavra*, o Centro Académico de Democracia Cristã (CADC), o Partido Nacionalista, o Centro Católico Português, o sindicalismo católico..., que não se identificam com nenhuma forma política, monárquica, absolutista ou tradicionalista, ou republicana, mas que pretendem inserir as teses sociais e políticas da Igreja no regime vigente e combater as suas afirmações laicistas, crendo sempre que estava em curso um "renascimento cristão".

Não vamos analisar estes movimentos por estarem, como dissemos, suficientemente estudados. Apenas queremos salientar que a *Rerum novarum* (15 de Maio de 1891), de Leão XIII, é, sem dúvida, a fonte principal do movimento corporativista católico. Aí, perante a gravidade do problema social – "quase todos os produtos se encontram nas mãos de uns poucos ricos e opulentos que, desta forma, impõem sobre os ombros dessa grande multidão de proletários um jugo que em nada difere do jugo dos escravos"[21] —, e ao contrário da solução socialista (marxista), que, numa lógica de "luta de classes", defendia a intromissão do Estado na vida par-

---

[15] *As origens da democracia cristã e o salazarismo.* Lisboa: Presença/GIS, 1980.

[16] *O pensamento social do grupo católico de "A Palavra" (1872-1913).* Coimbra: Seminário de Cultura Portuguesa/INIC, 1992.

[17] "Catolicismo social". In *Dicionário de História Religiosa de Portugal.* Lisboa: Círculo de Leitores, 2000. Vol. I, p. 310-324 (cfr. a numerosa bibliografia sobre o tema, no fim do artigo).

[18] *O Partido Nacionalista no contexto do nacionalismo católico.* Lisboa: Colibri, 1996.

[19] *O C. A. D. C. de Coimbra, a democracia cristã e os inícios do Estado Novo. 1905-1934.* Coimbra: Faculdade de Letras, 1993. Há uma segunda edição publicada pelas Edições Colibri.

[20] *O sindicalismo católico no Estado Novo (1931-1948).* Lisboa: Estampa, 1999.

[21] *Rerum Novarum*, [1]. In *Dez Grandes Mensagens.* Com um Prólogo de D. Manuel de Almeida Trindade. 2.ª edição. Porto: Editorial Promoção, 1974. p. 21.

CORPORATIVISMO, FASCISMOS, ESTADO NOVO

ticular e a extinção da propriedade privada, opta-se pela harmonia entre as classes sociais, o capital e trabalho. Nesta concepção, e tendo sempre presente que o Estado deve, contudo, defender o proletariado das injustiças criadas, chama a atenção para a importância das associações privadas, quer sejam de natureza religiosa, quer de natureza profissional. No entanto, deve dizer-se que a Igreja se arroga assim como mentora única no ordenamento político, entendendo "a religião [católica] como fundamento de todas as leis sociais"[22].

Como é evidente esse seria sempre o pomo da discórdia com intelectuais e políticos laicistas como Afonso Costa, que escreveu a sua tese de doutoramento sobre o tema, em 1895[23]. Nela atacava a *Rerum Novarum* ou, como escreve, referindo-se ao tema da encíclica e não às suas iniciais palavras, *De conditione opificum*, ou seja, "Sobre a situação dos operários", ao mesmo tempo que enveredava pela defesa de ideias sociais assentes na concepção de um Estado laico, de algum modo inspiradas no próprio socialismo marxista. Todavia, mais tarde veio a renegar essas concepções, como revelará na entrevista a José Jobim, na qual assume a sua condição burguesa, tendo o cuidado de assinalar ao jornalista que a sua posição nada tinha de "bolchevista"[24]. Os tempos eram outros, o Estado soviético estava instalado e a via de Afonso Costa já não era, de modo algum, a via socialista, mesmo uma via socialista moderada.

No século XX, no quadragésimo ano da *Rerum novarum*, na encíclica justamente chamada *Quadragésimo anno* (15 de Maio de 1931), já o fascismo estava em pleno movimento, Pio XI reforça a ideia da autoridade da Igreja na questão social e económica e não se deixa seduzir pelo que considera as aparências de um socialismo moderado. A sua crítica a um "capitalismo monopolista", digamos assim (numa linguagem marxista), um "despotismo económico" (no seu vocabulário), resultante da "concorrência desen-

---

[22] *Encíclica cit.*, [40]. In *ob. cit.*, p. 59.
[23] *A Egreja e a questão social: analise critica da encyclica pontifícia "De conditione opificum"*. Coimbra: Imprensa da Universidade, 1895.
[24] *A verdade sobre Salazar*. Entrevista concedida a José Jobim por Afonso Costa. Prefácio de Danton Jobim. Rio de Janeiro: Calvino Filho Editor, 1934. Afonso Costa fala da aplicação de "um plano preciso de realizações absolutamente práticas, uma espécie de plano quinquenal...", não sem, todavia, curiosa e sintomaticamente, alertar o entrevistador para o sentido que quer dar a esta última expressão: "Mas, olhe lá, não me diga isto no seu jornal porque vão chamar--me de bolchevista, a mim, tão bom burguês...".

freada", vem a de cimo de forma evidente e contundente: "É coisa manifesta como nos nosso tempos não só se amontoam riquezas, mas acumula-se um poder imenso e um verdadeiro despotismo económico nas mãos de poucos, que as mais das vezes não são senhores, mas simples depositários e administradores de capitais alheios, com que negoceiam a seu talante. Este despotismo torna-se intolerável naqueles que, tendo nas suas mãos o dinheiro, são também senhores absolutos do crédito e, por isso, dispõem do sangue de que vive toda a economia, e manipulam de tal maneira a alma da mesma que não pode respirar sem sua licença"[25]. Falando dos remédios contra este mal, ainda se referiu a um socialismo "moderado" ou "mitigado", que abranda os princípios da luta de classes e da extinção da propriedade privada, mas sempre vê nesse socialismo não uma vida própria mas sim uma aproximação, nos seus princípios, à ideia de sociedade segundo a concepção cristã. Nesta medida, numa lógica de exclusivismo cristão, não tem dúvidas que só havia uma verdade, a do cristianismo: "O socialismo, quer se considere como doutrina, quer como facto histórico ou como «acção», se é verdadeiro socialismo, mesmo depois de se aproximar da verdade e da justiça nos pontos sobreditos, não pode conciliar-se com a doutrina católica, pois concebe a sociedade de modo completamente avesso à verdade cristã"[26]. Assim, teria de chegar à tese fundamental: "Socialismo religioso, socialismo católico são termos contraditórios; ninguém pode ser ao mesmo tempo bom católico e verdadeiro socialista"[27].

Ambas as posições papais marcavam afinal o movimento católico que em Portugal se desenvolveu de forma tradicionalista e papista, sem nenhuma prevenção contra as correntes que se vieram a desenvolver no século XX, como o próprio fascismo, a não ser quanto à sua lógica totalitária do Estado, de que se afastava a doutrina da Igreja[28]. Assim, as teorias sociais ligavam-se a ideólogos como Murri, Marc Sangnier (fundador da revista *Le Sillon*, 1894, que acabou, devido à sua via democrática, por ser condenada por Pio X), Le Play, La Tour du Pin, Demolins e a tantos outros e nunca assumiu, em Portugal, a forma de um partido pronto a combater

---

[25] *Quadragésimo Anno*, [105] e [106]. In *ob. cit.*. p. 108.

[26] *Encíclica cit.*, [116]. In *ob. cit.*, p. 113.

[27] *Idem*, [120], *ibidem*, p. 120.

[28] Ver SERAPIGLIA, Daniele – *Portogallo: corporativismo e tradizionalismo cattolico*. Bolonha: Universidade de Bolonha, 2009. Tese de doutoramento publicada com o título *Sa via portoghese al corporativismo*. Roma: Carocci, 2011.

CORPORATIVISMO, FASCISMOS, ESTADO NOVO

os excessos do Estado, como sucedeu na Itália com o Partido Popular de Luigi Sturzo. Veio sim a afirmar-se no sentido da exclusividade da doutrina cristã ou católica no livro de Manuel Gonçalves Cerejeira, *A Igreja e o pensamento contemporâneo* (1924), ou nas teorias, já numa concepção de formação de um "Estado original", de Salazar, que, embora mantivesse constitucionalmente a separação do Estado da Igreja, defendia, de forma habilidosa, a importância fundamental da moral e do direito como realidades acima do Estado e propendia para um corporativismo capaz de seduzir, numa primeira fase, católicos sociais, como o padre Abel Varzim, que só tardiamente descobriram o sentido estatal do corporativismo do Estado Novo, que, todavia, homens mais à direita, como Marcello Caetano, divisavam e até defendiam, num processo de formação de um "sistema corporativo". Daí que Abel Varzim se afastasse do Estado Novo[29], conforme têm salientado os seus estudiosos ou os católicos de hoje[30], ou como, ainda mais tardiamente que Varzim, o fizeram católicos como Sedas Nunes, que pertencera ao quadro institucional do regime[31].

Só para que a consciência desta realidade se torne evidente transcrevamos mais uma vez, como o fizera Maria Inácia Rezola no seu livro sobre o sindicalismo católico, este passo do padre Abel Varzim de um artigo do jornal *O Trabalhador*, que foi suspenso pelo Estado:

> O Estado Novo teve a seu lado a quase totalidade do povo trabalhador. Houve um largo período de vários anos em que se puseram todas as esperanças nas possibilidades de realização dos Sindicatos Nacionais e da Organização Corporativa. Mercê de não sabermos que circunstâncias [...], o corporativismo português, em dado momento, iniciou nova marcha em sentido oposto ao espírito corporativo, enveredando abertamente por um corporativismo estatista. Pessoalmente e por escrito, repetidas vezes, demos o alarme, sobretudo no

---

[29] Ver o nosso livro *Estados Novos, Estado Novo*. 2ª ed. Coimbra: Imprensa da Universidade. Vol. I, parte II, caps. 1 e 3.

[30] Ver RODRIGUES, Domingos – *Abel Varzim. Apóstolo Português da Justiça Social*. Lisboa: O Rei dos Livros, 1990, e *Abel Varzim. Entre o real e o possível. Antologia de textos — 1928-1964*. Prefácio de D. José Policarpo. Testemunhos de António Cerejo e Manuel Braga da Cruz. Lisboa: Multinova, 2000.

[31] Ver NUNES, A. Sedas – "Histórias, uma história e a História — sobre as origens das modernas Ciências Sociais em Portugal". *Análise Social*. Vol. XXIV, N.º 100, terceira série (1998) 1.º, p. 11-55.

OS CORPORATIVISMOS E AS "TERCEIRAS VIAS"

que respeita às organizações operárias desvirtuadas da sua verdadeira função. Os Sindicatos deixaram de ser juridicamente e praticamente Sindicatos, porque deixaram de ser os órgãos competentes para tratar e *resolver* os problemas operários. Como consequência inevitável desse desvirtuamento, as massas operárias, vendo a impossibilidade de acção dos dirigentes sindicais, desinteressaram-se abertamente da sua organização que já não representava a sua vontade e mal podia representar os seus interesses.[32]

Mesmo intelectuais ligados ao pensamento social laico, e que vieram mais tarde a aproximar-se do comunismo, como o professor de Direito Corporativo de Coimbra Joaquim Teixeira Ribeiro, não deixaram, até certa altura, de justificar a concepção corporativa do Estado Novo[33], para depois dela se afastarem.

Do sindicalismo integralista ao corporativismo de Salazar/Caetano

O corporativismo e o sindicalismo católicos tiveram, porém, uma projecção mais definida e de "sistema político" no Integralismo Lusitano[34], em que Marcello Caetano se veio a integrar, numa segunda geração.

Na sua revista de referência, *Nação Portuguesa*, o programa-base do Integralismo é apresentado logo nos primeiros números, de 1914-1915. Aí se esquematiza a formação ideal do que se chama a "Monarquia orgânica, tradicionalista anti-parlamentar", a qual se "organiza" à volta de dois pólos ou "tendências": uma "Tendência Concentradora (Nacionalismo)" e uma "Tendência Descentralizadora".

Na base da primeira está o "Poder pessoal do Rei", que é o "Chefe do Estado", o qual se distribui por uma "Função governativa suprema", realizada por ministros e conselhos técnicos, por uma "Função coordenadora,

---

[32] *O Trabalhador*. N.º 276 (20.10.1945). Transcrito já por REZOLA, Maria Inácia – *Ob. cit.*, p. 258.

[33] Cfr. "A organização corporativa portuguesa". In *Boletim da Faculdade de Direito*. Suplemento V, 1945. Todo esse suplemento era dedicado ao corporativismo. Os restantes artigos tinham os seguintes autores e títulos: SEABRA, Fernando de – "O corporativismo e o problema do salário", COELHO, Armando Ramos de Paula – "As cooperativas na economia corporativa portuguesa", e CASTRO, Armando Fernandes de Morais e – "As corporações e o custo de produção".

[34] Ver CARVALHO, Paulo Archer de – *Nação e Nacionalismo. Mitemas do Integralismo Lusitano*. Dissertação de mestrado. Coimbra: Faculdade de Letras, 1993, e QUINTAS, José Manuel – *Filhos de Ramires. As origens do Integralismo Lusitano*. Lisboa: Nova Ática, 2004.

CORPORATIVISMO, FASCISMOS, ESTADO NOVO

fiscalizadora e supletória das autarquias locais, regionais, profissionais e espirituais", através de governadores de Províncias e outros fiscais régios de descentralização, e por "Funções executivas", que fazem parte da função executiva suprema e que constituem acções de "defesa diplomática", de "defesa militar", de "gestão financeira geral" e de "chefia do poder judicial" ("função moderadora").

A "Tendência Descentralizadora" tem uma organização onde em certos aspectos se releva a lógica corporativa, sobretudo no Aspecto Económico", no "Aspecto familiar administrativo" e mesmo no "Aspecto espiritual". Para além destes, existe o "Aspecto judicial", organizado por julgados municipais, tribunais provinciais (colectivos), Supremo Tribunal de Justiça (colectivo) e Conselho Superior de Magistratura. No "Aspecto Económico" surgem a Empresa, com variados tipos, onde se acentua a garantia da propriedade, a "Corporação", com "sindicatos operários patronais e mistos", os "graus corporativos superiores", que se conjugam numa política económica global exercida pelo rei, pelos ministros e conselhos técnicos. O "Aspecto familiar administrativo" tem como base a Família, subindo na hierarquia pela Paróquia, pelo Município, pela Província e pela Assembleia Nacional (assistida por um conselho técnico), com representação municipal, provincial, escolar, corporativa, eclesiástica, militar, judicial, etc., que analisa a aplicabilidade das leis que os ministros e os conselhos técnicos elaboram. Finalmente, o "Aspecto espiritual" que se distribui pela organização de toda a espécie de organizações culturais e religiosas, desde museus e escolas, afirmando-se a existência de uma "Universidade autónoma", de Coimbra, e de "Escolas e Universidades livres", e salientando-se a afirmação da "liberdade e privilégios da religião tradicional Católica, Apostólica, Romana", da "liberdade de congregação" e da "liberdade de ensino". E a importância da *Nação espiritual* era reafirmada pela sua "alta representação" nos conselhos reais e na Assembleia Nacional.

Portanto, como se vê, toda a "organização" do Estado integralista tinha um sentido orgânico e nacional, onde o aspecto corporativo (*lato sensu*) tinha um papel fundamental. Não se pode dizer, porém, que o corporativismo preenchesse largamente as páginas da *Nação Portuguesa*, nas suas diversas séries[35]. O Integralismo estava mais interessado em questões

---

[35] Surgiram ao longo do período republicano e da Ditadura Militar seis séries: a I série, de 1914 a 1916, dirigida por Alberto Monsaraz, a II e a III séries, de 1922-1923 e de 1924-1925,

OS CORPORATIVISMOS E AS "TERCEIRAS VIAS"

de luta pelo poder, em provar que a organização política portuguesa era naturalmente tradicionalista, em oposição ao liberalismo, monárquico ou republicano, e em questões culturais (constituindo inclusivamente uma biblioteca integralista, com "publicações aconselhadas" em cada número), do que em aprofundar bases doutrinárias. De resto, na IV, na V e na VI séries a *Nação Portuguesa*, subintitulava-se "Revista de Cultura Tradicionalista" e a revista *Integralismo Lusitano*, que se lhe seguiu, em 1932, tinha mesmo um sentido quase exclusivamente "cultural".

O artigo de Luís de Almeida Braga, "Sindicalismo e República", sobre o corporativismo e o sindicalismo integralistas, ou, melhor, católicos, na sua transição para uma concepção nacional-sindicalista, constitui quase uma excepção. Foi como se previsse que o Integralismo não durasse muito como movimento autónomo e acabasse por se integrar na lógica salazarista, que usufruiu das suas concepções de organização do Estado, como de resto sucedeu, com algumas excepções pessoais, não só na sua vertente de "Integralismo" e da "Causa Monárquica", como na sua vertente de "Nacional-Sindicalismo" (os "camisas azuis")[36]. Aliás, não deixa de ser curioso que Rolão Preto tivesse sido dos poucos que se exilaram e passasse para a oposição ao salazarismo e que Luís de Almeida Braga em 1949 tivesse sido irradiado, com Vieira de Almeida, da Causa Monárquica, devido à sua intransigente oposição ao Estado Novo. Algo de idêntico sucedeu com o Centro Católico Português, em que António Lino Neto ficou quase isolado na sua posição de não o extinguir, tomando uma posição crítica relativamente ao Estado de Salazar. O Estado Corporativo da Constituição de 1933 foi, pois, a cobertura que atenuou ou eliminou a acção de movimentos católicos ou monárquicos. Resultou pois, quase em pleno, o apelo de Salazar de 1932, para que todos se juntassem no Estado Novo em espírito de "União Nacional".[37]

Mas vejamos, entretanto, o que nos dizia Almeida Braga no seu artigo da *Nação Portuguesa*, publicado em Novembro de 1915[38].

---

dirigidas por António Sardinha, e a IV (1926), a V (1928) e a VI (1929-1933), dirigidas por Manuel Múrias.

[36] Ver PINTO, António Costa – *Os Camisas Azuis. Ideologia, elites e movimentos fascistas em Portugal 1914-1945*. Lisboa: Editorial Estampa, 1994.

[37] Ver o discurso "As diferentes forças políticas em face da Revolução Nacional", proferido na sala do Conselho de Estado, em 23 de Novembro de 1932.

[38] "Sindicalismo e Republica". *Nação Portuguesa*. I Série, 1914-1916 (Novembro 1915) p. 144-150.

CORPORATIVISMO, FASCISMOS, ESTADO NOVO

Considerava Almeida Braga que a classe operária foi a prejudicada com o Revolução liberal, ao se extinguir as corporações:

> Destruídas as corporações antigas, que nada veio a substituir, os operários ficaram isolados, sem defesa. E, porque aumentou a concorrência, aumentaram as horas de trabalho espantosamente, chegando algumas fábricas a atingir uma média de 13 e 14 horas de trabalho diário.
> [...]
> Foi esta a emancipação do trabalhador feita pela generosa Revolução Francesa. A liberdade que ela em boa verdade lhe deu foi a liberdade de morrer de fome, como a definiu o cardeal Manning.[39]

Daí que tivesse aparecido o "sindicato moderno" que, no dizer do autor, era "uma adaptação às condições presentes da corporação medieval". "O seu fim é tirar o operário do isolamento em que se definha, uni-lo para a defesa e estudo dos interesses profissionais, de maneira que a sua influência se sinta em tudo o que diz respeito aos interesses da sua profissão". E concluía:

> Procurando melhorar progressivamente a condição do operário, o Sindicato será o factor normal e pacífico das relações entre o trabalho e o capital. Se operários e patrões têm interesses de ordem secundária opostos, têm interesses primordiais comuns.[40]

Como se vê e como é, de resto, explícito no discurso de Almeida Braga, ele recorre aos ensinamentos do sindicalismo católico e em primeira mão às teses da *Rerum novarum* de Leão XIII. Ou seja, em lugar de opor capital e trabalho, numa concepção de "luta de classes", defende a sua harmonia. Por isso entendia que a primeira missão do sindicato deveria ser a da "educação". Não defendia, assim, um sindicalismo revolucionário, mas de concórdia. Entendia que não era através das greves e de outros meios de combate, como advogava a CGT, que se conseguia objectivos de interesse nacional, objectivos esses que beneficiariam patrões e operários, mas sim através de um sindicalismo cristão, que considerava fazer parte essencial

---

[39] *Artigo in lug. cit.*, p. 144.
[40] *Idem*, p. 145.

da doutrina da Igreja, como provava, na Bélgica católica, a intervenção prioritária do cardeal Mercier e a formação da *Intersyndicale Chrétienne de Bruxelles*. Por isso afirmava: "É tão grande o lugar dado pela escola católica social na organização profissional que Pierre Pau pôde afirmar que ela é sindicalista". Logicamente, nesta concepção, a associação mista de patrões e operários era a forma mais cristã do sindicalismo, pois ambos, em harmonia, defenderiam interesses comuns.

Almeida Braga, embora se escudasse nos socialistas para provar que o liberalismo e o republicanismo, como sua forma acabada, eram contra o sindicalismo – pelo que cita Kautsky e Bebel, que teriam defendido contra Jaurès que "a república nada tinha feito pelo operário, que *a república é o pior dos governos*" —, tomava posição igualmente contra o sindicalismo socialista, opondo a ele o sindicalismo católico: "O socialismo destrói, o sindicalismo, assim compreendido [como sindicalismo católico], constrói". Desta forma erguia uma "terceira via" entre a via liberal-republicana, "anti--sindicalista", como provava, a seu ver, a República Portuguesa, e a via socialista, defensora de um sindicalismo revolucionário. Por outras palavras, tomava uma posição intermédia, citando o professor da Universidade de Turim Robert Michels, entre a democracia, em processo de falência, pois na França, na Alemanha e na Itália apenas tinha criado "pequenas oligarquias", e o socialismo, também em crise, como o demonstrava a cisão de Sorel e o afirmava o filósofo italiano Benedetto Croce. E citava em rodapé o manifesto de alguns socialistas franceses dos inícios de 1915:

> *Le socialisme subit, en France, une crise profonde. À notre époque, d'arrivisme forcené, alors que les partis bourgeois sont particulièrement encombrés, le Parti qui le représentait, parti d'avenir exerçant par son haut idéal d´émancipation une attraction puissante sur les masses, est par cela même apparu comme offrant un vaste champ d'action aux intrigants et aux ambitieux.*
>
> *Le socialisme est devenu une carrière pour tous fils de bourgeois, avides autant que médiocres, et qui pensent que le plus sûr moyen de parvenir est de flatter l'esprit démagogiques des foules. Depuis quelques années, ces éléments douteux ont pénétré en nombre dans le Parti Socialiste et en on occupé toutes les avenues. Sous leur néfaste influence, il a cessé d'être un Parti de lutte de classe et d'organisation ouvrière pour devenir un vaste syndicat d'appétits électoraux et parlementaires.*[41]

---

[41] *Idem*, nota de rodapé nas p. 149-150.

Deste modo, segundo Almeida Braga, Sorel, Lagardelle, Labriola separaram socialismo e democracia do sindicalismo:

> O Socialismo é um movimento de opinião, o Sindicalismo um movimento de interesse. Doutrina de combate e de energia, o sindicalismo confia no esforço consciente do proletariado, devendo ser o trabalhador quem, organizando a profissão, melhorará a sua sorte, protegendo-se a si e ao capital, enquanto que o socialismo é um princípio de lassidão e fraqueza que espera realizar, por intervenção exterior do poder, o que a acção pessoal não pode atingir.[42]

E, citando Sorel, na sua *Introduction à l'Économie Moderne* (1903), que afirmava que a democracia constituía "um perigo para o futuro do proletariado", continuava:

> Sindicalismo e democracia são dois pólos opostos que se excluem e neutralizam. Os sindicatos são organismos absolutamente antidemocráticos, pelo próprio facto de serem corpos sociais e agrupamentos seleccionados. Enquanto que numa sociedade democrática não contam senão os indivíduos, sem se conhecer as suas opiniões, no sindicato juntam-se profissionais de determinados ofícios, e, seleccionados assim, têm ainda dentro dele situações desiguais, segundo o seu valor próprio, adquirindo uma influência proporcional à sua actividade e à sua energia.[43]

Aproximando-se mais do tema central do artigo, "Sindicalismo e República" (recorde-se), e na defesa das teses do Integralismo, Luís de Almeida Braga afirmava ainda:

> A liberdade aumenta na razão directa da autoridade. Ao contrário das forças antagónicas que se aniquilam, como a Revolução fazia acreditar, liberdade e autoridade são forças que, equilibrando-se, se completam.
> É por desconhecer este princípio de estabilidade e ordem que a Democracia, como mostrou Maurras, é fraca onde devia ser forte e forte onde devia ser fraca. Daí a impossibilidade da organização sindical se desenvolver dentro da

---

[42] *Idem*, p. 150.
[43] *Idem*.

República, regime essencialmente político, baseado sobre o absurdo princípio da *liberdade de trabalho*, que entrava e inutiliza toda a acção colectiva, transformando também em espírito de partido o que devia ser espírito de classe.

Para que o operário reconquiste as liberdades necessárias ao seu desenvolvimento e engrandecimento, torna-se pois necessário formar primeiro um governo bastante forte que as possa admitir sem receios, um governo cujos interesses estejam ligados ao interesse da nação e não ao interesse dum partido ou dum *club*. É o que só a Monarquia orgânica e tradicional, como a entende e anuncia o Integralismo Lusitano, saberá e poderá cumprir, opondo à liberdade abstracta e negativa, liberdades reais e práticas.[44]

E assim completava Luís de Almeida Braga a sua tese integralista, baseada na força da Autoridade e da Tradição, únicas formas de – segundo ele – atenderem ao significado fundamental da ordem social na sua autonomia sindicalista, oposta à lógica socialista que confundia o aspecto social com o aspecto político em posições revolucionárias radicais, e à lógica republicana, ou demoliberal, que, baseando-se somente no princípio político, atendia fundamentalmente à liberdade burguesa e receava por isso as liberdades operárias. As suas concepções baseavam-se, pois, nas considerações católicas da Igreja, nas reflexões sociológicas de Le Play e vários outros "cientistas" da sociedade e nas considerações nacionais-sidicalistas de antigos socialistas como Sorel, mas ainda nas posições contra-revolucionárias, ou revolucionárias da direita tradicionalista francesa, da *Action Française* de Maurras. Le Play é, porém, o inspirador inicial. Daí que apusesse uma sua afirmação na epígrafe do seu artigo:

> *Sur les points fondamentales de la science sociale, il n'y a rien à inventer: le nouveau est simplement ce qui a été oublié.*[45]

Numa linha mais revolucionária surgiu, como se disse, nos anos trinta, o movimento nacional-sindicalista, cujo jornal diário *Revolução* (1932-1933) defendia um sindicalismo nacional como alavanca de um movimento político que se aproximava mais do fascismo e até do nazismo, do que do Integralismo, uma das suas fontes de inspiração, o qual foi morrendo aos poucos

---

[44] *Idem.*
[45] *Idem*, p. 144.

CORPORATIVISMO, FASCISMOS, ESTADO NOVO

e transformando-se em movimento cultural, com a citada revista *Integralismo Lusitano*, fundada em 1932 por Luís de Almeida Braga e Hipólito Raposo. O sindicalismo era assim promovido a motor da junção de interesses nacionalistas, accionado por revolucionários com uma acção violenta de tipo paramilitar, que procuravam um Chefe capaz de liderar o movimento que iria procurar formar um novo tipo de Estado.

O Estado Novo de Salazar sobrepôs-se, no entanto, a todos os movimentos e aglutinou grande parte dos integralistas e nacionais-sindicalistas, entre eles Marcello Caetano e Pedro Teotónio Pereira, afinal os fautores do corporativismo, que estiveram juntos na revista *Ordem Nova*. Mas Marcello nem sempre esteve de acordo com a lógica corporativista do Estado Novo porque a queria sempre aperfeiçoada e tendo como modelo a concepção integralista de "Estado orgânico", que preferia à concepção de "Estado corporativo" do artigo 5.º da Constituição de 1933[46].

Especialista também em Direito Administrativo, considerava os órgãos administrativos e as corporações "entidades autónomas de direito público". Quanto aos órgãos superiores do Estado, opta por um "corporativismo misto", terceira via entre duas formas de corporativismo consideradas por Manoilesco, ou seja, o "corporativismo puro" e o "corporativismo subordinado". O primeiro seria aquele em que as corporações e o seu parlamento constituíam os únicos órgãos de poder legislativo supremo, ao passo que no "corporativismo subordinado" o parlamento corporativo não detinha o poder legislativo, que era exercido por uma assembleia saída do sufrágio universal ou emanada de um partido único constitucional. Por sua vez, no "corporativismo misto", que defendia, o poder legislativo seria repartido por uma órgão corporativo e por outro órgão não corporativo que tinha como base o "partido único", o qual constituía, como pensava Manoilesco (*Le parti unique*, 1937), "a corporação nacional da política". Segundo Marcello Caetano, ao "partido único" deveria caber a indicação dos membros da assembleia legislativa e do chefe do Estado, não havendo propriamente uma "eleição", mas sim uma "adesão".

Era desta forma que interpretava a Constituição de 1933, onde havia um Presidente da República, eleito em sufrágio directo, que nomeava o governo, e uma Assembleia Nacional eleita igualmente por esse tipo de voto, para além de uma Câmara Corporativa, de tipo exclusivamente cor-

---

[46] *O Sistema Corporativo*, p. 48.

poratio. O conceito de sufrágio era, assim, alterado na interpretação de Marcello, que também defendia a ideia de "partido único". Ao invés, o salazarismo, mais pragmático, falava de sufrágio como forma de compromisso com o liberalismo republicano e considerava a União Nacional não como "partido único", mas como associação cívica, o que possibilitava hipoteticamente a existência de vida política para além da UN. Daí que Salazar, depois da guerra, tivesse que transigir com a ideia de "eleições livres", embora só no domínio da teoria e nunca da prática.

Por sua vez, Marcello Caetano, antes do grande conflito mundial, procurava reforçar a importância da Câmara Corporativa no contexto do poder legislativo:

> Não se diga que a redução da Câmara Corporativa ao mero papel técnico e consultivo na elaboração das leis gerais conduz ao domínio das comunidades pelo poder politico, ou, na frase consagrada pelos anti-corporativistas, transforma a organização corporativa numa fachada do Estado absoluto. Na verdade, a Assembleia Nacional só terá competência legislativa para estabelecer as bases do regime jurídico das instituições fundamentais, e deve exercer, sobretudo, uma real e efectiva fiscalização da forma como o Governo e as corporações respeitam e servem o ideal nacional e os interesses sagrados da pessoa humana.
>
> É da essência do Estado corporativo a descentralização legislativa, a par da descentralização administrativa. Quer dizer: cada corporação elaborará as normas a que deve obedecer o desempenho da função social que personaliza, impondo-se leis, que são os contratos colectivos de trabalho, os acordos industriais, os contratos-tipos, as tarifas, os regulamentos oficinais... Grupos de corporações estabelecerão as suas mútuas relações económicas por meio de acordos intercorporativos. Assim à Assembleia Nacional só fica a fixação do quadro destas instituições e o resíduo irredutível dos interesses nacionais comuns.[47]

E, para reforçar esta ideia da importância do corporativismo no Estado, acrescenta ainda a seguir que, se o Governo tem uma "actividade corporativa", é apenas no sentido de prevenir e garantir a "realização do ideal nacional e do bem comum", através de uma "vigilância discreta mas atenta"

---

[47] *O Sistema Político*, p. 52-53.

CORPORATIVISMO, FASCISMOS, ESTADO NOVO

e de "reprimir, por uma tutela firme, as tendências de desvio do poder corporativo que, porventura, se manifestem nos grupos económicos". E salienta: *"Quando estes, levados pela ânsia do lucro esquecem o interesse dos consumidores, é ao Governo que compete defendê-lo e impô-lo.* A tutela não suprime a autonomia: pelo contrário, é um correctivo necessário a todas as autonomias num regime orgânico"[48].

É, pois, uma interpretação integralista do corporativismo do Estado Novo que Marcello Caetano apresenta. Não perdera ainda a sua fé monárquica e a sua ligação ao Integralismo Lusitano. E é nesse sentido que, duma maneira mais directa, explica toda a orgânica legal da "organização corporativa portuguesa", neste livro que escolhemos para analisar e em vários estudos e manuais de direito corporativo. Daí que, sem sair do movimento estadonovista, tenha divergido por vezes de Salazar, ainda que tenha sido ele afinal o responsável pela continuação do regime republicano em momento crucial (a morte de Carmona), através do seu famoso "discurso de Coimbra", proferido no congresso da UN de 1951[49]. Mais do que um regime considerava o Estado Novo um "sistema", o nosso "sistema corporativo", original, pois entendia que cada sistema corporativo tinha a sua linha de desenvolvimento e organização:

> A organização corporativa não obedece a regras necessariamente uniformes: embora possua traços comuns em todos os países onde existe, diferença-se e especializa-se de país para país, conforme o génio nacional, as circunstâncias em que nasceu e se desenvolveu e as possibilidades e necessidades do meio político e social.[50]

Era esta também a tese central de Salazar, que justificou sempre o seu distanciamento do fascismo, ou do corporativismo fascista, apesar de, até pelo menos 1938, tanto admirar a acção política do *Duce* Mussolini.

A atracção corporativa na República

A Constituição de 1911 inaugura um regime, o regime republicano, o qual se afasta de qualquer caracterização sistémica, ainda que fique claro

---

[48] *Idem*, p. 53.

[49] Cfr. este discurso de 23 de Novembro de 1951 (supomos em versão integral) – que não se encontra publicado nas actas do Congresso – in *Diário de Notícias*. (24 de Novembro de 1951).

[50] *O Sistema Corporativo*, p. 65.

OS CORPORATIVISMOS E AS "TERCEIRAS VIAS"

que a República Portuguesa optava por uma concepção individualista, demoliberal, parlamentar, de afirmação nacional, mas de modelação burguesa com laivos de tipo social. Só o presidencialismo trouxe ao de cimo uma atracção claramente corporativa.

Na verdade, é assim que sucede com o sidonismo e com a sua prática constitucional (alteração à Constituição, decreto n.º 3997, de 30 de Março de 1918, em especial artigo 2.º), mas sobretudo com o seu projecto de Constituição, de Dezembro de 1918, ano da morte de Sidónio Pais, por isso não concretizada, descoberto no Arquivo da Assembleia da República por Armando Malheiro da Silva e por ele publicado[51]. Significativamente um dos subscritores do projecto é o militante católico António Lino Neto.

No entanto, o sindicalismo, como se disse, foi legalizado e posto em prática na República, numa perspectiva "revolucionária" (na linguagem católica), integrada formalmente numa lógica democrática, ainda que se manifestasse muitas vezes numa afirmação socialista ou mesmo, e sobretudo, anarquista. Daí que, para além do movimento grevista, surgisse frequentemente o "bombismo", que atormentou a sociedade republicana burguesa, nomeadamente no tempo da Primeira Guerra, o que levou a medidas drásticas de tipo anti-sindical, até porque os anarquistas se contaram entre os anti-guerristas. E não se deve esquecer que o sindicalismo surgia também no pensamento de integralistas, como se viu no caso de Luís de Almeida Braga, presente nas intentonas anti-republicanas de Paiva Couceiro, assim como Rolão Preto, que, de resto, acusavam a República de anti-sindicalista.

Desta forma, o nacionalismo burguês republicano de Estado nunca teve um bom relacionamento com o movimento sindical, a não ser no seu início, quando foram satisfeitas algumas reivindicações operárias, tais como o descanso semanal.

Torna-se fundamental estudar sistematicamente as ideias sobre esta matéria dos republicanos mais influentes, e de outros menos influentes, se é que ela aparece evidente nas suas palavras e nos seus escritos, e na sua prática, mas pode dizer-se que a consciência corporativa, escondida nas preocupações burguesas e só afirmada numa concepção presidencialista e nacionalista orgânica, despertou após a queda da República. Os republi-

---

[51] Ver o livro de SILVA, Armando Malheiro da – *Sidónio e Sidonismo*. 2 vols. Coimbra: Imprensa da Universidade, 2006. Cfr. vol. II, p. 401-413, "Constituição Política da República Portuguesa. Projecto [Dezembro de 1918]", sobretudo, artigo 9.º (Senado).

CORPORATIVISMO, FASCISMOS, ESTADO NOVO

canos perceberam o caminhar do Estado Novo e já da Ditadura Militar no sentido corporativista e declararam que se seguia por um caminho falsamente assim entendido, ao mesmo tempo que percebiam que não deviam fugir de todo de uma ideia que se espalhava ou na sua linha corporativista ou na sua acepção sindicalista.

Como dizia em 1937 um "republicano", de linha evolucionista, que se converteu ao Estado Novo, Bissaya Barreto[52], professor de Medicina na Universidade de Coimbra e amigo de Salazar, em discursos proferidos em comícios anticomunistas que nesse ano proliferaram um pouco por todo o lado, como reacção à Guerra Civil de Espanha, o século XX era o "século do corporativismo". Inspirando-se nas teses de Manoilesco e de Bottai, afirmava então, numa dessas peças oratórias de propaganda: «o século XIX, o século do liberalismo, do socialismo e da democracia, teve de dar lugar ao século XX, século da autoridade, século colectivo, século das corporações! Toda a política tem a sua época! É inútil tentar continuá-la para além do seu tempo» [53].

Mas falemos sim de republicanos que continuaram a não abdicar das suas ideias demoliberais, como é o caso de Bernardino Machado, presidente da República por duas vezes e duas vezes presidente do Ministério durante a Primeira República. Escrevia ele, num artigo publicado num jornal clandestino, em 1934:

> A ditadura, cobrindo-se fraudulentamente com um falso prospecto corporativo e nacional, não faz senão abater e esfacelar a vida das corporações e da Nação.[54]

Por sua vez, o político identificado com as concepções mais extremistas da República, Afonso Costa, no seu exílio de Paris, também em 1934, não deixa de aceitar que a República deveria então ser pensada de outra forma do que havia sido em 1911. Para garantir uma verdadeira representação e a defesa dos valores, advoga a necessidade de criar um órgão consultivo de sentido "corporativo", a que chama o Conselho Económico Nacional,

---

[52] Vide, sobre Bissaya Barreto, SOUSA, Jorge Pais de – *Bissaya Barreto. Ordem e Progresso*. Coimbra: MinervaCoimbra, 1999.

[53] O comício anticomunista da Figueira da Foz: o discurso do dr. Bissaya Barreto. *Diário de Coimbra* (27.4.1937).

[54] *A Verdade*. N.º 9 (Janeiro de 1934) p. 1.

OS CORPORATIVISMOS E AS "TERCEIRAS VIAS"

no qual estariam "representadas as regiões económicas, os sindicatos ou associações profissionais e os interesses agrupados"[55].

Enfim, pode dizer-se, para já, que os republicanos foram contraditórios nas suas ideias sobre a organização social ou sociopolítica. E os próprios republicanos, ou "democratas" mais jovens, não deixaram de o notar, como se pode ver nas opiniões manifestadas pelo movimento de "Renovação Democrática". O certo é que o individualismo e o liberalismo era uma das vias do processo político e jamais funcionou como "terceira via", a não ser na perspectiva em que se considerava uma via "política" burguesa e laicista, oposta às correntes monárquicas e católicas e também ao socialismo, sobretudo ao socialismo de Estado. Assim teve dificuldade em se impor como "sistema" e só se impôs como "regime", de tal modo que o próprio Estado Novo não abdicou formalmente da opção republicana, apresentando-se assim, como dissemos, no artigo 5.º da sua Constituição (de 1933), como uma "República unitária e corporativa".

A Renovação Democrática e a via social e democrática contra o Integralismo e o liberalismo

O movimento de "Renovação Democrática"[56] é um caso exemplar de afirmação da "nova geração" (expressão utilizada igualmente pelas vanguardas de direita e pelos novos republicanos), ainda que minoritário e de expressão social pouco significativa, no contexto do aparecimento do Estado Novo corporativo, com passagem pela Ditadura Militar, que depois se apelidou de "Ditadura Nacional". O seu manifesto data de 16 de Fevereiro de 1932, mas reivindica origens mais recuadas, sendo assinado por

---

[55] JOBIM, José – *A verdade sobre Salazar*. Prefácio de Danton Jobim. Rio de Janeiro: Calvino Filho Editor, 1934. p. 111. Trata-se da entrevista concedida, em Paris, ao jornalista brasileiro José Jobim, pelo antigo líder do Partido Democrático, Afonso Costa.

[56] Ver, sobre a Renovação Democrática, POLÓNIA, Severino Augusto Mendes – *O Grupo de Renovação Democrática ou uma das últimas utopias político-ideológicas republicanas ante a repressão do Estado Novo (1932-1933)*. Braga: Universidade do Minho, 1998. Dissertação de mestrado, orientada pelo Professor Norberto Cunha; MESQUITA, António Pedro – "Um Projecto de Renovação Democrática nos anos 30. As Propostas de Álvaro Ribeiro para a organização da Democracia", e, mais especificamente sobre as questões da Universidade analisadas pelo grupo de RD, VILELA, António Costa Lobo; TORGAL, Luís Reis; GRILO, Eduardo Marçal – *Lobo Vilela e a polémica sobre a Universidade e o Ensino nos inícios do Estado Novo*. Lisboa: Fundação C. Gulbenkian, 2009.

Álvaro Ribeiro, António Alvim, Eduardo Salgueiro e Pedro Veiga[57]. Como a "Seara Nova" – que se manifesta mais como um grupo cultural centrado na revista que lhe deu o nome, embora crescentemente de índole política –, tem uma posição socialista, ainda que tivesse surgido também nesse período uma chamada Aliança Republicana-Socialista, um dos grupos políticos que procurava fazer sobreviver a República de 1910 com outra feição, e o próprio Partido Socialista então de quase nenhuma influência. Os movimentos operários, de índole anarquista e bolchevista, continuavam a sua acção, ligando-se a focos de revolução que foram surgindo, até que foram passando à clandestinidade depois da instalação do Estado Novo.

Se distinguimos aqui o movimento de Renovação Democrática é apenas porque, de uma forma mais cabal, deu expressão a uma ideologia de "terceira via" que se situava entre o liberalismo e o organicismo integralista e o "Estado Corporativo", através de um discurso mais directo e militante. No fundo, coloca-se numa linha "social", tal como a linha corporativista, e não numa linha essencialmente "política", na tradição liberal-republicana, procurando superar uma e outra.

O grande adversário apresentado pela Renovação Democrática é a "civilização burguesa", que analisa, ideologicamente, do ponto de vista "histórico", em Portugal[58], tentando provar também a importância da Igreja na sua formação, ao invés do que faziam os "católicos". E a República, implantada em 1910, era o seu remate, ou, melhor, o triunfo da burguesia anticlerical. Assim, afirmava-se um sistema liberal, o "liberalismo burguês", caracterizado pela "neutralidade" do Estado, ou seja, pelo seu carácter limitadamente intervencionista[59]. A República com a sua Constituição de 1911 apresentava-se, pois, não como uma democracia, mas como um "regime" ou uma forma de governo parlamentarista, quando o parlamentarismo estava em crise e só servia interesses de uma minoria burguesa, na sequência da afirmação também burguesa da Carta Constitucional:

> O constitucionalismo republicano existe em Portugal desde 21 de Agosto de 1911. É vulgarmente designado como *regime republicano*, esquecendo-se que pode haver, no próprio constitucionalismo republicano, tantos regimes

---

[57] *Organização da Democracia. Manifesto político do grupo "Renovação Democrática"*. Editorial R.D., 1933. p. 7.

[58] *Ob. cit.*, p. 33-97.

[59] *Idem*, p. 98-110.

OS CORPORATIVISMOS E AS "TERCEIRAS VIAS"

como constituições. Esta inferior confusão da espécie com o género adquiriu foros de generalidade, revelando a superficial cultura política das nossas pretensas *élites*.

A Constituição de 1911 é a obra da maioria que dominou na Assembleia Nacional Constituinte, não é a expressão da vontade popular manifestada pelo movimento de 5 de Outubro de 1910, não é o trabalho do escol dos propagandistas da Democracia.

Os constituintes não destruíram o sistema monárquico. Adaptaram-no. A revolução de 5 de Outubro e o Governo Provisório haviam abolido o constitucionalismo. A Assembleia Nacional Constituinte restaurou-o. Instituiu-se a República liberal. Os nossos maiores escritores do século XIX já haviam condenado o liberalismo e a sua pura expressão política – o constitucionalismo. Como método político a sua crítica está feita. As palavras dos mesmos plumitivos valem de acusação à política que em 1911 se restabeleceu.

À Assembleia Nacional Constituinte de 1911 cabe a responsabilidade dos erros e dos fracassos da política portuguesa, e tal responsabilidade não tem atenuantes porque os homens que estiveram investidos no poder constituinte deviam conhecer as aspirações populares, a lição da Revolução Francesa de 1848, e a luta nacional contra o constitucionalismo. A adaptação do constitucionalismo burguês à situação criada pelo protesto de 5 de Outubro comprometeu, para sempre, a actividade dos republicanos.[60]

O outro pólo de luta da Renovação Democrática era a concepção organicista, tradicionalista e antiparlamentar[61], que aparecia no Integralismo Lusitano e que se transferira depois para o Estado Novo: "A velha fórmula integralista *Monarquia orgânica, tradicionalista e anti-parlamentar* dá lugar a fórmula nacionalista *República organicamente democrática e representativa*". No fundo, constituíam novas fórmulas de a burguesia se afirmar, tal como no fascismo, que considerava "o abandono do liberalismo pela própria burguesia"[62]. Assim afirmava-se:

A hegemonia política da burguesia sente-se ameaçada todas as vezes que a inteligência democrática e a vontade popular conseguem manifestar-se com

---

[60] *Idem*, p. 114-115.
[61] Cfr. *idem*, p. 133-156.
[62] *Idem*, p. 92.

força e independência. Nestes momentos de instabilidade, renega precipitadamente o liberalismo e não hesita em suspender as garantias constitucionais. O Estado Liberal e neutro já não defende eficazmente o predomínio da burguesia. Importa criar um "Estado Novo" que inutilize todas as tentativas de democratização do poder político.[63]

A Renovação Democrática aparece, pois, como (digamos nós) "terceira via". Não vamos agora analisar em pormenor as linhas da Renovação Democrática[64], nem as suas linhas teóricas[65], nem o programa da revolução[66], nem mesmo o elucidativo projecto de "Estatuto da Democracia"[67], que é o mesmo que dizer o projecto de uma nova Constituição, conceito substituído, por se considerar que estava viciado desde o século XIX e o continuou a ser com a República de 1911, "República" que constituía outra palavra cujo uso deveria ser cuidadosamente pensado para evitar o sentido republicano de modo de governo segundo a lógica parlamentarista, realidade que, por sua vez, constituíra um vício da Primeira República. O "Democratismo", novo conceito a introduzir, deveria ser uma concepção de Democracia verdadeiramente de base popular ou nacional (no seu autêntico sentido) e nunca burguesa.

O objectivo fundamental neste nosso artigo é apenas salientar que o movimento de Renovação Democrática assentava numa concepção de via diferente para a sociedade, distinta da concepção liberal e da concepção organicista do Integralismo e do Estado Novo, que afinal também era uma via que se considerava alternativa, na lógica do "fascismo" (*lato sensu*), às vias liberal e socialista. Para isso apenas quisemos constatar que os seus grandes adversários eram no fundo as duas vias políticas da "sociedade burguesa" (segundo a Renovação Democrática), que tanto surgia na linha liberal como na linha organicista. Podemos acrescentar que o programa da Renovação Democrática se baseava no aprofundamento cultural dos conceitos, deturpados até aí, no sentido de lhes conceder uma interpretação unívoca. Depois, poderemos acrescentar que o objectivo da Renovação Democrática passava por uma mudança de fundo, que viria a surgir não

[63] *Idem*, p. 148.
[64] Cfr. *idem*, p. 157-175.
[65] Cfr. *idem*, p. 177-208.
[66] Cfr. *idem*, p. 209-226.
[67] Cfr. *idem*, p. 227-262.

só com o novo Estatuto, como com outras leis fundamentais que dariam ao Estado poder de intervenção e um sentido democrático à sociedade política, como a lei eleitoral (diferente da falsa democracia das leis republicanas), a lei da imprensa, a organização da Instrução Pública e da Saúde Pública, a organização administrativa, o código civil ou o código de trabalho... Por exemplo, numa linha socialista, defendia-se a "colectivização da propriedade do subsolo, do solo, das energias naturais, das grandes indústrias, do comércio de exportação e dos meios de comunicação" e admitia-se mesmo "um regime especial de colectivização das edificações urbanas"[68]. Inclusivamente previa-se, no sentido de evitar a burocracia, a centralização da documentação do indivíduo, agrupando o registo escolar, eleitoral, criminal e o bilhete de identidade[69]. E, na organização administrativa, as comunas constituíam a base, sendo o município a federação das comunas e a província a federação dos municípios. Como se trata, no seu todo, da organização de uma "República Democrática", não passa por qualquer tipo de concepção corporativista nem mesmo sindicalista. Os sindicatos organizam-se no contexto da actividade social, assim como as empresas, mas, assim como os partidos políticos, têm um sentido nacional ou popular, já que é essa a única realidade a ter em conta.

Tratou-se da última utopia a ser construída, se exceptuarmos a utopia comunista que, onde existia, como sistema organizado (na União Soviética estalinista), constituía afinal uma prática de aparelho burguês e não operário, de tipo materialista e repressivo. Pouca importância acabou por ter, mas a ela pertenceram figuras de grande significado cultural e algumas delas bem representativas da oposição política ao Estado Novo. Entre elas, para além das que assinaram o manifesto inicial, poderíamos citar: Delfim Santos, António Lobo Vilela, Adeodato Barreto, Adolfo Casais Monteiro, Joaquim Magalhães, Domingos Monteiro, Henrique de Barros, Nuno Rodrigues dos Santos, Mário de Castro, Sant'Anna Dionísio... E andaram na sua roda nomes como Joaquim de Carvalho, Hernâni Cidade, Rodrigues Lapa ou António Sérgio. Corresponderam afinal a uma das linhas "modernistas" que se formaram, que não optavam por uma linha racionalista e positivista burguesa. Se a oposição clássica foi muitas vezes classificada de "reviralho", esta foi pejorativamente denominada "renovalho".

---

[68] Cfr. *idem*, p. 216.
[69] Cfr. *idem*, p. 222.

"Terceiras vias"... – um argumento recorrente

O conceito de "terceira via" é um argumento recorrente. Ou seja, perante a crise do sistema liberal, há uma busca de novas vias de organização da sociedade. A concepção surge fundamentalmente ligada à concepção católica-integralista e à concepção fascista, que podem ser consideradas afinal duas linhas distintas de uma via corporativista, embora se possam vir a juntar ou a aproximar-se. Gianpasquale Santomassimo analisou-a recentemente para o caso do fascismo, num livro exactamente intitulado *La terza via fascista. Il mito del corporativismo*[70]. No entanto, este instrumento de descoberta de uma nova via pode ser e tem sido utilizado de forma mais alargada. Usámo-lo nós como instrumento de análise do tradicionalismo antiliberal do século XIX português e de outros movimentos ideológicos. Mas igualmente é empregue nas reflexões sobre o marxismo quando se quer falar de uma via socialista diferente da via leninista, como sucede quando se fala das concepções de Rosa Luxemburgo ou de Kautsky. Apareceu nesse sentido no ideário da Revolução de Abril, para fugir à clássica linha soviética. Mas surgiu também numa linha de socialismo democrático, "original", quando se formou em Portugal a opção socialista, nunca todavia realizada na prática. Inclusivamente apareceu para justificar a orientação neoliberal da sociedade, ainda que invocando a concepção da "social democracia". Falamos da teoria da "terceira via" apresentada recentemente pelo sociólogo Anthony Giddens, na obra *The third way: the renewal of Social Democracy*[71], logo traduzida para português no ano seguinte[72]. Acabou por ser usada na Europa e no Mundo por "políticos pragmáticos" (Tony Blair foi um exemplo significativo), que justificaram as suas posições alegadamente "socialistas" com a "modernidade" e que acabaram por cair no mais rotundo neoliberalismo, conciliador com o "capitalismo radical", pensado numa concepção americana pela família Friedman[73] e pela "escola de Chicago".

---

[70] SANTOMASSIMO, Gianpasquale – *La terza via fascista. Il mito del corporativismo*. Roma: Carocci, 2006.

[71] *The third way: the renewal of Social Democracy*. Cambridge: Polity Press, 1998.

[72] *Para uma terceira via: a renovação da social-democracia*. Lisboa: Presença, 1999.

[73] Ver FRIEDMAN, Milton; FRIEDMAN, Rose – *Free to choose: a personal statement*. New York: Avon Books, 1981; FRIEDMAN, Milton; FRIEDMAN, Rose – *Capitalism and freedom*. Chicago: University of Chicago Press, 1982. Entre outras obras, está traduzido para português o livro: FRIEDMAN, Milton; FRIEDMAN, Rose – *Liberdade para escolher*. Mem Martins: Europa-América,

OS CORPORATIVISMOS E AS "TERCEIRAS VIAS"

Hoje, perante a crise neoliberal, há dificuldade em erguer com credibilidade uma nova "terceira via". O corporativismo continua a pairar como um fantasma do passado de típica "terceira via", mas mais ainda numa perspectiva histórica do que numa perspectiva política. Por isso importa trazer para o tablado das reflexão o conceito, pois será sempre através do seu aprofundamento que se poderá considerar um objecto histórico do passado, ainda que o presente capitalista não seja nada animador.

1982. Ver ainda FRIEDMAN, David – *The machinery of freedom: guide to a radical capitalism*. New York: Harper & Row, 1973.

Corporativismo, Fascismos e Constituição

DIOGO FREITAS DO AMARAL

I

Começo por uma afirmação que para mim próprio é surpreendente: na primeira metade do séc. XX, dos principais países europeus que foram governados por uma ditadura nacionalista de direita, só dois tiveram uma Constituição escrita – Portugal em 1933, com Salazar, e a Áustria em 1934, com o Chanceler Dollfuss.

Ambas essas Constituições correspondiam ao modelo de uma Constituição autoritária de direita, de inspiração católica e de base corporativa. Houve, no entanto, uma diferença importante entre elas: a Constituição austríaca durou escassos dois anos, ao passo que a Constituição portuguesa vigorou durante quarenta e um anos. Ambas se declaravam norteadas pelo ideal "corporativista".

Oliveira Salazar, Chefe do Governo durante 36 anos seguidos, viria a confirmar mais tarde que para ele a essência ou a natureza do regime era o Corporativismo. Com efeito, no decurso das comemorações dos 40 anos do 28 de Maio de 1926, proferiu um discurso, por ocasião do aniversário do "Estatuto do Trabalho Nacional", em que afirmou a concluir: "No nosso século, somos a única revolução corporativa que triunfa"[1].

---

[1] SALAZAR, Oliveira – *Discursos e notas políticas*. Coimbra: Coimbra Editora, 1967. VI, p. 443.

CORPORATIVISMO, FASCISMOS, ESTADO NOVO

E o Chanceller Engelbert Dollfuss (1892-1934), líder da coligação conservadora criada em 1933 com o nome de "Frente Patriótica", fez incluir na Constituição de 1 de Maio de 1934 a fórmula seguinte: "Em nome de Deus todo poderoso, de quem emana todo o Direito, o povo austríaco recebe, para o seu Estado federal cristão e germânico, a Constituição seguinte, baseada no princípio corporativo"[2].

Na primeira parte desta minha comunicação vou procurar, num relance, identificar os principais países europeus da primeira metade do séc. XX, para documentar a afirmação feita de que de entre eles só Portugal e a Áustria tiveram Constituições escritas; numa segunda parte, farei uma breve comparação entre essas duas constituições, nas suas versões de 1933 e 1934; na terceira parte, enfim, colocarei o problema de saber quais terão sido as principais razões determinantes da "singularidade constitucional" do autoritarismo nacionalista português (não discutirei aqui, contudo, se este foi ou não um fascismo *stricto sensu*)[3].

II
Breve panorama europeu

Não conheceram regimes autoritários nacionalistas, na primeira metade do séc. XX, os seguintes principais países europeus: Grã-Bretanha, Bélgica, Holanda, Suíça e países nórdicos.

Pelo contrário, houve regimes autoritários nacionalistas nos seguintes países: Itália, 1922, com Mussolini; Portugal, 1926 (ou, se quisermos, 1933) com Salazar; Alemanha, 1933-1945, com Hitler; Áustria, 1934-1936, com Dollfuss, e depois, sob a direcção de Hitler, 1936-1945; Espanha, 1939, com Franco; e França, 1940, com Pétain (regime de Vichy).

Ou seja, em sete países da Europa Ocidental, dois tiveram Constituições corporativas (Portugal e Áustria); cinco foram ditaduras sem Constituição formal (ficcionando manter as Constituições anteriores, designadamente o Estatuto Albertino em Itália, a Constituição de Weimar na Alemanha,

---

[2] A tradução de que nos servimos neste trabalho é a do Instituto Internacional de Direito Público, 1935, em francês, a qual pode ser consultada em http://mjp.univ.perp.fr/constit/at1934.htm.

[3] Sobre o assunto dei a minha opinião em *O Antigo Regime e a Revolução. Memórias Políticas (1941-1975)*. Lisboa: Bertrand; Círculo de Leitores, 1995. I, p. 56-57.

CORPORATIVISMO, FASCISMOS E CONSTITUIÇÃO

e a Constituição de 1875 em França); e só a Espanha não manteve a Constituição Republicana (*et pour cause...*).

Verifica-se também que em quase todos estes países houve muitos que começaram por ser ditaduras militares, designadamente Portugal, Espanha e, em certa medida, a França.

Na Europa de Leste, a Checoslováquia não chegou a ter uma ditadura de direita: foi logo absorvida pelo Reich Alemão como protectorado; a Roménia foi uma monarquia até 1947 e transformou-se rapidamente numa democracia popular.

Acontece, no entanto, que na Polónia houve uma ditadura de direita, chefiada pelo Marechal Pilsudsky, de 1928 a 1935, data em que a Alemanha de Hitler e a União Soviética partilharam o país; na Hungria, a República de 1918 transformou-se numa ditadura de direita presidida pelo Almirante Horthy, que recebeu poderes absolutos de 1931 a 1942, momento em que também a Hungria foi ocupada por Hitler e, após a guerra, pela União Soviética.

As conclusões que podemos tirar deste breve olhar panorâmico são as seguintes: o fascismo, o nacionalismo autoritário, e o corporativismo foram uma vaga de fundo que percorreu a maioria dos países europeus, quer ocidentais quer de leste, por razões que são de todos conhecidas.

Das nove ditaduras nacionalistas de direita a que fizemos referência, cinco foram protagonizadas por generais (ou melhor: por dois generais, dois marechais e um almirante); houve dois civis que se passaram a fardar como se fossem militares (Mussolini e Hitler), o que dá sete; assim, só duas dessas nove ditaduras foram assumidas e protagonizadas por civis – o Portugal de Salazar e a Áustria de Dollfuss – que, aliás, eram ambos católicos, professores universitários, e catedráticos de Direito, com uma especialização em Economia e Finanças Públicas. Só nestes dois países se fizeram Constituições escritas que se assumiram como autoritárias e corporativas.

Seria excessivamente ousado extrair dos factos apontados a conclusão pitoresca de que os civis – quando catedráticos, professores de Direito, e especializados em Economia e Finanças – faziam naquela época Constituições escritas, ainda que autoritárias, enquanto os militares, ou os civis fardados de militares, não as faziam e queriam apenas o Poder pelo Poder, isto é, o Poder absoluto sem peias nem limitações constitucionais.

Na verdade, não podemos tirar tal conclusão demasiado fácil por vários motivos: porque todos os militares estrangeiros que foram ditadores fizeram

CORPORATIVISMO, FASCISMOS, ESTADO NOVO

leis constitucionais avulsas para legitimarem o seu poder absoluto, o que de algum modo também os limitava, embora menos; porque os militares portugueses, entre 1926 e 1933, quiseram todos uma Constituição, todos prometeram que haveria uma Constituição; e porque Salazar e Dollfuss exerceram na prática muitos mais poderes, e poderes mais absolutos, do que aqueles que as suas Constituições lhes conferiam. Mais do que formas de *limitação* do Poder, as suas constituições eram sobretudo meios de *legitimação* do Poder.

III

Olhemos agora para a Constituição portuguesa de 1933.

Começo por recordar que, entre Maio de 1926 e Abril de 1933, decorreram sete anos de Ditadura Militar; nesses sete anos, Salazar foi Ministro das Finanças durante quatro anos (1928 a 1932); e no último ano (1932-1933) já era Presidente do Conselho de Ministros, para além de manter o Ministério das Finanças em acumulação.

A sua influência no texto e no espírito da Constituição de 1933 foi grande; mas não foi a única, nem sequer foi a única relevante.

Por exemplo, não foi Salazar o autor da ideia da criação da União Nacional como movimento político de apoio ao regime. O anúncio público da respectiva criação data de 30 de Setembro de 1927, quando Salazar nem sequer era ainda Ministro das Finanças: foi o Governo presidido pelo Marechal Carmona que apoiou a formação de uma "União Nacional" – a que depois se chegou a chamar, por pouco tempo, "União Nacional Republicana", até voltar à sua designação inicial.

O carácter corporativo da Constituição de 1933 e do regime por ela institucionalizado traduziu-se em três aspectos essenciais:

1) O artigo 5º, na sua versão original, dizia: "O Estado Português é uma República unitária e corporativa";

2) O mesmo preceito continuava: "(...) baseada na igualdade dos cidadãos perante a lei, no livre acesso de todas as classes aos benefícios da civilização, e na participação de todos os elementos estruturais da Nação na vida administrativa e na feitura das leis". Recorde-se que, nos termos do artigo 5º, § 3º, eram considerados "elementos estruturais da Nação" os cidadãos, as famílias, as autarquias locais e os organismos corporativos;

CORPORATIVISMO, FASCISMOS E CONSTITUIÇÃO

3) A participação dos referidos elementos estruturais na feitura das leis fazia-se de forma dupla: através do *sufrágio individual* dos cidadãos para a eleição dos deputados à Assembleia Nacional e, por outro lado, por meio do *sufrágio corporativo* para a designação da maioria dos procuradores à Câmara Corporativa (alguns também nomeados pelo Governo). Quanto à participação dos elementos estruturais da Nação na vida administrativa do país, traduzia-se nas regras seguintes:
   a) Pertence privativamente às famílias eleger as Juntas de Freguesia;
   b) As Juntas de Freguesia concorrem para a eleição das Câmaras Municipais e estas para a eleição dos Conselhos de Província (mais tarde, Conselhos de Distrito);
   c) Na Câmara Corporativa estarão representadas as autarquias locais e os organismos corporativos.

Sabe-se que, nos primeiros tempos do Estado Novo, e até mais tarde, foi discutida a questão de saber se um Estado Corporativo não devia ter apenas uma Câmara Corporativa – como em Itália –, sem qualquer Assembleia Nacional designada pelo sufrágio de base individualista ("um homem, um voto"). Mas a *natureza compromissória* da Constituição de 1933 acabou por exigir, do primeiro ao último dia da sua vigência, um *bicameralismo* imperfeito: uma Assembleia Nacional formada pelos representantes eleitos pelos cidadãos, através do voto individual; e uma Câmara Corporativa formada pelos representantes das autarquias locais, das famílias e dos organismos corporativos, designados através de um voto orgânico ou institucional.

É curioso, porém, assinalar que, ao contrário da Itália ou da Espanha, só a Assembleia Nacional – de recorte formalmente demo-liberal – tinha competência deliberativa; a Câmara Corporativa, verdadeira alma e espelho de um regime corporativo, nunca passou da competência meramente consultiva (talvez porque muitos dos seus procuradores eram dirigentes sindicais e patronais, bem como professores universitários, uns e outros, em princípio, mais difíceis de controlar politicamente do que os deputados, todos eleitos em listas da União Nacional).

IV

Convém ter presente, antes de mais, que a 1ª República austríaca, parlamentar e liberal (1918-1932), teve uma vida acidentada e, a partir de 1922, conheceu um período de "guerra civil latente" e permanente crise financeira. A pretexto de que o parlamentarismo funcionava muito mal, o Exército deu um golpe de Estado em Setembro de 1931. Durante cerca de um ano, o Chanceler Dollfuss, democrata-cristão, teve de lutar no Parlamento contra os Nacionais Socialistas, à sua direita, e os Sociais-Democratas, à sua esquerda. Em 30 de Abril de 1933, o Parlamento foi encerrado, o Partido Nazi foi proibido pouco depois e, nos começos de 1934, após sérios confrontos de rua em Viena e noutras cidades, foram proibidos o Partido Social Democrata e todos os outros, excepto a "Frente Patriótica", que apoiava o Governo[4].

Foi o Governo que outorgou a Constituição de 1 de Maio de 1934, em anexo a um decreto de 24 de Abril. O Parlamento foi dissolvido até à efectiva criação das câmaras previstas na nova lei fundamental. Principais características da Constituição austríaca de 1934:

1) Qualificação do Estado como *cristão* e *corporativo* (preâmbulo);
2) Adopção de uma estrutura federal (arts. 1º e 2º);
3) Declaração dos direitos fundamentais dos cidadãos, dentro dos limites legais (arts. 15º e segs.);
4) Permissão de que a lei possa estabelecer um sistema de "exame prévio" para a imprensa, teatro, rádio, cinema, etc., "a fim de evitar os atentados à ordem pública, à tranquilidade e segurança públicas, às leis penais e à moral" (art. 26º);
5) Atribuição aos "corpos profissionais" do "direito de, nos termos da lei, administrarem com autonomia os assuntos relativos às suas profissões, sob a tutela do Estado" (art. 32º);
6) O parlamento denominava-se Dieta Federal, que seria assessorada, sob forma consultiva, pelo Conselho Cultural federal, pelo Conselho Económico federal e pela Câmara dos Estados federados (art. 44º). O primeiro compunha-se de 30 a 40 representantes das igrejas e associações religiosas reconhecidas, das instituições de ensino, educação, cultura, ciência e arte, bem como das associações de pais

---

[4] HILGEMANN, Herman Kinder-Werner – *Weltgeschichte*. 25ª ed. 1990-91. II, p. 434.

(art. 47º); o segundo tinha 70 a 80 representantes designados pelos respectivos corpos profissionais, incluindo agricultura e florestas, indústria e minas, artesanato, comércio e serviços públicos (art. 48º); o terceiro era composto, por inerência, por dois representantes de cada Estado (*"Land"*), a saber, o governador e o responsável pelas Finanças (art. 49º);

7) A Dieta Federal (*Bundestag*) compunha-se de 59 deputados, eleitos pelo Conselho de Estado (20) de entre os seus membros, pelo Conselho Federal (10), idem, pelo Conselho Económico Federal (20), idem, e pela Câmara dos Estados federados, (9), idem. De entre os membros designados por cada um destes órgãos faziam parte, obrigatoriamente, os respectivos presidentes (art. 50º);

8) O Presidente da República federal era eleito por sete anos, e reelegível, mediante escrutínio secreto, por um colégio composto pelos *Burgmeister* (presidentes de câmara) de todas as comunas do país, de entre uma lista de 3 nomes proposta pela "Assembleia Federal" (art. 73º). Esta, por seu lado, era o órgão colegial supremo do Estado, composto, por inerência, por todos os membros do Conselho de Estado, do Conselho Cultural federal, do Conselho Económico federal e da Câmara dos Estados federados (art. 52º);

9) Nas suas faltas e impedimentos, o Presidente da República federal era substituído pelo Chanceler federal (primeiro-ministro), nomeado e exonerado pelo Presidente (art. 77º);

10) O Governo federal não era politicamente responsável perante a Dieta Federal, mas apenas perante o Presidente da República federal (arts. 82º e 86º);

11) Os *Burgmeister* eram eleitos pela respectiva "Dieta comunal" (art. 130º) e esta, por sua vez, resultava da designação de "representantes das instituições religiosas, educativas, científicas e culturais e, ainda, dos corpos profissionais existentes na comuna" (art. 127º);

12) Os "governadores" dos Estados federados (*Ländern*) eram nomeados pelo Presidente da República federal, de entre uma lista de 3 nomes proposta pela Dieta de cada Estado federado. A nomeação carecia de referenda do Chanceler federal (art. 114º).

CORPORATIVISMO, FASCISMOS, ESTADO NOVO

Estes, os traços fundamentais da Constituição austríaca de 1934, outorgada à Nação pelo Chanceler Dollfuss. É fácil apontar as principais semelhanças e diferenças entre ela e a Constituição portuguesa de 1933.

Principais semelhanças:
a) Ambas são constituições que se declaram de inspiração "cristã" e "corporativa";
b) Ambas são o resultado de um golpe militar "contra o parlamentarismo e os partidos";
c) Ambas assentam num sistema de partido único e de censura à imprensa e a outras formas de expressão individual, e ambas submetem o exercício dos direitos fundamentais às restrições legais impostas pelo Poder;
d) Ambas recusam toda e qualquer forma de parlamentarismo, fazendo do Presidente da República e do Chanceler, sozinho ou à frente do seu Governo, os principais órgãos políticos do Estado;
e) A soberania popular não constitui a base legitimadora do Presidente da República, nem do Governo, nem do Parlamento, nem dos órgãos dos estados federados, nem dos órgãos comunais: todos os que não são nomeados, são eleitos por forma indirecta ou designados por inerência.

Quanto às diferenças principais, devemos apontar as seguintes:
1) A Constituição portuguesa foi submetida a plebiscito ou referendo (ainda que muito condicionado), ao passo que a Constituição austríaca foi outorgada por decreto governamental;
2) A Constituição portuguesa manteve a separação entre a Igreja e o Estado, enquanto a Constituição austríaca era visivelmente confessional;
3) Na Constituição portuguesa, tanto o Presidente da República (de 1933 a 1958) como a Assembleia Nacional (sempre) eram eleitos por sufrágio directo e universal, de base individualista, embora com grandes restrições no recenseamento e nas campanhas eleitorais. Já na Constituição austríaca dominava por completo o sufrágio corporativo, bem como um sistema de "inerências corporativas", não havendo nenhum órgão do Estado ou dos poderes regional e local eleito por sufrágio directo de base individual;

CORPORATIVISMO, FASCISMOS E CONSTITUIÇÃO

4) O Governo federal podia, no entanto, submeter projectos de lei ou decisões de princípio a referendo nacional (art. 65º), o que não era possível em Portugal;

5) Na Constituição portuguesa, cerca de 50% das suas disposições tinham carácter "programático" ou "doutrinário" (v.g., os preceitos relativos à família, aos organismos corporativos, às autarquias locais, à opinião pública, à ordem administrativa, à ordem económica e social, à educação, ensino e cultura nacional, às relações do Estado com a Igreja Católica e ao regime dos cultos, ao domínio público e privado do Estado, à defesa nacional, às empresas de interesse colectivo, às finanças do Estado e à política ultramarina). O mesmo não sucedia na Constituição austríaca que, embora sendo plenamente corporativa no elenco, composição e modo de designação dos principais órgãos do Estado e da Administração pública, não continha disposições sobre o conteúdo a conferir às leis, regulamentos e decisões a emanar por tais órgãos.

As primeiras diferenças têm a ver com o carácter *compromissório* com o demo-liberalismo que a Constituição portuguesa de 1933 teve de assumir, em contraste com a natureza puramente *contra-revolucionária*, ou *reaccionária*, em bloco, que as circunstâncias permitiram imprimir à Constituição austríaca de 1934. (Dolfuss seria, porém, assassinado, durante uma tentativa de golpe de Estado nazi, logo em 25 de Julho de 1934, menos de noventa dias após a entrada em vigor da "sua" Constituição).

A última diferença – natureza pragmática, ou não, do texto constitucional – pode ter a ver com as diferentes concepções de Direito vigentes na época em Portugal e na Áustria: entre nós, as bases gerais da legislação deviam decorrer da Constituição e, depois de aprovadas no Parlamento, tinham de ser regulamentadas pelo Governo (concepção vertical do Direito, em cascata); na Áustria, já sob a influência de Hans Kelsen – o grande positivista da "teoria pura do direito" –, o Direito não valia pelo seu conteúdo axiológico, mas pela composição e competência dos órgãos que o produziam e pela correcção dos procedimentos que a sua formação tinha de atravessar para produzir um bom resultado (concepção horizontal do Direito, fluindo como um rio desde a nascente até à foz pelo percurso mais adequado).

Não é possível determinar como teria sido o conteúdo da ordem jurídica austríaca, se a Constituição de Dollfuss fosse aplicada sob a sua direcção durante mais de trinta anos. Sabe-se apenas que o conteúdo programático ou doutrinário da Constituição de Salazar não teve força política ou jurídica para atingir os resultados que tal conteúdo prometia.

V

A Constituição autoritária e corporativa de Portugal, em 1933, foi pioneira na forma, no estilo e no conteúdo.

Foi precedida, como já dissemos, por sete anos de Ditadura militar, mas a verdade é que, antes de 1926, antes do golpe do 28 de Maio, já muitas pessoas tinham proposto a revisão da Constituição de 1911, de modo a torná-la mais favorável à autoridade do Estado, bem como à representação dos interesses económicos, sociais e culturais, de uma forma mais ou menos corporativa. A ideia estava na moda.

Assim, antes de 1926 houve pelo menos as seguintes propostas de revisão constitucional: Dias Ferreira, Trindade Coelho e João Maria Tello de Magalhães Collaço. A seguir a 1926 (segundo a obra de Luís Bigotte Chorão, *A crise de República e a Ditadura Militar*, 2009), as propostas foram ainda mais numerosas.

Sugeriram-nas o Ministro da Justiça, professor de Coimbra, Manuel Rodrigues Jr., quinze dias depois do golpe, logo em Junho de 1926, seguido de José Eugénio Dias Ferreira. Após a intentona de Fevereiro de 1927, o Governo publicou um manifesto em 28 de Maio, no qual, recuando para apaziguar os republicanos, prometia a revisão da Constituição de 1911, em vez de uma nova Constituição.

Marcello Caetano, em 1927, pronunciou-se por uma nova Constituição. Armando da Silva, em Novembro de 1927, apresentou uma proposta a que chamou "Projecto de uma Ditadura para além da Ditadura".

Salazar, como Ministro das Finanças, em Abril de 1928 nada disse, mas em 30 de Julho de 1930, num discurso decisivo para ele e para o Regime, apontou os traços essenciais do Estado Novo e, entre eles, as linhas principais da Constituição corporativa a elaborar.

CORPORATIVISMO, FASCISMOS E CONSTITUIÇÃO

Em Fevereiro de 1932, Carmona veio anunciar que a nova Constituição deveria ser aprovada através de um plebiscito nacional, apesar de em Fevereiro de 1927 ter dito que ela seria elaborada por uma Assembleia Constituinte.

Por último, Salazar orientou os trabalhos de elaboração da Constituição, sempre com o apoio técnico de vários especialistas – designadamente os Professores Manuel Rodrigues Jr. e Marcello Caetano – e com o apoio político de diferentes sectores: o Marechal Carmona e o Exército, os Católicos, algumas figuras importantes da Maçonaria, e diversos independentes, tanto monárquicos como republicanos.

Porque será que a Ditadura portuguesa se quis institucionalizar através de uma Constituição? Vários e diferentes factores contribuíram para que assim fosse.

Em primeiro lugar, importa recordar que (ao contrário da Alemanha e do Império Austro-Húngaro, que só tiveram as suas revoluções liberais no fim da 1ª Guerra Mundial, em 1918), Portugal tinha uma forte e já longa tradição constitucional: tinha tido, em pouco mais de cem anos, quatro Constituições – a de 1822, a Carta de 1826, a Constituição de 1838 e a Constituição de 1911 –, sem contar com o projecto gorado de Constituição presidencialista de Sidónio Pais.

Em segundo lugar, não podemos esquecer o facto de vários professores de Direito e advogados terem colaborado com a Ditadura Militar e terem influenciado esta para que fizesse uma revisão da Constituição de 1911 ou uma nova Constituição.

Em terceiro lugar, importa sublinhar aqui o papel dos militares portugueses no seu apego à ideia de uma Constituição escrita. Gomes da Costa, o iniciador do golpe de Estado de 1926, no próprio dia 28 de Maio promete aos portugueses, em proclamação pública, um Governo forte de salvação da Pátria, um Governo que concentre todos os poderes (o que significava fechar o Parlamento) para na hora própria os restituir a uma verdadeira Representação Nacional.

Em Fevereiro de 1927, depois de uma tentativa de golpe contra a Ditadura Militar ocorrida no Porto, Carmona fala numa Constituição aprovada em Assembleia Constituinte. E em 28 de Maio de 1930, sendo ainda presidente do Ministério o General Domingos de Oliveira, este afirma: "Vão ser preparadas finalmente a reforma da Constituição política e a organização nacional destinadas a continuar e a completar a restauração geral do País".

Na mesma cerimónia, Salazar acrescentaria: a ditadura não é, "de si mesma, a solução do problema político, (...) porque a ditadura é essencialmente uma fórmula transitória; (...) ela é, em todo o caso, um poder quase sem fiscalização, (...) de que facilmente se pode abusar"[5].

E perguntava: para quê a Constituição? "Para que a obra reformadora da [Ditadura] se não inutilize e (...) para que se crie a mentalidade nova que é indispensável à regeneração dos nossos costumes políticos e administrativos, à ordem social e jurídica, à paz pública, à prosperidade da Nação" [6].

VI

As primeiras conclusões – não todas, mas as primeiras – podemos tirá--las desde já:

1) Uma das principais razões pelas quais a Constituição Portuguesa de 1933 foi uma Constituição formal escrita reside na longa e forte tradição constitucional portuguesa, desde a Revolução liberal de 1820;

2) Também teve influência o facto de o Regime ter como chefe político um professor de Direito, católico, sensível ao princípio da limitação jurídica do poder político, e com gosto em redigir diplomas legais, para o que estava, como é óbvio, tecnicamente habilitado;

3) Foi pelo menos tão relevante como os dois primeiros factores o peso da opinião dos militares democratas. Como vimos, a necessidade de constitucionalizar a nova situação política não foi afirmada pela primeira vez por civis (Manuel Rodrigues, Salazar, Marcello Caetano, etc.), mas pelos militares do 28 de Maio – os generais Gomes da Costa, Óscar Carmona, Domingos de Oliveira, Vicente de Freitas, etc. E é significativo acentuar que (tanto quanto julgo saber) todos eles chegaram a general sob a 1ª República, cuja Constituição juraram. Compreende-se assim um apego que não era apenas intelectual, mas também institucional e disciplinar: todos eles haviam jurado respeitar a Constituição;

4) Entre os militares e os Ministros civis havia, desde 1926, alguns fascinados por Mussolini (que tomara o poder em 1922), embora não

---

[5] SALAZAR, Oliveira – *Discursos*. 5ª ed. Coimbra: Coimbra Editora, 1961. I, p. 60 e 61-64.

[6] *Idem, idem*, p. 64-65.

CORPORATIVISMO, FASCISMOS E CONSTITUIÇÃO

por Hitler, que só chegou ao governo em 1933. Mas havia também republicanos (velhos republicanos e novos republicanos), alguns deles elementos conhecidos da Maçonaria: se os civis e os militares de direita não quisessem uma Constituição escrita (e queriam), pelo menos os civis e os militares de esquerda, republicanos, exigi-la-iam com certeza. A tradição republicana e maçónica francesa postula a existência de uma Constituição escrita: todo o constitucionalismo liberal assenta no princípio democrático e na ideia da limitação jurídica do poder político através do reconhecimento dos direitos individuais, da consagração da separação dos poderes e da garantia da independência do Poder judicial.

Foi por todas estas razões que durante a Ditadura militar portuguesa se debateram duas grandes correntes: uma, que defendia a revisão, mais ou menos ampla, da Constituição de 1911 e outra, que sustentava a necessidade de fazer uma nova Constituição.

Venceram os adeptos da elaboração de uma nova Constituição, mas o preço que tiveram de pagar foi o de manter na nova Constituição todos os princípios formais do constitucionalismo republicano de tipo francês. (Todos menos o parlamentarismo, que aliás também não existira em França com Napoleão Bonaparte, nem com Napoleão III).

Pelo mesmo motivo, os adeptos de uma nova Constituição hesitaram entre fazê-la aprovar por uma Assembleia Constituinte eleita para o efeito ou por um plebiscito ou referendo; venceu a tese do plebiscito, mais fácil de controlar politicamente, mas quer uma quer outra eram manifestações (formais) do princípio da soberania popular expressa através do voto. Foi assim formalmente respeitado o princípio democrático: cessou a legitimidade revolucionária, e surgiu uma legitimidade aparentemente sufragada pelo voto popular.

Sabemos que a substância não correspondia à forma: mas, dentro da forma democrática e republicana, seria sempre possível aos defensores de uma democracia substantiva lutar pela liberalização dos conteúdos; talvez isso explique a continuação por mais alguns anos do apoio de vários republicanos – embora não de todos, nem decerto da maioria – ao regime institucionalizado pela Constituição de 1933.

Diga-se também que, embora se saiba que vários civis e militares que apoiaram quer a Ditadura Militar, quer o Estado Novo a partir de 1933, eram da Maçonaria (mais concretamente, do Grande Oriente Lusitano), a verdade é que até hoje, segundo os especialistas, não se encontrou nenhuma acta dos órgãos directivos da Maçonaria que expressamente apoiasse o regime ou autorizasse membros da organização a apoiá-lo. Os apoios que houve foram, muito provavelmente, dados a título individual; mas também é sabido que Salazar, através do Presidente da República, Carmona, mantinha contactos relativamente frequentes e fluidos com alguns responsáveis da Maçonaria, nos primeiros anos do Estado Novo.

VII

As ditaduras, em princípio, não gostam de Constituições: porque a Ditadura é um governo sem controlo e quase sempre, pelo menos de início, um governo sem programa.

A Constituição republicana alemã de Weimar (1919) foi a primeira Constituição dita "programática": era uma Constituição com um conteúdo não apenas jurídico-político, mas também económico, social e cultural. Há nela o reconhecimento explícito de alguns direitos sociais dos cidadãos, há limites à liberdade de contratar e à propriedade privada, mas o texto não contém propriamente um *programa de construção ou reconstrução nacional*: não há nele, pelo menos explicitamente, um projecto de sociedade.

Tirando o caso de Portugal – a que voltaremos mais à frente –, só encontramos a ideia de um projecto de sociedade expresso nas Constituições das décadas seguintes na União Soviética e, posteriormente, por imposição desta, nos países a quem o regime comunista de tipo soviético foi estendido (Europa do Leste, sobretudo).

A Constituição de 1918, de Lenine, tinha um esboço de programa dessa natureza. A de 1924 também. E a de 1936, elaborada sob a directa orientação de Staline, apresentava um novo programa. Em 1977, Brejnev iniciou a série das "Constituições-balanço" e das "Constituições-programa": fazia-se o balanço genérico das conquistas alcançadas desde o texto anterior e aprovava-se um programa de acção para os anos seguintes.

Porque é que nos países comunistas, no século XX, a Constituição tende a ser *programática*? É preciso, para o compreender, remontar aos antecessores do leninismo – Hegel e Marx –, que tinham uma concepção determinista da História: entendiam eles, na verdade, que a História tem um certo sentido e caminha para um determinado fim; por isso, o Estado (Hegel) ou o Partido (Marx) devem conduzir toda a acção de um país no sentido que a História tem e devem acelerar a caminhada nesse sentido, para que o fim, inevitável, venha a ser atingido o mais depressa possível.

Já antes do século XIX havia, pelo menos, outra concepção determinista da História: a da tradição profético-messiânica das religiões hebraica e cristã. Segundo elas, a História é conduzida por Deus até à completa e final instauração do reino de Deus sobre a Terra. Os hebreus e os cristãos acreditam, pois, em que, embora com avanços e recuos, a História tem um sentido e terá um fim: a realização da vontade de Deus, designadamente pelo estabelecimento definitivo da igualdade do género humano, na qual todos os homens serão considerados, e se considerarão a si próprios, como irmãos, porque filhos do mesmo Deus. Como dizia S. Paulo, na Epístola aos Colossenses, 3-11: "Nesta renovação, não há mais judeus nem gentios, nem bárbaros nem gregos, nem escravos nem homens livres".

De acordo com a concepção hebraico-cristã, não se apregoa a revolução, antes se aceita uma evolução gradual; contudo, afirma-se que os ricos terão de ser menos ricos e que os pobres terão de ser menos pobres. O que é tido como uma "Revolução pacífica". Ora, era precisamente isto o que dizia a 1ª versão da Constituição portuguesa de 1933, ao proclamar como ideal "uma economia nacional corporativa". Essa Constituição incumbia o Estado de "zelar pela melhoria das condições de vida das classes mais desfavorecidas, procurando assegurar-lhes um nível de vida compatível com a dignidade humana" (art. 6º, nº 3, na redacção, melhorada, da Lei nº 2048, de 1951). Havia uma referência *aos mais pobres* na redacção inicial desse artigo.

E no título VIII, relativo à economia corporativa, havia dois preceitos bastante ousados (art. 31º): o do nº 2, que impunha ao Estado "defender a economia nacional das explorações de carácter parasitário, ou incompatíveis com os interesses superiores da vida humana"; e o do nº 4, que encarregava o Estado de "impedir os lucros exagerados do capital, não permitindo que este se desvie da sua finalidade humana e cristã". (Duvido que o CDS-PP, o PSD-PPD ou a direcção actual do PS aceitassem incluir fórmulas deste género numa próxima revisão constitucional em Portugal ...).

Qual era, então o carácter ou a natureza da Constituição de 1933? Não era apenas, como a Constituição de Weimar de 1919, uma Constituição que consagrasse os principais direitos económicos, sociais e culturais dos cidadãos; era, sim, uma Constituição verdadeiramente *programática*, quer dizer:

CORPORATIVISMO, FASCISMOS, ESTADO NOVO

tinha um projecto de sociedade, aprovava um programa para o futuro. E é curioso sublinhar que o Estado Novo se chamava a si próprio como "Revolução Nacional"[7]. E fazia-o com convicção. Em 1936, Salazar dissera: "enquanto houver um português sem pão, a Revolução continua"[8]; quase 40 anos, depois, em 1966, o mesmo chefe do Governo declarou (repita--se): "Somos, no nosso século, a única revolução corporativa que triunfa".

Entre o vazio de conteúdo económico-social das Constituições liberais, e o carácter intensamente ideológico-historicista das Constituições sovié-ticas, Weimar abriu caminho para um novo modelo – o das Constituições de conteúdo económico-social. Mas, dentro deste género, há duas espé-cies: a das que contêm apenas, como Weimar, conteúdos avulsos; e a das que, como a de Portugal em 1933, e tantas outras de então para cá, con-têm um programa político.

Qualquer Constituição é sempre um *projecto de poder*, mas só algumas são também um *projecto de sociedade*, pelo menos explicitamente assumido.

Os ditadores de direita, ao contrário dos revolucionários de esquerda, só têm normalmente um projecto de poder (domínio nacional, domínio europeu, domínio colonial ou domínio mundial); mas, pelo menos com Salazar e Dollfuss, alguns ditadores de direita tiveram um projecto de sociedade. Não queriam apenas dominar as conjunturas e as ocasiões, que-riam também reformar as estruturas e as instituições. Não era somente a busca de um novo tipo de regime político e de um "Estado Novo": era a procura de um novo tipo de sociedade, de um certo "homem novo" e de um "país novo".

Pouco importa – em termos jurídico-constitucionais – que toda essa "novidade" fosse, em grande parte, uma tentativa de regresso ao passado, uma certa forma de restauração do *"Ancién Régime"*, um regresso à unidade política, social e religiosa perdida com o fim da Idade Média.

Digo que isso pouco importa porque, apesar de toda a nostalgia latente, havia simultaneamente muito de moderno: a consciência da necessidade de regular a questão social, a defesa da criação de "corporações", a aceita-ção da necessidade de um vasto intervencionismo económico, a adopção

---

[7] Cit. SALAZAR, Oliveira – *Discursos*. I, p. 319 e segs.

[8] Foi essa a fórmula que a propaganda perpetuou. Na realidade, porém, Salazar foi menos incisivo, ao interrogar: "eu pergunto se, enquanto houver (...) um português sem trabalho ou sem pão, a Revolução não há-de continuar!". Cfr. *Discursos e notas políticas*. 2ª ed. 1945. II, p. 149 (discurso proferido em Lisboa, a 28 de Maio de 1936, no "ano X da Revolução Nacional").

das mais recentes técnicas de planeamento semi-imperativo, a definição de uma política coerente de obras públicas, o arranque dos seguros sociais, a clara distinção entre "previdência social" e "assistência social", o esboço de uma política oficial de lazer e tempos livres, etc., etc. Era uma mistura, difícil mas em boa parte conseguida, do "velho" e do "novo". E, porque a mistura nunca tinha sido tentada depois da Revolução Francesa e das subsequentes revoluções liberais, era fácil fazer crer (e fazer acreditar) que se estava fazendo uma Revolução ou, no mínimo, que a Constituição definia um programa – político, económico e social – que os Governos tinham a obrigação de cumprir.

VIII

A minha última conclusão é, pois, a seguinte: a explicação para o facto de Portugal e a Áustria terem sido, na primeira metade do século XX, os dois únicos principais países europeus com uma ditadura nacional de direita que se dotaram de uma Constituição escrita de natureza ideológica (corporativa) reside na circunstância de aqueles que as promoveram acreditarem num projecto de sociedade e na capacidade de os seus governos realizarem na prática esse projecto de sociedade.

No fundo, já era esta a ideia de Aristóteles sobre o conceito de Constituição – não apenas a estruturação dos órgãos superiores do Estado, mas o enunciado das políticas a seguir e a favor de quem. Para ele, como se sabe, as duas modalidades mais importantes e frequentes eram as Constituições *aristocráticas*, com políticas favoráveis aos mais ricos e desfavoráveis aos mais pobres, e as Constituições *republicanas*, com políticas mais favoráveis aos mais pobres e menos favoráveis aos mais ricos.

O liberalismo fez Constituições mais ou menos neutras, pelo menos explicitamente; foi só no pós-liberalismo que surgiram as Constituições programáticas, que nunca mais desapareceram até hoje. Nalguns casos estabelecem o programa de um Estado social de bem-estar, noutros casos menos do que isso, e noutros mais do que isso, com programas revolucionários de socialismo real.

Portugal e a Áustria – e Portugal muito mais do que a Áustria – foram os primeiros (e os principais naquela época) a constitucionalizarem um autoritarismo conservador e nacionalista, porque transformaram o conservadorismo como *ideologia* num *programa de reforma da sociedade* – em certos aspectos, um programa de progresso; noutros, um programa de retrocesso. Mas, sempre e em qualquer caso, um programa de reforma.

O mesmo podia ter acontecido nas outras ditaduras nacionalistas de direita que existiram na primeira metade do século XX na Europa, se, para além da autoridade assegurada pelas forças armadas, pela polícia secreta e pelas milícias partidárias, tivessem tido líderes (não necessariamente civis e juristas) capazes de definir os projectos de sociedade mais adequados aos seus objectivos de governantes e que aceitassem um certo grau de limitação jurídica (mesmo que apenas formal) do seu poder político.

Ora, o que sucedeu foi que nem em Espanha, nem na Itália, nem na Alemanha, nem nos países de Leste, nem na França de Vichy, os ditadores nacionalistas quiseram aceitar uma medida, ainda que restrita, de limitação jurídica do poder político; e nenhum tinha verdadeiramente qualquer ideologia ou projecto de sociedade. Sabemos hoje, através de numerosos estudos históricos de qualidade, que nem Franco, nem Mussolini, nem Hitler, nem Petáin (nem provavelmente Pilsudsky ou Horthy) tinham um projecto de sociedade bem definido à partida. Mesmo Hitler, que escreveu o "Mein Kampf" antes de chegar ao poder, não foi capaz de expor aí um verdadeiro projecto de sociedade: o livro é pobre de ideias e muito limitado nas soluções: apenas defende, com escassa fundamentação racional, uma concepção totalitária e racista de domínio europeu e mundial pelo povo germânico.

Em conclusão, podemos dizer que em Portugal e na Áustria se reuniram três condições que se não verificaram nos outros regimes nacionalistas autoritários de direita da primeira metade do séc. XX estudados: a saber, uma tradição constitucional importante; o facto de militares e civis republicanos, prestigiados, exigirem uma Constituição escrita; e o facto de o principal dirigente do Governo e do regime ser uma pessoa que, embora conservadora do ponto de vista moral e social, acreditava na possibilidade de definir e executar um programa de reforma estrutural da sociedade, de acordo com o seu ideal político.

II PARTE

Corporativismo, Instituições Políticas e Desempenho Económico

JOSÉ LUÍS CARDOSO

Introdução

Este texto procura demonstrar a relevância dos debates sobre a essência e a natureza do corporativismo, enquanto conceito e movimento histórico que perdura, ao longo do século XX, com distintos matizes e múltiplos significados.

Na primeira secção será feita uma breve exposição dos principais argumentos apresentados pelos doutrinadores do corporativismo em Portugal, em diferentes fases do Estado Novo, acerca do lugar e das modalidades de articulação e intervenção das corporações e do Estado na ordem económica. Esta apresentação permitirá alargar a discussão, a ser feita na segunda secção do texto, sobre as características do corporativismo noutros horizontes e enquadramentos políticos e ideológicos, numa acepção ampla do corporativismo enquanto modelo de organização e representação de interesses económicos e sociais.

Para além da sistematização e balanço sobre os tópicos acima considerados, este texto procura ensaiar respostas para duas questões implícitas e subjacentes: em primeiro lugar, a questão de saber se é possível ou viável estabelecer continuidade entre o corporativismo de regimes políticos autoritários e o corporativismo de regimes políticos democráticos. Sem pretender fixar uma coerência unificadora de um programa único corporativo, parecem existir elementos de convergência entre os diversos tipos ou modelos de organização social que identificamos com a designação de corporativismo, pelo que é plausível sustentar uma resposta positiva a esta questão.

A segunda questão subjacente em análise, que constitui sobretudo uma hipótese de trabalho,[1] resume-se no seguinte enunciado: pode o corporativismo ajudar a compreender como é que as instituições políticas e económicas se estabelecem e evoluem, de modo a proporcionar crescimento económico sustentável? Trata-se aqui de regressar e revisitar temas amplamente debatidos (quer pela ciência económica, quer pela ciência política) como são os do enquadramento institucional da actividade económica e do papel das instituições como estímulo e obstáculo ao desenvolvimento da economia. No caso em apreciação, parece pertinente sugerir que o modo de funcionamento das instituições corporativas proporciona ensinamentos que ajudam a uma melhor compreensão da relação entre instituições políticas e níveis de desempenho económico.[2]

Breve roteiro do corporativismo em Portugal, no Estado Novo

A organização corporativa do Estado Novo foi concebida pelos seus mentores com o propósito de se alcançarem objectivos de equilíbrio e harmonia social.[3] Ao Estado ficava sempre reservado um papel primordial, considerando-se indispensável a sua função de regulação e controlo da vida económica e social da nação, entendida como um conjunto coeso e organizado. Deste modo, a institucionalização do Estado Novo respeitou o princípio básico da submissão do indivíduo aos interesses superiores da nação, assim como a defesa da sua permanente integridade moral e espiritual, tendo em vista os supremos interesses da salvaguarda da ordem e da estabilidade social. As palavras de Salazar são, a este propósito, bem esclarecedoras:

[1] Esta hipótese de trabalho constitui uma das principais linhas de força do projecto de investigação em curso no Instituto de Ciências Sociais da UL, intitulado "Corporativismo, Instituições Políticas e Desempenho Económico: Estudos em História Europeia Contemporânea" (PTDC/ HIS-HIS/00544/2008), do qual este texto é resultado integrante.

[2] Algumas das análises presentes neste texto retomam e desenvolvem perspectivas já explicadas noutras contribuições individuais ou em co-autoria, nomeadamente em CARDOSO, 2001, CARDOSO e ROCHA, 2003, BASTIEN e CARDOSO, 2004 e 2006, e ALMODOVAR e CARDOSO, 2005.

[3] Vejam-se, entre os textos fundadores e legitimadores do corporativismo, CAETANO, 1938 e 1941; FERNANDES, 1944; LUMBRALES, 1936; PEREIRA, 1937 e RIBEIRO, 1939.

A crise de que sofremos vai certamente passar, mas o essencial é saber se a doença que infecciona a economia das sociedades modernas não será finalmente atacada, porque, se se está fazendo aos nossos olhos o processo da democracia e do individualismo, o processo da economia materialista, esse está feito: todos vemos que faliu. Está-nos portanto vedado este caminho, e eu não vejo outro que não seja substituir os graves erros que têm viciado a visão dos condutores de homens no Mundo, por conceitos equilibrados, justos, humanos, de riqueza, de trabalho, de família, de associação, de Estado (SALAZAR, 1933: 8).

A criação de corporações vinha ao encontro de uma lógica de organização económica e social em que a realização do interesse geral era previamente mediada pela obtenção de uma harmonia dos interesses dos diferentes agentes e grupos de agentes que operam num mercado superiormente tutelado pelo Estado. A fixação dos preços, a entrada de novas empresas no mercado, a regulação das condições de trabalho, a determinação de níveis salariais, a análise dos custos de produção e, de um modo geral, todas as operações de cálculo económico que, num regime de livre concorrência, constituem procedimentos elementares das escolhas contingentes num quadro de escassez de recursos disponíveis – isto é, o quadro decisional típico do *homo economicus* consagrado pela literatura económica neoclássica – seriam matéria da competência privilegiada das corporações e dos grémios (ou federações patronais). As organizações corporativas eram investidas com capacidade e garantias de representatividade nacional e sectorial das actividades económicas.

À luz destas orientações doutrinais e políticas, as noções de utilidade individual são suplantadas pelos apelos à realização de uma utilidade social colectiva que as corporações poderiam proporcionar. O indívíduo submete-se aos desígnios da nação. O preço justo corporativo impõe-se como referência normativa que superiormente substitui avaliações subjectivas de utilidade ou cálculos especulativos de custos. A organização controlada dos interesses individuais triunfa sobre as ténues convicções acerca das vantagens de se dar livre curso à acção individual em busca do interesse próprio. Os ideais de cooperação e solidariedade impõem-se como elementos que adicionalmente contrariam o funcionamento do mercado segundo a lógica espontânea da livre concorrência. A suposta associação voluntária entre o mundo do trabalho e o mundo do capital desvanece tensões e conflitos entre grupos e classes sociais e procura afastar o espectro de que a organização social possa ser o resultado da luta de classes. Em suma, o modelo corporativo institui um compacto sistema de valores que interfere decisivamente sobre o modo de organização da vida económica e sobre a construção do seu conhecimento.

Ao falar-se da economia do corporativismo, é sempre útil ter presente que não estamos diante de um quadro de referências teóricas minimamente elaboradas. A distinção face ao pensamento económico liberal neoclássico está longe de poder ser identificada no plano teórico, já que quase todas as diferenças assentam na forma distinta como se concebe o papel da concorrência e as virtudes do mercado. Assim, não é tanto uma nova teoria do funcionamento do mercado e da determinação do preço de equilíbrio aquilo que os doutrinadores do corporativismo proporcionam. Muito menos se trata de qualquer nova incursão analítica nos domínios da teoria económica da distribuição e do bem-estar. Trata-se tão só de sujeitar toda a abordagem dos fenómenos e problemas económicos a imperativos de estabilidade e ordem, ancorando tal abordagem num conjunto de princípios éticos consolidados no interior da estrutura organizativa das corporações, representativas de interesses individuais, profissionais e sociais.

Adversários incondicionais do *laissez-faire*, os ideólogos corporativistas preconizavam a noção de uma economia auto-dirigida que, no entanto, nada tem a ver com os processos de equilíbrio espontâneo do mercado tão ao gosto da economia neoclássica. O seguinte excerto de Teixeira Ribeiro ilustra bem tal distinção:

> As corporações colaboram, portanto, no exercício de uma função normativa. E é por isso que as actividades dos indivíduos e das empresas se encontram agora submetidas a uma disciplina ou, dizendo melhor, condicionadas por certas posições iniciais que essa disciplina significa.
>
> Estamos longe do equilíbrio automático: em vez dele temos economia dirigida. Mas a direcção, aqui, não pertence directamente ao Estado, pois são as indústrias que, através da sua corporação, tomam a iniciativa de elaborar os regulamentos e as normas. Ao governo compete depois, como representante do interesse nacional, decidir sobre elas em derradeira instância, aprovando-as ou rejeitando-as. Ora porque as indústrias colaboram na sua própria disciplina, diz-se que temos antes uma *economia auto-dirigida*. (Ribeiro, 1938: 61).

A economia auto-dirigida pressupunha uma forte intervenção do estado num momento fundador da organização corporativa, ao que se seguiria uma perda gradual de protagonismo, evitando que o sistema se aproximasse, ainda que apenas no plano formal, das economias de planificação central dos regimes socialistas.

Deste modo, o modelo corporativo procura impor-se como uma espécie de "terceira via" entre um capitalismo liberal desregrado e um socialismo estatizante castrador do livre arbítrio e contrário à propriedade privada. Nas palavras de Salazar: "Nós queremos caminhar para uma **economia nova**, trabalhando em uníssono com a natureza humana, sob a autoridade de um Estado forte que defenda os interesses superiores da nação, a sua riqueza e o seu trabalho, tanto dos excessos capitalistas como do bolchevismo destruidor" (SALAZAR, 1933: 15).

Podemos assim concluir que o corporativismo foi inicialmente concebido como uma nova visão da ordem económica e social, em que as corporações são desenhadas como instituições adequadas à colaboração e harmonia entre o capital e o trabalho (contra qualquer noção de sociedade cuja evolução fosse um resultado da luta de classes) e em que os direitos de propriedade e iniciativa privada deveriam respeitar objectivos e propósitos nacionais, sendo os proprietários individuais e empresários responsáveis por assegurar a satisfação de interesses nacionais. As suas linhas programáticas seguiam muito de perto as orientações do pensamento social católico contido nas encíclicas papais[4]. Apresentava-se também como uma nova doutrina da organização funcional da nação, assente num conjunto articulado de relações hierárquicas entre o todo e as partes constituintes e baseada numa relação equilibrada entre a liberdade individual e os objectivos nacionais, no pressuposto de que a prevalência do interesse geral não anularia a identidade individual. Finalmente, pretendia instituir uma nova doutrina da intervenção do Estado, assente no reforço do espírito de cooperação e ajuda mútua entre produtores, mediante o estabelecimento de acordos inter-corporativos com capacidade de controlo de custos de produção e de fixação de normas e regras técnicas, preços e salários, através do controlo do processo produtivo e da eliminação de desfasamentos entre oferta e procura e ainda através da diminuição dos efeitos negativos do

---

[4] Sobre a influência do catolicismo social na formação da ideologia e práticas corporativas cf. MORCK e YEUNG, 2010.

CORPORATIVISMO, FASCISMOS, ESTADO NOVO

regime de livre concorrência motivados pelo condicionamento de entrada de novos agentes na actividade económica. Ao Estado corporativo ficava reservada uma missão de agente dinamizador de políticas de previdência social, designadamente nos domínios da assistência à doença, desemprego e apoio familiar.

Não obstante a carta de intenções programáticas contida nos textos que legitimaram a construção do Estado Novo na década de 1930, são conhecidas as imensas limitações à exequibilidade e concretização do corporativismo. Com efeito, foi comum o sentimento de algum desencanto pela dificuldade de concretização de um modelo de sociedade que se acreditava poder servir como palco inovador de uma experiência económica alternativa. A exortação doutrinal não teve o desfecho pretendido. O enquadramento legal do *Estatuto do Trabalho Nacional* e da *Constituição de 1933*, estavam longe de corresponder à realidade que os ideólogos do Estado Novo julgavam estar a criar.

Num balanço crítico digno de registo, Marcello Caetano expressou da seguinte forma o seu descontentamento face ao não cumprimento do projecto corporativo:

> O país desejaria ver-se livre dos manifestos, das requisições, dos racionamentos, dos contingentes, dos condicionamentos, das guias de trânsito, de tudo isso que não é consequência necessária e lógica da organização corporativa, mas que ela teve de arcar no momento em que assim o exigiram os imperativos do interesse nacional (CAETANO 1950: 2).

A Guerra Civil de Espanha e o eclodir da II Guerra Mundial pareciam ser condicionantes demasiado fortes que impunham um adiamento à construção do edifício corporativo. Mas tais circunstâncias externas não eram, por si sós, atenuantes do centralismo, do dirigismo e da teia burocrática que o Estado impôs ao funcionamento de uma economia carente de responsabilidade empresarial, de organização racional de negócios, de espírito empresarial, de iniciativa e risco. O fenómeno do condicionamento industrial e os complexos processos administrativos conducentes à instalação de novas unidades de produção em sectores protegidos e nada confiantes nas vantagens da livre concorrência, constituem uma das provas mais convincentes de como a ideia de economia auto-dirigida era um simulacro da acção tentacular do Estado. Por outras palavras o reconheceu

Marcello Caetano: "Portugal é um Estado corporativo em intenção – não de facto. O mais que se pode dizer é que temos um Estado de base sindical corporativa, ou de tendência corporativa, mas não um Estado corporativo" (CAETANO, 1950: 12).

Ora, foi justamente esse fracasso de realização do corporativismo, até finais da década de 1940, que conferiu à estrutura institucional do Estado Novo um carácter de força de bloqueio à livre iniciativa e à liberdade económica individual, impondo sérias restrições ao exercício de liberdades civis elementares (em acréscimo às limitações drásticas à liberdade política de associação e de representação e à própria liberdade de pensamento e de expressão) e reduzindo o seu alcance à defesa e conservação dos interesses dos grupos económicos e sociais tradicionais que, naturalmente, se sentiam bem acomodados no interior de um regime que deles dependia e que neles projectava o sentido da sua acção.[5] A fraca competitividade da economia portuguesa era compensada por medidas de proteccionismo agrícola, industrial e comercial, erguendo-se o Estado como factor de conservação e reprodução de uma estrutura económica pouco dinâmica.

No novo contexto do pós-guerra, o ideário corporativo deixava de ter repercussão ou aceitação internacional, recolhendo mesmo a oposição de vozes que denunciavam o carácter totalitário e ditatorial dos regimes políticos que o corporativismo servira. Por conseguinte, o reconhecimento do seu fracasso era estímulo adicional para que se ensaiassem novas aproximações ao tema crucial a que o corporativismo procurava dar resposta, ou seja, a harmonia e coesão numa sociedade domesticada por uma intervenção tutelar do estado.[6]

Assim se compreendem as intenções e propósitos de uma nova vaga de defensores do corporativismo que expressaram os seus pontos de vista a partir do início da década de 1950. Este segundo período corporativo foi dominado pela ideia e vontade de criação de uma escola corporativa portuguesa, cujas referências doutrinárias eram, em larga medida, diferentes das do período anterior. Muito mais que os pensadores do fascismo italiano eram agora a tradição do catolicismo social e a recuperação da influ-

---

[5] Sobre a visão do Estado Novo, no período entre guerras, como edifício político bem assente numa plataforma de representação de interesses, cf. MADUREIRA, 2002.

[6] Para uma visão integrada das dificuldades de execução dos propósitos contidos na doutrina e programa corporativos, sobretudo ao longo da década de 1930, cf. ROSAS, 1986. Cf. ainda GARRIDO, 2010 e o capítulo deste mesmo autor incluído no presente volume.

ência corporativa francesa – sobretudo de François Perroux e a sua visão da comunidade de trabalho – as correntes que pesavam na formulação do ideário corporativo no Portugal do pós-guerra.

A reflexão desta nova geração de autores corporativistas ia no sentido de adequar o ideário corporativo aos novos tempos, desvalorizando a sua presumível vocação para a regulação macroeconómica, em cuja eficiência e viabilidade histórica deixam na sua maioria de acreditar, e privilegiando temas como o intervencionismo estatal e, sobretudo, o problema da reforma da empresa. Conforme sintetizou Sedas Nunes:

> Resolver o antagonismo entre lucro e salário, reconhecer responsabilidades e iniciativa aos trabalhadores e fazer do organismo de produção um sistema de relações humanas satisfatórias compondo um verdadeiro grupo fortemente unido e ancorado sobre a consciência de estreitas solidariedades de acções, interesses e destinos é bem mais viável do que instituir autênticas corporações quando não existem verdadeiros grupos corporativos (NUNES, 1954: 104).

O novo programa corporativo foi meticulosamente defendido pelos colaboradores da *Revista do Gabinete de Estudos Corporativos*, instituída em 1950 sob a liderança de José Pires Cardoso. Entre os autores que mais se destacaram na criação de um novo quadro doutrinal e teórico de referência, merece especial destaque o nome de Adérito Sedas Nunes.

No primeiro texto que dedica à problemática da organização do trabalho e da empresa (NUNES, 1952), constata o clima de hostilidade em relação ao sistema capitalista e considera que a única solução consiste em atalhar o mal pela raiz, ou seja, desproletarizar. Em seu entender, a empresa capitalista constituía expressão institucional e jurídica desse fenómeno em que um grupo social perde o acesso à propriedade dos meios de produção, contribuindo para uma dissociação e divergência crescente entre os factores de produção. Neste contexto, analisa e critica a teoria marginalista da determinação do salário, de acordo com o princípio da remuneração equivalente ao produto marginal do trabalho. O fundamento da crítica assenta na recusa em considerar o trabalho como categoria abstracta dissociada da pessoa do trabalhador.

A principal conclusão que lhe interessa retirar é a de que o mercado de trabalho oferece um panorama de tensão e conflitualidade determinado pela lógica própria dos interesses organizados (mas separados) do trabalho e do capital. Daqui decorre também a constatação dos "complexos" que afligem o proletariado moderno, designadamente no que se refere às limitações da dignidade, liberdade e independência e à ausência de empenho e vontade em colaborar numa obra comum.

Da empresa capitalista, diz o autor que é geradora de algum mal-estar que se traduz em duas circunstâncias fundamentais: por um lado, pela existência de interesses divergentes em relação aos quais não há qualquer esforço de conciliação ou coordenação; por outro lado, pela verificação de que os processos de racionalização e eficiência produtiva só trazem benefícios para a diminuta franja de proprietários e dirigentes.

A principal crítica à essência da empresa capitalista consiste, portanto, na incapacidade de ela se afirmar também como comunidade humana de trabalho, e não apenas como espaço útil e racional de combinação de factores produtivos. Seguindo de perto F. Perroux (1948), considera Sedas Nunes que importa restaurar o sentido do bem-comum, restituir à consciência colectiva o princípio básico da solidariedade de actividades e destinos, proceder a uma efectiva integração do trabalhador na empresa. De forma sintética: "A organização da empresa tem de exprimir, mediante uma teia de regras e de órgãos adequados, o carácter comunitário das relações básicas do organismo empresarial" (NUNES, 1952: 200).

Noutro texto mais tarde publicado que dedica ao tema da integração e participação dos trabalhadores na gestão empresarial (NUNES, 1956), o problema da colaboração no seio da empresa é encarado na tripla perspectiva da resolução de um problema económico, social e político. Aumentar o nível de colaboração dos trabalhadores significava, em primeiro lugar, melhorar as condições materiais, psicológicas e sociais da sua inserção na empresa, condição indispensável para o acréscimo do seu nível de desempenho económico. O estímulo ao desenvolvimento de atitudes de colaboração e empenho conjunto também constituía condição necessária à edificação da ordem social corporativa. Finalmente, existia forte motivação política no desenvolvimento de um espírito de colaboração na empresa, pois é ele que previne o aparecimento de "movimentos de divisão e subversão" e garante a "rejeição terminante do comunismo" (*ibidem*, 191), em defesa da unidade política nacional.

O incremento dos modos de colaboração pressupunha ainda o desenvolvimento de uma política salarial que pudesse corresponder às necessidades sentidas pela população trabalhadora, a criação de organismos de direcção intermédia das empresas e a concessão de uma maior liberdade de actuação dos organismos sindicais, excessivamente tutelados pelo Estado. Esta questão da liberdade de organização sindical revela a aproximação do autor às teses de François Perroux acerca das "comunidades de trabalho" que este autor distinguia das corporações, justamente pelo elemento da liberdade de participação dos organismos efectivamente representativos dos trabalhadores, e que não deveriam servir como meras correias de transmissão da autoridade e tutela do Estado (PERROUX, 1937).

Daqui se conclui que o grande desafio em aberto, o principal problema em discussão, era o de saber como conciliar as reflexões sobre a estrutura da empresa e sua reforma com os princípios doutrinais do corporativismo em matéria de organização económica e social. Reencontramos tal matéria em novo texto de Sedas Nunes (1955), no quadro de uma análise mais ampla sobre a realização do ideal corporativo e as práticas de serviço social, onde reserva uma atenção especial ao problema do funcionamento da empresa.

A questão básica era a de saber em que medida a pretensão do corporativismo em estabelecer um regime de solidariedade e cooperação activa entre todos os agentes envolvidos num determinado ramo de actividade económica seria exequível sem a consideração da unidade empresarial.

Na intenção inicial dos ideólogos do regime figurava, naturalmente, a ideia de criação de novos organismos, de âmbito profissional, que possibilitassem a cooperação e entreajuda entre patrões e assalariados. O que também pressupunha uma predisposição em acatar o ideal corporativo, em nome do qual os processos de associação se deveriam concretizar. Porém, cedo se verificou a extrema dificuldade em levar por diante tal propósito, conforme se demonstra pelos múltiplos desabafos e manifestações de desencanto e descrédito de que fizeram eco os principais mentores do regime, com especial relevo para Marcello Caetano. Recorde-se que, segundo este autor:

> O corporativismo é um princípio doutrinário que se traduz numa fórmula orgânica.
>
> O *princípio* está na colaboração de actividades livres, exprimindo interesses diferenciados, para realização do bem comum a que todas se devem subordinar.

A *fórmula orgânica* é a das corporações, – grandes associações nacionais que integram os organismos representativos das várias actividades e profissões colaborantes em certa função social, tornando efectiva a cooperação pacífica de todos os interesses envolvidos no desempenho dessa função, sob a égide do interesse nacional (CAETANO, 1950: 11).

Para Sedas Nunes, não bastaria acreditar e apelar à realização de um ideal nobre de cooperação e solidariedade. Apoiando-se em sólidas leituras sociológicas relativas a dinâmicas de grupos, conflitos sociais e organização do trabalho, considera essencial uma mudança da situação objectiva ("totalidade dinâmica") que assiste à realização efectiva do ideal corporativo, ou seja, pondera como inevitável uma alteração dos organismos para tal concebidos pelo Estado Novo. Ora, em seu entender, tais organismos teriam que ser as empresas, e não as ineficazes e porventura inviáveis corporações.

O corporativismo pretende substituir o princípio da luta de classes pelo princípio da confraternidade e da colaboração profissional entre todos os que – operários, empregados, técnicos ou patrões – participam na actividade produtiva. Ora, onde poderá afirmar-se a confraternidade, onde poderá criar-se uma colaboração, senão, em primeiro lugar, *no ponto em que os homens continuamente se encontram e onde exercem a sua actividade profissional*, isto é: *a empresa?* (NUNES, 1955: 256)

A principal justificação do esquecimento da empresa enquanto unidade de realização do ideal corporativo residia na prevalência de uma concepção puramente técnico-económica da empresa. Por isso advoga o desenvolvimento de uma nova visão da empresa enquanto organismo social, ou seja, um "sistema vivo de acções, reacções, comunicações e interacções humanas do agrupamento de trabalho" (*ibid*, 257).

Sem esta visão, prossegue Sedas Nunes, seria impossível a concretização da ambição corporativa, relegada para meros apelos voluntariosos de cooperação, quer no plano nacional quer ao nível dos diversos ramos de actividade.

Colocar a empresa no centro de atenção, atribuir-lhe essa missão de realização efectiva do projecto corporativo, exigia a concretização de um conjunto de acções que Sedas Nunes propõe, fortemente inspirado pelas doutrinas do 'serviço social' e das 'relações humanas'. O essencial da sua proposta consistia em:

> Estabelecer um espírito de entendimento e de coesão no interior da empresa, criando uma atmosfera de consideração recíproca entre os membros do pessoal pertencentes a classes diversas da sociedade, eliminando tudo o que pode gerar oposições, garantindo as condições ideais de trabalho e segurança, preocupando-se com o bem-estar geral, tendo o cuidado de assegurar aos trabalhadores todos os benefícios que lhes podem oferecer os serviços oficiais e as instituições sociais de qualquer espécie, o serviço social de empresa torna-se um elemento orgânico indispensável à indústria (NUNES, 1955: 274).

Sem nunca esquecer os objectivos de coesão e harmonia – afinal, os princípios básicos subjacentes à modelização corporativa, também na sua primeira fase de existência – Sedas Nunes afasta-se da visão tutelar e autoritária que presidiu à génese do corporativismo português. A leitura atenta dos textos que publicou na década de 1950, com o beneplácito do Gabinete de Estudos Corporativos e, por conseguinte, com o aval do regime político salazarista, demonstra de forma inequívoca que não existe uma única e exclusiva concepção ideológica e política do corporativismo em Portugal durante o Estado Novo. Ao corporativismo autoritário e de forte proteccionismo e intervencionismo estatal sucedeu-se uma visão de corporativismo empresarial e participativo que supõe uma aliança de colaboração e participação entre grupos sociais distintos. Ora, é precisamente esta renovada visão que permite entender o carácter multiforme do corporativismo enquanto experiência histórica e fenómeno político, rasgando novas vias de compreensão e novos significados associados ao uso do termo corporativismo na linguagem económica e política contemporânea.

Corporativismo, neo-corporativismo e novo corporativismo

A noção de que o corporativismo não é totalitário por natureza, conforme testemunham as contribuições pioneiras de Adérito Sedas Nunes, viria a ser prosseguida e sintetizada por Manuel Lucena, escrevendo num contexto político em que era patente a vontade de desmantelamento do regime corporativo e a paradoxal inércia da sua manutenção:

CORPORATIVISMO, INSTITUIÇÕES POLÍTICAS E DESEMPENHO ECONÓMICO

O corporativismo não está obrigado a ser fascista (...). Na Europa tornou--se cada vez mais frequente ouvirmos falar num "neo-corporativismo" que se define em função de certas exigências do capitalismo avançado e das sociedades ditas de consumo. Há quem suspeite que as soluções corporativas correspondem assaz exactamente à grande empresa com as suas necessidades de organização minuciosa, de planificação a longo prazo, de estabilidade; e também à complexidade e vulnerabilidade das economias nacionais, extremamente sensíveis à concorrência internacional; e ainda, enfim, às aspirações de segurança das "multidões solitárias" (LUCENA, 1976: 106).

Um decisivo contributo para uma diferente recuperação e reabilitação do termo corporativismo foi, sem qualquer dúvida, dado por Philippe Schmitter (1974), a quem se deve a sistematização conceptual das diversas modalidades de corporativismo (autoritário, democrático, societal, neo--corporativismo) e, sobretudo, o desenvolvimento da ideia de que a ocorrência do corporativismo em regimes políticos autoritários de tipo fascista tinha dificultado enormemente uma diferente utilização do conceito que poderia revelar-se oportuno e útil para a captação e compreensão de outras realidades históricas.[7]

Sabendo como ainda hoje é difícil, em Portugal, separar o corporativismo do regime político autoritário do Estado Novo, compreende-se a dificuldade de superação deste trauma. Todavia, na óptica de Schmitter, o corporativismo enquanto conceito de análise política, ou enquanto experiência histórica de organização económica e social, poderia resistir à má fama a que tinha sido condenado.[8] As origens históricas mais remotas do corporativismo, e sua ligação a tradições organicistas, solidaristas, de catolicismo social, constituiriam a melhor caução para garantir que o corporativismo não se identificasse apenas com ideologias de carácter totalitário e para que passasse a ser possível criar um distanciamento que libertasse o corporativismo desse estigma ou pecado quase-original. Daí a crescente

---

[7] Sobre a importância da obra de Schmitter na redefinição da agenda de estudo sobre o corporativismo, veja-se o conjunto de trabalhos que lhe foram dedicados e que estão reunidos em CROUCH e STREECK, 2006. Para uma abordagem sistemática das leituras do neo--corporativismo e suas implicações para o estudo da evolução do corporativismo em Portugal cf. LUCENA, 1985.

[8] Idêntica posição em WIARDA, 1974, que rejeita decididamente a ideia de associar o corporativismo ao fascismo ou a qualquer outra ideologia retrógrada e reaccionária.

aceitação que, a partir dos textos de Schmitter e Wiarda, entre outros, a designação de corporativismo democrático passou a ter na literatura política contemporânea,[9] assumindo-se de forma crescentemente consensual como um termo que serve para explicar os fenómenos de articulação e representação de interesses, contrapartidas, apoios e exigências que ocorrem nas sociedades avançadas durante as últimas décadas do século XX. Conforme sintetizou Schmitter:

> Corporativismo pode ser definido como um sistema de representação de interesses no qual as unidades constitutivas são organizadas mediante um número limitado de categorias ou corpos singulares, obrigatoriamente não--competitivas, hierarquicamente ordenadas e funcionalmente diferenciadas, as quais são reconhecidas ou licenciadas (se não mesmo criadas) pelo Estado, e às quais é atribuído um monopólio de representação como contrapartida do respeito por regras e formas de controlo na selecção dos leaders e na articulação dos seus pedidos e apoios (SCHMITTER, 1974: 13).

Ao longo da década de 1980 assiste-se a um recrudescimento na utilização do termo corporativismo para se expressar uma concepção alternativa à convencional visão dos interesses organizados mediante participação num processo político competitivo que envolve a disputa eleitoral entre partidos rivais. Ou seja, reforça-se a convicção de que, para além dos mecanismos clássicos de representação política, nas democracias avançadas existem formas de organização e representação de interesses que ultrapassam a lógica dos mercados políticos (cf. WILLIAMSON, 1989: 3). Para além da representação, os interesses são também objecto de intermediação e regulação, o que é particularmente significativo em tudo o que diz respeito ao estabelecimento de acordos entre parceiros sociais e a processos de contratação e negociação colectiva (cf. CAWSON, 1985).

A matéria é sobretudo relevante na perspectiva dos actores tradicionais que participam em processos de concertação social – governo, sindicatos e associações patronais – visando acordos salariais, mudanças ou manutenção da legislação laboral, definição de políticas de apoio ou incentivo a determinados sectores de actividade económica (cf. GOLDTHORPE, 1984).

---

[9] Cf. PANITCH, 1979; NEWMAN, 1981 e SCHMITTER, 1984; para uma visão integrada das interpretações modernas do corporativismo e neo-corporativismo cf. PRYOR, 1988.

CORPORATIVISMO, INSTITUIÇÕES POLÍTICAS E DESEMPENHO ECONÓMICO

No que se refere às práticas de partenariado e colaboração social, o corporativismo de regimes democráticos corresponde a procedimentos de coordenação voluntária e informal de objectivos conflituais, através da utilização de sucessivos e contínuos instrumentos negociais que envolvem grupos de interesse, partidos políticos, representantes do Estado, agências reguladoras, enfim, uma variedade de agentes e instituições que conferem flexibilidade aos processos de tomada de decisão e contribuem para a criação de um clima de estabilidade política. A questão de saber se são economicamente eficientes é seguramente relevante, pelo que importa assinalar os casos de crescimento económico que reclamam as condições de ambiente político favorável (KATZENSTEIN, 1987, MALLOY, 1974) proporcionado pela disseminação do corporativismo enquanto ideologia de dimensão ética que preconiza a harmonia de interesses e maior equidade na distribuição social.[10]

De um modo geral, a discussão do alcance do corporativismo enquanto sistema eficiente de organização de interesses e distribuição de rendas remete para a questão de saber qual o tipo de regime político mais favorável ao crescimento económico. Neste sentido, adquirem especial relevo os trabalhos que, partindo do pressuposto de que existem variações institucionais entre economias capitalistas avançadas, procuram explicar os diferentes níveis de desempenho económico a partir das diferenças entre sistemas de articulação e intermediação de interesses, especialmente na esfera da organização produtiva, ou seja, valorizando a dimensão de regulação social que interfere no lado da oferta de bens e serviços. À luz desta perspectiva, deixa de existir uma oposição artificial entre a lógica de funcionamento do mercado, que supostamente responde a estímulos estritamente económicos, e o papel das instituições sociais que contribuem para o aproveitamento pleno dos recursos mobilizados através do mercado (cf. STREECK, 1992).

É ainda neste contexto que se enquadra a vasta literatura sobre variedades de capitalismo (HALL e SOSKICE, 2001) e tipos de democracia (SCHMITTER, 2009) ou sobre a diversidade de sistemas económicos e sociais na era da globalização (AMABLE, 2005), sempre acompanhada de considerações sobre os processos de decisão política, a definição de políti-

---

[10] Sobre a temática dos interesses organizados e da sua importância no desenho dos sistemas políticos contemporâneos cf. STREECK, 2006.

CORPORATIVISMO, FASCISMOS, ESTADO NOVO

cas públicas, o estabelecimento de relações e articulações funcionais entre a esfera económica e política, os procedimentos de regulação e as estratégias de *governance*, quer ao nível micro-empresarial, quer ao nível macro--estatal. As comparações relevantes não se referem apenas a distinções entre casos nacionais, mas consideram também as particularidades de sectores económicos comparados à escala internacional (HOLLINGSWORTH, SCHMITTER e STREECK, 1994).

Em todas estas abordagens surge como elemento de convergência e consenso a constatação da relevância em se prosseguir uma análise das vantagens institucionais comparativas. O que é habitualmente acompanhado pela elaboração de estudos empíricos sobre níveis de corporativismo (grau de sindicalização; número de greves; poder de representação das organizações empresariais; grau de centralização dos processos de negociação e concertação salarial; participação nas decisões políticas; extensão do sector empresarial do Estado; níveis de assistência e protecção social, etc), capazes de produzir índices de "corporatização" semelhantes aos que são construídos para a análise dos fenómenos da corrupção ou da qualidade da democracia (cf. PRYOR, 1988 e SIAROFF, 1999).

Outra preocupação igualmente presente neste tipo de análises é a avaliação e comparação dos sistemas de incentivos e dos obstáculos e bloqueios administrativos que interferem nos processos de decisão e escolha individual, que fazem com que os agentes assumam comportamentos de cooperação ou rivalidade com implicações óbvias no desenvolvimento da acção colectiva.

A discussão sobre a presença de elementos corporativos na organização económica contemporânea é reconhecida pelos autores que procedem a tipologias de diferenciação entre modalidades de economias capitalistas, seja na versão mais simplificada da dicotomia entre capitalismo puro e liberal de tipo americano e corporativismo de tipo alemão (PHELPS, 2009), ou na distinção entre economias liberais de mercado e economias coordenadas de mercado (HALL e SOSKICE, 2001), ou ainda na versão mais elaborada que junta a esta distinção as especificidades geográficas resultantes de complementaridades culturais e institucionais diferenciadoras do modelo europeu continental, do modelo mediterrânico e do modelo asiático (AMABLE, 2005).

Em todos eles está presente a necessidade de estudo pormenorizado de instituições directamente relacionadas com o funcionamento dos mercados, as regras e atropelos da concorrência, as relações salariais e o funcionamento do mercado de trabalho, o modo de organização dos sectores de intermediação financeira, os modelos prevalecentes na gestão e *governance* empresarial, os sistemas de assistência e protecção social, o sistema educativo, o sistema político e de partidos. Por outras palavras, trata-se de reconhecer a importância de um conjunto amplo de factores institucionais que determinam o modo e o tempo que decorre até se alcançarem certos patamares de desempenho e crescimento económico. E, afinal, trata-se também de reconhecer que a sustentabilidade do crescimento económico depende do entrosamento, da interligação, da cooperação, da harmonia de interesses, da concertação e cooperação entre parceiros, e não da tensão conflituosa entre grupos sociais. Em suma, estamos diante da recuperação dos mesmos princípios que nortearam os ideólogos corporativistas do período entre guerras.

Conclusão

Poder-se-á sempre questionar se é ainda de corporativismo que falamos quando se abordam as matérias discutidas na literatura contemporânea sobre intermediação de interesses e sua expressão institucional. Porém, quando recuamos com distanciamento histórico às origens do movimento que procurou impor o corporativismo como desejável alternativa aos desaires do capitalismo liberal e às ameaças do socialismo real, reencontramos temas e problemas que revelam uma preocupação genérica comum com as modalidades de representação de interesses individuais e colectivos a uma escala organizativa que interfere no ritmo de crescimento económico.

Assim, a principal conclusão a reter é a de que a linguagem conceptual e as metodologias de abordagem do "novo corporativismo" presente na ciência política contemporânea revestem oportuna utilidade na análise histórica do "velho corporativismo". Tais instrumentos permitem compreender melhor certos aspectos da organização corporativa portuguesa do período de entre guerras e do imediato pós-guerra, designadamente os sucessos e falhanços de uma experiência corporativa que serviu de encobrimento a uma intervenção autoritária e hierárquica do Estado na economia e, de um modo mais geral, que influenciou o desempenho da economia portuguesa ao longo do período do Estado Novo.

Os apelos de Sedas Nunes para que o ideal corporativo se transformasse em missão de cooperação empresarial bem sucedida poderão ser melhor compreendidos se tivermos em atenção os avanços proporcionados por um enquadramento metodológico e teórico de maior alcance heurístico. Neste sentido, mais do que um argumento conclusivo, importa salientar o campo de investigação em aberto que possibilitará uma discussão mais ampla de temas aqui que se enunciam a título ilustrativo: como é que as estruturas políticas se adaptam e proporcionam (ou não) condições institucionais para a promoção de um crescimento económico sustentável? Quais os limites sociais e políticos que impedem a adopção de objectivos de pleno emprego ou melhorias na redistribuição do rendimento? Qual o papel dos parceiros sociais na obtenção de harmonia e coesão na ordem pública?

A colocação destas questões no centro de atenção do inquérito sobre as experiências neo-corporativas ou de corporativismo democrático (GRANT, 1985), autoriza e legitima a abordagem retrospectiva de um problema histórico que revela continuidade e permanência: a representação institucional de interesses de grupo, a sua interferência nos processos de decisão política e as suas implicações ou resultados económicos.

Referências

ALMODOVAR, António; CARDOSO, José Luís – "Corporatism and the Economic Role of Government". *History of Political Economy*. Vol. 37 (2005). Supplement, 333-354.

AMABLE, Bruno – *Les Cinq Capitalismes. Diversité des systems économiques et sociaux dans la mondialisation*. Paris: Éditions du Seuil, 2005.

BASTIEN, Carlos; CARDOSO, José Luís – "Corporatism and the Theory of the Firm: Lessons from the Portuguese Experience". *Journal of the History of Economic Thought*. Vol. 26:2 (2004) 197-219.

BASTIEN, Carlos; CARDOSO, José Luís – "From *Homo Oeconomicus* to *Homo Corporativus*: a neglected critique of neoclassical economics". *Journal of Socio-Economics*, Vol. 36:1 (2006) 118-127.

BRITO, J. M. Brandão de – *A Industrialização Portuguesa no pós-Guerra (1948-1965). O Condicionamento Industrial*. Lisboa: Publicações Dom Quixote, 1989.

CAETANO, Marcelo – *O Sistema Corporativo*. Lisboa: Ed. Jornal do Comércio e das Colónias, 1938.

CAETANO, Marcelo – *Problemas da Revolução Corporativa*. Lisboa: Editorial Império, 1941.

CAETANO, Marcello – *Posição Actual do Corporativismo Português*. Lisboa: Gabinete de Estudos Corporativos, 1950.

CARDOSO, José Luís – *História do Pensamento Económico Português. Temas e Problemas*. Lisboa: Livros Horizonte, 2001.

CARDOSO, José Luís; ROCHA, Manuela – "Corporativismo e Estado-Providência (1933-1962)". *Ler História*. Nº 45 (2003) 111-135.

CORPORATIVISMO, INSTITUIÇÕES POLÍTICAS E DESEMPENHO ECONÓMICO

CAWSON, Alan – "Introduction. Varieties of corporatism: the importance of the meso-level of interest intermediation". In CAWSON, Alan (ed.) – *Organized Interests and the State. Studies in Meso-Corporatism*. London: Sage Publications, 1985. 1-21.

CROUCH, Colin; STREECK, Wolfgang (eds.) – *The Diversity of Democracy. Corporatism, Social Order and Political Conflict*. Cheltenham: Edward Elgar, 2006.

FERNANDES, António de Castro – *Princípios Fundamentais da Organização Corporativa portuguesa*. Lisboa: Editorial Império, 1944.

GARRIDO, Álvaro – "Estado Novo e corporativismo. Um programa de investigação em História Económica e das Instituições". In RIBEIRO, Maria Manuela Tavares (coord.) – *Outros Combates pela História*. Coimbra: IUC, 2010.

GOLDTHORPE, John H. – "The end of convergence: corporatist and dualist tendencies in modern Western societies". In GOLDTHORPE, J. H. (ed.) – *Order and Conflict in Contemporary Capitalism: Studies in the Political Economy of Western European Nations*. Oxford: Clarendon Press, 1984. 315-344.

GRANT, Wyn – "Introduction". In GRANT, Wyn (ed.) – *The Political Economy of Corporatism*. London: Macmillan, 1985. 1-31.

HALL, Peter A.; SOSKICE, David – *Varieties of Capitalism. The institutional Foundations of Comparative Advantage*. Oxford; New York: Oxford University Press, 2001.

HOLLINGSWORTH, J. Rogers; SCHMITTER, Philippe C.; STREECK, Wolfgang (eds.) – *Governing Capitalist Economies. Performance and Control of Economic Sectors*. Oxford; New York: Oxford University Press, 1994.

KATZENSTEIN, Peter J. – *Corporatism and Change: Austria, Switzerland and the Politics of Industry*. Ithaca; London: Cornell University Press, 1987.

LUCENA, Manuel – *A Evolução do Sistema Corporativo Português*. Lisboa: Perspectivas e Realidades, 1976. Volume I: *O Salazarismo*.

LUCENA, Manuel – "Neocorporativismo? Conceito, interesses e aplicação ao caso português". *Análise Social*. Vol. 21, N.º 87-88-89 (1985) 819-865.

LUMBRALES, J.P. da Costa Leite – *A Doutrina Corporativa em Portugal*. Lisboa: Livraria Clássica Editora, 1936.

MADUREIRA, Nuno Luís – *A Economia dos Interesses. Portugal entre as Guerras*. Lisboa: Livros Horizonte, 2002.

MALLOY, James M. – "Authoritarianism, corporatism and mobilization in Peru". In: PIKE, Fredrick B.; STRITCH, Thomas (eds.) – *The New Corporatism. Social-Political Structures in the Iberian World*. Notre Dame: London: University of Notre Dame Press, 1974. 52-84.

MORCK, Randall K.; YEUNG, Bernard – "Corporatism and the Ghost of the Third Way". *Capitalism and Society*. Vol. 5:3 (2010). Article 2.

NEWMAN, Otto – *The Challenge of Corporatism*. London: Macmillan, 1981.

NUNES, A. Sedas – "A crise social e a reforma da empresa". *Revista do Gabinete de Estudos Corporativos*. N.º 9, 10 e 11 (1952).

NUNES, A. Sedas – *Situação e Problemas do Corporatismo*. Lisboa: Ed. Império, 1954.

NUNES, A. Sedas – "A organização corporativa e o serviço social". *Revista do Gabinete de Estudos Corporativos*. N.º 22, 23 e 24 (1955).

NUNES, A. Sedas – "O problema da colaboração na empresa". *Revista do Gabinete de Estudos Corporativos*. N.º 26 (1956).

PANITCH, Leo – "The development of corporatism in liberal democracies". In SCHMITTER, Philippe C.; LEHMBRUCH, Gerhard (eds,) – *Trends Towards Corporatist Intermediation. Contemporary Poloitical Sociology*. London: Sage Publications, 1979. Vol. 1, 119-46.

PEREIRA, Pedro Teotónio – *A Batalha do Futuro: a Organização Corporativa*. Lisboa: Livraria Clássica Editora, 1937.

PERROUX, François – *Capitalisme et Communauté de Travail*. Paris: Librairie du Recueil Sirey, 1937.

PERROUX, François – *Le Capitalisme*. Paris: PUF, 1948.

PHELPS, Edmund S. – "Capitalism vs. Corporatism". *Critical Review*. 21:4 (2009) 401-414.

PRYOR, Frederic L. – "Corporatism as an economic system: a review essay". *Journal of Comparative Economics*. 12 (1988) 317-344.

RIBEIRO, J. J. Teixeira – *Princípio e Fins do Sistema Corporativo Português*. Coimbra: Coimbra Editora, 1939.

ROSAS, Fernando – *O Estado Novo nos Anos Trinta. Elementos para o Estudo da Natureza Económica e Social do Salazarismo (1928-1938)*. Lisboa: Editorial Estampa, 1986.

SALAZAR, António de Oliveira – "Conceitos económicos e sociais da Constituição". *Cadernos Corporativos*. N.º 5. 1933.

SCHMITTER, Philippe C. – "Still the century of corporatism?" In SCHMITTER, Philippe C.; LEHMBRUCH, Gerhard (eds.) – *Trends Towards Corporatist Intermediation. Contemporary Political Sociology*. London: Sage Publications, 1979. Vol. 1. 7-52.

SCHMITTER, Philippe C. – "Neo-corporatism and the State". In GRANT, Wyn (ed.) – *The Political Economy of Corporatism*. London: Macmillan, 1984. 32-62.

SCHMITTER, Philippe C.; TODOR, Arpad – *Varieties of Capitalism and Types of Democracy*. Working paper EUI, 2009.

SIAROFF, Alain – "Corporatism in 24 industrial democracies: meaning and measurement". *European Journal of Political Research*. 36 (1999) 175-205.

STREECK, Wolfgang – *Social Institutions and Economic Performance. Studies of Industrial Relations in Advanced Capitalist Economies*. London: Sage Publications, 1992.

STREECK, Wolfgang – "The study of organized interests: before 'The Century' and after". In CROUCH, Colin; STREECK, Wolfgang (eds.) – *The Diversity of Democracy. Corporatism, Social Order and Political Conflict*. Cheltenham: Edward Elgar, 2006. 3-45.

WIARDA, Howard J. – "Corporatism and development in the Iberic-Latin world: persistent strains and new variations". In PIKE, Fredrick B.; STRITCH, Thomas (eds.) – *The New Corporatism. Social-Political Structures in the Iberian World*. Notre Dame; London: University of Notre Dame Press, 1974. 3-33.

WILLIAMSON, Peter J. – *Corporatism in Perspective. An Introductory Guide to Corporatist Theory*. London: Sage Publications, 1989.

Corporativismo e Keynesianismo no Estado Novo[1]

CARLOS BASTIEN

"Num conjunto de pessoas, o Dr. Ulisses Cortez, que foi Ministro das Finanças e Ministro da Economia e Presidente do Conselho de Administração da Caixa Geral de Depósitos, reclamava-se do seu keynesianismo. 'Eu sou keynesiano' – dizia ele nesse círculo de amigos. Creio que teria sido num intervalo do Conselho de Ministros. Aproximou-se o então Presidente do Conselho, Oliveira Salazar, e ouviu esta manifestação do credo keynesianista – não sei até que ponto este credo era muito fundamentado – e dirigindo-se ao Dr. Ulisses Cortez tem esta expressão, 'isso passa-lhe, isso passa-lhe'."

JACINTO NUNES (1986: 59)

1. Introdução

O Keynesianismo enquanto teoria, doutrina e política económica constitui um dado fundamental da generalidade das economias europeias (e não só) no período que medeia entre o segundo pós-guerra do século XX e o final dos anos 1970, constituindo-se então em visão tendencialmente dominante naqueles diversos planos e em elemento relevante dessa fase longa de crescimento económico e de aumento do bem-estar social.

---

[1] Texto elaborado no âmbito do projecto financiado pela Fundação para a Ciência e a Tecnologia, PTDC/HIS-HIS/10544/2008, "Corporativismo, instituições políticas e desempenho económico: estudos em história europeia contemporânea".

A elite portuguesa não ignorou essa realidade, revelando-se os seus economistas, académicos ou não, políticos, e até alguma parcela do alto funcionalismo, sensíveis a esse movimento de ideias.

A circunstância de a economia portuguesa ser, na época do Estado Novo, de pequena dimensão, atrasada no contexto da Europa Ocidental e configurando um tipo de capitalismo que se apresentava como corporativo determinou algumas especificidades na recepção dessa corrente do pensamento económico. Para além das suas qualidades intrínsecas, a disseminação e a capacidade de persuasão destas ideias foi condicionada pelas circunstâncias económicas, políticas e culturais vigentes em Portugal, designadamente por um campo das ideias económicas hegemonizado pelo corporativismo.

Esclarecer os termos da recepção do keynesianismo e da sua articulação com as ideias corporativas nos planos do saber teórico, em particular académico, do debate doutrinal e, sobretudo, a influência que aquele sistema teórico e doutrinário eventualmente teve nas formas de dirigismo económico e financeiro adoptadas pelo Estado Novo é o objecto do presente capítulo. Semelhante exercício foi, aliás, já realizado em relação a outros casos nacionais que denotam algum paralelismo histórico com o caso português, designadamente o italiano (*vd*. BINI e MAGLIULO, 1999).

2. O saber académico

Até meados dos anos 1930, o campo do saber económico em Portugal era dominado por uma visão eclética difusa, vinda do século XIX, na qual se misturavam fundamentalmente elementos clássicos, neoclássicos e institucionalistas (BASTIEN, 2001).

Com a aprovação da Constituição de 1933 e com a consequente definição do Estado Novo como Estado corporativo o panorama mudou, sendo que aquele campo do saber, de resto de pequena dimensão e pouco estruturado, promoveu, durante aproximadamente duas décadas, a produção em Portugal de uma teoria económica do corporativismo, seguindo de perto modelos interpretativos originalmente formulados por economistas italianos, tanto dos que se aproximavam da corrente neoclássica como dos que pugnavam por um corporativismo integrista (*vd*. MANCINI; PERILLO; ZAGARI, 1982).

Em divergência com o cânone internacionalmente dominante, surgiram então em Portugal, e até finais da Segunda Guerra Mundial, diversas

CORPORATIVISMO E KEYNESIANISMO NO ESTADO NOVO

obras de carácter teórico procurando legitimar no plano científico a experiência corporativa em curso, bem como criar doutrina e formular linhas orientadoras da política económica. O funcionamento da economia corporativa constituiu-se assim em tema de diversos tratados e manuais de ensino (*vg.* SOUSA, 1942), e não só do universitário (*vg.* OLIVEIRA, 1933), em objecto de dissertações académicas (*vg.* OLIVEIRA, 1936 e VEIGA, 1941) e outros estudos (*vg.* CAETANO, 1938) e preencheu os planos de actividade de centros de investigação económica, sendo que os mais relevantes foram o Centro de Estudos Económico-Corporativos, funcionando na Faculdade de Direito de Coimbra entre 1941 e 1945, e o Gabinete de Estudos Corporativos, criado em 1949 no âmbito do Instituto Superior de Ciências Económicas e Financeiras (ISCEF).

No essencial, esta produção teórica repartiu-se por duas linhas interpretativas. A primeira, essencialmente normativa, protagonizada por Teixeira Ribeiro e seus colaboradores, tinha por conceito axial o *homo corporativus*, isto é, um agente económico cujo atributo principal era não já o prosseguir fins de mera utilidade particular, mas antes 'o espírito de cooperação e sociabilidade – a *afectio societatis*' (RIBEIRO, 1938: 96). Uma segunda linha interpretativa, porventura menos marcadamente normativa, aproximava-se mais do sistema teórico neoclássico, à época internacionalmente dominante e recém-recebido na Universidade portuguesa. O principal protagonista desta interpretação foi Costa Leite, designadamente quando tomou o Estado corporativo como o agente económico susceptível de promover *a priori* o equilíbrio entre a oferta e procura nos diversos mercados, de prevenir as oscilações e crises económicas e de, no limite, determinar 'o máximo hedonístico colectivo' (LEITE, 1936: 62), que mais não era do que a versão corporativa da ideia neoclássica de "óptimo" de Pareto. Em ambos os casos, a investigação teórica resultou em tentativas de redefinir e fixar as principais categorias económicas em função dos dados organizativos e institucionais próprios de uma economia corporativa. Categorias como valor, preço, salário, renda, juro e outras, foram assim objecto de reflexão mais ou menos aprofundada de forma a comporem a vislumbrada teoria económica do sistema corporativo.

Ultrapassados os sobressaltos e as hesitações do pós-guerra, os esforços de criação de uma teoria económica do corporativismo foram retomados na primeira metade dos anos 1950, sob a orientação de Pires Cardoso e de Sedas Nunes, no âmbito do ISCEF.

CORPORATIVISMO, FASCISMOS, ESTADO NOVO

A produção teórica deste núcleo apresentava-se como continuadora de uma putativa escola corporativa portuguesa, assente na trilogia "corporativismo autónomo, misto e quase-integral" (CARDOSO, 1949: 7), mas denotava pontualmente a intenção de incorporar elementos de modernidade científica. Procuraram então alguns destes autores, recorrendo a uma linguagem marshalliana, determinar as condições de equilíbrio da empresa corporativa e demonstrar a superioridade desta relativamente à empresa capitalista (vg. SILVA, 1953) e procuraram ainda, em termos mais institucionais que propriamente teóricos, fixar as condições do planeamento económico enquanto instrumento de regulação da economia no longo prazo. Notava a este propósito Silva Pereira que "a economia corporativa só poderá conseguir plenamente o seu fim – o Bem Comum – através da intervenção planificada, realizada pelas corporações em colaboração com o Estado" (PEREIRA, 1953: 50). No entanto, estes esforços foram desde cedo condicionados por uma revisão da teoria dos sistemas económicos baseada no *apport* de Walter Eucken, a qual reduziu a ideia de economia corporativa a uma mera forma particular de coordenação das actividades económicas e não mais a um sistema económico *sui generis*. Consequência directa desta nova postura teórica foi a admissão a prazo da inutilidade das tentativas de dar corpo a uma teoria económica específica do sistema corporativo (vg. MOURA, 1950).

Se a economia corporativa de cariz teórico pôde entre meados dos anos 1930 e meados dos anos 1940 ocupar uma posição dominante no campo dos saberes económicos, e nessa condição atrasar a recepção do sistema teórico que marcava a cena do pensamento económico à escala internacional, no caso a primeira síntese neoclássica, já o mesmo não sucedeu nos anos que se seguiram ao termo da Segunda Guerra Mundial. O keynesianismo emergiu então como corrente internacionalmente dominante, impondo no campo científico e nas organizações internacionais uma linguagem e instrumentos analíticos novos que não podiam ser ignorados. Desse modo, a sua articulação com o corporativismo nativo, que não era óbvia, resultou fundamentalmente na sobreposição dos dois discursos teóricos, não havendo por parte dos corporativistas nem uma análise crítica pormenorizada daquele sistema teórico, nem a incorporção significativa de conceitos dele oriundos, nem tão pouco a sua recusa formal considerando que se propunham erigir a ciência económica em bases diversas das de Keynes. Costa Leite havia-se já referido antes da guerra à contribuição teórica de

CORPORATIVISMO E KEYNESIANISMO NO ESTADO NOVO

Keynes anterior à *Teoria Geral*, mas fê-lo num momento em que ainda não se assumia como um teórico do corporativismo (LEITE, 1933).

Em qualquer caso, a recepção no pós-guerra das ideias keynesianas em Portugal e em particular nos meios universitários foi rápida e sem grande atraso relativamente ao que sucedeu nos outros países da Europa Ocidental, entre outras razões porque no imediato pós-guerra o Estado Novo não investiu muito na criação e propagação da teoria corporativa. Este sistema teórico, renascido após o hiato acima referido, foi então remetido para uma posição secundária, passando a ser quase exclusivamente referido no âmbito do ensino do direito corporativo. Em contrapartida, a investigação e o ensino da teoria económica passaram a ter no keynesianismo a sua referência fundamental, sendo que a problemática da variação do rendimento, da produção e do emprego se substituiu à análise dos processos de determinação dos preços e salários de equilíbrio que haviam mobilizado boa parte dos esforços dos corporativistas. A reforma dos estudos de economia no ISCEF em 1949 – consequência directa da participação portuguesa no Plano Marshall – e a transformação dos conteúdos do ensino da economia na Faculdade de Direito de Coimbra pela mesma época, foram os dois acontecimentos marcantes que deram início a uma fase de convergência do saber económico académico em Portugal com o cânone internacional.

Este keynesianismo académico teve como momento fundamental da sua afirmação a apresentação de dissertações de doutoramento ou de concurso para professor catedrático a partir de meados dos anos 1950. Disso é exemplo a dissertação de doutoramento de L. Santos Fernandes, na qual este economista procurava mostrar, mediante recurso a conceitos keynesianos, que o desenvolvimento do sistema público de segurança social poderia agir em favor da redistribuição do rendimento e, por essa via, estimular o crescimento económico (FERNANDES, 1956). É também exemplo a dissertação de doutoramento de L. Teixeira Pinto, na qual se expunham teorias e modelos de crescimento, em particular os de tipo Harrod-Domar, esclarecendo desde logo o autor que este estudo se reportava "à escola anglo-saxónica" por ser esta a "dominante e representativa do pensamento económico do capitalismo" (PINTO, 1956: 10). É ainda exemplo a dissertação de doutoramento de Jacinto Nunes, na qual este economista discutia cinco tipos de políticas económicas, mas onde, tendo como referência o teorema de Haavelmo, procurava fundamentalmente demonstrar a "possibilidade de promover uma expansão do rendimento com orçamento equili-

CORPORATIVISMO, FASCISMOS, ESTADO NOVO

brado" (NUNES, 1956: 59). Pela mesma época era apresentada em Coimbra a tese de L. Pizarro Beleza, cujo tema central era "estudar o problema das relações entre as teorias da preferência pela liquidez e dos fundos emprestáveis" (BELEZA, 1955: xiv). Não obstante as reservas que colocava à visão de Keynes por "ter tendado fazer uma teoria completa de uma parte da teoria do juro – a oferta e procura de moeda para especulação sobre títulos" (*idem*: 157), a problemática discutida por este economista era claramente keynesiana.

Apesar do distanciamento que implicitamente assumiam relativamente à problemática do corporativismo, algumas destas dissertações discutiam problemas relevantes da economia portuguesa da época, sendo que o modo formal e abstracto como o faziam tornavam-nas aceitáveis no contexto do aparelho ideológico de um Estado, que continuava oficialmente a afirmar--se corporativo.

No plano do ensino, e em particular no ISCEF, a incorporação do keynesianismo foi também relativamente rápida e sobretudo duradoura.

Logo no início da década de 1950 surgiram os primeiros artigos em revistas académicas sobre problemáticas keynesianas, artigos esses que não raro, na ausência de manuais de ensino traduzidos para português ou produzidos localmente, assumiam a função de *teaching texts*. De entre eles destacava-se o publicado por Teixeira Pinto na revista do ISCEF, justamente porque acolhia desde logo uma interpretação do keynesianismo – ou melhor, da síntese neoclássica-keynesiana – assente no modelo IS-LM (PINTO, 1952). Essa interpretação, tributária da leitura de *A Guide to Keynes* de Alvin Hansen, coincidia com a visão que seria difundida por manuais de ensino com larga circulação internacional, designadamente o *Macroeconomic Theory* de G. Ackley e o *Economics* de P. Samuelson. A produção teórica e didáctica dos professores portugueses de teoria económica, incluindo os que se situaram já numa segunda geração keynesiana, não fugiu por regra a este cânone (*vd.*, por todos, SILVA, 1976), que curiosamente era o que procurava adequar a mensagem de Keynes às condições de funcionamento do modelo económico liberal. A excepção, parcial, foi F. Pereira de Moura cujo primeiro manual, de larga circulação dentro e fora do espaço universitário, difundia um modelo keynesiano simplificado e sem referência significativa às questões monetárias (MOURA, 1964) e só num segundo manual (MOURA, 1968) alargava as referências à moeda, evidenciando o

CORPORATIVISMO E KEYNESIANISMO NO ESTADO NOVO

modo como a taxa de juro estabelecia a ligação entre os aspectos reais e os monetários no funcionamento do sistema económico (MOURA, 1968).

Por regra, esta literatura não atendia às especificidades do capitalismo português, desde logo porque temas centrais da reflexão teórica keynesiana como a preferência pela liquidez, a procura de moeda para especulação ou a formação de expectativas em ambiente de incerteza, não encontravam facilmente o seu espaço quando referidas a uma economia atrasada, parcialmente corporativizada e com um pouco sofisticado mercado monetário e financeiro. Essa circunstância seria, aliás, objecto de observações críticas por parte de economistas exteriores à Universidade, designadamente quando notavam: "os instrumentos analíticos keynesianos terão uma insofismável utilidade, se bem que haja de efectuar uma revisão das relações funcionais estabelecidas entre esses elementos [porque] há diferenças assaz importantes para que se menosprezem entre uma economia subdesenvolvida e uma economia desenvolvida" (PEREIRA, 1954: 2-3). A crítica do keynesianismo não se deteve contudo na discussão deste ponto. Outros economistas não-universitários confrontaram o keynesianismo com o cânone marxista procurando determinar as semelhanças e dissemelhanças entre os dois sistemas teóricos e sublinhando a continuidade do keynesianismo relativamente aos sistemas teóricos que o precederam (vg. SOUSA, 1950).

3. O debate doutrinário

Para além da dimensão propriamente teórica, o keynesianismo assumiu uma dimensão doutrinária, suscitando debate, ainda que implícito, neste plano.

Num primeiro momento, alguns intelectuais orgânicos do Estado Novo realizaram uma colagem a Keynes procurando que a sua visibilidade na cena política e económica internacional emprestasse legitimidade à experiência corporativa em curso. Mota Veiga, por exemplo, notava que "a possibilidade de um terceiro sistema (...) fora já admitida por economistas insignes" e que "esse sistema não pode ser outro senão o corporativismo" (VEIGA, 1944: 214-215), enquanto Águedo de Oliveira, pelo seu lado, recorrendo a uma retórica esotérica, notava: "chamaram-lhe descobridor – pois que em 1936, ao dar a lume a sua surpreendente e difícil *Teoria Geral do Emprego, do Juro e da Moeda*, Keynes teria descoberto a mecânica do nível de emprego, como se fora uma terra ignota, onde aproassse uma das nossas caravelas" (OLIVEIRA, 1947: 126). Ainda assim, quando Keynes passou por Lisboa, em Maio de 1941, ao contrário do que sucedeu com outros economistas famosos na época, como o corporativista Manoilesco, por exemplo, não houve qualquer tentativa de tirar proveito propagadístico dessa circunstância, já que Keynes apenas se encontrou discretamente com um vice-governador do Banco de Portugal e apenas para discutir ideias sobre a reconstrução do sistema monetário internacional do pós--guerra (vd. LEITE, 2004).

Em qualquer caso, eram manifestos alguns elementos de proximidade entre as duas doutrinas. Fundamentalmente, a subordinação da economia à política, a abordagem macroeconómica, a descrença na harmonização espontânea dos interesses público e privado, a concepção de economia como uma ciência moral e não como uma ciência natural e até, porventura, uma filosofia social tributária do solidarismo. Noutros aspectos era manifesta a divergência entre os dois corpos doutrinais, designadamente em relação a dois tópicos: os termos da intervenção do Estado na economia e as finanças públicas.

Para os corporativistas, em muitos casos professores universitários, a intervenção do Estado deveria procurar congelar as relações sociais, harmonizar as classes, limitar drasticamente os conflitos e, sobretudo, resolver pela ideologia ou pela força a questão social. Em termos mais imediatamente económicos, estava em causa organizar os interesses, designadamente através da cartelização de muitos sectores de actividade, limitar a concorrência, regular os mercados através dos organismos pré-corporativos de intervenção e coordenação económica, controlar administrativamente cotas de produção e de importação, mecanismos de crédito, investimentos, preços e salários. Em casos extremos, tratava-se mesmo de bloquear a instalação no país das actividades económicas consideradas modernizantes, designadamente a indústria, em ordem a não prejudicar o almejado equilíbrio social: "os paladinos do estado industrial têm sido os socialistas, mas a verdade é que o estado industrial não se tem mostrado viável. Em Portugal têm-se visto os seus nefastos resultados" (NETO, 1936: 231-232). Em qualquer caso, era também suposto que para além do Estado em sentido estrito intervinham ainda enquanto instâncias reguladoras do sistema económico as corporações, competindo a estas, uma vez instaladas, "fixar as regras de trabalho e acertar os preços, condicionar as quantidades produzidas às necessidades de consumo e obstar ao desmesurado aumento do capital fixo e da mão de obra sem que haja procura que justifique o acréscimo de rendimento" (CAETANO, 1938: 43).

A intervenção económica do Estado fundada no keynesianismo, não necessariamente em Keynes – que, contudo, considerava também essa intervenção "o único meio exequível de evitar a destruição total das instituições económicas actuais e como condição de um bem sucedido exercício da iniciativa individual" (KEYNES, 2010 [1936]: 362) –, passava antes por promover a regulação da procura efectiva numa perspectiva de curto prazo, em ordem a estabilizar o emprego em nível elevado. E passava também por combater a inflação e, noutro plano, por promover o crescimento económico, designadamente através da criação de um sector empresarial do Estado, do investimento público e do planeamento económico, o que permitiria prever e controlar o movimento das variáveis reais, em particular o investimento, o emprego e o produto.

Esta última doutrina teve expressão privilegiada nas páginas da *Revista de Economia*. Criada e animada por economistas afastados do sistema universitário devido à sua oposição ao salazarismo, converteu-se em veículo do moderno pensamento económico, numa óptica pluralista na qual apenas o corporativismo não encontrava lugar.

Na impossibilidade de afrontarem a política económica do Estado Novo de uma forma aberta e específica, estes economistas refugiaram-se no plano genérico da doutrina, dando de alguma forma expressão a um movimento progressista, reunindo liberais de esquerda e socialistas, os quais reclamavam, entre outros aspectos, políticas redistributivas e a constituição de um sector público empresarial alargado. Um artigo de L. Simões de Abreu ilustra exemplarmente esta posição: "nada obsta a que se vá mais longe na generalização das tarefas do Estado. Efectivamente se o capital particular indígena se revelar rotineiro e parasitário, compete à Administração Pública penetrar no campo das instituições económicas tradicionalmente privadas e orientar a produção, assumindo mesmo o papel de produtor" (ABREU, 1949: 23). Naturalmente, esta postura crítica evitou sublinhar alguns aspectos em que a posição de Keynes se aproximava da dos corporativistas, como era o caso da 'defesa do apoio estatal à formação de cartéis, sociedades gestoras de participações sociais, acordos comerciais e outras formas de poder monopolista' (PHELPS, 2010: 97).

No entanto, o keynesianismo doutrinal não foi um exclusivo deste grupo de autores. Ele foi também assumido por por Araújo Correia, um engenheiro-economista alinhado com o Estado Novo que desde cedo se bateu por um planeamento económico centralizado. Na fundamentação dessa sua proposta apelou directamente ao keynesianismo, sobretudo para reivindicar o carácter moral e não-socialista do planeamento proposto (CORREIA, 1952).

Em matéria de finanças públicas, a divergência das duas doutrinas era ainda mais marcada. Os corporativistas adoptaram uma abordagem predominantemente jurídico-administrativa desta temática, separando-a tendencialmente da reflexão propriamente económica, ao mesmo tempo que recebiam a generalidade dos princípios orientadores das finanças clássicas, herdados da época liberal. Entre esses princípios contavam-se fundamentalmente o de reduzir a actividade financeira do Estado ao mínimo indispensável ao cumprimento das suas funções básicas – e, em consequência, reduzir ou eliminar o sector empresarial do Estado –, o de limitar o recurso à dívida pública e, sobretudo, o princípio do equilíbrio do orçamento (ordinário e, depois de 1973, do de capital).

Este último princípio era particularmente importante, já que se constituiu em *leit-motiv* da doutrina corporativa em matéria financeira e até da simples propaganda do Estado Novo, muito embora se tenha "tornado num mito, reafirmado e reformulado, mas cada vez mais aparente e não real" (FRANCO, 1998: 133).

Diversamente, a corrente keynesiana trazia ao debate a ideia de utilização das finanças públicas enquanto instrumento das políticas económicas, quer das que visavam a estabilização conjuntural, quer das que visavam potenciar o crescimento económico.

A apresentação desta ideia de finanças funcionais arrastava a crítica, mais ou menos explícita, da doutrina dominante, que privilegiava a ideia de estabilização financeira, mesmo que implicando um equilíbrio económico a baixo nível. Durante algum tempo, a *Revista de Economia* foi local privilegiado de expressão dessa crítica (que se manifestou também nas páginas económicas de alguma imprensa diária, designadamente do *Diário de Lisboa*, a partir de 1954) e embora a generalidade dos economistas aí reunidos atendesse mais ao problema da organização e desenvolvimento de uma economia atrasada que a eventuais políticas anti-cíclicas de gestão da procura, não deixavam de observar: "à redução da ao mínimo dos impostos, ao recurso prudente e condicionado aos empréstimos públicos e, como coroa da abóbada, a um equilíbrio orçamental a todo o preço, opõe a política fiscal a necessidade de que o orçamento seja posto ao *serviço da economia nacional*, ainda que isso acarrete expansão das despesas, agravamento dos impostos, dilatação da dívida e apuramento de défice. (...). Os governos não devem decidir apenas com base na devoção fanática a uma regra petrificada" (ABREU, 1949: 20 e 22).

À margem destas duas visões doutrinárias emergiu ainda nos anos 1930 uma doutrina desenvolvimentista e tecnocrática que tinha nas ideias de dimensão industrial e inovação tecnológica a sua matriz identificadora e nos engenheiros a sua força social motora.

Esta visão minoritária e com limitado impacto na elite do Estado Novo, era assumidamente voluntarista, pragmática e pouco sofisticada. Protagonizada fundamentalmente por engenheiros, fundamentava-se mais no senso comum e na avaliação casuística da relação do Estado com as empresas do que na teoria económica. Ignorando a teoria corporativa e o emergente keynesianismo, revelou fascínio pela organização científica do trabalho, incorporou pontualmente a ideia de economias de escala, quando tratou de justificar a concentração industrial e, pelo menos em Ferreira Dias, aludiu ao multiplicador de Kahn, quando tratou de justificar a criação de emprego decorrente da instalação das novas indústrias. No entanto, tópicos relevantes para a economia industrial como custos, formas dos mercados e respectivos equilíbrios ou preços relativos, por exemplo, bem como toda a problemática da articulação entre poupança e investimento, surgiam claramente desvalorizadas nesta doutrina.

4. A política económica

Entre 1928 e 1974, isto é, no período que abrange parcialmente a ditadura militar e o Estado Novo, a economia portuguesa conheceu três grandes orientações da política económica, três grandes formulações estratégicas, apelando todas elas a uma forte intervenção económica do Estado, ou, mais rigorosamente, a um dirigismo, no sentido em que este mesmo Estado se propunha "determinar objectivos globais que hão-de presidir à sua actuação económica e também às dos próprios sujeitos económicos privados, cuja actividade deve enquadrar-se nos objectivos fixados para toda a economia" (FRANCO, 1998: 62).

A primeira dessas estratégias, designada por Alfredo Marques por "aliança agrária-industrial" (MARQUES, 1988: 31 e ss) – porventura mais ajustadamente designável por 'aliança agrária-industrial-bancária' –, foi implantada logo a partir de finais dos anos 1920 e durou até à extinção do Estado Novo. Constituia expressão dos interesses dos estratos superiores da sociedade portuguesa e, acessoriamente, da generalidade dos detentores dos meios de produção, e tinha um cariz defensivo e conservador, já que visava fundamentalmente a manutenção do *statu quo* social e a consolidação das estruturas económicas preexistentes. Em subordinação a esses interesses e prioridades, as finanças públicas funcionavam como dispositivo de bloqueio estrutural, de modo que a acção pública de fomento resultava numa tímida política de melhoramentos materiais, expressa desde logo no plano de obras portuárias, de 1929, e na Lei de Reconstituição Económica, de 1935, sendo que esta previa a construção de algumas infraestruturas agrícolas mas não industriais. No seu conjunto, esses melhoramentos estavam de acordo com a visão clássica das funções e das finanças do Estado e não tiveram incidência relevante no processo de crescimento.

Esta estratégia contemplava ainda um forte e duradouro elemento nacionalista e de proteccionismo exterior que deu origem, entre outros aspectos, ao regime aduaneiro estabelecido em 1929, à Campanha do Trigo, entre 1929 e 1938, e à Lei da Nacionalização dos Capitais, de 1943.

Dada a ausência de uma estrutura corporativa desenvolvida, esta estratégia era aplicada directamente pelo aparelho administrativo do Estado (que incluía uma larga variedade de agências reguladoras sectoriais, os já citados organismos pré-corporativas), sem mais mediações. A urgência na construção do aparelho propriamente corporativo resumiu-se inicialmente à liquidação do associativismo livre e à instauração de uma nova forma de organização do mercado de trabalho mediante a criação de sindicatos e de grémios corporativos. A criação das corporações a partir de finais dos anos 1950 não modificou significativamente a situação já que estas jamais assumiram verdadeiramente as funções de direcção económica que a doutrina lhes reservava, mas tão só as de instâncias consultivas do Estado dirigista. A anunciada 'economia autodirigida' (SALAZAR, 1961: 293) não funcionou nem antes nem depois da Segunda Guerra Mundial.

Instrumento maior desta estratégia foi o condicionamento industrial, um mecanismo *ad hoc* de licenciamento administrativo do investimento privado, justificado pela conjuntura decorrente da crise de 1929, mas que se tornou num dispositivo permanente destinado a adequar a oferta à procura preexistente e que resultou fundamentalmente na limitação drástica da iniciativa empresarial e da concorrência e, portanto, na estabilização das estruturas económicas. O resultado desta forma de intervenção do Estado foi, aliás, a quase estagnação da economia portuguesa no período em que a estratégia da "aliança agrária-industrial-bancária" vigorou em exclusivo.

No seu conjunto, esta estratégia sustentava-se na teoria e na doutrina corporativas, o que permitia a alguns corporativistas garantir ser "a orientação [política e económica de Salazar] absolutamente científica" (GONÇALVES, 1936: 120). No entanto, o apelo à teoria económica na definição da política económica concreta foi muito limitado. O condicionamento industrial, realizado sem grande suporte científico ou técnico susceptível de permitir a avaliação da capacidade produtiva e das necessidades de consumo, resultava num exercício prático de defesa de interesses instalados e de tendencial imobilização do aparelho produtivo.

A situação mudou parcialmente com a emergência nos anos da Segunda Guerra Mundial de um segundo tipo de dirigismo económico, que foi essencialmente um dirigismo actuante sobre a oferta.

A articulação deste novo dirigismo com o de tipo corporativo resultou numa sobreposição justamente assinalada pelos doutrinadores corporativistas ao referirem os "dois aspectos muito justamente reputados essenciais na intervenção do Estado na vida económica do país; um, o que é exercido no seio da organização corporativa (...), o outro é o que está definido nas leis nº 2002 e 2005" (ALMEIDA, 1951: 37).

No essencial, esta segunda forma de dirigismo, doutrinariamente apoiada pelo engenheirismo acima referido, propunha-se dotar o país de recursos energéticos, em particular de electricidade, e conferir "um estímulo exterior à indústria" (DIAS, 1998 [1945]: 143) mediante a criação, numa primeira fase, de novas indústrias de base, eventualmente por iniciativa ou com a participação do Estado, e a imposição de regras estritas às indústrias já existentes no que se refere a concentração, dimensão, organização e tecnologia. Sem deixar grande lugar para a pequena empresa e para a concorrência, o crescimento económico assim projectado centrar-se-ia no mercado interno, numa lógica de substituição de importações e numa política redistributiva contrária à manutenção de baixos salários, como era desiderato do modelo corporativo.

Esta segunda estratégia dirigista foi a que alcançou menor impacto económico e político, visível desde logo no desinteresse a que o poder empresarial a votou, mas também na circunstância de o seu principal impulsionador, Ferreira Dias, ter apenas ocupado inicialmente na hierarquia governamental uma discreta subsecretaria de Estado do Comércio e Indústria, entre 1940 e 1944.

Esta estratégia sobreviveu à passagem pela política daquele seu mais destacado protagonista, ainda que enfraquecida e em tensão com o dirigismo corporativo, em particular com os excessos burocráticos e com a ortodoxia financeira que este implicava. Em todo o caso, Ferreira Dias não questionou, ao menos de modo explícito, essa ortodoxia nem tão pouco o condicionamento industrial, que não se propôs extinguir, mas tão só reinterpretar no quadro de uma política industrial nova e de um novo tipo de relação entre Estado e os empresários que no limite evitaria aqueles excessos. Aliás, o referido condicionamento, ainda que reajustado formalmente em 1952 e em 1965 e aligeirado na sua aplicação nos anos terminais do Estado Novo, permaneceu legalmente em vigor até 1974.

Este dirigismo, que teve expressão privilegiada, mas pouco eficaz, na Lei de Fomento e Reorganização Industrial, de 1945, e, em alguma medida, no primeiro Plano de Fomento, que vigorou entre 1953 e 1958, potenciava uma estratégia já designada de "desenvolvimento de base endógena" (MARQUES, 1988: 109).

Um terceiro tipo de dirigismo, o último a emergir historicamente, foi o dirigismo keynesiano.

No que respeita à política de curto prazo, de regulação conjuntural, foi clara a desconfiança que os dirigentes do Estado Novo votaram às ideias atribuídas a Keynes em favor do permanente sublinhar dos méritos da estabilidade monetária e financeira, não obstante alguns corporativistas afirmarem que: "nenhum país civilizado deixou de aplicar, com maior ou menor intensidade, a teoria de Keynes. Em Portugal, ainda hoje, a sua teoria é aplicada a cada passo, se bem que nas circunstâncias actuais a mesma tenha, por vezes, de agir em sentido inverso (...)" (SOUSA, 1942: 266).

O baixo nível baixo de desemprego (embora com forte subemprego), o equilíbrio externo e a estabilidade preços que, com excepção dos últimos anos, caracterizaram a economia portuguesa na época do Estado Novo, retiravam oportunidade a eventuais políticas de estabilização de tipo de keynesiano. Deste modo, as políticas preconizadas por Keynes desde os anos 1920 para combater o desemprego, designadamente o investimento público financiado por empréstimos, e mais ainda o eventual controlo social do investimento, foram genericamente ignoradas. Da mesma maneira, quando no início da década de 1970 a conjuntura económica portuguesa se deteriorou significativamente, as políticas financeira, monetária e cambial então prosseguidas revelaram-se passivas e apegadas à sempre reafirmada ortodoxia corporativa (*vd.* Sousa, 1988) e nem a pressão longamente exercida pelas organizações internacionais, sobretudo da OCDE, para a adopção de políticas mais ousadas originou mudanças significativas. A própria reforma fiscal implementada entre 1958 e 1965, ainda que visando um aumento da pressão fiscal, também não revelou propósito redistributivo ou estabilizador inspirado nas ideias keynesianas.

Do keynesianismo, a administração pública portuguesa recebeu fundamentalmente uma forma de representação conceitual da economia, visível em relatórios oficiais, nomeadamente nos relatórios da Conta Geral do Estado a partir de 1955, quando o ministro Pinto Barbosa assumiu a pasta das Finanças. Em todo o caso, uma regulação conjuntural de tipo keynesiano teria exigido uma estrutura administrativa, um tipo de informação estatística, um conjunto de instrumentos de intervenção monetária e financeira e, evidentemente, uma pré-disposição política à data inexistentes.

Já as políticas de longo prazo, tendentes a promover o crescimento económico, no quadro da estratégia de modernização do capitalismo e de abertura da economia portuguesa formulada na passagem dos anos 1950 para os anos 1960, receberam alguma influência do keynesianismo.

Ainda que Keynes nunca se tenha referido de forma clara ao planeamento económico no quadro das economias capitalistas, a ideia de plano indicativo – instrumento fundamental da terceira forma de dirigismo económico adoptada pelo Estado Novo – surgiu associada ao sistema keynesiano, desde logo porque era neste sistema teórico que se baseava a definição dos agregados macroeconómicos e a contabilidade nacional necessários para a efectividade dos planos.

Neste sentido, a Lei de Reconstituição Económica, referente ao período 1935-1950, não era ainda verdadeiramente um plano. Nela apenas se definia um conjunto de acções de fomento a realizar pelo Estado, condicionadas pelas receitas ordinárias, desarticuladas ente si e não sustentadas por qualquer previsão acerca do ajustamento entre a produção e as necessidades colectivas.

Já o primeiro Plano de Fomento, em resposta às transformações entretanto ocorridas na Europa e também em resultado de novos equilíbrios sociais internos, articulava de alguma forma o dirigismo corporativo com a estratégia de reorganização industrial. Tecnicamente era ainda pouco sofisticado na forma de elaboração, na não fundamentação das acções nele previstas e na inexistência de objectivos precisos e quantificados, não obstante a sua preparação ter coincidido com o aparecimento dos primeiros resultados da contabilidade nacional.

Foi a partir do segundo dos planos hexenais, vigente nos anos 1959-1964, que o dirigismo económico, suportado socialmente a partir de então pelos grupos económicos emergentes e pela tecnoestrutura, bem como a respectiva fundamentação teórica, assumiram novas feições. Desde logo porque este plano foi o momento inicial e o instrumento fundamental de legitimação, e até certo ponto de operacionalização, de uma nova estratégia tendente a "fomentar um crescimento da economia a ritmo apreciavelmente mais elevado" (MOURA, 1956: 8), mas também porque não obstante ter sido referido como tendo uma "metodologia empírica e grosseira" (MARQUES, 1988: 119), apoiou-se num modelo keynesiano de tipo Harrod-Domar, ainda que tal facto tenha revestido um aspecto mais simbólico que operacional, dada a limitada fiabilidade dos dados utilizados.

Estas inovações não significaram uma completa integração da situação da economia e da política económica portuguesa, no caso a de longo prazo, no universo keynesiano tal qual ele era concebido na Europa Ocidental. Não obstante algumas aparências, elementos fundamentais desse universo como o *welfare state*, um sector público empresarial alargado e, sobretudo, estruturas participativas com funções de mediação e concertação de interesses, em particular com as classes trabalhadoras, estavam ausentes. O atraso do país, a articulação dos diversos dirigismos em presença e a forma não democrática do Estado assim o impunham.

5. Conclusão

Corporativismo e keynesianismo foram duas correntes relevantes que atravessaram o campo das ideias económicas em Portugal nos anos do Estado Novo. Numa fase inicial, o corporativismo real criado e imposto pelo Estado, deu lugar a uma construção teórica e doutrinária susceptível de legitimar e de orientar a política económica.

Nos anos da guerra e do pós-guerra, o contexto externo, a recomposição da relação de forças no âmbito do bloco social dominante e a fraqueza da construção teórica corporativa, conduziram à definição de uma segunda estratégia da política económica, a uma reformulação dos termos do dirigismo económico e ao apelo a novos recursos teóricos e doutrinários.

Nesse quadro, a construção corporativa perdeu vigor em favor de uma pouco sofisticada economia da oferta e sobretudo do keynesianismo, embora no plano formal se mantivesse como referência dominante até ao fim. No seu conjunto, a visão económica do Estado Novo resultou numa pouco integrada miscelânea de elementos oriundos de correntes de pensamento diversas.

Os diferentes sistemas de ideias, em grande medida difundidos a partir da Universidade, caucionaram as diferentes formas de dirigismo, as quais coexistiram em sobreposição e em resposta a problemáticas parcialmente distintas. O corporativismo, ainda que progressivamente minimizado, em particular a partir do início dos anos 1960, pôde subsistir até à extinção legal do Estado Novo, designadamente enquanto fundamento do modo de organização e de regulação do mercado de trabalho, ao mesmo tempo que o engenheirismo procurou conferir energia e racionalidade à política industrial. O keynesianismo, entendido numa acepção muito lata e nunca muito claramente assumido pela elite política, constituiu fundamentalmente um suporte do planeamento, já que as políticas de curto prazo se mantiveram avessas à sua influência.

No seu conjunto, esta articulação entre os três sistemas de ideias e correspondentes formas de dirigismo revela, porventura, inesperados pragmatismo e diversidade. Sob a aparência de imobilismo representado pela figura do ditador, a cultura económica e a própria política económica conheceram significativas transformações.

Em qualquer caso, este tipo de articulação entre os referidos sistemas de ideias não era inevitável. O caso italiano revela que também o corporativismo pode constituir-se em visão desenvolvimentista, designadamente ao assumir que a colaboração empresarial no âmbito das corporações é susceptível de gerar uma diminuição dos custos da inovação tecnológica e tornar-se por isso um sistema "mais dinâmico que o capitalismo" (PHELPS, 2010: 97). No entanto, não foi essa a via seguida pelos corporativistas portugueses e daí o apelo e a abertura a outras vias de pensamento sempre que esteve em causa operacionalizar e legitimar novas formas de dirigismo.

CORPORATIVISMO, FASCISMOS, ESTADO NOVO

Referências bibliográficas

ABREU, L. – "Política Fiscal e Keynesianismo". *Revista de Economia*. Vol. 2 (1) (1949).

ALMEIDA, J. – "Alguns aspectos da intervenção do Estado na vida económica nacional". *Revista do Gabinete de Estudos Corporativos*. N.º 6 (1951).

BASTIEN, C. – "A divisão da história do pensamento económico português em períodos". *Revista de História Económica e Social*. N.º 1 (2ª série) (2001).

BELEZA, J. – *Teoria do juro, a controvérsia keynesiana*. Coimbra: Livraria Atlântida, 1955.

BINI P. e MAGLIULO, A. – "Keynesianism in Italy. Before and after the General Theory". In PASINETTI, L.; SCHEFOLD, B. – *The impact of Keynes on Economics in the 20th Century*. Cheltenham: Edward Elgar, 1999.

CAETANO, M. – *O sistema corporativo*. Lisboa: [s.n.], 1938.

CARDOSO, J. – *Uma escola corporativa portuguesa*. Lisboa: Gabinete de Estudos Corporativos, 1949.

CORREIA, J. – *Elementos de Planificação Económica*. Lisboa: Imprensa Nacional, 1952.

DIAS, J. – *Linha de Rumo – notas de economia portuguesa*. Lisboa: Banco de Portugal, 1998. Vol. 1.

FERNANDES, L. – *O Rendimento Nacional e a Segurança Social*. Lisboa: ISCEF, 1956.

FRANCO, A. – *Finanças Públicas e Direito Financeiro*. Coimbra: Almedina, 1998.

GONÇALVES, L. – "Causas e efeitos do corporativismo português". *Economia e Finanças*. Vol. 4 (1936).

KEYNES, J. – *Teoria Geral do Emprego, do Juro e da Moeda*. Lisboa: Relógio d'Água, 2010.

LEITE, J. – *Ensaio sobre a Teoria das Crises Económicas*. Coimbra: Coimbra Editora, 1933.

LEITE, J. – *A doutrina corporativa em Portugal*. Lisboa: Clássica, 1936.

LEITE, J. – "Keynes e Portugal: uma escala de viagem e três cartas inéditas (1941-43)". In AA.VV. – *Economia Açoriana e História Económica e Empresarial*. Actas do Colóquio de 2002. Ponta Delgada: BES Açores, 2004.

MANCINI, O.; PERILLO, F.; ZAGARI, E. – *Teoria economica e pensiero corporativo*. Napoli: Edizioni Scientifiche Italiane, 1982.

MARQUES, A. – *Polítca económica e desenvovlvimento em Portugal (1926-1959)*. Lisboa: Livros Horizonte, 1988.

MOURA, F. – "Reformas de estrutura (introdução a um estudo de economia)". *Revista do Gabinete de Estudos Corporativos*. N.º 1 (1950).

MOURA, F. – *Estagnação ou Crescimento da Economia Portuguesa?*. Lisboa: ISCEF, 1956.

MOURA, F. – *Lições de Economia*. Lisboa: Clássica Editora, 1964.

MOURA, F. – *Análise Económica da Conjuntura*. Lisboa: AEISCEF, 1968.

NUNES, J. – *Rendimento nacional e equilíbrio orçamental*. Lisboa: ISCEF, 1956.

NUNES, J. – "Algumas notas sobre a introdução do keynesianismo em Portugal". In FERREIRA, E.; CARDOSO, J.– *Cinquentenário da Teoria Geral de Keynes*. Lisboa: Instituto Superior de Economia, 1986.

OLIVEIRA, S. – *Elementos de economia política*. Tomar: ed. autor, 1933.

OLIVEIRA, S. – *A Nova Ordem Económica*. Lisboa: Empresa Nacional de Publicidade, 1936.

OLIVEIRA, A. – *Portugal perante as Tendências da Economia Mundial*. Lisboa: Publicações do CEE, 1947.

PEREIRA, A. – "Portugal e o quadro das estruturas económicas subdesenvolvidas". *Revista de Economia*. Vol. 7(1) (1954).

PEREIRA, R. – "Perspectivas da planificação económica". *Revista do Gabinete de Estudos Corporativos.* N.º13 (1953).

PHELPS, E. – "Corporatism and Keynes: his philosophy of growth". In PECCHI, L.; PIGA, G. – *Revisiting Keynes.* Cambridge; London: The MIT Press, 2010.

PINTO, L. – "Algumas Notas sobre o Equilíbrio Keynesiano". *Economia & Finanças.* Vol. 20 (1952).

PINTO, L. – *Alguns aspectos da teoria do crescimento económico.* Lisboa: ISCEF, 1956.

RIBEIRO, J. – *Lições de Direito Corporativo.* Coimbra: Coimbra Editora, 1938. Vol. 1.

SALAZAR, A. – *Discursos (1928-1934).* Coimbra: Coimbra Editora, 1961. Vol. 1.

SILVA, A. – *Política orçamental e estabilização económica.* Lisboa: Clássica Editora, 1976.

SILVA, F. – "A evolução da empresa – III". *Indústria Portuguesa.* N.º 306 (1953).

SOUSA, A. – "O keynesianismo e as suas directrizes". In ROLL, Eric – *Panorama da Ciência Económica.* Lisboa: Ediçoes Cosmos, 1950. Vol. 2.

SOUSA, A. – "Política monetária e orçamental. A viragem: 1973-1974". In SOUSA [et al.] (org.) – *Nova Economia Portuguesa.* Lisboa: Universidade Nova de Lisboa: Faculdade de Economia, 1988.

SOUSA, C. – *Tratado de Economia Corporativa.* Lisboa: Portugália, 1942.

VEIGA, A. – *A economia corporativa e o problema dos preços.* Lisboa: FDUL, 1941.

VEIGA, A. – *A regulamentação do salário.* Porto: Imprensa Portuguesa, 1944.

III PARTE

Contexto, Fundamentos e Lógicas de Construção da Economia Nacional Corporativa[1]

ÁLVARO GARRIDO

Introdução

O carácter corporativo do Estado Novo português sempre foi apontado, quer pelos doutrinadores do sistema quer por quantos o tomaram como matéria de estudo, como a principal singularidade do regime autoritário que vigorou em Portugal entre 1933 e 1974. A título de argumento, basta invocar dois factos, um de natureza discursiva, outro de ordem prática, ambos constituintes do Estado Novo:

1) A proclamação constitucional do Estado como "República unitária e corporativa" (art. 5º da Constituição plebiscitada em 1933);
2) O anúncio constitucional e para-constitucional do modelo económico corporativo ou a fórmula doutrinária da "economia dirigida", solução política de "terceira via" entre o colectivismo socialista e o liberalismo individualista;

As conhecidas fragilidades da "economia corporativa" portuguesa do período salazarista, há muito notadas no plano teórico (do *sistema*) e no

---

[1] Texto elaborado no âmbito do projecto financiado pela Fundação para a Ciência e a Tecnologia, PTDC/HIS-HIS/10544/2008, "Corporativismo, instituições políticas e desempenho económico: estudos em história europeia contemporânea". Texto adaptado do artigo, "O Estado Novo português e a institucionalização da economia nacional corporativa". *Estudos do Século XX*. N.º 10 (2010) p. 297-316.

domínio prático (da *organização*), têm votado o corporativismo a uma certa proscrição na historiografia portuguesa, como se tratasse de uma "irrealidade" histórica.

Este texto propõe um retorno à problemática do corporativismo histórico do século XX, em geral, e aos significados da experiência corporativa portuguesa, em particular. A análise que propomos pretende recolocar o entendimento do "corporativismo português" nas suas evidências de sistema económico capitalista cuja reorganização foi dirigida por um Estado em reconstrução – um "Estado Novo". Procurando compreender por que motivos o Estado Novo mobilizou o corporativismo como a sua ideologia oficial, propomos uma breve reflexão sobre a economia política do corporativismo salazarista no sentido de identificarmos os fundamentos doutrinários e as lógicas de construção da "economia nacional corporativa".

A nossa argumentação começa por invocar a centralidade do processo de institucionalização da "economia nacional corporativa" na reconstrução autoritária do Estado português. A via de método que seguimos principia por reler os significados do movimento corporativista internacional da Europa de entre as guerras. Para tanto, fez-se um exame sucinto dos impactos desse turbilhão corporativista no processo político de construção do Estado Novo português, bem como sobre o modelo económico vertido na Constituição portuguesa de 1933.

A crise liberal-capitalista e a economia corporativa

As ideias de "capitalismo organizado" e de "economia dirigida" colheram na conjuntura turbulenta da Grande Guerra (1914-1918) um poderoso impulso e encontraram na crise financeira de 1929 um terreno favorável de afirmação, quer nos domínios da teoria económica, quer no campo prático da política dos Estados. Entre as duas guerras, no viveiro de problemas que Keynes designou como "as consequências económicas da paz"[2], académicos, políticos e a própria opinião pública questionaram a visão clássica do Estado liberal e ensaiaram alternativas ao modelo económico liberal[3].

---

[2] KEYNES, John Maynard – *The Economic Consequences of Peace*. London: Macmillan, 1919. Os capítulos 2 e 6 desta obra fundamental de Keynes encontram-se traduzidos para português em KEYNES, J. M. – *A Grande Crise e Outros Textos*. Prefácio e tradução de Manuel Resende. Lisboa: Relógio D'Água Editores, 2009. p. 35-63.

[3] Para uma síntese desse confronto internacional de alternativas teóricas ao liberalismo económico que se registou após a I Guerra Mundial, vide ALMODOVAR, A.; CARDOSO J. L.

CONTEXTO, FUNDAMENTOS E LÓGICAS DE CONSTRUÇÃO

O debate essencial residia numa velha questão: o futuro do capitalismo, problema que, durante e após a Grande Guerra, não só regressou ao debate académico como habitou a discussão popular.

Como Schumpeter havia de explicar, o problema da sobrevivência do capitalismo fora levantado, em primeiro lugar, por Marx e seus pares socialistas e, de seguida, pela escola histórica alemã[4]. Muito antes disso, e antes do colapso de 1929 surpreender os próprios economistas, já o próprio Schumpeter debatera a instabilidade do capitalismo, concluindo que esse sistema, embora economicamente estável, esgotara as possibilidades de se aperfeiçoar enquanto modelo social, sendo previsível que se autodestruísse, ou mesmo que se transformasse numa espécie de socialismo[5]. Hipótese teórica que, nas águas turvas da discussão política e no debate público de ideologias que marcou as décadas de vinte e de trinta, serviria a alguns corporativistas para agitar o fantasma da revolução social comunista.

A questão prática que assolava o sistema capitalista desde que ele se começara a transformar por erosão das suas próprias dinâmicas e por efeito exógeno da Guerra de 1914-18, foi a da "sobrevivência institucional do capitalismo"[6]. Problemática que muito ocupou os autores corporativistas, sobretudo no plano instrumental[7].

A "crise do sistema capitalista" foi, com efeito, uma expressão muito presente na literatura económica do tempo. Fosse do lado liberal reformista, fosse entre os partidários da "terceira via" corporativa que tiveram

---

– "Corporatism and the Economic Role of Government". In MEDEMA, Steven G.; BOETTKE, Peter (ed.) – *The Role of Government in the History of Economic Thought* (Annual Supplement to volume 37, *History of Political Economy*). Durham; London: Duke University Press, 2005. p. 333-354.

[4] SCHUMPETER, Joseph A. – *Ensaios. Empresários, inovação, ciclos de negócio e evolução do capitalismo*. Oeiras: Celta Editora (trad.), 1996. p. 188. Citámos a entrada "Capitalismo", que o autor publicou em 1946 na *Encyclopaedia Britannica*

[5] Id., *ibidem*, p. 42-66. Estas páginas correspondem ao artigo que Schumpeter publicou em Setembro de 1928 no *Economic Journal*, que intitulou "A instabilidade do capitalismo".

[6] A expressão consta do mesmo artigo de Schumpeter. Cf. id., *ibidem*, p. 44.

[7] São várias as obras de corporativistas italianos relativas à falência do capitalismo e à emergência de uma "era corporativa", a exemplo do livro apologético de SPIRITO, Ugo – *Capitalismo e Corporativismo* (edição italiana de 1933). Mas houve autores menos comprometidos com o fascismo, que em diversos países publicaram reflexões importantes sobre essa questão. Entre outros, o francês Gaétan Pirou, que em 1936 editou *La Crise du Capitalisme*, um livro que exprime bem a natureza transversal da problemática da crise institucional do capitalismo.

a pretensão de erigir uma ciência económica nova. Partindo do princípio de que seria necessário salvar o sistema capitalista de si próprio e da sua incapacidade para garantir o equilíbrio das forças económicas nacionais e internacionais num contexto de economia de mercado, os teóricos da "economia corporativa" defenderam um sistema capitalista organizado e coordenado pelo próprio Estado. Visto que o mercado deixara de cumprir a sua função reguladora do sistema económico e social e que a concorrência deixara de actuar como factor natural de equilíbrio entre a oferta e a procura, seria necessário uma instância reguladora intermédia para realizar o "bem-estar colectivo", noção que na prática dos regimes fascistas significou garantir a "ordem social"[8]. A organização corporativa da economia seria um instrumento desse programa político totalitário, cuja principal tarefa consistiu em submeter a nação ao Estado.

O próprio Keynes, em *The End of Laissez-Faire* (1926) e noutros textos onde reflectiu acerca da natureza instável do capitalismo e sobre a crise que se instalara no sistema[9], exprimiu posições pragmáticas a favor do intervencionismo do Estado e de soluções institucionais de coordenação macroeconómica que, abusivamente, alguns autores têm identificado com o corporativismo.

Laborando em argumentos dogmáticos, em regra mais doutrinários do que teóricos, a maioria dos corporativistas, a exemplo dos italianos Spirito, Arias, Rocco, Bottai e De Michelis[10], bem como do romeno Manoilesco que procurou elaborar uma teoria geral do corporativismo, recriminaram a falta de ligação do Estado liberal à vida social das nações e denunciaram o carácter "inorgânico" das instituições liberais. Munidos desta crítica, os corporativistas afirmaram a impossibilidade de uma reorganização do sistema económico capaz de repor o equilíbrio do comércio internacional e

---

[8] Em síntese, assim interpretou BRITO, José Maria Brandão de – *A industrialização portuguesa no pós-guerra (1948-1965). O Condicionamento Industrial*. Lisboa: Publicações Dom Quixote, 1989. p. 39.

[9] KEYNES, John Maynard – *cit.*, em especial, p. 95-117.

[10] Sobre o movimento de criação de uma "economia dirigida internacional" baseada na teoria económica corporativa e na experiência da Itália fascista, vide: MICHELIS, G. De – *La Corporation dans le Monde. Economie dirigée internationale*. Paris: Les Éditions Denoel et Steele, 1935 (edição original em língua italiana, datada de 1934); MANOILESCO, Mihail – *Le siècle du corporatisme. Doctrine du corporatisme intégral et pur*. Paris: Librairie Félix Alcan, 1936 (a primeira edição é de 1934. A obra foi traduzida para língua portuguesa, apenas no Brasil, em 1938).

CONTEXTO, FUNDAMENTOS E LÓGICAS DE CONSTRUÇÃO

a disciplina do "capital" e do "trabalho". Fizeram-no de acordo com a concepção corporativista de equilíbrio económico e social, teoria de fundo moral que supunha a acção coordenadora de um "Estado forte" e que, na maioria dos autores, exprimia uma legitimação da fórmula italiana do "fascismo corporativista"[11].

Os teóricos mais estatistas e comprometidos com a aliança política entre a "economia corporativa" e o fascismo chegaram a afirmar que "todos os fenómenos económicos são estaduais"[12]. Ugo Spirito declarou o "Estado corporativo" e a "economia corporativa" (a "economia nova") realidades históricas indissociáveis, "frutos imprescindíveis do espírito moderno"[13]. Segundo o professor de Direito e Filosofia da Universidade de Roma, cuja obra principal foi traduzida em Portugal em pleno contexto das eleições plebiscitárias da Constituição do Estado Novo, a "economia corporativa" resolvia o problema social e político da antinomia entre o Estado e o indivíduo por ser um meio de "(...) concretização orgânica cada vez maior da vida estadual da Nação"[14]. Spirito criticava o princípio neoclássico do "individualismo utilitarista" e colocava em seu lugar a noção de "máximo bem-estar social" que, de acordo com a dogmática corporativa, equivalia ao "interesse nacional".

Segundo este e outros economistas do corporativismo que foram lidos em Portugal, ao imergir o Estado no indivíduo a "economia corporativa" daria um contributo inestimável para a eliminação da natureza transcendente do próprio Estado. Distanciamento e abstracção que haviam condenado o Estado liberal a romper os seus elos com a vida económica e social. Por aqui penetrara todo o organicismo antiliberal, o próprio solidarismo e, escorado numa filosofia neotomista, o pensamento social da Igreja Católica, a que podemos chamar o corporativismo das Encíclicas.

Previsivelmente, esta argumentação doutrinária sobre a *imanência* do Estado na esfera privada (o indivíduo) e colectiva (a vida social) confluía numa exaltação da "economia corporativa" enquanto "sistema económico

---

[11] São especialmente elucidativos desta espiral de argumentos as seguintes passagens do livro de Ugo Spirito, que foi traduzido em Portugal. Cf. SPIRITO, U. – *Princípios fundamentais de Economia Corporativa*. Lisboa: Livraria Clássica Editora (trad.), 1934. p. 27-61 e 312-320; MANOILESCO, M. – *ob. cit.*, p. 145-172.

[12] Ugo Spirito, *ob. cit*, p. 41.

[13] Id., *ibidem*, p. 57-58.

[14] Id., *ibidem*, p. 59.

inclusivo"[15]. Sugeria-se que a "economia nova", de par com a organização corporativa que a havia de instituir – que já a instituíra no fascismo italiano –, seriam pilares do Estado totalitário. Por sua vez, o fascismo-regime seria a expressão política natural de uma ciência económica nova e refundadora do pensamento clássico e neoclássico liberal.

Embora matizada pelo calculismo de Salazar e pela prudência com que o ditador português se procurou demarcar da natureza totalitária e pagã do fascismo de Mussolini, a perspectiva *imanente* da "economia corporativa" e a *paridade dialéctica* entre Estado e indivíduo foram os princípios filosóficos que a doutrina corporativa portuguesa mais adoptou para proclamar uma "economia nova"[16].

Em Portugal como no estrangeiro, os corporativistas mais moderados colocaram o assento na organização corporativa como entidade semi-autónoma dos poderes públicos que, em seu entender, deveria ser dotada de prerrogativas próprias de regulação económica, a exercer através das Corporações. Foi nesse sentido que Manoilesco se referiu ao corporativismo como um "capitalismo de organização", fórmula que os corporativistas portugueses tomaram como referência de um mirífico "corporativismo de associação". De múltiplos sentidos, a expressão "capitalismo de organização" foi muito comum na literatura económica da época, nomeadamente em Schumpeter, que em 1928 a usou para distinguir a natureza institucional do capitalismo do século XX do "capitalismo concorrencial" oitocentista[17] que havia sido o suporte do Estado liberal.

Um "Estado Novo", uma "economia nova"

Num discurso proferido na sede da União Nacional, em 16 de Março de 1933, Oliveira Salazar explicitou assim a natureza económica do Estado Novo: "Nós queremos caminhar para uma *economia nova*, trabalhando em uníssono com a natureza humana, sob a autoridade dum Estado forte que

---

[15] A expressão pertence a ALMODOVAR, A.; CARDOSO, J. L. – *art. cit.*, p. 337 (tradução nossa).

[16] Nesta argumentação filosófica, o mais sólido dos doutrinadores portugueses foi Cf. CAETANO, Marcello – *O Sistema Corporativo, cit.*, p. 33-38.

[17] No citado artigo "A instabilidade do capitalismo", referindo-se à intensificação da influência dos *trusts* e de outras coligações económicas no capitalismo do século XX, Schumpeter usou a expressão "capitalismo organizado". Cf. SCHUMPETER, J. A. – *ob. cit.*, p. 43.

CONTEXTO, FUNDAMENTOS E LÓGICAS DE CONSTRUÇÃO

defenda os interesses superiores da nação, a sua riqueza e o seu trabalho, tanto dos excessos capitalistas como do bolchevismo destruidor"[18].

A aspiração política de construir um "Estado Novo" era indissociável da pretensão de erguer uma "economia nova". Antes de definir a natureza dessa economia reorganizada por intervenção do Estado, clarificação que Salazar e Pedro Teotónio Pereira fizeram em Setembro de 1933 no Estatuto do Trabalho Nacional, o chefe do Governo demarca territórios de autoridade e proclama a subordinação da economia à política. Um dos "conceitos económicos da nova Constituição", promulgada em Abril de 1933, era precisamente o princípio da autonomia do Estado ("Novo") relativamente à economia, do Estado em relação ao mercado.

Segundo esta lógica de discurso, a economia portuguesa seria indubitavelmente "nova". Não apenas porque, pela mão de um "Estado forte" voltaria a ser "nacional", mas porque a natureza económica da nação seria determinada pela ordem autoritária do Estado. Segundo a ideologia do Estado Novo, acima da economia e do proclamado "Estado social", estava uma ordem política expressa na razão governamental que, segundo o dogma autoritário de que se valeram todos os "Estados Novos"[19], se baseava numa leitura superior do "interesse nacional" oposta ao individualismo frívolo da "era liberal".

Em 1932 e 1933, anos de acelerada construção das estruturas vitais do Estado, já Salazar o proclamava "novo" e "forte", porque capaz de se reorganizar internamente, dos ministérios à rua, e de se proteger dos abalos do sistema capitalista, vistos por toda a parte como uma renovada ameaça à soberania económica das nações e factor de erosão da aliança que se estabelecera entre as classes burguesas e o Estado liberal.

Exorcizar estes medos implicava recuperar a autoridade pública que alegadamente se perdera durante a era demoliberal. Assim se acomodaria a "Nação" e as suas forças vivas num vago ideal de nacionalismo económico, um proteccionismo contidamente autárquico capaz de abrigar o Estado das crises do sistema capitalista internacional.

Sem deixar de invocar a crise do capitalismo e de exagerar os seus reais efeitos em Portugal – que apenas se notaram na retracção das exportações

---

[18] SALAZAR, António de Oliveira – "Conceitos económicos da nova Constituição". In *Discursos*. Coimbra: Coimbra Editora, 1935. Vol. I, p. 209-210.

[19] TORGAL, Luís Reis – *Estados Novos Estado Novo. Ensaios de História Política e Cultural*. Coimbra: Imprensa da Universidade de Coimbra, 2009. Vol. I, p. 53-170.

e no declínio das remessas de emigrantes, devido ao problema da libra e ao colapso do padrão-ouro, em 1931[20] –, Salazar define para que quer e onde quer a economia no regime antidemocrático de que ele próprio, na condição de ministro das Finanças e chefe do Governo, se fizera a cabeça e o tronco. Em tons de dogma, di-lo em diversos lugares de discurso e, com especial incisão, na prédica que lembrámos no começo: "Sobre a unidade económica – Nação – move-se o Estado". Prossegue com uma questão tão crucial quanto retórica: "Em que sentido e dentro de que limites se pode considerar a organização económica elemento da organização política?", pergunta a si mesmo para logo responder em jeito de sentença doutrinária: "A vida política não se confunde com a vida económica, a organização económica é distinta da organização política, mesmo no campo económico, mas nada disto quer dizer que o Estado não deva ter um pensamento económico, não dirija superiormente a economia do País (...)"[21].

Uma "República corporativa", uma "economia nacional corporativa"

A maneira prudente como Salazar evitou a "questão do regime", alimentando e desfazendo as ilusões de restauração da Monarquia, estimulou a definição oficial do Estado Novo como uma "República unitária e corporativa"[22]. Se o carácter unitário da República vertido na Constituição de 1933 tinha um sentido de unidade do território nacional, a natureza corporativa da República reafirmava a forma republicana de governo, mas vincava outras singularidades do Estado Novo – uma república "social" e "nacional", conquanto "corporativa". Na prática, pretender-se-ia proclamar que o Estado em reconstrução, embora republicano, era "novo" precisamente por ser "corporativo"[23]. Como concluiu Reis Torgal, "(...) a República" era só um regime para o "sistema corporativo", que foi afinal o que quis ser o "Estado Novo"[24].

---

[20] Para uma análise dos efeitos da crise financeira e económica de 1929 em Portugal, vide ROSAS, Fernando – *O Estado Novo nos Anos Trinta. Elementos para o estudo da natureza económica e social do salazarismo (1928-1938)*. 2ª ed. Lisboa: Editorial Estampa, 1996. p. 102-113.

[21] SALAZAR, A. de O. – *Discursos, cit.*, vol. I, pp. 205-206.

[22] TORGAL, L. Reis – *ob. cit.*, vol. I, p. 373-393. Numa perspectiva jurídica, veja-se LEAL António da Silva – "Os grupos sociais e as organizações na Constituição de 1976 – a rotura com o corporativismo". In MIRANDA, Jorge (coord.) – *Estudos sobre a Constituição*. Lisboa: Livraria Petrony, 1979. vol. III, p. 222-235.

[23] Cf. TORGAL, L. Reis – *ob. cit.*, vol. I, p. 376-378.

[24] Id., *ibidem*, p. 386.

A proclamação constitucional de uma "República corporativa" e a inscrição do modelo de "economia nacional corporativa" no Estatuto do Trabalho Nacional – a "economia nova" de que falaram Salazar, Pedro Teotónio Pereira e Lumbralles – não parecem ter convencido alguns corporativistas, como Marcello Caetano, da vontade de Salazar em edificar um verdadeiro Estado corporativo, assente numa orgânica de âmbito nacional encimada pelas Corporações[25].

Em lugar desse sistema corporativista de raiz católica assente numa filosofia social solidarista, o Estado Novo ergueu uma organização corporativa eminentemente económica que, apesar de contar com uma Câmara Corporativa[26], não inseriu a representação corporativa dos grupos e dos interesses no sistema político. Na prática, tratou-se da institucionalização autoritária de uma ordem económica essencialmente pública, que ainda assim implicou a regulação corporativa, mas de forma subordinada[27].

Nas circunstâncias do compromisso que estabeleceu com os fascismos europeus, o corporativismo persistiu uma teoria de regulação social, como o era desde o século XIX. Caminhou no sentido de uma doutrina compósita que apontava para uma reparação sistémica das patologias da sociedade industrial, a exemplo da *anomia* denunciada por Durkheim e Duguit e da quebra dos laços entre o "individual" e o "social" invocada por todos os solidaristas[28]. Na sua relativa especificidade, o corporativismo português foi, sobretudo, um instrumento da reconstrução autoritária do poder público e a ideologia oficial do Estado Novo. Mais do que uma filosofia social, foi um instrumento de regulação da vida económica e social; uma prática política de direcção da "economia nacional".

---

[25] Sobre a luta que se travou no interior do regime salazarista, nos anos trinta e nos anos cinquenta, em prol da criação de um "Estado corporativo", veja-se id., *ibidem*, p. 384-393. No plano da construção jurídica e institucional do Estado Novo, vide LUCENA, Manuel de – *O Sistema Corporativo Português*. Lisboa: Perspectivas & Realidades, 1976. Vol. I, p. 115-231.

[26] FERREIRA, Nuno Estêvão – *A Câmara Corporativa no Estado Novo: composição, funcionamento e influência*. Lisboa: Instituto de Ciências Sociais da Universidade de Lisboa, 2009. 2 vols., mimeografado. Dissertação de Doutoramento em Ciências Sociais.

[27] Por outras palavras, Vital Moreira considera que o Estado Novo português criou uma "ordem económica com uma componente corporativa". Cf. MOREIRA, V. – *Auto-Regulação Profissional e Administração Pública*. Coimbra: Almedina, 1997. p. 232.

[28] DONZELOT, Jacques – *L'invention du social. Essai sur le déclin des passions politiques*. Paris: Éditions du Seuil, 1994. p. 73-120.

CORPORATIVISMO, FASCISMOS, ESTADO NOVO

Se é certo que o corporativismo foi o único tópico ideológico por que o Estado Novo se definiu pela positiva – mais comuns foram as rejeições sistémicas que enunciou: regime anticomunista, antiparlamentar, anti-democrático, antiliberal –, e se Salazar o apresentou como a "terceira via" nacional, de inspiração católica, entre o capitalismo liberal e o socialismo colectivista, o sistema corporativo que o Estado Novo construiu acabou por ficar aquém de tudo isso. Embora até ao começo da Segunda Guerra Mundial a ideologia corporativa tenha funcionado como elemento de legitimação da alegada singularidade do Estado Novo, a principal utopia conservadora do regime não o foi para toda a elite do sistema salazarista.

Efectivamente, o sistema corporativo português foi muito menos *sistema* do que *organização*. Precocemente, num trajecto jamais corrigido, tomou o sentido prático de *instrumento* de prevenção da conflitualidade social; mostrou-se uma forma de disciplinar o "capital" e o "trabalho", um modo de amarrar os interesses económicos aos "interesses nacionais", um decisivo instrumento do poder do Estado sobre a sociedade, em especial sobre o trabalho e sobre o *petit capitalisme* nacional.

Conforme interpretaram vários autores que estudaram o sistema corporativo português, embora a organização corporativa erigida pelo Estado Novo tenha sido eminentemente económica, depreende-se que o móbil do sistema económico que a Constituição de 1933 designou por "economia nacional corporativa" (artigo 34º) – expressão por certo inspirada na obra homónima do académico fascista Gino Arias, cuja edição em língua francesa foi divulgada em Portugal[29] – tenha sido claramente político. Significa, pois, que a reorganização da economia participou do processo de reconstrução do Estado.

Não por acaso, a organização corporativa da economia, cujas linhas orientadoras foram definidas na própria Constituição e no Estatuto do Trabalho Nacional foi, de par com a liquidação do sindicalismo livre e a institucionalização da "previdência corporativa", a forma mais concreta e duradoura do regime de "terceira via" que o Estado Novo acabou por ser em boa parte da sua longa existência. Realidades que, timidamente,

---

[29] Gino Arias (1879-1940), professor de Economia Política em Florença e Roma, escreveu em 1929 *L'Économie Nationale Corporative*, um curso de economia corporativa que conheceu várias edições em língua italiana mas que nunca foi traduzido em Portugal. Nessa obra, Arias procura firmar uma teoria económica da terceira via corporativa, opondo o fascismo ao liberalismo e ao socialismo.

CONTEXTO, FUNDAMENTOS E LÓGICAS DE CONSTRUÇÃO

o avanço de uma historiografia crítica sobre o Estado Novo tem colocado em evidência, ainda que privilegiando esquemas de análise demasiado presos à lógica institucional do poder público, isto é, sem inquirir o que se passou "de baixo para cima" ou como reagiu a sociedade à organização corporativa[30].

A ideia de "reconstituição económica", tantas vezes invocada por Salazar, também supõe esse primado da política sobre a economia e exprime a afirmação do Estado como entidade instituinte de uma ordem económica nacional. Como o chefe do Governo explicou em 1937, "(...) por intermédio da organização corporativa, a vida económica é um elemento de organização política. Não somente o Estado vigia a vida económica, se interessa por ela, a protege, a dirige, de acordo com os seus próprios objectivos ou os seus interesses políticos actuais, mas ainda os elementos económicos – forças produtivas – entram na vida orgânica do Estado e fazem parte da sua constituição"[31].

Bem notou Teixeira Ribeiro que a organização corporativa tinha como fim político garantir "poderio para o Estado"[32]. Daí o direito e a obrigação do Estado de "(...) coordenar e regular superiormente a vida económica e social, determinando-lhe os objectivos" e visando "o equilíbrio da produção, das profissões, dos empregos, do capital e do trabalho", refere citando o Estatuto do Trabalho Nacional[33].

Exaltando a nova concepção de Estado que, supostamente, permitia uma representação nacional mais perfeita do que aquela que o liberalismo podia assegurar, Salazar reafirma a integração da economia no sistema político do Estado Novo. Inclusão semelhante ao modelo da Constituição alemã da República de Weimar, de 1919, acabou por ser a principal inovação constitucional do regime, cujo discurso apontava para uma "ordem

---

[30] Na historiografia recente sobre movimentos sociais ligados à implementação da ordem corporativa, destaquemos o trabalho de FREIRE, Dulce – *Portugal e a terra. Itinerários de modernização da agricultura em Alpiarça na segunda metade do século XX*. Lisboa: Universidade Nova de Lisboa, 2008. Dissertação de Doutoramento. Exemplar mimeografado. Veja-se, também, uma série de ensaios recenseados no seguinte livro colectivo: DOMINGOS, Nuno; PEREIRA, Victor (dir.) – *O Estado Novo em questão*. Lisboa: Edições Setenta, 2010.

[31] SALAZAR, A. O. – *Como se levanta um Estado*. Lisboa: mobilis in mobile, 1991. p. 92-93.

[32] RIBEIRO, J. J. Teixeira – *Princípio e fins do Sistema Corporativo Português*. Coimbra: Coimbra Editora, 1939. p. 46.

[33] Id., *ibidem*, p. 65. Referência ao Art. 7º do Estatuto do Trabalho Nacional.

económica mista", assente numa tripla coordenação: pelo Estado, pelo mercado e, mais utopicamente, por meio das corporações[34].

Embora a "ordem económica e social" definida na Constituição de 1933 – documento menos comprometido com o fascismo italiano do que o Estatuto do Trabalho Nacional – reconhecesse a propriedade privada e a iniciativa empresarial, a pretensão de instituir uma "economia nacional corporativa" reservava ao Estado um papel dirigista: a coordenação e regulamentação das actividades económicas através de grémios obrigatórios e organismos de coordenação económica, caindo assim a organização corporativa da economia no domínio da administração indirecta do Estado.

Dado que Salazar adiou quanto pôde a criação das corporações tornando essa delonga a principal distorção do sistema corporativo português, na prática foi por meio dos organismos de coordenação económica instituídos pelo Governo que o Estado disciplinou a "economia privada" e dirigiu o comportamento dos interesses económicos sobre os quais interveio por razões muito diversas, em regra distantes dos critérios da racionalidade económica liberal ou outra.

O facto de tais organismos (juntas, institutos e comissões reguladoras) terem sido dotados de funções oficiais, personalidade jurídica e autonomia financeira tornou-se o principal factor de agilidade da sua intervenção nos mercados e da arbitragem política de interesses, que passou a ser feita através de "cartéis de Estado". Como se sabe, a intervenção reguladora do Estado foi exercida com enormes diferenças caso a caso, ajustando os perfis de regulação à problemática de cada produto, à topografia dos conflitos de interesse e às circunstâncias da crise nos mercados internacionais. Assim sucedeu com as conservas de peixe, com os vinhos comuns de exportação, com o vinho do Porto e o bacalhau, entre outras produções nacionais sujeitas a concorrência externa[35].

De acordo com a doutrina corporativa, o regime de "economia dirigida corporativa" não implicava que a iniciativa privada deixasse de ser livre; sê-lo-ia desde que actuasse num regime de cooperação entre a propriedade,

---

[34] MOREIRA, V. – *ob. cit.*, p. 233.

[35] Para o subsector agrícola, vide o longo artigo de LUCENA, Manuel de – "Salazar, a fórmula da agricultura portuguesa e a intervenção estatal no sector primário". *Análise Social.* Vol. XXVI, N.º 110 (1991) p. 97-206. Sobre os organismos reguladores e de intervenção no abastecimento de bacalhau, vide o nosso livro, *O Estado Novo e a Campanha do Bacalhau.* 2ªed. Lisboa: Temas e Debates; Círculo de Leitores, 2010. p. 101-133.

o capital e o trabalho. Na prática, essa solidariedade entre os vértices do sistema económico recriado pelo Estado Novo implicava uma hierarquia dos elementos da "economia nacional": os interesses dos trabalhadores não podiam prevalecer sobre os direitos e interesses dos patrões e proprietários das empresas[36]. Embora a organização corporativa não tenha nascido apenas para proteger o "capital", o desequilíbrio entre "capital" e "trabalho" foi a regra geral da sindicalização corporativa imposta pelo Estado.

Uma economia dirigida através da organização corporativa

Numa das suas conferências sobre a "organização corporativa do Estado" – expressão só por si significativa da contradição em que assentou o sistema corporativo instituído pelo Estado Novo –, proferida no teatro de S. Carlos, em Lisboa, em 5 de Junho de 1933, Pedro Teotónio Pereira defendeu assim a vontade do novo regime em reconstruir a "nossa estrutura económica e social": "O Estado vai promover a formação da *economia nacional corporativa*, fixando metodicamente as grandes linhas a que se deve subordinar a acção dos novos agrupamentos de cooperação económica e social (...). Vão ser definidos os princípios basilares que presidirão à *nova ordem corporativa*, bem como as importantes funções que se lhe reservam, – coordenação das actividades produtoras, aperfeiçoamento da técnica, disciplina do trabalho, obras de assistência e de previdência"[37].

Num tempo histórico marcado pelo colapso da economia e do Estado liberais, os artífices do Estado Novo radicam a necessidade de reconstrução autoritária e corporativista da república portuguesa nas circunstâncias de crise do sistema capitalista-liberal. Na palestra do S., Carlos Teotónio Pereira afirmou ainda: "Estamos vivendo em plena zona da economia dirigida e do intervencionismo do Estado"[38].

Em 1932, no seu projecto de Constituição para o Estado Novo, Quirino de Jesus, um nacionalista conservador que há anos escrevia sobre os sentidos da "crise portuguesa"[39], apelava à reconstrução do Estado por meio

---

[36] Cf. art. 16º do Decreto-Lei nº 23048, de 23 de Setembro de 1933 (Estatuto do Trabalho Nacional).

[37] PEREIRA, Pedro Teotónio – *A batalha do futuro. Organização corporativa*. 2ª ed. Lisboa: Livraria Clássica Editora. p. 38. Itálicos nossos. A palestra intitulou-se "Corporações e previdência social. Primeiros aspectos".

[38] Id., *ibidem*, p. 31.

[39] JESUS, Quirino de; CAMPOS, Ezequiel de – *A Crise Portuguesa – Subsídios para a Política de Reorganização Nacional*. 1923.

da inscrição constitucional de uma ordem económica e social: "Que pode o Estado querer nestes embates das escolas e sistemas e no meio das rotinas e escombros?", perguntava com incontida retórica. "O justo equilíbrio da população, das classes, das profissões, das actividades e dos interesses. A sã defesa interna e externa de toda a economia nacional. A povoação do nosso território. A sindicalização coordenada das forças produtivas"[40].

A apologia de uma reconstrução do Estado que tivesse na "ordem económica e social" o seu primeiro pilar de soberania e a defesa dos princípios da *organização* e *coordenação* da economia eram princípios unânimes entre a plêiade antidemocrática e antiliberal que se reunira em torno de Salazar desde a reforma financeira do Estado iniciada em 1928. As divergências estavam na fórmula de alcance de um equilíbrio económico e social capaz de garantir a ordem política e a paz social. Num silogismo doutrinário que repetiu noutros escritos de doutrina económica corporativa, em 1936 João Pinto da Costa Leite explicou que, sendo a concorrência por natureza imperfeita, a política económica do Estado Novo teria de realizar-se "em um sentido orgânico", o que supunha a direcção do Estado de modo a promover a harmonia dos interesses[41]. Segundo o professor de Direito, a "economia corporativa", entendida como a intervenção do Estado na economia por meio das leis e instituições corporativistas, seria o tipo-ideal de realização dessa utopia burocrática e anticlassista. E como na argumentação elíptica de Lumbralles a estrutura política do Estado demoliberal não permitiria ordenar a vida económica e social, eis como a "economia corporativa" exigia um "Estado corporativo"[42].

A nível internacional, os principais textos de teoria corporativa, sobretudo os mais assertivos na defesa de um corporativismo de Estado, usavam com frequência argumentações também frágeis, de índole doutrinária e dogmática, como se o corporativismo fosse uma filosofia da história, um sistema de ideias que *necessariamente* teria que ser aplicado pelo facto de conter uma solução imperativa para o tempo de crise que se vivia.

No plano político, a visão dos corporativistas apontava para um sistema internacional composto por Estados corporativos, que embora cooperassem em prol da paz e da "descapitalização" – segundo Manoilesco, tal

[40] Jesus, Quirino de – *Nacionalismo Português*. Porto, 1932. p. 156.
[41] Leite, J. Pinto da Costa (Lumbralles) – *A Doutrina Corporativa em Portugal*. Lisboa: Livraria Clássica Editora, 1936. p. 83.
[42] Cf. id., *ibidem*, p. 90-91.

CONTEXTO, FUNDAMENTOS E LÓGICAS DE CONSTRUÇÃO

significava a "atenuação do capitalismo" e o combate político aos mono-
pólios e oligopólios – deveriam fortalecer as respectivas nações através da
organização corporativa[43].

O fervilhar das ideias corporativistas nos anos vinte e trinta, um "neo-
corporativismo", como assinalou Gaétan Pirou, professor de Direito de
Paris[44], debateu-se com o problema prático da sua relação com o Estado.
Segundo Pirou, na Europa de entre as guerras coabitavam duas correntes
corporativistas: o corporativismo "puro" e "autónomo", cujo sistema se
organizaria sem ingerência do Estado e por iniciativa dos grupos sociais
interessados; o corporativismo como aparelho económico subordinado ao
poder político, ou seja, estreitamente controlado pelo Estado, como sucedia na Itália de Mussolini[45].

As experiências em curso nos diversos Estados europeus que se declaravam corporativistas supunham uma vitória desta segunda via. Implica-
vam um compromisso da ideologia corporativa com a prática política dos
regimes autoritários e totalitários, numa perspectiva mais revolucionária
ou mais reaccionária, e a negação histórica dos ideais corporativos de raiz
cristã e solidarista.

Segundo François Perroux, economista católico francês que se destacou
pelos seus textos de crítica aos sistemas corporativistas do tempo, no caso
italiano o compromisso histórico e assaz incómodo da ideia corporativa
com o "estatismo fascista" – a expressão é do próprio – tinha um sentido
concreto: resolver o problema económico italiano, entretanto agravado
devido à política de revalorização da lira anunciada em Agosto de 1926. Perroux considerou ainda que, ao fazer uso do corporativismo como recurso
institucional e político da unidade da nação, a política económica fascista
acabara por ser uma forma de "capitalismo de Estado"[46]. Ao assentar no
poder autoritário do Estado e numa organização corporativa não representativa, a prática do corporativismo italiano teria desmentido o dogma
da "economia nova" e acabara por opor soluções erradas à crise estrutural
do capitalismo, considerou ainda o economista francês[47].

---

[43] MANOILESCO, M. – *ob. cit.*, p. 50-56.

[44] PIROU, G. – *Néo-Libéralisme, Néo-Corporatisme, Néo-Socialisme.* 4ªed. Paris: Gallimard, 1939.

[45] Id., *ibidem*, p. 95.

[46] MORNATI, Fiorenzo – "Le corporatisme italien vu par les économistes français des années
trente". In DOCKES Pierre [et al.] (dir.) – *Les traditions économiques françaises, 1848-1939.* Paris:
CNRS Éditions, 2009. p. 728-729.

[47] Id., *ibidem*, p. 732-734.

Interpretações que a historiografia moderna sobre o fascismo italiano não desmente. Por efeito das dívidas de guerra, da inflação e da persistência de problemas monetários nos primórdios do regime fascista, as políticas de estabilização económica lançadas em 1925 e a legislação social corporativa imposta no ano seguinte pelo ministro da Justiça Alfredo Rocco precipitam a transição de um "fascismo liberal" para um "corporativismo subordinado e parcial" – ostensivamente um "corporativismo de Estado". Processo que resultou no reforço do intervencionismo estatal e numa economia dirigida através do Partido Nacional Fascista.

Em Portugal, o debate em torno das ideias corporativistas conheceu clivagens semelhantes às que se fizeram notar no estrangeiro. Embora nunca tenha existido um pensamento corporativo português, nem tão pouco uma marcada divisão entre tradicionalistas e modernizadores, como ocorreu em França nos anos trinta[48], os teóricos portugueses foram-se demarcando uns dos outros em função do binómio "corporativismo de associação"/"corporativismo de Estado"[49].

Apesar dos esforços de alguns professores portugueses, a teoria económica corporativa nunca se afirmou como modelo[50]. A partir de 1949, coabitou como pôde com o keynesianismo, cujas ideias começaram a fazer escola em Portugal. Eclética e pragmática, a "economia corporativa portuguesa" mostrou-se uma composição frágil de referências colhidas em correntes diversas do pensamento económico. Foi uma síntese com escassa autonomia teórica em relação ao paradigma neoclássico que servira a ordem económica liberal, cujas noções de "concorrência perfeita", "equilíbrio espontâneo dos mercados" e "bem-estar individual" os corporativistas criticaram com veemência. Em Portugal, a ideologia económica corporativa permaneceu presa a um discurso doutrinário construído em torno do dogma do "interesse nacional", a tradução política da noção ética de "utilidade social colectiva".

---

[48] Vide DARD, Olivier – "Le corporatisme entre traditionalistes et modernisateurs: des groupements aux cercles du pouvoir". In MUSIEDLAK, Didier (dir.) – *Les Expériences corporatives dans l'aire latine*. Berna: Peter Lang, 2010. p. 67-102.

[49] Para uma síntese deste "eterno" debate, vide Manuel de Lucena, *ob. cit.*, vol. I, pp. 165-169.

[50] Cf. BASTIEN, Carlos – *Para a História das Ideias Económicas no Portugal Contemporâneo. A Crise dos anos 1945-1954*. Lisboa: Instituto Superior de Economia da Universidade Técnica de Lisboa, 1989. Vol. I, p. 183 e ss.

A institucionalização da "economia nacional" e as suas lógicas

Regime autoritário institucionalizado, o Estado Novo português encontrou no corporativismo (na ideologia e no sistema, ou seja nas leis e instituições criadas sob a égide da teoria e doutrina corporativas) uma das suas pedras angulares. Porém, esse carácter estrutural do corporativismo só tomou uma expressão sistémica na organização das actividades económicas, o que não significa que tenha sido escassa a sua penetração social, questão que em boa parte continua por estudar.

Como notou Philippe Schmitter, "em termos de funções económicas, o Estado Novo visava ostensivamente criar um *tertium genus* harmonioso e orgânico que evitasse simultaneamente os excessos do desenvolvimento capitalista liberal e do desenvolvimento socialista burocrático"[51]. Em rigor, nunca a economia, no seu todo ou em parte, foi *corporativizada* pelo Estado Novo. O que significa que não houve "revolução corporativa".

Há muito vincada pela historiografia, esta evidência tem sido pouco relacionada com as circunstâncias da crise capitalista de 1929 e raramente interpretada no contexto de erosão do pensamento económico liberal que a Grande Guerra, as crises monetárias dos anos vinte e o colapso do sistema financeiro internacional de 1930-1931 vieram agravar. Apesar dos efeitos limitados, passageiros e pouco incisivos da "catástrofe do dólar"[52] e da libra sobre a economia portuguesa, as disfunções do comércio internacional e o questionamento geral de um modelo económico baseado nos princípios de auto-regulação do mercado e de "concorrência perfeita" compõem um clima que oferece ao Estado Novo em construção bons argumentos para impor uma política económica intervencionista assente na intermediação corporativa.

Esta sincronia de contextos – em rigor, tratou-se de um contexto externo que, internamente, serviu de pretexto para impor uma economia dirigida de sugestões corporativas – obrigou a corrigir a construção de vários pilares da política financeira e económica do "novo Estado".

Pragmaticamente, os últimos governos da Ditadura Militar tiveram de adaptar as medidas internas à conjuntura depressiva internacional. Assim sucedeu com a política monetária deflacionista adoptada por Salazar para conter a crise. Perante a queda da libra, o ministro das Finanças e virtual

---

[51] SCHMITTER, P. – *ob. cit.*, p. 69.
[52] SALAZAR, A. de O. – "Conceitos económicos da nova Constituição". *Cit.*, p. 187.

chefe do Governo decidiu desvalorizar o escudo e desvinculá-lo do padrão divisas-ouro em Setembro de 1931, expondo a sua celebrada obra financeira à indignidade de escassos 82 dias de convertibilidade da moeda portuguesa[53]. Algo de semelhante se passou, também em 1931, com o regime de condicionamento industrial, que o Governo desenvolveu e alargou a novos ramos da indústria a pretexto dos "terríveis efeitos" da crise capitalista. Por último, igualmente sintomática da adaptação de soluções políticas de pretensão estrutural às evidências conjunturais da crise foi a decisão súbita de mudar opções de cartelização já adoptadas para sectores específicos da produção e do comércio. Tal aconteceu, por exemplo, na pesca do bacalhau, indústria que em 1931 estava para ser cartelizada através de um Consórcio estatal formado por todos os armadores e que, em 1934, acabou por ser reorganizada de outro modo, tendo à cabeça do cartel um organismo de coordenação económica incumbido de regular o abastecimento, organismo no qual os armadores não tinham nem tiveram voz, a Comissão Reguladora do Comércio de Bacalhau[54].

Não por acaso, as actividades produtivas mais atingidas pela crise foram as primeiras a serem protegidas e intervencionadas pelo Estado. Os segmentos mais frágeis da agricultura e da indústria foram os que mais ocuparam o Governo na definição de políticas económicas conjunturais e de sentido estrutural. De modo geral, foram as produções nacionais assoladas pela crise e enfraquecidas por conflitos entre segmentos de negócio, aquelas que marcaram a agenda governamental de implantação dos organismos de regulação de sugestões corporativas[55]. No sentido de garantir a ordem social e de prevenir a velha aliança entre as crises de subsistência e os movimentos sociais capazes de ameaçar a autoridade do Estado, as produções agrícolas e da pesca indispensáveis ao abastecimento alimentar mereceram atenções prioritárias e cartelizações precoces, em regra feitas através de grémios obrigatórios encimados por organismos de coordenação económica.

---

[53] Vide VALÉRIO, Nuno – *As Finanças Públicas Portuguesas entre as duas Guerras Mundiais*. Lisboa: Edições Cosmos, 1994. p. 474-478.

[54] GARRIDO, A. – *O Estado Novo e a Campanha do Bacalhau*. cit., p. 89-100.

[55] Vide ROSAS, F. – *O Estado Novo nos Anos Trinta...*, cit.. Conclusões semelhantes encontram-se no ensaio de sociologia histórica de MADUREIRA, Nuno Luís – *A Economia dos Interesses. Portugal entre as Guerras*. Lisboa: Livros Horizonte, 2002. p. 71, 118.

CONTEXTO, FUNDAMENTOS E LÓGICAS DE CONSTRUÇÃO

Embora a doutrina a apresentasse como uma criação autónoma do Estado, a "economia nacional corporativa" nunca foi unitária nem unívoca. A face institucional do sistema económico corporativo – os grémios obrigatórios e facultativos, as federações e uniões de grémios patronais e os organismos de coordenação económica, agências do Estado para realizar a "economia dirigida" – cedo mostrou ser uma construção doutrinária e política. Ao institucionalizar-se por meio da organização corporativa, evidenciou uma lógica contingente e fragmentária, sector a sector, produto a produto ou, em certos casos, segundo o cartel que fora composto pelo Estado.

Ao contrário do que proclamava a doutrina, a organização corporativa da vida económica nacional não obedeceu a uma ordem "natural", mas a uma lógica funcional concreta, por isso mesmo irregular. A implantação dos organismos e a sua actuação prática no terreno económico e social confirma que o Estado os criou para resolver ou prevenir problemas intrasectorais e a fim de promover a convergência de interesses que se moviam em sectores económicos distintos. São conhecidas as relações de conflito e as soluções de arbitragem política impostas pelo Estado Novo entre a agricultura cerealífera e a indústria de moagem, por exemplo, entre os produtores agrícolas de arroz e a respectiva indústria de descasque, entre a têxtil algodoeira e a importação de algodão colonial, ou entre os armadores de navios bacalhoeiros e o negócio importador de bacalhau.

Do ponto de vista doutrinário, a adaptação de certos autores da "economia corporativa" italiana, a exemplo de Ugo Spirito, serviu para exprimir uma crítica à economia neoclássica conotada com o liberalismo e legitimar o intervencionismo do Estado. Aos princípios neoclássicos de equilíbrio espontâneo do mercado e de livre concorrência opôs-se uma Economia Política oficial, assente no critério de caso governamental e na organização corporativa enquanto recurso da "economia dirigida"[56].

Na prática, a institucionalização da organização corporativa supôs objectivos políticos pouco revolucionários e intimamente relacionados com o processo de construção do Estado: eliminação da liberdade sindical; colaboração forçada do "capital" e do "trabalho" no âmbito de organismos vigiados pelo Estado; arbitragem estatal de conflitos de interesses

---

[56] ALMODOVAR A.; CARDOSO, J. L. – *A history of Portuguese economic thought*. London; New York: Routledge, 1998. p. 223.

CORPORATIVISMO, FASCISMOS, ESTADO NOVO

por meio de cartelizações selectivas impostas ou negociadas entre o novo poder público e os interesses privados[57]. Criada à medida que os problemas pediam as soluções, de par com o condicionamento industrial, a organização corporativa cedo se tornou um instrumento de limitação da concorrência e do equilíbrio económico e social que o Estado reservou a si próprio quando se definiu corporativo.

De modo a garantir os propósitos funcionais da organização corporativa, os organismos obedeciam a uma lógica burocrática e administrativa. De uma forma ou de outra, uma vez criados e regulamentados pelo Estado, compunham a anunciada "ordem económica corporativa". O quotidiano da organização corporativa dos sectores intervencionados pôs em evidência uma economia e sociedade tuteladas pelo Governo que, sem especiais fundamentos de Economia Política, se serviu da cartelização pública-corporativa como técnica de ordenamento institucional da vida económica. Sem surpresa, os organismos corporativos eram criados para servirem de correias de transmissão do Governo, embora se tenha notado, em certos casos e em alguns períodos – nomeadamente na primeira fase do marcelismo, entre 1968 e 1970 –, uma tendência para deixar à prática institucional dos organismos alguma autonomia[58]. Ainda assim, os organismos económicos e sociais eram pouco representativos e tinham escassa ligação com os patrões e trabalhadores sindicalizados pelo Estado.

Em Portugal, além de uma política preventiva de crises económicas importadas do sistema capitalista, o corporativismo acabou por ser um recurso institucional e administrativo para arbitrar interesses e impor a "paz social". Ao ordenar uma parte da vida económica e social da nação através de instituições de sugestão corporativista incumbidas de dirigir a vida económica, o Estado Novo prosseguiu objectivos de natureza económica e social subordinando-os à ordem política. Esta evidência instrumental do sistema corporativo português, embora muitas vezes contestada pelos corporativistas que o reclamaram realmente corporativo ou de tipo

---

[57] Sentidos fundamentais da intervenção "corporativa" do Estado na economia, há muito identificados por ROSAS, F. – *ob. cit.*, em especial p. 268-274.

[58] Cf. LUCENA, Manuel de – "Sobre a evolução dos organismos de coordenação económica ligados à lavoura". *Análise Social*. N.ᵒˢ 56-58 (1978-1979) p. 817-862 e p. 287-355. Verificámos essa mesma autonomia na organização corporativa das pescas, embora aí a explicação fundamental resida no perfil de poder do delegado do Governo, Henrique Tenreiro. Cf. GARRIDO, A. – *Henrique Tenreiro – uma Biografia Política*. Lisboa: Temas e Debates; Círculo de Leitores, 2009.

"associativo", parece ter sido a perspectiva do próprio Salazar. Nas poucas alocuções em que o chefe do Governo abordou a questão, não escondeu o que queria do corporativismo e da organização corporativa: um instrumento de "ordenação da economia nacional"[59]. Opção eminentemente funcional, ficou bem expressa na cadência irregular da implementação dos organismos corporativos e de coordenação económica e no seu mapa fragmentário, produto a produto, segundo uma lógica vertical, ou sector a sector, segundo um critério horizontal. Esta abordagem casuística permitiu ao Estado manter uma "ordem económica corporativa", o que significava regular o posicionamento dos interesses e enquadrar os agentes económicos e sociais através de instituições fortemente controladas pelo Estado.

Conclusões

Em diversos países europeus, mesmo naqueles que não conheceram regimes de tipo fascista, nas décadas de vinte e de trinta o corporativismo foi uma ideia em movimento, uma alternativa política, económica e social que os teóricos presumiram capaz de superar os sistemas dominantes do capitalismo liberal e do socialismo comunista. Nesse tempo de incertezas e de crise do pensamento económico, o corporativismo suscitou um debate intenso, quer enquanto filosofia social quer no campo da Economia Política.

Apurada nas diversas teorias e experiências de organização racional do Estado vindas do século XIX e nos textos de pensamento económico que entre os anos vinte e quarenta do século XX debateram os limites do mercado auto-regulador e a crise do Estado liberal, a ideia de "economia dirigida" encontrou o seu abrigo político mais radical e institucionalizado nos fascismos corporativistas.

Se nem todo o corporativismo foi fascista, todos os fascismos foram corporativistas na medida em que, em maior ou menor grau, instituíram uma organização corporativa da economia e dela se serviram para banir a liberdade sindical, impor a colaboração entre "capital" e "trabalho" e ampliar a intervenção do Estado sobre a vida económica e social.

No caso português, estes movimentos de fundo e o fenómeno histórico que Karl Polanyi havia de designar como "a grande transformação"[60] – o

---

[59] SALAZAR, A. de O. – *Como se levanta um Estado. Cit.*, p. 95; 98.
[60] POLANYI, Karl – *La Grande Transformation. Aux origines politiques et économiques de notre temps.* Paris: Galimard, 1983. A edição original, em língua inglesa, é de 1944.

CORPORATIVISMO, FASCISMOS, ESTADO NOVO

fim do mercado-autoregulador e o colapso do capitalismo liberal às mãos do intervencionismo do Estado – conjugam-se no tempo com as circunstâncias internas de construção de um Estado autoritário corporativista.

Embora o salazarismo não tenha sido apenas um produto do seu tempo – se assim pensássemos estaríamos a historicizar uma justificação –, é evidente que a "grande transformação" e a luta internacional travada no campo teórico da Economia e no campo prático da política para readaptar ou superar o Estado liberal historicizam a lógica de construção do Estado Novo.

Dito de outro modo, a ideia salazarista de erigir uma "economia nacional corporativa" dentro de um Estado em construção foi um projecto comum a outras experiências nacionais que viveram a "grande transformação". Como notou Polanyi, com as devidas especificidades nacionais, todos os fascismos puseram em prática uma reforma compulsiva da economia de mercado e fizeram-no a expensas da extirpação das instituições democráticas, quer no plano político, quer no plano social e económico[61].

O Estado Novo português não fugiu à regra. A ideia de uma "economia nacional corporativa" teve a sua lógica política interna, estritamente ligada ao processo de construção do Estado Novo. Mas resultou também de circunstâncias externas conjunturais (a crise financeira aberta em 1929) e estruturais (a crise do Estado liberal e a crise institucional do sistema capitalista).

Não sendo possível dissociar estas variáveis – a crise do capitalismo, a economia e a política internas – ou declarar que esta ou aquela determinou as demais, importa concluir que a "economia nacional corporativa" foi, afinal, o que a crise externa e as suas leituras internas recomendaram que fosse: uma *economia institucionalizada* a fim de prevenir os efeitos dissolventes da crise capitalista e domesticar as relações sociais de mercado em proveito de um "Estado forte" que, para o ser, precisou de institucionalizar a sua própria oligarquia.

---

[61] Id., *ibidem*, p. 322.

Corporativismo e Economia de Guerra: o Salazarismo e a Segunda Guerra Mundial

JOÃO PAULO AVELÃS NUNES

1. Introdução

Enquanto historiador e na qualidade de utilizador de leituras elaboradas a partir de outras áreas do conhecimento científico, considero que a regionalidade económica dificilmente pode ser analisada de forma objectivante quando isolada de outros vectores integrantes da realidade humana. Os comportamentos dos agentes económicos, as políticas económicas e as correntes de pensamento económico deverão, pois, ser correlacionados, antes de mais, com as necessidades e os interesses dos vários segmentos de cada estrutura social, com as mundividências informais e as ideologias presentes, com os objectivos das entidades políticas envolvidas (de âmbito local/regional, nacional ou internacional).

Face aos diversos modelos de interpretação da realidade social global propostos, optaria pelos classificáveis como "marxistas críticos", ou seja, por aqueles que reconhecem, simultaneamente, a autonomia das várias regionalidades e a respectiva interacção dialéctica – de configuração biologista ou paritária e não fisicista ou hierárquica – no âmbito do processo de criação e de evolução das comunidades humanas. Classificaria, assim, como menos objectivantes as grelhas de leitura que postulam a quase independência da actividade económica relativamente às outras componentes das sociedades, nomeadamente quando aquela se organiza de acordo com os pressupostos do modo de produção capitalista.

Se uma tal conceptualização pode ser encarada como genericamente válida, aplicar-se-ia com particular acuidade ao estudo do corporativismo do Estado Novo e do modo como a economia portuguesa foi marcada pelo contexto da Segunda Guerra Mundial. Ou seja, à análise de uma escola de pensamento económico que, por opção ideológica, afirmava o "imperativo categórico" de manter ou de reintroduzir um determinado equilíbrio social global; de uma conjuntura que exigiria a absoluta subordinação da economia e dos "interesses particulares" dos agentes económicos às considerações político-diplomáticas e militares, ao "interesse colectivo" do Estado-Nação[1].

2. Corporativismo(s)

Por comparação com outras correntes de pensamento económico coevas – nomeadamente o marginalismo, o marxismo e o keynesianismo –, será possível afirmar que o subuniverso corporativista é menos estruturado no plano formal ou das metodologias de explicação, governação e gestão dos fenómenos económicos; que tenderia a advogar a conciliação entre a hegemonia do modo de produção capitalista e a reprodução de modalidades de organização social e económica pré-capitalistas (de "subsistência e de produção para o mercado"); que encararia a economia, não tanto como vector fundamental de estratégias de ampliação continuada da riqueza produzida e distribuída a nível mundial, mas mais como instrumento subordinado a objectivos de natureza sociocultural e político-ideológica à escala nacional.

Correndo, embora, o risco de simplificar um objecto de estudo bem mais complexo e multifacetado, dir-se-ia que o corporativismo integra uma vertente de pensamento económico mas que é, antes de tudo, a componente nuclear de uma família ideológica – o fascismo – que se apresentou como alternativa global às duas outras mundividências sistémicas dominantes nos séculos XIX e XX: o liberalismo e o socialismo. Resultou de uma "evolução pragmática" das ideologias antimodernas (a possibilidade de combater com eficácia "a modernidade" dependeria da aceitação de parte das transformações que lhe eram inerentes e, sobretudo, da utilização dos respectivos instrumentos de controlo e mobilização das populações). Atingiu a maturidade enquanto "cientismo irracionalista" (a religião

---

[1] Cfr., nomeadamente, J.K. Galbraith, 1995; A.M. Hespanha, 2001; A.J.A. Nunes, 2008; F. Pouillon, 1978; F. Rosas, 2000.

CORPORATIVISMO E ECONOMIA DE GUERRA

revelaria e a filosofia/a ciência demonstrariam que os homens seriam seres imperfeitos, desiguais e gregários, destinados a viver em comunidades hierarquizadas, funcionalmente orgânicas e homogéneas em termos rácicos). Assumiu a forma de "utopia regressiva" (a única via de "regeneração nacional" passaria pela construção de um futuro que fosse a concretização da "identidade do povo ou da raça", identificável a partir do estudo da "história Pátria").

O período de consolidação e de máxima afirmação do corporativismo parecer ter decorrido entre o último quartel do século XIX e meados do século XX, isto é, desde o intensificar dos processos de industrialização e urbanização nas zonas centrais e semiperiféricas da economia-mundo capitalista até ao fim da Segunda Guerra Mundial, com a verificação das potencialidades acrescidas dos regimes democráticos e de uma gestão keynesiana do capitalismo (nos planos nacional e internacional). De acordo com a evolução de cada país, com a conjuntura vivida e com as influências socioideológicas preponderantes, as diversas propostas corporativistas assumiram características mais ou menos modernizadoras, conservadoras ou tradicionalistas; estatizantes ou privatizadoras ("corporativismo de Estado" ou "corporativismo de associação"); hierárquicas ou descentralizadoras (visando a concentração organizacional ou a preservação do tecido empresarial pré-existente); confessionais ou laicizantes.

A generalidade dos corporativismos procurou, no entanto, garantir a adopção de soluções que propiciassem, quer uma hetero e/ou uma auto- -regulação económica de cariz político-administrativo – limitando a competição entre sectores de actividade e empresas, ajustando a oferta e a procura de bens e de serviços –, quer o controlo sobre o enquadramento das relações sociolaboral (fim da liberdade associativa e criminalização da greve, imposição de uma rede hierarquizada e mais ou menos abrangente de organizações tuteladas pelo Estado, criação de modalidades diferenciadoras de "previdência social" e de "ocupação dos tempos livres"/de "mobilização simbólica").

Tentou-se, igualmente, diminuir o grau de participação das mulheres na "economia formal" – proibição de acesso a determinadas ofertas escolares e actividades profissionais, apoios ao abandono do mercado de trabalho, defesa do "salário familiar" –, assegurar o domínio dos Governos e dos aparelhos de Estado pelas elites de direita ou de extrema-direita (regimes ditatoriais autoritários ou totalitários, substituição da participação política dos indivíduos pela "representação orgânica", atribuição de funções públicas a associações socioprofissionais), reduzir os níveis de integração da economia mundial (adopção de estratégias proteccionistas ou autárcicas, preferência por relacionamentos bilaterais entre países por contraposição a um sistema de relações multilaterais, reforço de lógicas colonialistas ou imperialistas, preparação de futuros conflitos militares).

Num certo sentido, o corporativismo poderia, assim, ser rotulado como um neo-mercantilismo. À semelhança dos defensores daquela corrente de pensamento económico, hegemónica durante o Antigo Regime, também os corporativistas subordinavam o "fomento económico" à manutenção das hierarquias entre indivíduos e funções, da "ordem social" e da "grandeza de cada Estado" (nos planos interno e externo); encaravam a economia mundial como um espaço de confronto entre Estados-Nação – entre "raças superiores e inferiores" – com o objectivo de se apropriarem da maior percentagem possível de recursos naturais e de poder; pressupunham ser, no essencial, escassa a capacidade de aumentar, tanto a produção de riqueza, como o nível de "rigor ético" e de "autonomia moral" dos indivíduos e dos povos[2].

3. Guerra económica e economia de guerra

Quando se analisa um conflito militar como aquele que ocorreu de 1939 a 1945, as expressões "guerra económica" e "economia de guerra" ganham uma outra dimensão e uma renovada densidade teórica. Ao invés do sucedido com conflitos verificados em séculos anteriores, na Primeira Grande Guerra e, sobretudo, na Segunda Guerra Mundial, "guerra económica" não significa apenas que o confronto entre os beligerantes incluiu tentativas de reduzir ou de anular determinados segmentos das respectivas economias; "economia de guerra" não remete somente para as parcelas das economias dos Estados contendores directamente associadas à produção dos bens e serviços necessários às suas Forças Armadas.

---

[2] Cfr., entre outros, *Actas do Encontro* [...], 1992; C. Bastien, 1989; J.M.B. Brito, 1989; J.L. Cardoso, 2001; *Contribuições para a história* [...], 1988; M.B. Cruz, 1988; J.K. Galbraith, 1995; A. Garrido, 2003; A.M. Hespanha, 2001; E. Hobsbawm, 1996; P. Léon, 1982; M. Lucena, 1976; V. Moreira, 1997a; V. Moreira, 1997b; A.B. Nunes, 1997; A.J.A Nunes, 2008; J.P.A. Nunes, 1993; J.P.A. Nunes, 2010; D. Rothermund, 1996; F. Rosas, 1986; F. Rosas, 1994; F. Rosas, 2000; A. Sá, 2009; Z. Sternhell, 1978.

CORPORATIVISMO E ECONOMIA DE GUERRA

Por ter envolvido quase todos os mais industrializados e poderosos Estados do Mundo – para além de países menos desenvolvidos e/ou de média e de pequena dimensão –, porque integrou beligerantes dispostos a concretizar níveis elevadíssimos de violência, uma vez que evoluiu no sentido do confronto entre interesses e mundividências radicalmente opostos e inconciliáveis, o conflito desencadeado na primeira semana de Setembro de 1939 pode ser referenciado como uma "guerra total". Daí decorreu que os principais contendores (Alemanha e Japão no Eixo, EUA, URSS e Reino Unido nos Aliados) encararam o planeta e toda a economia mundial como o espaço no qual teriam de travar a "guerra económica" (acumulando e rentabilizando recursos ou impedindo que os mesmos fossem utilizados pelo "outro"), uma das vertentes decisivas do confronto com os seus inimigos.

De forma convergente, cada país efectivamente independente – mau grado o facto de ter pretendido e/ou conseguido assumir e manter o estatuto de beligerante, não-beligerante ou neutral – viu a sua economia ser transformada, por iniciativa de um ou de ambos os blocos em confronto, numa "economia de guerra". Tal implicou uma substancial alteração dos objectivos e das modalidades de funcionamento do comércio internacional; um agravamento das condições de vida, das oportunidades de ganho especulativo e das tensões sociais, ideológicas ou políticas a nível nacional; que muitos fenómenos económicos e sociais passassem a ter relevância estratégica para os beligerantes e implicações diplomático-militares para os Estados não-beligerantes e neutrais.

Em termos mais concretos, de 1939 a 1945 "guerra económica" significou, entre outras transformações, que os blocos beligerantes passaram a tentar, de modo sistemático e explícito ou camuflado, recolher e tratar informação sobre os intervenientes e acerca da evolução de todas as economias; controlar (permitindo ou impedindo, incentivando ou penalizando) a circulação das pessoas, bens e ideias por via terrestre, fluvial/marítima ou aérea à escala mundial; adquirir, fornecer ou destruir o maior volume possível de factores de produção e de meios de transporte tendo em conta as suas necessidades e a possibilidade de aqueles bens e serviços serem utilizados pelo inimigo; adequar mesmo as relações diplomáticas e as operações militares aos interesses próprios na área económica.

Relativamente às "economias de guerra" nos países neutrais ou não--beligerantes, entre 1939 e 1945 acarretaram, nomeadamente, a condução político-administrativa das várias economias nacionais (com maiores ou menores "preocupações sociais" e de "distribuição equitativa dos sacrifícios ou das vantagens"); o surgimento ou o avolumar de dificuldades de importação de bens essenciais, do açambarcamento e do contrabando, do mercado negro e da inflação; a ocorrência simultânea de fenómenos socialmente recessivos (quebra do poder de compra, desemprego) e de experiências de "boom" especulativo; a perda de viabilidade económica ou a atribuição de relevância estratégica a determinados sectores de actividade; o ampliar da contestação a alguns dos Governos ou dos próprios regimes.

Assumindo como operatória a caracterização que os arautos dos regimes de tipo fascista faziam das suas próprias soluções e da governação demoliberal dos países com economias capitalistas, os Estados organizados segundo o modelo corporativista – beligerantes, não-beligerantes ou neutrais – estariam, pois, em melhores condições para enfrentar os desafios, quer de um conflito militar global, quer de uma "economia de guerra". A configuração ditatorial evitaria os riscos de ineficácia institucional ou de conflitualidade interna; a existência de uma liderança carismática e de uma ideologia regeneradora garantiria a mobilização da população; a presença dos valores e da "organização corporativa" viabilizaria a prevalência do "interesse nacional" sobre os "interesses particulares", a atribuição a cada indivíduo das funções e dos recursos correspondentes à respectiva "posição hierárquica", um enquadramento "natural ou orgânico" da actividade económica e das relações sociolaborais[3].

4. Portugal, Estado Novo e o corporativismo nos anos de 1939 a 1947

Institucionalizado no ano de 1933, o Estado Novo português consolidou-se como "ditadura nacional permanente", isto é, como "solução definitiva" para as disfunções que afectariam o país pelo menos desde o início do século XIX. Dando continuidade e superando as indefinições da Ditadura Militar instituída em 1926, sob a liderança de António de Oliveira Salazar resultou da conjugação, nem sempre pacífica, de diferentes concepções e agentes de "regeneração corporativa". Lembram-se, antes de mais, a democracia-cristã conservadora e a Acção Católica Portuguesa, o

---

[3] Cfr., nomeadamente, J. Catalan, 1995; J.K. Galbraith, 1995; R. García Pérez, 1994; W. Grant, 1991; M. Harrison, 1998; E. Hobsbawm, 1996; P. Léon, 1982; A. Louçã, 2000; F.R. Meneses, 2000; A.S. Milward, 1965; J.P.A. Nunes, 2010; F. Rollo, 1994; F. Rosas, 1990; A.J. Telo, 1987; A.J. Telo, 1991; A.J. Telo, 2000; N. Wylie, 2002.

Integralismo Lusitano, o associativismo empresarial de direita e os militares influenciados pelo sidonismo, o Movimento Nacional-Sindicalista.

Devido a um empenhamento em evitar situações de tensão descontrolada e de violência extrema, tendo em conta os protagonistas internos e os equilíbrios internacionais, até às vésperas da Segunda Guerra Mundial assistiu-se à implantação de um regime de tipo fascista e tendencialmente totalitário, de um "corporativismo de Estado" mitigado e parcelar. Com mais ou menos atritos e entropias, coexistiam o "poder carismático" de Oliveira Salazar e as competências dos responsáveis intermédios/das várias instituições ou organizações; a Assembleia Nacional e a Câmara Corporativa; as tradicionais estruturas do aparelho de Estado, os novos "organismos de coordenação económica" e a "organização corporativa"; organismos corporativos, associações patronais e "acção social católica"; grémios patronais *versus* sindicatos nacionais e ordens ou casas do povo e casas dos pescadores; sectores de actividade e regiões da Metrópole ou das Colónias regulados por ou desprovidos de enquadramento corporativo específico.

No conjunto dos condicionalismos explicativos do carácter aparentemente timorato e incoerente do processo de corporativização – situação que o conflito de 1939 a 1945 não veio alterar —, salientaríamos o propósito de manter incontestada a chefia de António de Oliveira Salazar; de criar organismos corporativos apenas (ou sobretudo) nos segmentos da sociedade portuguesa antes marcados por níveis significativos de mobilização sociolaboral e político-ideológica; de diferenciar as bonificações e os apoios concedidos pelo "Estado Corporativo" de forma a reforçar as hierarquias socioprofissionais pré-existentes; de intervir preferencialmente nos sectores de actividade que sentiam maiores dificuldades ou que eram mais decisivos para a "economia nacional" e para o regime; de não limitar a liberdade de actuação habitualmente reconhecida às empresas estrangeiras de média ou grande dimensão.

Fruto das escolhas feitas pela ditadura salazarista e das opções dos beligerantes nos anos de 1939 a 1945, Portugal manteve ao longo da Segunda Guerra Mundial, pelo menos em termos gerais, o estatuto de neutralidade. O Governo de Lisboa considerou para o efeito a experiência da Primeira Grande Guerra e do colapso da Primeira República, as virtualidades e os riscos da adesão aos Aliados ou ao Eixo, as suas próprias concepções político-ideológicas e geoestratégicas. A postura em causa terá sido – activa ou passivamente – apoiada por parte substancial das elites do regime, pela população em geral e, até 1944, mesmo pelas oposições. Devido às características assumidas pelo conflito, foi inevitável a evolução no sentido de uma "economia de guerra".

Tratar-se-ia, principalmente, de garantir o abastecimento da Metrópole (de empresas e famílias por norma dependentes da aquisição de bens e serviços essenciais a outros países) e a ligação às Colónias; de aumentar a produção e de combater fenómenos como a perda do valor cambial da moeda nacional e o crescimento da inflação; de tomar decisões quanto à distribuição das vantagens e das desvantagens inerentes ao contexto de conflito militar total, quanto à preparação da evolução económica e social no pós-guerra; de rentabilizar os bens e serviços tornados estratégicos e de atenuar as perdas decorrentes da quebra do valor comercial de outras das exportações portuguesas; de negociar acordos com os beligerantes que limitassem os riscos e ampliassem as vantagens nos planos militar, diplomático, económico-social e político.

António de Oliveira Salazar e os membros da "ala conservadora" – dominante – do Estado Novo recusaram, no entanto, encarar a "economia de guerra" como uma questão de cariz exclusiva ou essencialmente económico e social, como uma hipótese de modernização e de reconversão socioeconómica do país. À semelhança do que aconteceu em múltiplas outras situações, impuseram uma diferente ordem de prioridades. Visou-se assegurar a permanência do regime e a possibilidade de concretização dos seus projectos nos âmbitos nacional e internacional; evitar a perda de territórios coloniais e da própria independência; manter as hierarquias sociais, os privilégios de antigas e novas elites, as redes clientelares; impedir uma degradação extrema das condições de vida das populações sobretudo tendo em conta as respectivas implicações políticas e diplomáticas.

Uma vez descartadas possibilidades como a tentativa de transformação sistémica e coerente da sociedade portuguesa segundo os princípios do "corporativismo de associação" ou do keynesianismo, optou-se por modificar o menos possível os equilíbrios consolidados ou estabelecidos na década de 1930. Efectivamente, de 1939 a 1945 (ou a 1947), a "economia de guerra" foi gerida pela chefia do regime utilizando um conjunto sincrético e contraditório de vectores de intervenção. Aumentou-se o controlo político-administrativo sobre a actividade económica e as relações sociolaborais através do reforço quantitativo dos instrumentos pré-existentes,

CORPORATIVISMO E ECONOMIA DE GUERRA

não por intermédio de modificações qualitativas e da definição de novas metas a alcançar.

Constatou-se um crescimento significativo da presença da "organização corporativa", mas também dos "organismos de coordenação económica" e das mais convencionais estruturas do aparelho de Estado; protegeu-se a "economia nacional" com o auxílio de meios diplomáticos e por intermédio da concessão de facilidades estratégicas, mas impuseram-se limitações ao desenvolvimento económico e social em nome de objectivos político--ideológicos alternativos; foram escolhidos responsáveis e adoptaram-se medidas de pendor tradicionalista, conservador e modernizador; combateram-se "crimes económicos" mas promoveu-se ou tolerou-se a "economia paralela" e a corrupção; estabeleceram-se novas modalidades de disciplina sociolaboral mas restringiu-se a aplicação das mesmas às camadas mais desfavorecidas; cooptaram-se, tardiamente e de forma muito limitada, soluções destinadas a facilitar o acesso da generalidade da população aos bens de consumo essenciais; promoveram-se, em simultâneo, valores típicos de economias industriais e urbanas e de sociedades tradicionais.

Mau grado o facto de Portugal ter vivido em ditadura desde antes de 1939 e até depois de 1945, não deixa de ser significativo analisar de que forma outros sujeitos políticos – efectivos ou potenciais – para além das elites centrais do regime poderão ter encarado a condução "nacionalista e corporativa" da "economia de guerra". Não considerando a problemática dos empenhamentos germanófilos e anglófilos (ou aliadófilos), dir-se-ia que as classes populares urbanas e as classes médias ficaram descontentes com a desorganização relativa e com a falta de equidade do Governo, da "organização corporativa" e do aparelho de Estado; que as elites locais e o campesinato das zonas rurais do Centro e Norte de Portugal continental recusaram aceitar a legitimidade e a necessidade de medidas que limitaram a possibilidade de obter ganhos especulativos com a venda de bens primários excepcionalmente valorizados pela situação de confrontação militar global.

Estando fora de causa o fim do apoio ao Estado Novo, as próprias associações patronais generalistas sobreviventes ao processo de corporativização – Associações Industriais Portuguesa e Portuense, Associações Comerciais de Lisboa e Porto – acabaram por explicitar, nomeadamente a partir de 1944, algumas apreciações críticas à gestão da "economia de guerra". Contestaram a ineficácia e o peso excessivo da "organização corporatíva", a escassa margem de autonomia reconhecida às associações patronais e às empresas, a precariedade dos projectos de industrialização assumidos para o imediato pós-guerra. Quanto à "acção social católica", o conflito de 1939 a 1945 gerou, pelo menos em muitos dos dirigentes e militantes mais destacados, um afastamento da ditadura salazarista e a denúncia da ausência de vontade política para adequar o sistema corporativo a um efectivo combate ao atraso económico, à pobreza crónica e generalizada, às "desigualdades excessivas".

Fragilizadas pela violência do regime mas reforçadas pelo ampliar do descontentamento popular, diminuídas pelo sucesso da "neutralidade flexível" adoptada pelo Estado Novo mas valorizadas pela crescente superioridade dos Aliados, desde 1943 as oposições criticaram sistematicamente o modo como a ditadura conduzia a "economia de guerra". A "organização corporativa" agravaria a situação do país porque teria resultado em mais corrupção e "mercado negro", em fornecimentos secretos ao Eixo, em maior exploração dos trabalhadores. Por influência dos sectores mais conservadores da "situação", não existiriam planos credíveis de modernização da agricultura e da indústria nem de melhoria das condições de vida das classes populares urbanas e rurais[4].

5. Conclusão

Conflito militar de carácter total, a Segunda Guerra Mundial implicou alterações significativas nas economias dos Estados beligerantes mas, também, das Nações não-beligerantes e neutrais. Estruturado politicamente sob a forma de uma ditadura, Portugal adoptou em 1939 e manteve até 1945 o estatuto de neutralidade. Desde 1933, o Estado Novo afirmou pretender concretizar um projecto global de "salvação nacional" de natureza corporativa que incorporava concepções e propostas explicitadas desde o último quartel do século XIX. Em teoria, ao longo da década de 1930 o salazarismo teria regenerado o país nos planos económico e social, cultural e político, preparando-o para as dificuldades e as virtualidades da "economia de guerra".

[4] Cfr., entre outros, A.R. Amaro, 2006; F.O. Baptista, 1993; C. Bastien, 1989; J.M.B. Brito, 1989; A. Garrido, 2003; P. Lains, 2005; A. Louçã, 2000; M. Lucena, 1976; N.L. Madureira, 2002; J.M.A. Mendes, 1999; F.R. Meneses, 2000; V. Moreira, 1997a; V. Moreira, 1997b; J.P.A. Nunes, 2010; P.A. Oliveira, 2000; M.I. Rezola, 1999; F. Rollo, 1994; F. Rosas, 1990; F. Rosas, 1994; F. Rosas, 2000; A.J. Telo, 1980-1984; A.J. Telo, 1987; A.J. Telo, 1991, A.J. Telo, 2000; N. Valério, 1994.

CORPORATIVISMO E ECONOMIA DE GUERRA

Na realidade, o processo de corporativização concretizado pelo Estado Novo teve um âmbito menos abrangente e foi ideologicamente menos sistémico, verificando-se a presença simultânea de diferentes discursos, soluções institucionais e práticas de legitimação, enquadramento e controlo. O conflito de 1939 a 1945 e a correspondente "economia de guerra" não resultaram numa alteração qualitativa dos referidos equilíbrios. O ampliar do grau de regulação político-administrativa da actividade económica e das relações sociolaborais decorreu, sobretudo, de mudanças quantitativas, ou seja, do aumento da dimensão e da relevância do aparelho de Estado e da "organização corporativa".

Será indiscutível que a chefia da ditadura não quis aproveitar o conflito mundial ou a situação de "economia de guerra" para aprofundar a "Revolução Nacional" ou para estabelecer novas metas. Mantiveram-se ou agravaram-se os privilégios das elites e as profundas desigualdades sociais, o sincretismo e o conservadorismo global das políticas económicas e sociais; ocorreram uma deterioração geral das condições de vida e fenómenos localizados de crescimento especulativo, altos níveis de absentismo cívico e de "economia paralela". Para além do mais, países – beligerantes ou neutrais – com regimes demoliberais ou democráticos mas sem "ideologia e organização corporativas" (por exemplo, o Reino Unido e os EUA, a Suécia e a Suíça) demonstraram conseguir alcançar patamares bem mais elevados de relegitimação do poder político e de estabelecimento de consensos alargados, de atenuação das dificuldades económicas e de equidade social, de eficácia nos planos interno e externo e de mobilização das populações[5].

Documentação e bibliografia

Actas do Encontro Ibérico sobre História do Pensamento Económico. Lisboa: CISEP, 1992.

AMARO, António Rafael – *Economia e desenvolvimento da Beira Alta. Dos finais da Monarquia à II Guerra Mundial (1890-1939).* Lisboa: UCE, 2006.

BAPTISTA, Fernando Oliveira – *A política agrária do Estado Novo.* Porto: Edições Afrontamento, 1993.

BASTIEN, Carlos – *Para a história das ideias económicas no Portugal contemporâneo. A crise dos anos 1945-1954.* Lisboa: 2 volumes, (policopiado), 1989.

BRITO, José Maria Brandão de – *A industrialização portuguesa no pós-guerra (1948-1965). O caso do condicionamento industrial.* Lisboa: Publicações Dom Quixote, 1989.

[5] Cfr., nomeadamente, J. Catalan, 1995; R. García Pérez, 1994; W. Grant, 1991; M. Harrison, 1998; E. Hobsbawm, 1996; P. Léon, 1982; A. Louçã, 2000; F.R. Meneses, 2000; A.S. Milward, 1965; J.P.A. Nunes, 2010; P.A. Oliveira, 2000; F. Rollo, 1994; F. Rosas, 1990; A.J. Telo, 1991; A.J. Telo, 2000; N. Wylie, 2002.

CARDOSO, José Luís (coord.) – *Dicionário histórico dos economistas portugueses*. Lisboa: Temas e Debates, 2001a.

CARDOSO, José Luís – *História do pensamento económico português*. Lisboa: Livros Horizonte, 2001b.

CATALAN, Jordi – *La economía española y la Segunda Guerra Mundial*. Barcelona: Editorial Ariel, 1995.

Contribuições para a história do pensamento económico em Portugal. Seminário. Lisboa: Publicações Dom Quixote, 1988.

CRUZ, Manuel Braga da – *As origens da democracia cristã em Portugal e o salazarismo*. Lisboa: GIS/Editorial Presença, 1982.

DIAS JÚNIOR, José Nascimento Ferreira – *Linha de rumo I e II e outros escritos económicos (1926-1962)*. Lisboa: Banco de Portugal, 1998. 3 volumes.

GALBRAITH, John Kenneth – *Viagem através da economia do nosso século* (trad. do inglês). Lisboa: Círculo de Leitores, 1995.

GARCÍA PÉREZ, Rafael – *Franquismo y Tercer Reich. Las relaciones económicas hispano-alemanas durante la Segunda Guerra Mundial*. Madrid: Centro de Estudios Constitucionales, 1994.

GARRIDO, Álvaro – *O Estado Novo e a campanha do bacalhau*. Lisboa: Círculo de Leitores, 2003.

GRANT, Wyn e outros (org.) – *Organising business for war. Corporatist economic organisation during the Second World War*. Oxford: Berg Publishers, 1991.

HARRISON, Mark (ed.) – *The economics of World War II. Six great powers in international comparison*. Cambridge: CUP, 1998.

HESPANHA, António Manuel – "Os modelos jurídicos do liberalismo, do fascismo e do Estado social. Continuidades e rupturas". In *Análise Social*. Vol. XXXVII, nº 165 (Inverno de 2001) p. 1285-1302.

HOBSBAWM, Eric – *A era dos extremos. História breve do século XX (1914-1991)* (trad. do inglês). Lisboa: Editorial Presença, 1996.

LAINS, Pedro e SILVA, Álvaro Ferreira da (org.) – *História económica de Portugal (1700-2000)*. Lisboa: ICS, 2005. Vol. III.

LÉON, Pierre (dir.) – *História económica e social do mundo* (trad. do francês). Lisboa: Sá da Costa Editora, vol. V, t. II ("Guerras e crises (1914-1947)"), 1982.

LOUÇÃ, António – *Hitler e Salazar: comercio em tempos de guerra (1940-1944)*. Lisboa: Terramar, 2000.

LUCENA, Manuel de – *A evolução do sistema corporativo português*. Lisboa: Perspectivas & Realidades, 1976. 2 volumes.

MADUREIRA, Nuno Luís – *A economia dos interesses. Portugal entre as guerras*. Lisboa: Livros Horizonte, 2002.

MENDES, José Maria Amado; RODRIGUES, Manuel Ferreira – *História da indústria portuguesa*. Mem Martins: AIP/Publicações Europa-América, 1999.

MENESES, Filipe Ribeiro de – *União sagrada e sidonismo. Portugal em guerra (1916-18)*. Lisboa: Edições Cosmos, 2000.

MILWARD, Alan S. – *The german economy at war*. Londres: Athlone Press, 1965.

MÓNICA, Maria Filomena; BARRETO, António (coord.) – *Dicionário de História de Portugal*. Porto: Livraria Figueirinhas, *Suplemento*, 1999/2000. Vol. 7-9.

CORPORATIVISMO E ECONOMIA DE GUERRA

MORAIS, João; VIOLANTE, Luís – *Contribuição para uma cronologia dos factos económicos e sociais: Portugal 1926-1985*. Lisboa: Livros Horizonte, 1986.

MOREIRA, Vital – *Administração autónoma e associações públicas*. Coimbra: Coimbra Editora, 1997a.

MOREIRA, Vital – *Auto-regulação profissional e administração pública*. Coimbra: Livraria Almedina, 1997b.

NUNES, Ana Bela – "O modo de organização e funcionamento das economias nacionais no século XX". In *Estudos de Economia*. Vol. XVI/XVII, nº 3 (Verão de 1997) p. 252-278.

NUNES, António José Avelãs – *Uma volta ao mundo das ideias económicas*. Coimbra: Edições Almedina, 2008.

NUNES, João Paulo Avelãs e outros – *O CADC de Coimbra, a democracia cristã e os inícios do Estado Novo (1905-1934)*. Coimbra: FLUC, 1993.

NUNES, João Paulo Avelãs – *O Estado Novo e o volfrâmio (1933-1947)*. Coimbra: IUC, 2010.

OLIVEIRA, Pedro Aires – *Armindo Monteiro. Uma biografia política (1896-1955)*. Venda Nova: Bertrand Editora, 2000.

POUILLON, François (dir.) – *A antropologia económica. Correntes e problemas*. Trad. do francês. Lisboa: Edições 70, 1978.

Relatório geral da Comissão de Inquérito aos elementos da organização corporativa. Lisboa: AN, 1947.

REZOLA, Maria Inácia – *O sindicalismo católico no Estado Novo (1931-1948)*. Lisboa: Editorial Estampa, 1999.

ROLLO, Fernanda – *Portugal e o Plano Marshall (1947-1952)*. Lisboa: Editorial Estampa, 1994.

ROTHERMUND, Dietmar – *The global impact of the great depression (1929-1939)*. Londres: Routledge, 1996.

ROSAS, Fernando – *O Estado Novo nos anos trinta (1928-1938)*. Lisboa: Editorial Estampa, 1986.

ROSAS, Fernando – *Portugal entre a paz e a guerra (1939-1945). Estudo do impacte da II Guerra Mundial na economia e na sociedade portuguesas*. Lisboa: Editorial Estampa, 1990.

ROSAS, Fernando (coord.) – *O Estado Novo (1926-1974)*. In MATTOSO, José (dir.) – *História de Portugal*. Lisboa: Círculo de Leitores, 1994. Vol. 7.

ROSAS, Fernando; BRITO, José Maria Brandão de (dir.) – *Dicionário de história do Estado Novo*. Lisboa: Círculo de Leitores, 1996b. 2 vol.

ROSAS, Fernando – *Salazarismo e fomento económico*. Lisboa: Editorial Notícias, 2000.

SÁ, Alexandre – *O poder pelo poder. Ficção e ordem no combate pelo poder*. Lisboa: CFUL, 2009.

STERNHELL, Zeev – *La droite révolutionnaire (1885-1914). Les origines françaises du fascisme*. Paris: Éditions du Seuil, 1978.

TELO, António José – *Decadência e queda da 1ª República portuguesa*. Lisboa: A Regra do Jogo, 1980-1984. 2 vol.

TELO, António José – *Portugal na Segunda Guerra (1941-1945)*. Lisboa: Editorial Vega, 1991. 2 vol.

TELO, António José – *A neutralidade portuguesa e o ouro nazi*. Lisboa: Quetzal Editores/ MNE, 2000.

VALÉRIO, Nuno – *As finanças públicas portuguesas entre as duas guerras mundiais*. Lisboa: Edições Cosmos, 1994.

WYLIE, Neville (ed.) – *European neutrals and non-belligerants during the Second World War*. Cambridge: CUP, 2002.

Modernização Agrícola, Política e Economia

FERNANDO OLIVEIRA BAPTISTA

No século XX, a agricultura e o espaço rural dos países europeus foram moldados, em larga medida, pela aplicação das políticas públicas, em especial da política agrária, que se desdobrou, em todos os países, por numerosas medidas e iniciativas. Estas podem agrupar-se em cinco grandes linhas: a preocupação com o abastecimento; o fomento da produção; a modernização das explorações agrícolas, ou seja, a difusão do modelo químico-mecânico na agricultura; a adequação das estruturas agrárias à economia deste modelo e aos processos de industrialização e de urbanização; as políticas laborais e de enquadramento social e institucional. Excepto estas últimas, em que se diferenciaram claramente os regimes autoritários, em todas as outras os objectivos enunciados foram em geral coincidentes, embora com formas e modos de aplicação muito diversos.

O Estado Novo inseriu-se também neste panorama com as suas próprias opções e características: no proteccionismo e no fomento à produção, favorecendo preferencialmente as unidades de maior dimensão; nas políticas laborais e de enquadramento social e institucional foi vincadamente autoritário e repressivo; nas políticas de modernização e de adequação das estruturas agrárias cedeu aos interesses da grande propriedade. Destes três pontos, bem como do modo como muitas das opções tomadas nas diferentes políticas, se acomodaram com os sectores da agricultura familiar, decorreram as principais marcas que os anos do Estado Novo deixaram na agricultura e no espaço rural.

Deste conjunto de políticas, vão referir-se neste texto as dedicadas à modernização agrícola, à adequação das estruturas agrárias, bem como as que contribuíram para amortecer os efeitos das transformações dos anos sessenta na economia das famílias agrícolas. Em Portugal, estas políticas impuseram-se desde o final da década de cinquenta, num contexto em que a produção teve de se adaptar ao grande êxodo agrícola e rural, se acentuou a relação com o mercado e o consumo urbano registou alterações relevantes.

Foi um período e foram políticas que evidenciaram, com nitidez, o modo como o nível político se sobrepôs ao mercado e às dinâmicas da economia. A análise vai apoiar-se em medidas esclarecedoras dos processos ocorridos e que tiveram um impacto efectivo na realidade agrícola.

Modernização e adequação das estruturas agrárias

Desde os anos quarenta emergiram vozes, no seio do Estado Novo, que apontavam a necessidade de se ajustar a agricultura portuguesa, impulsionando a sua modernização e adequando-a ao processo de industrialização. Na política agrária esta preocupação emergiu, com nitidez, em três temas centrais: a economia do trigo; a dos terrenos irrigados por aproveitamentos hidroagrícolas construídos pelo Estado; a intervenção na propriedade fundiária.

O trigo foi, sem qualquer dúvida, a produção mais apoiada pelas políticas governamentais durante o Estado Novo, dada a sua importância decisiva no abastecimento. Este apoio confrontou-se nos anos sessenta com uma alteração profunda nas condições de produção, que foi desencadeada pelo êxodo: assistiu-se então à debandada de trabalhadores assalariados e familiares, seareiros e mesmo pequenos agricultores, dada a possibilidade que se lhes abriu de encontrarem emprego nas zonas urbanas e, sobretudo, de emigrarem.

O êxodo viria, assim, a diminuir a procura de terra para arrendar ou trazer de parceria e a criar condições mais favoráveis à luta dos trabalhadores agrícolas por salários mais elevados. Estas mudanças fragilizaram, em muitas zonas, os sistemas de produção assentes em força de trabalho extremamente barata e na procura de terra pelos seareiros.

Nesta crise intervieram outros factores como a peste suína africana, que atingiu a produção porcina, e situações climáticas desfavoráveis nos primeiros anos da década de sessenta. Note-se, ainda, o facto do alargamento da cultura do trigo nos anos cinquenta se ter operado, em larga medida, em terras menos produtivas e portanto mais vulneráveis na nova conjuntura. Por último, registe-se o facto da subida das rendas ter acompanhado as condições favoráveis à produção nos anos que antecederam a crise, o que levou muitas explorações por arrendamento, mesmo em bons solos, a não terem capacidade financeira para enfrentarem situações que exigiam, por vezes, grandes investimentos.

A inquietação governamental com o novo contexto produtivo começou a manifestar-se desde 1959/60, mas é apenas em 1965, com a publicação do regime cerealífero (Decreto-Lei nº 46595, de 15 de Outubro de 1965) para 1966-1970, que se traça uma orientação governamental que representa "uma profunda viragem e tentativa de reformulação da própria estrutura da agricultura (...)".

Acabava assim o tipo de regime cerealífero predominante durante mais de trinta anos, em que, a partir de trigo protegido especialmente na sua cultura, era dado grande desenvolvimento às farinhas e ao pão. Sem reduzir o âmbito das decisões a respeito destes factores, o primado passava agora a ser da agricultura, considerada num todo, deixando o próprio trigo de constituir o centro, digamos o "pendão político"[1].

No preâmbulo do Decreto-Lei que promulgou o novo regime cerealífero evidenciava-se, com clareza, a nova orientação: "Quando, nas notas que adiante se farão sobre a cultura de cada um dos três cereais principais observarmos o nível das suas produções médias unitárias, seremos forçados a concluir pela impossibilidade no plano financeiro e pelo erro no plano económico de assegurar preços que remunerassem tão baixa produtividade". Definia-se também quem seriam os beneficiários da nova política: "Os empresários que iniciem, efectivamente, a reorganização das suas explorações agrícolas, pela reconversão das culturas ou pela melhoria dos seus actuais instrumentos e técnicas de produção".

O objectivo a alcançar era claro: "A modificação prevista levará à intensificação da produção de cereais onde essa intensificação seja aconselhável e conduzirá, também, a uma diminuição, progressiva mas drástica das áreas presentemente afectas à cultura de cereais praganosos de sequeiro" (Despacho ministerial que regulamentava o Decreto-Lei nº 46595).

---

[1] CABRAL, Arlindo – *Produção, transformação e comercialização dos cereais em Portugal*. Lisboa, 1991 (1ª edição, 1976).

A nova orientação extinguiu o crédito de campanha que alimentava de capital circulante as unidades de produção, independentemente da sua estrutura ou sistema de produção. A política de crédito passou a favorecer o investimento das unidades de produção que fossem consideradas, na óptica capitalista, *viáveis*.

Esta política acabou, contudo, por não ter o impacto pretendido. A selecção capitalista das *explorações rentáveis* acabou por se desenvolver mais lentamente do que o pretendido: de 1960-62 a 1968-70 a área de trigo nos três distritos alentejanos (Beja + Évora + Portalegre) baixou cerca de 15%, quando um despacho do Secretário de Estado da Agricultura de 1963 preconizava uma redução de 48%. Passados cinco anos, em 1970, no preâmbulo do diploma legal que apresenta o novo regime cerealífero, o próprio governo fazia o balanço: "O subsídio de reconversão, instituído expressamente com o objectivo de ser atribuído apenas aos empresários que promovessem uma reconversão, no sentido quer da intensificação, quer da substituição de culturas, nunca chegou, por dificuldades várias e vicissitudes diversas, a servir essa finalidade, nem a ser pago com esse objectivo específico, tendo antes sido dado sempre com generalidade e indiscriminações tais que conduziram, ao contrário da expressa intenção legislativa, à incorporação no preço, como se de um aumento se tratasse". E acrescentava: "Desta forma, aquela dotação ou subsídio acabou por constituir mais um passo no sentido oposto, ou seja, um meio mais de defesa da permanência das situações inviáveis cuja correcção se pretendia (...)".

As lições deste episódio viriam a repetir-se na aplicação da política cerealífera iniciada em 1970, evidenciando a cedência de uma política de modernização agrícola face aos grandes interesses do trigo.

A política de hidráulica agrícola do Estado Novo desenvolveu-se com base num plano elaborado nos anos trinta e no dedicado ao regadio do Alentejo, delineado na segunda metade dos anos cinquenta. Como resultado da execução destes dois planos foram construídos duas dezenas de aproveitamentos que poderiam permitir regar cerca de oitenta mil hectares. Na economia destes aproveitamentos verificou-se, continuadamente, um desfasamento entre o previsto nos projectos e o que viria a ser praticado nas terras irrigadas. Nos projectos indicavam-se sistemas de produção diversificados e intensivos, e um acentuado aumento de emprego. Na realidade, impôs-se o arrendamento e a parceria, com o pagamento de rendas e quotas muito elevadas, não se registando a diversificação e a intensificação produtivas indicadas no projecto, nem um crescimento do emprego.

O desfasamento entre o previsto nos projectos e o efectivamente praticado veio a ser analisado, no final dos anos sessenta, para os regadios do Alentejo, por uma missão da OCDE (Organização para a Cooperação e Desenvolvimento Económico).

No relatório publicado[2] evidenciava-se que uma exploração agrícola com terras beneficiadas pelos aproveitamentos hidroagrícolas obtinha a rentabilidade mais elevada com o cultivo de arroz, tomate e milho-grão nas mesmas proporções, sensivelmente, que de facto, se praticavam nas terras entretanto irrigadas. Comentava-se ainda: "Os empresários não cometem 'erros de gestão'. Tendo em consideração as estruturas das explorações e do mercado de trabalho, o sistema que praticam é de facto o mais rentável. Os inconvenientes do sistema de produção provêm do quadro económico e social em que decorre".

Da análise feita ressaltava ainda que as opções tomadas eram as mais rentáveis porque não consideravam o investimento feito pelo Estado (barragem, rede primária de rega) que, por hectare, era cerca de cinco vezes superior ao capital despendido pela exploração no processo de produção. Se este fosse considerado, a máxima rentabilidade seria alcançada com um sistema de produção bem mais intensivo em capital – três vezes mais – que o praticado, ou seja, próximo do previsto nos projectos.

A possível diversificação e intensificação dos sistemas produtivos ficou assim limitada pelo facto de não se ter imposto aos proprietários fundiários o pagamento do investimento feito.

O terceiro tema refere-se aos projectos de intervenção nas estruturas agrárias formulados nos anos cinquenta e que eram justificados, pelos seus defensores, com a necessidade de ajustar a agricultura à industrialização do país. Ferreira Dias já enunciara esta questão em 1945: "(...) no caso português, em que não é razoável encarar de momento outro mercado para a indústria que não seja o interno, pode dizer-se que a agricultura é a grande cliente daquela pela sua posição na economia nacional; e a indústria só tem vantagem em que esta viva próspera, porque não interessa a ninguém ter fregueses sem desafogado poder de compra"[3].

---

[2] MAZOYER, Marcel – *Études économiques de la mise en valeur des plaines irrigables du sud Portugal. Modèles d'enterprise agricole de la vallée Campilhas.* Paris: OCDE, 1968. DUMONT, René; Mazoyer Marcel – *Développement et socialismes.* Paris, 1969.

[3] JÚNIOR, José Ferreira Dias – *Linha de Rumo.* Lisboa, 1945.

Em 1957, num trabalho elucidativamente intitulado "Industrialização e Agricultura", Castro Caldas, tendo como objectivo uma intervenção do Estado na propriedade privada beneficiada pelos aproveitamentos hidro-agrícolas, transpunha a perspectiva de Ferreira Dias para a definição de uma política de colonização interna: "Até agora têm sido criadas empresas agrícolas sem que se admitam grandes meios de mecanização e de motorização hoje tecnicamente aconselháveis em países industrializados, impondo-se aos 'casais agrícolas' o estilo actual da nossa agricultura: auto-suficiência em matéria de trabalho e, pela moderação do nível de vida resultante da fraca produtividade do trabalho manual, reduzida dependência do exterior em matéria de consumos"; apresentava depois a *nova* concepção: "À luz do conceito moderno, a finalidade de auto-suficiência total não tem defesa, visto que ofende o propósito político (no domínio da política económica) de estimular os elos de 'interdependência' da agricultura e da indústria, necessários para desencadear o progresso económico. As empresas agrícolas resultantes das obras de colonização devem ser o mais possível mecanizadas e motorizadas (as de Pegões já o são um pouco) e têm de estar em grande dependência do sector industrial da nação, para constituírem centros polarizadores do consumo de produtos industrializados. No sentido moderno, a colonização agrícola não é simples instalação, em explorações agrícolas de agricultores auto-suficientes; tem de ser a criação de uma estrutura técnica de exploração agrícola que faculte trabalho na terra, na oficina e nos serviços, de acordo com as exigências actuais dos ritmos de progresso".

Explicitava-se ainda "que a modernização da agricultura conseguida por meio da 'industrialização' que permite a mecanização e a motorização, conduz a um tipo de exploração de superfície média, alcançado por aglutinação das explorações de área reduzida e por parcelamento das explorações de tipo 'latifundiário'". Saliente-se, também, que se por um lado se defendia este modelo como o que se adequava à industrialização, por outro lado tinha-se esta por indispensável para o fazer avançar: "Só a industrialização pode provocar no nosso país o 'êxodo rural' que é necessário para abrir aos campos o caminho da reorganização fundiária e do acréscimo da produtividade do trabalho"[4].

---

[4] CALDAS, Eugénio de Castro – "Industrialização e Agricultura". *Revista do Centro de Estudos Económicos*. N.º 18 (1957).

MODERNIZAÇÃO AGRÍCOLA, POLÍTICA E ECONOMIA

Na sequência destas posições, vieram a ser defendidas propostas concretas no âmbito dos trabalhos preparatórios do II Plano de Fomento: o emparcelamento, sobretudo para o Centro e Norte do país; o parcelamento, na grande propriedade do Sul. A concretização destas propostas deveria concentrar-se em perímetros de regadio.

O projecto de modernização da agricultura associado a estas propostas não veio a ter qualquer concretização no caso do parcelamento e teve um resultado muito diminuto no que se refere ao emparcelamento. Acabaram por prevalecer as posições da grande propriedade fundiária que travaram qualquer intervenção nos seus domínios e procuraram também minimizar o emparcelamento. Pereira de Moura, na época defensor destacado da intervenção nas estruturas agrárias, comentou de modo esclarecedor a preocupação da grande propriedade com o emparcelamento: "Mesmo quando os seus interesses não eram directamente afectados (caso da proposta de Lei sobre o emparcelamento da propriedade rústica, a aplicar às estruturas minifundiárias do Minho, Douro e Beiras) movimentaram-se em franca oposição raciocinando – e parece que bem! – nestes termos: a admitir-se a intervenção para correcções estruturais nessas zonas estará o flanco aberto para outras intervenções, dessa vez afectando directamente o Ribatejo e o Alentejo (latifúndio); portanto, ataquemos"[5].

Os episódios associados ao II Plano de Fomento ocorreram na segunda metade dos anos cinquenta, antes ainda, portanto, do grande êxodo agrícola e rural da década seguinte. A saída da população teve uma forte consequência nas estruturas agrárias, num período em que também se acentuou a relação da agricultura com o mercado.

Estas mudanças tiveram consequências nas explorações agrícolas. As grandes unidades agrícolas e fundiárias (*latifúndios*, nos campos do Sul e *patrimónios fundiários*, no Centro e Norte) tiveram uma evolução diferenciada. As que reuniam maior capacidade de investir e dispunham de condições de produção capazes de assegurarem maior competitividade no mercado equiparam-se, deixaram de dar terras de parceria, intensificaram o cultivo, ou seja, foram-se transformando em grandes empresas capitalistas. As outras, com piores condições, evoluíram para um aproveitamento cada vez mais extensivo, florestaram ou foram abandonadas.

---

[5] MOURA, Francisco Pereira de – *Por onde vai a economia portuguesa?*. 4.ª ed. Lisboa, 1973.

A agricultura familiar, como adiante se refere com mais pormenor, também se procurou adaptar ao novo contexto.

As transformações já eram evidentes no princípio dos anos setenta quando Castro Caldas, que tinha sido o principal defensor da intervenção na propriedade fundiária, retomou funções oficiais no aparelho do governo como director do Gabinete de Planeamento da Secretaria de Estado da Agricultura. Foi nesta qualidade que dirigiu a elaboração dos trabalhos preparatórios do IV Plano de Fomento em que já se aceitava "uma filosofia de não intervenção confiando na capacidade de adequação estrutural da agricultura, desde que um certo número de condições sejam criadas"[6]. Como se notou com os exemplos referentes ao trigo e à hidráulica agrícola, esta capacidade traduziu-se afinal numa modernização subordinada aos interesses da propriedade fundiária.

Agricultura familiar

Os efeitos da política agrária na agricultura familiar foram diferenciados. As consequências foram por vezes contraditórias, mas de um modo geral as medidas tomadas procuravam não perturbar as rotinas existentes e favorecer a identificação das famílias agricultoras com a ordem estabelecida. Houve também, apesar destes desígnios, instabilidade e conflitos.

Desde o final dos anos cinquenta, a política seguida procurou atenuar os efeitos de uma maior exposição ao mercado, num contexto em que o grande êxodo da década de sessenta obrigou a ajustes nos sistemas de produção e nas estratégias das famílias agricultoras. Vão referir-se dois exemplos significativos que evidenciam esta preocupação.

Algumas das políticas de preços e comercialização constituem o melhor exemplo desta orientação, que teve a sua expressão mais significativa no caso do leite, em que se associou à necessidade de assegurar o crescente consumo urbano com regularidade e com qualidade aceitável. Os diagnósticos sobre a qualidade do leite nas décadas anteriores à intervenção do Estado evidenciavam um panorama calamitoso. Assim, foi delineada e executada uma política que permitia assegurar, em boas condições, o consumo de leite de vaca em natureza[7].

---

[6] CALDAS, Eugénio de Castro – "A agricultura no III Plano de Fomento". *Economia e Sociologia. Estudos Eborenses*. N.º 5 (1968).

[7] Sobre a política leiteira, neste período, ver: MOREIRA, Manuel Belo – *L'économie et la politique laitière au Portugal (1926-1981). La production laitière dans le minifúndio*. Grenoble: Université des

A base desta política foi a criação de cooperativas leiteiras que recolhiam e depois tratavam o leite. Cada cooperativa tinha uma área de recolha exclusiva. Aos agricultores que produziam leite era assegurado: o escoamento do produto a um preço idêntico para todos, independentemente da quantidade produzida ou do custo da recolha pela cooperativa; o preço garantido era compensador e a intensificação da produção de leite por via da aquisição de alimentos concentrados (rações) era economicamente mais favorável do que na produção de carne.

Esta política levou a um grande incremento da produção e defendeu a presença das pequenas unidades no mercado ao garantir idênticas condições – preço e escoamento – a todas as explorações agrícolas, independentemente da quantidade entregue ou da localização.

Convém ainda referir que, para muitos milhares de famílias, o leite era o produto de onde provinha a maior parte das receitas monetárias de que necessitavam. Com a política seguida, esta importância tornou-se ainda mais acentuada e estendeu-se a muitas outras explorações. Na faixa litoral, que vai de Coimbra a Viana do Castelo, esta política resguardou as pequenas unidades dos desequilíbrios provocados pelo mercado, que favorecia as economias de escala e as melhores condições de produção, nomeadamente uma localização mais favorável.

O desmantelamento desta política conduziu, desde os anos oitenta, a uma grande concentração da produção de leite e à saída do mercado da maior parte dos pequenos produtores. Evidenciou-se, assim, a sua eficácia na protecção dos efeitos do mercado na pequena agricultura. Evidenciou-se também – contrariamente ao argumentário de numerosos economistas agrários – que o *segredo* do sucesso das explorações familiares na produção de leite decorria da política que as protegia dos efeitos do mercado, e não de qualquer *capacidade escondida* destas unidades para produzirem leite.

Outra política que protegeu as famílias agrícolas foi a extensão da previdência social à população rural[8]. Esta medida, consolidada no final dos anos sessenta, contribuiu de modo relevante para a manutenção e reprodução de

---

Sciences Sociales, 1984; CARREIRA, Décia [et al.] – "O cooperativismo no desenvolvimento do sector leiteiro". In CARVALHO Agostinho de; HENRIQUES Renano (orgs.) – *A produção e a industrialização do leite em Portugal*. Porto: Afrontamento, 1990 e RADICH, Maria Carlos – "Uma vaca urbana e cosmopolita". *Ler História*. N.º 52 (2007) p. 95-126.

[8] Cf. RIBEIRO, Manuela – *Estratégias da reprodução socioeconómica das unidades familiares camponesas em regiões de montanha (Barroso, 1940-1990)*. Lisboa: Fundação Calouste Gulbenkian, 1997.

muitas famílias, nomeadamente daquelas em que existiam elementos que beneficiavam da pensão de reforma. Em economias domésticas débeis e confrontadas com uma relação crescente com o mercado, o dinheiro recebido – ainda que pouco – permitia conviver melhor com a nova situação.

Os benefícios da previdência foram recebidos pela população rural com gratidão e foram politicamente capitalizados, sem dificuldade, pelo regime: o Estado, tradicionalmente exterior às populações rurais e presente apenas como cobrador de taxas, impostos e quotas obrigatórias, vinha agora apoiar as famílias.

A previdência actuou, em larga medida, como um elemento de conservação da ordem existente, em particular nas aldeias do mundo da agricultura familiar, onde favoreceu a população ligada às pequenas explorações.

O apoio à agricultura familiar surgiu num contexto em que se alteraram os fundamentos da ordem estabelecida nos campos, erodindo a tradicional tutela e supremacia dos párocos e dos detentores dos grandes *patrimónios fundiários.*

A gestão destes *patrimónios*, embora com diferenças regionais, decorria, numa aproximação muito esquemática e meramente indicativa, dentro dos seguintes parâmetros: as matas eram exploradas directamente; os olivais e as árvores de fruto eram também frequentemente explorados por conta própria, embora nalgumas regiões prevalecessem o arrendamento e a parceria; a vinha era geralmente dada de parceria, como na região dos vinhos verdes, ou explorada directamente; nas *terras de semeadura* impunha-se o arrendamento e a parceria e nos casos em que havia conta própria esta verificava-se, predominantemente, em manchas integradas na quinta mais próxima da sede (casa-mãe) do *património fundiário.*

Devido às grandes extensões de terra que detinham, eram elementos decisivos na estrutura social desta zona, em que a terra era a base onde assentava a actividade económica. Esta situação resultava, no plano económico-social, do controle das parcelas que davam de parceria e arrendamento a pequenos e médios agricultores numa época de grande pressão sobre a terra e também do número de postos de trabalho que asseguravam nas aldeias onde se situavam as terras que exploravam directamente. A estes factores económicos juntava-se a maior preparação cultural dos detentores destes *patrimónios*, que lhes facilitava uma relação privilegiada com o Estado e, de um modo mais amplo, com o exterior da comunidade rural. Nesta relação, a par do controle de largas extensões de terra, repousava a posição de supremacia que os *senhores* destes *patrimónios fundiários* geralmente detinham nas estruturas de poder em conjunto com os párocos, que beneficiavam de um capital cultural e simbólico que lhes assegurava uma posição destacada nestas estruturas. Os *senhores* e os párocos tiravam também supremacia da capacidade que tinham de assegurar a mediação da comunidade rural com o exterior.

Como já antes se referiu, os *patrimónios fundiários* transformaram-se em grandes explorações capitalistas ou declinaram de modo irreversível. A agricultura familiar também teve de se adaptar, o que viria a fazer em torno de quatro grandes eixos: mecanização e especialização dos sistemas de produção; retracção da área cultivada; grande aumento do número de membros de famílias agricultoras que foram trabalhar na indústria e nos serviços; um número crescente de famílias que passaram a sobreviver com rendimentos provenientes da previdência e da emigração. As três últimas alternativas foram as mais frequentes nas explorações familiares e apenas as de maior dimensão puderam investir e adaptar sistemas de produção mais especializados.

A política agrária visou – como se notou com os exemplos do leite e da previdência – amortecer esta transformação da agricultura familiar e capitalizar, em termos políticos, o apoio dado. Procurava-se, assim, que a nova conjuntura económica não abalasse a vinculação ao Estado Novo antes assegurada pela ordem social e política dos grandes *patrimónios fundiários*.

Modernização, política e economia

Nos anos sessenta, apesar de uma grande quebra na população activa agrícola e de uma retracção da *superfície semeada anualmente*, o produto agrícola cresceu a um ritmo superior ao da década anterior. Neste mesmo período alargou-se a relação da agricultura com o mercado e aumentou substancialmente o seu consumo de bens e serviços adquiridos aos outros sectores. Expandiu-se, assim, a motomecanização e a utilização de adubos, fitofármacos e outros produtos químicos.

Esta transformação não foi, no entanto, suficiente para evitar que a agricultura fosse contribuindo "para o agravamento dos problemas sócio--económicos"[9] do país. Era uma modernização que acusava as marcas da

---

[9] GIRÃO, José António – *Natureza do problema agrícola em Portugal (1950-73: uma perspectiva)*. Oeiras: Instituto Gulbenkian de Ciência, 1980.

CORPORATIVISMO, FASCISMOS, ESTADO NOVO

política agrária que a tinha impulsionado, ao procurar conciliar os interesses tradicionais da grande propriedade com as transformações que o mercado e a tecnologia podiam potenciar, e ao procurar manter, com o apoio à agricultura familiar, uma relação política com um sector que a erosão da ordem dos grandes *patrimónios fundiários* podia ter comprometido. A decisão política sobrepôs-se às dinâmicas da economia[10].

A modernização fora assim subordinada aos interesses da propriedade fundiária e ao apoio à conservação da agricultura familiar. A este propósito, é esclarecedor que, de 1952/4 a 1968, o número de explorações agrícolas tenha diminuído menos de cinco por cento.

Iniciou-se este texto referindo que, nos países europeus, as políticas foram formalmente iguais, a aplicação é que divergiu. Em Espanha, para dar apenas o exemplo do regime irmão do Estado Novo, a quebra no número de explorações, nas mesmas décadas, foi bem mais acentuada e o resultado da aplicação das medidas de modernização mais amplo e profundo. O resultado foi também diferente no contributo da agricultura para o modelo de desenvolvimento.[11]

---

[10] Cf. ROSAS, Fernando – *Portugal século XX (1890-1976). Pensamento e acção política*. Lisboa, 2004 e, do mesmo autor, *Salazarismo e fomento económico*. Lisboa, 2000.

[11] Cf. MESONADA, Carlos San Juan (comp.) – *La modernización de la agricultura española (1956-1986)*. Madrid, 1989; LEAL José Luis [et al.] – *La agricultura en el desarrollo capitalista español 1940-1970*. 3ª ed. Madrid, 1986, (1ª edição, 1975); NAREDO, José Manuel – *La evolución de la agricultura en España (1940-2000)*. 4ª ed. Granada, 2004, (1ª edição, 1971). Para avaliar as diferenças na aplicação das políticas ver, por exemplo, MILAGROS, Alario Trigueros – *Significado espacial y socioeconómico de la concentración parcelaria en Castilla y León*. Madrid, 1991.

Desmandos da Organização Corporativa e Reencontros do Corporativismo no Rescaldo da II Guerra. O Inquérito à Organização Corporativa em 1947

MARIA FERNANDA ROLLO

> O corporativismo não está em causa; o fracasso teve origem num desvio de funcionamento, isto é, na perversão da ideia...
> LUÍS TEOTÓNIO PEREIRA, Assembleia Nacional,
> 16 de Março de 1947.

Guerra: a erupção dos paradoxos

A Guerra e o pós-Guerra significaram, pela intensidade e extensão das modificações registadas e das suas consequências, um quadro de alterações profundas e duradouras na história portuguesa, quer observado internamente, quanto à situação e percurso do Estado Novo, quer no que se refere ao enquadramento do País à escala internacional.

Na realidade, a Guerra constituiu um inequívoco momento de viragem no percurso nacional, a todos os níveis, significando um marco indelével na história portuguesa do século XX como, de resto, nos demais países directa ou indirectamente afectados pelo conflito, e em geral na própria ordem internacional. No entanto, este facto deve ser devidamente sublinhado à escala nacional, destacando a medida em que a conjuntura da Guerra determinou a manifestação de uma *primeira crise séria do Regime*[1] e, alterando o registo em que se ia processando a actividade económica nacional, provocou uma interrupção do percurso, sobretudo tendo em

---

[1] ROSAS, Fernando – *O Estado Novo (1926-1974).*In MATTOSO, José (Dir.) – *História de Portugal.* Lisboa: Círculo de Leitores, 1994. Sétimo volume, p. 301-415.

consideração o programa de realizações em curso, bem como do cenário de estabilidade financeira e monetária e impôs uma reorientação no rumo e no ritmo que orientavam a condução económica do País.

A historiografia portuguesa tem demonstrado em que medida Portugal, pese embora a posição de neutralidade, sofreu os efeitos económicos propagados pela situação de beligerância, tendo sido obrigado a adoptar uma verdadeira economia de guerra. Situação que, demonstrando a forte dependência da economia nacional relativamente ao comércio externo (sobretudo em matéria de abastecimentos – bens de consumo alimentares, matérias-primas industriais e energéticas), denunciava ainda a importância e os efeitos da debilidade económica portuguesa no que respeitava à natureza e composição do seu tecido produtivo perante os quais o Regime ficou confrontado. Essa situação suscitou uma reflexão sobre a textura da economia portuguesa que proporcionou a tomada de consciência dos limites impostos pelo seu fraco desempenho em termos de produção, revelando em especial as debilidades da sua malha industrial, abrindo caminho à aceitação, e aprovação, de um programa de modernização económica consubstanciado principalmente na adopção e implementação de um plano de electrificação (lei nº 2002) e num programa de industrialização (lei nº 2005), que ficaria em boa medida comprometido por obstáculos de natureza diversa.

À amarga denúncia da dependência externa, evidenciada no contexto de escassez generalizada, acentuadas restrições e dificuldades de abastecimento impostas pelo conflito, associou-se um complexo cortejo de efeitos internos em matéria de inflação, mercado negro, contrabando, acompanhando alterações introduzidas no sistema produtivo como reacção a mercados a funcionar em condições excepcionais num quadro de disfunções crescentes. Tornou-se rapidamente evidente, pelo menos para alguns observadores, que a Guerra, afinal, constituía um duro teste à capacidade económica portuguesa, se encarada num quadro de autarcia económica. O mais interessante é que a solução que se pretendeu encontrar assumiu um carácter acentuadamente nacionalista e se encaminhou precisamente no sentido de reforçar esse postulado de independência económica.

A verdade é que a Guerra, provocando alterações na realidade existente e impondo ajustamentos no percurso que o Estado Novo projectara nos anos 30, fez também vacilar os seus pressupostos. Na prática, os efeitos da Guerra denunciavam e potenciavam, apesar da recusa dos contemporâneos em o admitir, as contradições geradas pelo sistema que organizava a economia portuguesa.

No fundo, a Guerra surpreendeu a economia portuguesa no seu lado mais frágil, desferindo simultaneamente um rude golpe no postulado teórico que vinha presidindo à sua orientação.

No seu conjunto, pela adopção da economia de guerra e na sequência das soluções que se pretenderam implementar durante a Guerra e nos anos do pós-Guerra, a situação conduziu a um evidente reforço do papel do Estado e à sua crescente intervenção na actividade económica que os efeitos e os resultados do conflito, até pela riqueza acumulada, tenderiam a acentuar.

Durante o conflito, revelara-se impossível, mesmo para um país neutral, escapar à necessidade de impor um estreito controlo da actividade económica, procurando salvaguardar as suas necessidades essenciais e minorar os efeitos mais nefastos da guerra total na vida económica e financeira do País; o que no caso português inviabilizou claramente a intenção de manter *a normalidade existente*[2] que o presidente do Conselho apontara como estratégia no início das hostilidades, tornando imperativa a organização de uma verdadeira "economia de guerra", como então lhe chamou Lumbrales[3] e, com ela, o reforço da intervenção do Estado na esfera económica.

As dificuldades de abastecimentos, externos e internos, em bens de toda a natureza, e os demais efeitos provocados pela guerra, obrigaram o Governo português, mesmo tardiamente e até contra a sua vontade, no quadro da adopção de uma economia de guerra, a planificar estratégias de intervenção do Estado na economia destinadas a gerir a questão das subsistências, envolvendo o recurso a diversos tipos de expedientes, que afectaram todas as esferas da actividade económica, desde a produção à comercialização – circunstância que conduziu ao visível aumento da presença do Estado na vida económica (intervindo em termos gerais, sectoriais e locais, criando um complexo e dificilmente controlável aparelho

---

[2] *Sem ousar prever a extensão do conflito e todas as suas consequências, o Governo definiu logo no primeiro momento a atitude que se impunha: manter na medida do possível a normalidade existente (...)* António de Oliveira Salazar, Defesa Económica – Defesa Moral – Defesa Política", proferido ao microfone da Emissora Nacional em 25 de Junho de 1942. *Discursos e Notas Políticas, vol. III 1938-1943*. Coimbra Editora, 1ª ed. 1943, 2ª ed. 1959, p. 322.

[3] LEITE, João Pinto da Costa (Lumbrales) – *Economia de Guerra*. Porto: Livraria Tavares Martins, 1943.

CORPORATIVISMO, FASCISMOS, ESTADO NOVO

burocrático, alterando as funções e reforçando o poder dos organismos corporativos e de coordenação económica, em cujo contexto se destaca a constituição da Intendência Geral dos Abastecimentos em Agosto de 1943[4]), que perdurou e se reflectiu para além do fim da hostilidades. As próprias situações de mercado negro, contrabando, açambarcamento e corrupção que se instalaram durante a Guerra tenderam a manter-se para além do seu termo; apesar da actuação do ministro da Economia, Supico Pinto, no sentido de as combater e moralizar, só mais tarde, com Daniel Barbosa, serão significativamente ultrapassadas.

O reforço da intervenção do Estado na esfera económica durante a Guerra acentuar-se-ia para além do que acima se referiu em matéria de política de subsistências. A intensificação da regulação económica por parte do Estado, preocupado com a necessidade de encontrar os meios necessários e assegurar um quadro de 'normalidade' para enfrentar a con-juntura de guerra, e simultaneamente assegurar uma boa gestão dos abas-tecimentos e dos factores produtivos tendo em conta os desequilíbrios suscitados pelo conflito, é seguramente uma das consequências mais evi-dentes da II Guerra Mundial em Portugal, como, de resto, observável na generalidade dos outros países, e com efeitos a perdurarem e prolonga-rem-se para além do fim do conflito[5].

Já se fez menção ao reforço da organização corporativa, instrumento privilegiado da política económica do Estado Novo, e à dotação de novas funções e de poderes acrescidos aos organismos corporativos cuja rede tentacular abrange todo o País, sendo além do mais evidente o envolvi-mento dos próprios organismos corporativos em situações de contrabando e açambarcamento, operando descaradamente no mercado negro. Já em Maio de 1944, Marcelo Caetano, chamava a atenção para necessidade de

---

[4] Decreto-lei n.º 32 945, cria, no Ministério, para funcionar enquanto durarem as circuns-tâncias derivadas do estado de guerra, a Intendência Geral dos Abastecimentos, com a orga-nização e atribuições definidas neste diploma, *DG*, I Série, n.º 161, de 2 de Agosto de 1943.

[5] António Telo refere-se a essa intervenção do Estado nos seguintes moldes: "Entre 1943 e 1945 a intervenção e controlo do Estado sobre a Economia atingiu o máximo, chegando a pontos que seriam considerados excessivos por muitos Estados socialistas. (...) tudo era regulado pelo Estado. A propriedade privada dos meios de produção pouco mais era do que o direito a uma renda relativamente uniforme, assegurada pelo sistema corporativo, e os mecanismos da concorrência pura e simplesmente não existiam". TELO, António – *Portugal na Segunda Guerra, (1941-1945)*. Lisboa: Vega, 1991. Vol. 1, p. 68.

examinar o modo como a doutrina corporativa "tem sido aplicada e executada, para louvar os seus bons servidores e punir os que a têm traído".[6]

Foi precisamente a constatação dessa realidade, indissimulável, crescendo a má imagem que então pesava na apreciação da acção dos organismos corporativos e de coordenação económica que conduziu à realização de um inquérito à actuação dos organismos corporativos e cujo relatório foi apresentado à Assembleia Nacional em 5 de Março de 1947 e discutido nas sessões seguintes.

Situação incómoda para o Regime, tanto mais que não estavam ausentes as críticas formuladas ao próprio corporativismo como princípio político e constitucional do Estado Novo. A reacção do Regime traduzir-se-ia, contudo, na recuperação e reforço do sistema.

Orientação que acompanhou a tendência no sentido do reforço da lógica da auto-suficiência e mesmo da autarcia que se afirmará no pós-guerra, no quadro de um evidente nacionalismo estendido à actividade económica e social. Na realidade, por um lado, os argumentos suscitados pelas dificuldades de abastecimento combinadas com as debilidades do tecido produtivo nacional e a insuficiência de transportes, a que deve acrescentar-se a forma como o Estado edificou um programa de economia de guerra e reforçou a sua intervenção em todas as esferas da actividade económica e desenvolveu mecanismos de controlo integrados na disciplina corporativa que se expandiu e reforçou; por outro, as riquezas acumuladas, fontes de financiamento público, deram ao Estado razões e possibilidades para intervir mais directa e activamente definindo políticas, estruturando estratégias de intervenção e estabelecendo prioridades.

Na prática, os efeitos mais traumatizantes da guerra, respeitantes às dependências externas, conduziriam ao reforço e consolidação da lógica da autarcia económica e à definição da combinação das quatro apostas dos anos 50 – energia, transportes, industrialização e agricultura – em íntima associação com o reforço da presença do Estado e da organização corporativa. O enunciado contava ainda com a participação das colónias, também nesta lógica de autarcia estendida às colónias como parte constitutivas do espaço económico nacional. A verdade é que a II Guerra, embora conduzindo a uma viragem no sentido da industrialização, não alterou o modelo

---

[6] MARCELO, Caetano –"Predições sem profecia sobre reformas sociais". In *Problemas do Após--Guerra*. Associação Comercial de Lisboa. Lisboa: Câmara de Comércio, 1945. p. 179.

segundo o qual se vinha processando o desenvolvimento económico do Estado Novo. Deve aliás ressalvar-se que a aceitação da viragem económica consubstanciada na aprovação dos planos de electrificação e de industrialização do País, não significava um 'cheque em branco' à modernização no sentido mais progressista do termo; tentava-se, sim, encontrar os meios que prevenissem o País de experimentar o mesmo sentimento de insegurança e a impotência em que a dependência externa o tinha colocado durante a Guerra. Ironicamente, a lógica foi em boa parte comprometida pelas contradições e limitações suscitadas pelo próprio sistema político, pela pressão internacional e pelo acentuar da dependência externa, agora no quadro da cooperação económica que se foi implementando e consolidando ao longo da década de 50. Na prática, procurou-se prolongar um modelo que já estava em vias de esgotamento na altura em que se tentou reforçá-lo.

A questão das subsistências

A Guerra acabou e o País, para além dos problemas inerentes à transição da economia de guerra para uma situação de paz, ficou confrontado com a herança de um vasto e ambicioso programa económico no qual se deveriam concentrar todos os esforços e recursos e relativamente ao qual se desenhavam expectativas de graus diferentes. Sendo que, com o fim do conflito cessaram também as condições que tinham propiciado o enriquecimento do Estado e, naturalmente, as fortunas dos que tinham encontrado na Guerra oportunidades excepcionais de exportação para os países beligerantes. *A "fonte de rendimento" dos anos da Guerra, os "negócios de guerra", não podiam continuar a sustentar a economia portuguesa*[7].

O problema mais imediato continuaria centrado na 'questão das subsistências'; nas dificuldades acrescidas em matéria de abastecimentos em bens essenciais[8] que, suscitando crescentes problemas sociais, acabaria por conduzir ao esgotamento das reservas nacionais e arrastar o País para

---

[7] ROLLO, Maria Fernanda – *Portugal e o Plano Marshall..., cit.*, p. 191.

[8] Ver sobre as dificuldades e os esforços portugueses no sentido de conseguir abastecimentos do exterior no pós-Guerra, designadamente nos EUA e no continente americano em geral, a troca de correspondência entre o Ministério dos Negócios Estrangeiros e a Embaixada de Portugal em Washington em AMNE, Embaixadas e Legações, Arquivo III – Washington, M.119. Paz. Política Geral do Pós-Guerra, Proc. 88; M.122, Fornecimentos para Portugal. Importação produtos dos EUA (1943-1947), Proc. 104. Ver também correspondência e informação diversa em NARA, RG 59, Portugal 1945-1949, Box 6364 – 853.00/1-147a853.917/1-3147.

DESMANDOS DA ORGANIZAÇÃO CORPORATIVA E REENCONTROS DO CORPORATIVISMO

o desequilíbrio da sua situação financeira, envolvendo-o na crise internacional de pagamentos, cuja face mais visível era a escassez generalizada de dólares, a que vinha escapando.

O final da Guerra encontrou Supico Pinto[9] à frente da pasta da Economia. Desde então até à sua saída ocuparam os postos de subsecretários do Comércio e Indústria Albano do Carmo Rodrigues Sarmento e Francisco Teixeira de Queirós de Castro Caldas[10], sucessivamente, e a subsecretaria de Estado da Agricultura esteve entregue a Albano Homem de Melo[11]. Foi a esta equipa que ficou cometida a primeira fase da complexa tarefa de acompanhar a transição da economia de guerra para a economia de paz, encontrar os meios de concretizar os enunciados de políticas sectoriais entretanto aprovados e enfrentar os problemas mais prementes que o quotidiano ia colocando, em particular as dificuldades do comércio externo e dos abastecimentos do País. Tudo isto teria que ser cumprido de forma atenta ao enunciado de reforço do regime corporativo, respeitando os princípios e enquadramento geral que subordinavam a ortodoxia da política monetária e financeira do Governo.

Pode deduzir-se, pela análise das escassas intervenções e a partir do que deixou como diplomas legislativos, que a acção de Supico Pinto procurou responder à generalidade dos problemas que preocupavam a economia portuguesa. Aproveitando a situação financeira favorável em que o

---

[9] Clotário Luís Supico Ribeiro Pinto. Ministro da Economia entre 6 de Setembro de 1944 e 4 de Fevereiro de 1947. Licenciado em Direito pela Universidade de Lisboa, deputado à AN durante a II Legislatura, vice-presidente do Conselho Técnico Corporativo do Comércio e da Indústria entre 1936 e 1940. Em 1940 (28 de Agosto) foi nomeado subsecretário de Estado das Finanças, cargo que manteve até 1944 quando substituiu Rafael Duque na pasta da Economia. Manteve-se à frente da Economia até à remodelação ministerial de Fevereiro de 1947. A indicação de Supico Pinto para ministro dos NE em Fevereiro de 1947 foi 'vetada' por Santos Costa (NOGUEIRA, Franco – *Salazar*. 3ª ed. Porto: Livraria Civilização Editora, 1986. Vol. IV: *O Ataque (1945-1958)*, p. 61-67). Não regressará ao Governo, mantendo-se porém muito próximo de Oliveira Salazar.

[10] Albano do Carmo Rodrigues Sarmento foi subsecretário de Estado do Comércio e Indústria entre 6 de Setembro de 1944 e 11 de Fevereiro de 1946; o seu sucessor, Francisco Teixeira de Queirós de Castro Caldas, ocupou o cargo entre 11 de Fevereiro de 1946 e 4 de Fevereiro de 1947.

[11] Albano Homem de Melo. Sucessor de André Navarro, foi subsecretário de Estado da Agricultura entre 6 de Setembro de 1944 e 4 de Fevereiro de 1947. O seu mandato prolongar-se-á por alguns meses depois da saída de Supico Pinto, até Outubro de 1947.

CORPORATIVISMO, FASCISMOS, ESTADO NOVO

País se encontrava, reagindo às questões mais instantes da inflação e dos abastecimentos, mas mantendo como prioridades a prossecução e o desenvolvimento da orientação geral da política económica, nomeadamente em matéria de reforço do sistema corporativo e a concretização das estratégias sectoriais herdadas do tempo da Guerra, tudo na estrita obediência aos princípios de estabilidade e equilíbrio que imperavam na política monetária e financeira.

Orientação que, aliás, já deixara expressa no discurso proferido, ainda antes da Guerra ter acabado, no acto de posse dos vogais do Conselho Técnico Corporativo. A reforma do Conselho Técnico Corporativo (CTC)[12], referiu o ministro, inspirava-se na "necessidade de dispor (...) de um órgão de estudo, consulta, ligação, orientação e inspecção, capaz de o coadjuvar, assegurando o exercício das funções que lhe competem na superior coordenação, direcção e fiscalização da vida económica do País, que incumbe ao Estado, nos termos do Estatuto do Trabalho Nacional".[13]

A verdade é que a reforma do CTC e o desenvolvimento das suas funções de fiscalização, se impunha pelas críticas aos abusos e ao 'desgoverno' que vinham grassando entre os organismos corporativos, justificando a realização de sucessivos inquéritos cujos resultados chegavam agora ao conhecimento geral[14].

[12] Ver decreto-lei n.º 34 329, que reorganiza os serviços do Conselho Técnico Corporativo e da Indústria, o qual passa a denominar-se Conselho Técnico Corporativo, *DG*, I Série, n.º 285, de 26 de Dezembro de 1944. O CTC será extinto em 1950 pelo decreto-lei nº 38 008 que cria no Ministério da Economia a Comissão de Coordenação Económica e define as suas atribuições. *DG*, I Série, n.º 214, de 23 de Outubro de 1950.
[13] "Discurso de Sua Exª o ministro da Economia pronunciado no acto de posse dos vogais do Conselho Técnico Corporativo, realizado no dia 7 do corrente", in *BDGI*. Ano VIII, n.º 393, de 21 de Março de 1945, p. 431.
[14] Vejam-se, a título de exemplo, os resultados da Inspecção à Federação Nacional dos Industriais de Lanifícios que suscitou a nota do Ministério da Economia de 30 de Junho de 1945 ("Inspecção à Federação Nacional dos Industriais de Lanifícios". In *BDGI*. Ano VIII, n.º 409, de 11 de Julho de 1945, p. 705, ou, ainda mais ilustrativos, os do Inquérito à Comissão Reguladora do Comércio de Metais que constituiu objecto da nota do ministro da Economia de 3 de Abril de 1945, revelando duas irregularidades particularmente graves: a existência de processos relativos a actos de especulação com ferros e incumprimentos dos limites estabelecidos relativamente aos lucros dos importadores. O inquérito envolveu inclusivamente uma investigação da PVDE sobre alguns funcionários acusados de práticas de corrupção. "Inquérito à Comissão reguladora do Comércio de Metais". In *BDGI*, Ano VIII. n.º 397, de 18 de Abril de 1945, p. 512.

Ao CTC (onde já pontificava o jovem técnico José Gonçalo Correia de Oliveira[15], cujo protagonismo na condução da economia nacional começaria então a adquirir importância crescente), ficavam cometidas vastas funções. Cumpria-lhe, genericamente, desempenhar uma acção importante "em defesa da economia nacional e do prestígio da organização corporativa", devendo, especificamente, promover "trabalhos com vista ao fomento das importações, ao desenvolvimento das exportações, ao justo equilíbrio entre os interesses que intervêm na produção, circulação e consumo, à orientação, coordenação e fiscalização dos organismos corporativos e de coordenação económica dependentes do Ministério da Economia".[16] A tendência evoluiria efectivamente no sentido de atribuir ao CTC um crescente controlo do comércio externo português, transferindo para a sua tutela a autorização prévia e a gestão das importações e das exportações de um leque cada vez mais alargado de produtos, alguns dos quais inicialmente dependentes de outros organismos[17].

Na oportunidade, o ministro indicava ainda os principais aspectos "dos problemas que mais devem prender a sua atenção e estar na primeira linha das suas preocupações", entre os quais se destacam as dificuldades em conseguir obter abastecimentos suficientes e a incapacidade da marinha mercante nacional em assegurar o transportes de produtos essenciais (nomeadamente o carvão e o trigo). Considerando a conjuntura de Guerra e as medidas do Governo em fazer face a essa situação, Supico

---

[15] José Gonçalo da Cunha Sotto-Mayor Correia de Oliveira licenciou-se em Ciências Jurídicas na Faculdade de Direito da Universidade de Lisboa em 1944 tendo iniciado a sua carreira como técnico do CTC. Em 1948 ascende a director do Gabinete de Estudos do CTC e, no ano seguinte, assume a vice-presidência desse Conselho. Ver BRITO, J. M. Brandão de – "Oliveira, José Gonçalo da Cunha Sotto-Mayor Correia de". In *DHEN*, p. 685-687 e LUCENA, Manuel de – "Oliveira, José Gonçalo da Cunha Sottomayor Correia de". In *DHP*, p. 631-639.

[16] "Discurso de Sua Exª o ministro da Economia, pronunciado no acto de posse dos vogais do Conselho Técnico Corporativo, realizado no dia 7 do corrente". In *BDGI*. Ano VIII, n.º 393, de 21 de Março de 1945, p. 431.

[17] Ainda no tempo de Supico Pinto, a título de exemplo, seriam publicadas as portarias n.º 11 612, tornando sujeita a licença prévia do CTC a importação de amido, glucose, dextrinas e féculas, *DG*, I Série, n.º 278, de 6 de Dezembro de 1946 e n.º 11 636, sujeitando a licença prévia do CTC a importação de máquinas de costura para tecidos e cabedal e respectivas peças e acessórios, *DG*, I Série, n.º 291, de 21 de Dezembro de 1946. A tendência para concentrar no CTC e alargar o seu controlo sobre o comércio externo português acentuar-se-á, como veremos, com Daniel Barbosa na pasta da Economia.

Pinto advertiu: "Não deverá, no entanto, supor-se que só há que esperar pelo termo da guerra, e pela normalização da vida económica mundial para que automaticamente a economia portuguesa regresse ao nível considerado necessário".[18]

Supico Pinto enunciou então as principais medidas que se propunha implementar e que compuseram o essencial do programa económico que prosseguiu no pós-Guerra:

(i) o combate à inflação, pondo termo ao *ciclo infernal* que traduzia a constante pressão do aumento dos preços sobre o nível salarial;

(ii) *a reforma da nossa estrutura económica, procurando-se a criação de maior riqueza* (em que inscreve as leis 2002 e 2005), tendo em consideração o acréscimo populacional e a intenção de alcançar um nível de vida mais elevado do que o existente antes da Guerra. Ressalta, nesse quadro, o apelo à iniciativa privada: "Espera-se que a guerra, que tanto nos tem afectado, ao menos, porque contribuiu para revelar com evidência a insuficiência dos recursos nacionais e a deficiência do seu aproveitamento, tenha preparado os espíritos para um certo número de medidas de fomento económico se os capitais disponíveis acorrerem no momento próprio ao fomento da produção das riquezas necessárias e não preferirem, contra o interesse nacional, aplicações mais cómodas ou de menor risco"[19];

(iii) "a necessidade de remover os obstáculos que por razões de condicionamento económico impeçam a realização de qualquer iniciativa capaz de promover a maior riqueza nacional, quer pela utilização de recursos inaproveitados, quer pela produção de bens a menor preço ou de melhor qualidade".[20] Para tanto, considerava Supico Pinto, ter-se-á que contar, para além do esforço da iniciativa privada, com o "concurso da intervenção colectiva promovendo a melhor coordenação de todas as actividades, por via de uma disciplina económica mais ordenada". Significando a indispensabilidade do reforço da actuação da organização corporativa,

---

[18] "Discurso de Sua Exª o ministro da Economia, pronunciado no acto de posse dos vogais do Conselho Técnico Corporativo, realizado no dia 7 do corrente". In *BDGI*. Ano VIII, n.º 393, de 21 de Março de 1945, p. 432.

[19] *Idem*, p. 433.

[20] *Idem*.

entendida como a "única fórmula capaz de realizar a colaboração do Estado com a iniciativa privada e só através esta colaboração se poderá realizar o interesse colectivo sem prejuízo das legítimas liberdades da pessoa humana".[21]

Supico Pinto não disporia de muito mais tempo para dar continuidade às suas ideias e concretizar os seus enunciados em matéria de estratégia económica. De resto, toda a actuação do ministro acabou por se manter estreitamente condicionada pela instante questão dos abastecimentos. Nessa matéria, não obstante os esforços empreendidos, os resultados tardavam em manifestar-se, enquanto a escassez de géneros arrastava efeitos sociais e políticos cada vez mais preocupantes.

Ao longo de 1946 a questão das subsistências assumiu proporções mais alarmantes, com reflexos directos numa crescente agitação social.

É certo que, ressalvando embora a particularidade do caso português, o problema da escassez de géneros transcendia a realidade nacional, colocando-se com grande acuidade em quase todos os países europeus, e não só, dando razão à angústia e à ideia de que o final da Guerra estava longe de significar um retorno à normalidade dos abastecimentos e ao final das restrições em consumos essenciais. O sinal era preocupante e conduziu mesmo ao lançamento da *campanha mundial destinada a convencer da extrema necessidade de elevar ao máximo a produção de alimentos e de reduzir no possível o seu consumo* que, lançada pelos britânicos, contaria com a solidariedade portuguesa. O próprio Salazar faria o anúncio público da campanha, em mensagem dirigida aos portugueses através da imprensa em 3 de Abril de 1946, explicando bem que "o que importa é produzir ao máximo géneros alimentícios e não consumir deles, cada qual, senão o estritamente necessário"[22]. Haveria, dizia Salazar, que prolongar o esforço da guerra e "forçar a terra o máximo das suas possibilidades"[23]. Na ocasião, a questão é essencialmente apresentada com contornos de solidariedade internacional – "Não se nos pede que cedamos gratuitamente os nossos bens, mas que tentemos bastar-nos a nós próprios, para não pesarmos por nossa parte sobre os mercados abastecedores, e, se pudermos, ajudemos a arrancar os

---

[21] *Idem*, p. 432.
[22] SALAZAR, António de Oliveira – "Produzir e Poupar. Mensagem aos portugueses", publicada nos jornais de 3 de Abril de 1946. *Discursos...*, *cit.*, Vol. IV, p. 219.
[23] *Idem*.

CORPORATIVISMO, FASCISMOS, ESTADO NOVO

outros homens à miséria e à fome, com um pouco mais do nosso trabalho e cuidados e com a nossa temperança. Se o sentimento de solidariedade humana vive no nosso espírito, demos agora e mais uma vez a prova de que é capaz de inspirar os nossos actos de cada dia, como tem inspirado a política da Nação".[24]

A situação era grave, mais grave até do que a sugerida na apresentação da campanha e requeria expedientes que transcendiam a recorrente retórica do sacrifício[25]. De resto, o *bastar-nos a nós próprios*, evocava uma utopia inalcançável. Possibilidade tão longínqua quanto desejada, e, no entanto, afincadamente prosseguida. Mas as medidas accionadas no sentido de estimular a produção agrícola nacional resultavam infrutíferas; porventura insuficientes para provocar a alteração do quadro agrícola nacional no sentido de propiciar o aumento da sua produção e a melhoria dos seus níveis de produtividade. Denunciando, no fundo, a impotência e as limitações que paralisavam as autoridades políticas e as intenções reformistas em matéria de pensamento e acção dedicados ao sector da agricultura nacional. É precisamente no intuito de estimular a produção agrícola ou, nas suas próprias palavras, "manter ou aumentar a capacidade produtiva da terra ou facilitar a sua exploração", que Supico Pinto promoveu a promulgação de medidas e o estabelecimento das bases de enquadramento da assistência técnica e financeira que o Estado se propunha prestar aos melhoramentos agrícolas[26].

---

[24] *Idem*, p. 221.

[25] Sobre a agudização da dificuldade em encontrar abastecimentos e o agravamento da questão alimentar e a consequente agitação social, ver os comentários e as apreciações feitos pelos diplomatas americanos e franceses, relativos também aos expedientes ensaiados pelos diplomatas, na primeira linha o ministro dos Negócios Estrangeiros, e outros funcionários portugueses no sentido de, chamando a atenção para o carácter urgente e grave de que a escassez de determinados bens se revestia (particularmente o trigo) pressionar e encontrar fornecimentos alternativos indispensáveis em Archives Diplomatiques du Ministère des Affaires Etrangères (ADMAE), Série B – Amérique 1944-1952 – Economie et Société, Micro 4744, Volume 238 e NARA, RG 59, 853.Portugal 1945-1949, em especial Box 6367 – 853.021/1-145a853.24/6-3045 e Box 6369-853.48Rci/1-145 to 853.512/12-3149.

[26] Ver Lei n.º 2017, *DG*, I Série, n.º 139, de 25 de Junho de 1946, que estabelece as bases a que deve obedecer a assistência a prestar pelo Estado a melhoramentos agrícolas e decreto-lei n.º 35 993, *DG*, I Série, n.º 267, de 23 de Novembro de 1946, que cria o Fundo de Melhoramentos Agrícolas.

Vícios e desmandos da ordem corporativa

Foi neste contexto que, em Fevereiro de 1946, o deputado Mário de Figueiredo apresentou à Assembleia Nacional a proposta de elaboração de um de inquérito aos elementos da organização corporativa.[27] Face ao reconhecimento da indispensabilidade de verificar a existência de "vícios de funcionamento dos elementos da organização corporativa e de se determinarem as causas que provocam um ambiente público de desconfiança relativamente a muitos, para, a mostrar-se que existem aqueles vícios, se corrigirem e se eliminarem as causas em que se originam", referia o deputado, urgia "fazer um inquérito geral e completo", sugerindo a constituição de uma comissão da Assembleia Nacional que o levasse a efeito. Em circunstância alguma, ficava sublinhado, estava em causa o próprio princípio da organização corporativa, mas sim "a actuação concreta dos elementos que a formam".

Não tardou a reacção do Presidente do Conselho, remetendo à Assembleia, entre os elementos relativos à proposta de Mário de Figueiredo, uma exposição do ministro da Economia[28], em que este dava conta da posição e dos esforços do Governo no sentido da contestação e correcção dos "possíveis erros, deficiências ou irregularidades da organização corporativa", identificando, entre os organismos *mais criticados ou comentados*, a Comissão Reguladora do Comércio de Metais, a Federação Nacional dos Industriais de Lanifícios, a Junta Nacional dos Produtos Pecuários, o Grémio dos Exportadores de Madeiras, a Junta Nacional do Azeite e o Grémio dos Armazenistas de Mercearia, junto dos quais o Ministério já tinha actuado através da realização de inspecções e alteração das direcções. Quanto aos demais organismos, aludia o ministro, "pelo facto de não haver críticas" não lhe "parecia que não fosse de aconselhar a criação de um serviço regular de inspecções..." conforme aliás ficara contemplado na reforma do Conselho Técnico Corporativo de 1944. Apresentada a acção correctiva e preventiva levada a cabo, notava ainda Supico Pinto ter ainda recentemente ocorrido, "livremente, uma intensa campanha de descrédito da organização, mas nada apareceu de concreto ou que representasse uma crítica séria ou procedente que servisse ao Governo nos seus propósitos de confecção e aperfeiçoamento dos órgãos da política corporativa".

---

[27] Sessão n.º 25 da Assembleia Nacional em 5 de Fevereiro de 1946, *Diário das Sessões*, n.º 25, 6 de Fevereiro de 1946, p. 389 e 391.

[28] Sessão de 12 de Fevereiro, diário n.º 29 de 13 de Fevereiro de 1946, p. 503.

CORPORATIVISMO, FASCISMOS, ESTADO NOVO

O mesmo se reconheceu no contexto do debate parlamentar que, em 20 de Fevereiro, precedeu a aprovação da proposta de Mário de Figueiredo, ficando claro, como o declarou o deputado Linhares de Lima, saindo à liça na defesa da acção do Governo, que o que se visava não era um "inquérito normal, de simples carácter administrativo, mas antes um inquérito político de muito mais largo alcance".[29] Avançar portanto, era também a opinião deste deputado, embora o elogio da acção corporativa e a desvalorização dos seus 'vícios': "Separe-se o trigo do joio e que sejam punidos os prevaricadores e afastados os incompetentes, quer se tenham arregimentado ou não nas nossas fileiras".[30]

Coube a vez a Mário de Figueiredo, pronunciando-se na defesa da legitimidade da sua proposta e das dúvidas persistentes suscitadas pelos "clamores gerais da opinião pública, clamores que", dizia então, "quero apreciar só depois de ver e estudar se há alguma verdade atrás deles". Mais explícito seria, em indisfarçável crítica interna, mesmo no confronto e na crítica à pasta da Economia, aludindo que "a insistência desses clamores significa que está posto sobre a matéria um problema político"; considerando então a pertinência de realizar um inquérito "feito a sério, com vontade de descobrir o que realmente se passa e cujas conclusões serão a seguir postas diante dos nossos olhos e da opinião. O Governo declara que não tem nenhuma objecção a fazer à realização do inquérito, nem a que ao inquérito se dê a maior extensão possível. Podia, no entanto, ser-se inclinado a pensar coisa diversa. Da nota enviada à Assembleia pelo Ministro da Economia pode concluir-se ser o que vai fazer-se um trabalho completamente inútil". A verdade porém, é que apesar das medidas do Governo, as dúvidas e o mal-estar subsistiam aos olhos de todos.

Seguiu-se na defesa da proposta Botelho Moniz, reiterando que apesar da discordância de Mário de Figueiredo quanto à abrangência da crítica em termos de organismos corporativos, "essa organização não está em causa", considerando que os "ataques que a pretendem atingir" se dirigiam, "afinal, a coisas inteiramente diversas dela. Quando muito", dizia, "existe excessiva intervenção do Estado em determinados sectores da nossa vida económica. Há estatismo a mais e corporativismo a menos."[31]

---

[29] Sessão de 20 de Fevereiro, diário n.º 34 de 21 de Fevereiro.
[30] *Idem*, p. 586.
[31] *Idem*, p. 588.

DESMANDOS DA ORGANIZAÇÃO CORPORATIVA E REENCONTROS DO CORPORATIVISMO

A proposta foi aprovada, no sentido de constituir uma comissão eventual de inquérito aos elementos da organização corporativa para *1) Investigar os vícios de funcionamento daqueles elementos; 2) Procurar as causas do ambiente público que os cerca; 3) Indicar aqueles vícios, havendo-os, para que sejam corrigidos; 4) Referir estas causas, para que sejam eliminadas.*

Foi já em Março que foram eleitos para a comissão de inquérito, todos por 73 votos, os deputados Albano Camilo de Almeida Pereira Dias de Magalhães, António Cortês Lobão, António de Sousa Madeira Pinto, Armando Cândido de Medeiros, Artur Augusto Figueiroa Rêgo, Horácio José de Sá Viana Rebelo, João Luís Augusto das Neves, João Mendes da Costa Amaral, Joaquim Mendes do Amaral, Jorge Botelho Moniz, José Alçada Guimarães, José Esquível, José Maria Braga da Cruz, Mário Borges e Mário de Figueiredo.[32]

Agravava-se entretanto a questão das subsistências... em matéria de disponibilidade de géneros, a situação deteriorava-se visivelmente, de forma que, em Outubro de 1946, o ministro da Economia publicaria uma nota oficiosa dedicada especificamente aos problemas do abastecimento público[33]. O primeiro apontamento referia-se precisamente às crescentes restrições que se vinham colocando, conforme o ministro apelidou, "à liberdade do comércio internacional". Em síntese, Supico Pinto mostrava que não era possível "adquirir os géneros mais necessários à vida onde se deseje e pelo preço que se queira", encarando o problema como uma verdadeira questão de Estado, que só o Governo podia tratar, que justificava e exigia a manutenção da "intervenção governamental neste domínio"[34]. A nota prosseguia com a exposição detalhada da política prosseguida pelo Governo e a avaliação da situação dos abastecimentos, terminando com as seguintes conclusões:" a) Fomos duramente afectados por sucessivos maus anos agrícolas; b) Desenvolveu-se um esforço pertinaz e eficiente para que se intensificassem as importações; c) Aumentaram consumos, já porque a população é maior, já porque é mais elevado o poder de compra, já porque muitos produtos são utilizados em substituição de outros de que há carência"[35]. A situação era muito complexa e as perspectivas

[32] Sessão em 23 de Março, *Diário das Sessões*, n.º 57, de 25 de Março de 1946, p. 985.

[33] "Nota oficiosa de Sua Exª o Ministro da Economia sobre o problema do abastecimento público". In *BDGI*. Ano IX, n.º 476, de 23 de Outubro de 1946, p. 93-105.

[34] *Idem*, p. 94.

[35] *Idem*, p. 102.

mantinham-se sombrias: em relação ao abastecimento de trigo, milho, batatas, feijão, açúcar, bacalhau, gorduras de origem animal e de sabão, anunciavam-se melhorias de abastecimento; mas, quanto a arroz, peixe, carne, azeite e óleos, o seu abastecimento ficava dependente de contigências diversas: "do montante da produção colonial, da fortuna do mar e da qualidade do carvão; das importações argentinas e da viabilidade de dispormos de navios estábulos; do auxílio espanhol."[36]

Supico Pinto explanava ainda o sentido e a forma como se foram desenvolvendo as políticas de preços e de distribuição. Quanto à primeira, reagindo às críticas e à afirmação de que "através um jogo de preços é viável aumentar-se a produção", Supico Pinto expôs a forma como se procurou "contrariar a subida dos preços e conseguir a descida de outros para limites razoáveis", travando uma "implacável luta contra o mercado negro e a alta dos preços", concluindo que o Governo manterá o firme propósito de, "na defesa da economia geral e da moeda – fazer baixar os preços que só a especulação justificava, erguer uma barreira à elevação de outros, só cedendo nos raros casos em que tenha se por esse meio salvar a própria produção"[37]; quanto à política de distribuição, reconhecendo a forma pouco satisfatória da organização do racionamento em Portugal, a reflexão fica praticamente circunscrita à necessidade de "tornar mais pronta a máquina e melhorar com rapidez o seu rendimento".[38]

Não é portanto de estranhar que a acusação do mal-estar instalado fosse recorrentemente dirigida ao sector da Economia e a Supico Pinto – "contra

---

[36] *Idem.*

[37] *Idem*, p. 104.

[38] *Idem.* Ver, a propósito, o comentário da embaixada americana sobre a situação económica portuguesa em 1946, no que respeita à escassez de géneros e às críticas feitas à política governamental: *Unfortunately, the prospects for an unusually good agricultural year, after three successive bad ones, were also not realized so that a main pre-occupation of Government and people as 1947 opened was the serious shortage of essential foodstuffs. The poor food situation which at the end of the year showed little prospect of early alluviation – and none without foreign aid – taken together with the generally unequal distribution of wealth and the increasing discrepancy between prices and wages constitute again the most discouraging factors affecting the economic life in Portugal. These have lead to considerable recent criticism of the Government's policies in respect of distribution, price fixing and control in general, with persistent rumors of impeding Cabinet changes (...) Attacks have also been levelled in Parliamentary discussion at the middlemen, or non-productive element between producer and consumer, whose profits are characterized as most excessive.* NARA, RG 59, 853 Portugal 1945-1949 Box 6369, 853.50/2-2847, *Annual Economic Review – Portugal – 1946*, Report N.º 9, 28 de Fevereiro de 1947, p. 2.

a política de limitação de preços em que se tem empenhado o Governo (...) está praticamente toda a gente" – diria Caetano[39], embora nessa matéria tivesse também uma influência determinante a política monetária e financeira que estava, como é sabido, sob a orientação do ministro das Finanças.

Acusações surgidas de dentro do próprio Regime, que entretanto atravessava uma crise política interna e no seio do qual crescia a definição e o confronto entre duas facções políticas protagonizadas respectivamente por Santos Costa e Marcello Caetano. Nem uma nem outra facção poupavam críticas ao Governo e ao ministro da Economia, que chegou a solicitar a demissão ao Presidente do Conselho[40]. Críticas e crise que preenchiam os corredores do poder e que animaram as discussões que ocorreram na Conferência da União Nacional, em Novembro de 1946.

Sintomaticamente, pelo significado político que traduzia, foi a Marcelo Caetano que pertenceu fazer a oração de encerramento do encontro do "Governo com as forças políticas que com ele cooperam". O discurso foi dedicado à análise do "Momento Político e Económico"[41], propondo-se Marcelo Caetano fazer "uma síntese dos pontos de vista aqui manifestados pelos delegados e das razões apresentadas pelo Governo"[42]. Começou, então, por se referir ao *cansaço* (comum ao público e aos membros do Governo) "da excessiva intervenção do Estado que as necessidades da guerra impuseram na vida económica. O País desejaria ver-se livre dos manifestos, das requisições, dos racionamentos, dos contingentes, dos condicionamentos, das guias de trânsito, de tudo isso que não é consequência necessária e lógica da Organização Corporativa, mas com que ela teve de arcar no momento em que assim o exigiram os imperativos do interesse nacional".

Todavia, defendia Caetano, a manutenção da intervenção do Estado era ainda uma necessidade imprescindível e exigida pelo "interesse do povo", não tendo qualquer fundamento observá-la como "problema de ideologia política – Não se trata de ser liberal, socialista, corporativista ou comunista".[43] Enquanto se mantivesse o quadro de escassez verificado à

---

[39] CAETANO, Marcello – *O Momento Político e Económico. Discurso pronunciado por ocasião do encerramento da 1ª Conferência da União Nacional, na noite de 11 de Novembro no salão do Liceu D. Filipa de Lencastre do Bairro Social do Arco do Cego.* Edição do Jornal do Povo, (1946) p. 2.

[40] NOGUEIRA, Franco – *Salazar.* Vol. IV..., *cit.*, p. 55.

[41] CAETANO, Marcello – *O Momento...*, *cit.*, p. 2.

[42] *Idem*, p. 2.

[43] *Idem*, p. 4.

escala internacional e nacional, justificava-se manter o racionamento dos géneros, tratando simultaneamente de combater o mercado negro: "para que os pobres tenham assegurado o seu quinhão a um preço acessível" e para que, no quadro internacional, se impeça que os "Estados mais ricos comprem tudo..."[44] Mesmo assim, prosseguia Caetano, "a alta dos preços constitui centro de atenções gerais. Fonte de dificuldades de Governo, é também o factor principal de descontentamento e o pior conselheiro do povo". Alta dos preços que se mantinha teimosamente, quase imune às terapias aplicadas pelo Governo no sentido de a contrariar, e que, no entendimento de Caetano, decorria de cinco causas[45]: a inflação monetária, os maus anos agrícolas, a falta de mercadorias para adquirir, o contágio internacional e a psicose altista[46] – examinando então, individualmente cada uma dessas causas e os meios de as debelar. Caetano terminava dando resposta à Oposição, fazendo o enaltecimento à obra do Regime.

Mas os reparos à política do Governo na esfera económica não eram dirigidas exclusivamente ao ministro da Economia, surgindo, neste final de 1946, críticas contundentes à acção do ministro das Finanças, João Pinto da Costa Leite (Lumbrales)[47] compondo um cenário de evidente alastramento da crise política.

Por fim, em Fevereiro de 1947, o Presidente do Conselho procedeu a modificações no elenco governativo e na chefia da União Nacional,

---

[44] *Idem*, p. 3.

[45] *Idem*, p. 5.

[46] "Trata-se de um verdadeiro estado mórbido que favorece a especulação dos intermediários, cria a insatisfação dos produtores e leva os consumidores a aceitar, com resignação e às vezes com adesão, a subida constante dos preços". *Idem*, p. 5.

[47] João Pinto da Costa Leite (Lumbrales), licenciado pela Faculdade de Direito de Coimbra, onde foi discípulo e assistente de Oliveira Salazar. Pouco depois de Salazar ter assumido a pasta das Finanças, chamou Costa Leite para seu subsecretário de Estado, cargo que este desempenhou em 1929 (17 de Julho a 5 de Novembro) e entre 23 de Outubro de 1934 e 13 de Dezembro de 1937, acumulando com o cargo de subsecretário de Estado das Corporações e Previdência Social que assumiu interinamente entre 14 de Março de 1935 e 18 de Janeiro de 1936. Foi ministro do Comércio e Indústria (13.12.1937-28.8.1940), das Finanças (28.8.1940-2.8.1950), do Interior (23.7.1941-12.8.1941), das Obras Públicas e Comunicações (18.11.1943-6.9.1944) e da Presidência (2.8.1950-7.7.1955), tendo sido substituído por Marcelo Caetano. Entre outros cargos que assumiu durante o Estado Novo, foi também Presidente da Junta Central da Legião Portuguesa e Presidente da Comissão Executiva da União Nacional. Monárquico, da ala mais conservadora do Regime neste período do pós-Guerra, homem de confiança e braço direito de Salazar durante os mais de vinte anos que esteve no Governo.

marcando de alguma maneira a ultrapassagem da crise política que vinha afectando a posição do Governo.

De assinalar, porém, a gestão cuidadosa e complicada que houve que empreender no sentido de concertar interesses políticos divergentes, que se degladiavam de forma cada vez mais desabrida. Nesse sentido, a remodelação governamental de 4 de Fevereiro de 1947, traduzia o equilíbrio necessário entre as duas principais famílias políticas do regime, a ala "conservadora" afecta a Santos Costa e a ala "reformista" conotada com Marcello Caetano[48].

Pelo caminho ficou Supico Pinto, que inicialmente convidado por Salazar para lhe suceder na pasta dos Negócios Estrangeiros foi afastado por pressão de Santos Costa. Quanto à pasta da Economia, o cargo foi entregue (por proposta de Marcello Caetano, que entretanto passaria a encabeçar a Comissão Executiva da União Nacional[49]), a Daniel Barbosa, a quem foi "cometida a tarefa fundamental de solucionar a candente "questão dos abastecimentos" e o combate à inflação".[50]

Daniel Barbosa excederá em muito a natureza pragmática e conjuntural do desígnio político imediatamente proposto. Embora a sua acção se tenha concretizado de forma mais visível na resolução da questão do abastecimento público, ficando aquém desse grau de concretização noutras

---

[48] Recorde-se a caracterização que Caetano faz no discurso de encerramento da Conferência da União Nacional: "Toda a gente sabe ou se não sabe pode verificar que dentro da União Nacional há uma tendência conservadora, uma tendência centrista e uma tendência social-progressista; isto é, a par daqueles que defendem as concepções tradicionais da organização social e da propriedade privada, para quem as reformas são forçadas transigências com uma conrrente contrária errada e perigosa, encontram-se os partidários entusiastas de uma transformação da sociedade portuguesa que assente fundamentalmente na educação das massas, no aperfeiçoamento do escol, no desenvolvimento da produção, na melhoria da repartição dos rendimentos, no alargamento da assistência social. (Quentes aplausos) E, no centro, entre ambas as correntes, encontram-se os que julgam necessário andar mais depressa e ver com mais larguesa do que os conservadores, mas sem ir para já tão longe como os progressistas". CAETANO, Marcello – *O Momento...*, *cit.* p. 12.

[49] Segundo Franco Nogueira, passados seis meses Marcelo Caetano terá solicitado a sua demissão da UN, porque ficara desagrado com a suspensão e demissão de professores da Faculdade de Medicina de Lisboa envolvidos na agitação académica e se sentia "desiludido com o seu nulo papel da União Nacional, uma vez que verificara não lhe serem facultados meios de influenciar a política do governo". Salazar não aceita. NOGUEIRA, Franco – *Salazar. Vol. IV...*, *cit.*, pp. 80-81.

[50] ROLLO, Maria Fernanda – "A industrialização...", *cit.*, p. 90.

CORPORATIVISMO, FASCISMOS, ESTADO NOVO

áreas, deve assinalar-se a importância de que se revestiu a sua presença na pasta da Economia: colhendo e prolongando heranças, personificando, estruturando e desenvolvendo um pensamento económico de natureza reformadora, que transcendia o enquadramento que tradicionalmente pautava a condução dos negócios económicos. 'Engenheiro'[51], "industrialista convicto (partilhando com Ferreira Dias muitas das suas ideias sobre o rumo e o ritmo que havia de ser imprimido ao processo português de industrialização")[52], era portador de ideias e princípios e defensor de práticas e estratégias que se estruturariam no quadro de um pensamento económico que ganharia forma e espessura durante e para além do seu mandato como ministro da Economia; não tardou aliás que essas posições entrassem em contradição com a ortodoxia com que eram tratadas as questões económicas e financeiras acabando, entre outras razões, por determinar o afastamento de Daniel Barbosa do Governo em Outubro de 1948.

Desvio e desordem: a perversão do corporativismo

Foi já no tempo de Daniel Barbosa que, em Março de 1947, ficou concluído e foi apresentado à Assembleia Nacional o Relatório geral da comissão de inquérito[53] cuja discussão se prolongou nas sessões parlamentares seguintes.

Reiterada a filosofia vital de salvaguarda do princípio da organização corporativa, evocados os propósitos do inquérito, "1) Investigar os vícios de funcionamento daqueles elementos; 2) Procurar as causas do ambiente público que os cerca; 3) Indicar aqueles vícios, havendo-os, para que sejam corrigidos; 4) Referir estas causas, para que sejam eliminadas" e explicitada a extensão da actuação da comissão, cingida à busca e denúncia de

---

[51] Evocando a caracterização que José Maria Brandão de Brito faz sobre os engenheiros e a análise do seu pensamento e papel no quadro do desenvolvimento económico do Estado Novo em "Os Engenheiros...", *cit*. Ver também, sobre a importância dos engenheiros na economia portuguesa, RODRIGUES, Maria de Lurdes – *Os Engenheiros em Portugal. Profissionalização e Protagonismo*. Oeiras: Celta Editora, 1999 e BRITO, J. M. Brandão de; HEITOR, Manuel; ROLLO, Maria Fernanda – *Engenho e Obra. Uma abordagem à História da Engenharia em Portugal no Século XX*. Lisboa: Publicações Dom Quixote, 2002.

[52] ROLLO, Maria Fernanda – "A industrialização...", *cit.*, p. 90.

[53] "Relatório geral da comissão de inquérito aos elementos da organização corporativa" em 5 de Março de 1947, *da Assembleia Nacional e da Câmara Corporativa (Diário das Sessões)*, 10.º Suplemento ao n.º 96, de 5 de Março de 1947, p. 1-126.

DESMANDOS DA ORGANIZAÇÃO CORPORATIVA E REENCONTROS DO CORPORATIVISMO

"vícios de estrutura em casos particulares ou defeitos mesma de estruturação geral do princípio constitucional e faltas dos homens", mas das instituições e da ordem, o relatório passa então a descrever a metodologia prosseguida, inquirindo junto do público em geral (através de anúncios nos jornais solicitando denúncias protegidas por anonimato), dos vários departamentos ou serviços do Estado e dos próprios organismos de coordenação económica e corporativos (essencialmente através de dois questionários, um administrativo e outro económico-social), realizando inspecções, recolhendo depoimentos.

A apreciação dos resultados dos inquéritos rapidamente levou a comissão a abandonar os seus propósitos de caracterização da actividade da organização corporativa e do seu impacto na economia nacional antes e depois da Guerra. A verdade é que, se os diversos organismos responderam às questões de natureza administrativa, o mesmo não se verificou quanto às informações de matéria económico-social que lhes eram solicitadas.

De qualquer forma, em função da informação recolhida, a comissão, desdobrada em sete subcomissões ou secções, produziu relatórios sectoriais, analisando a actividade dos organismos de coordenação e corporativos, o seu funcionamento e actividade financeira e económica, as irregularidades de que eram acusados, identificando até, nalguns casos, "erros de política económica".

Todavia, embora a metodologia prosseguida o pudesse sugerir, talvez até pelos resultados encontrados, a orientação que presidiu à elaboração do relatório, optando "por não se preocupar, com o caso particular (...) e antes apontar os factos típicos que denunciam vícios de estrutura que importa corrigir".

Daí, a comissão ter centrado a sua atenção num relatório composto pelos seguintes elementos: 1) A vida administrativa e encargos da organização sobre a economia nacional, 2) Os vários vícios de funcionamento e causas do ambiente público criado à volta da organização; 3) Casas dos Pescadores e do Povo; 4) Serviços de fiscalização; 5) Conclusões gerais.

A peça mais relevante do ponto de vista do significado da realização do inquérito e das apreciações feitas concentra-se no espaço dedicado ao diagnóstico do funcionamento da organização corporativa, acabando por extrapolar nessa análise as baias da mera identificação dos desvios e vícios da sua actuação.

Aí se desabafam angústias, confessam-se insucessos, denunciam-se contradições, e, sobretudo, reafirmam-se as bases teóricas e reencontram-se os elos de segurança e os meios de sustentação do sistema.

Sintetizam-se os principais aspectos, deixando para o final deste texto, integrando-a numa leitura mais extensa, a apreciação do seu significado no contexto mais geral da reflexão crítica sobre o corporativismo que lhe está implícita e a partir da qual, e do seu reforço, o Estado Novo recentra e reafirma o seu próprio percurso neste anos do pós-Guerra.

A análise dos *desvios e vícios de funcionamento* é decomposta em 17 pontos.

Desde logo, a recordatória, da natureza essencial e razão de ser do corporativismo português, como um sistema de economia auto-dirigida, como corporativismo de associação, e não como corporativismo de Estado, embora a força contestante da realidade, aliás reconhecida no próprio relatório. São assim recordados e explicados os conceitos essenciais e básicos da estrutura teórica corporativa e reavivados os seus propósitos fundamentais; aborda-se, nomeadamente, a ponderosa matéria da natureza e grau da intervenção do Estado na economia, a questão da concorrência e a defesa da sua regulação, a participação do Estado na actividade produtiva, a regulação do comércio externo e da economia em geral, reafirmando em todas as circunstâncias o estado a alcançar, sendo as próprias actividades económicas, "como actividades privadas, a dirigir-se ou a regular-se e a não se apresentar esta organização como uma forma de desconcentração do próprio Estado". A questão essencial era essa, enunciado o destino e apontado o caminho, é tempo de balanço e correcção, face ao reconhecimento da existência *de desvios sérios e que nem todos*, como se aponta, *podem ser imputados à guerra*.

Procuram-se então as razões e identificam-se os desvios, começando desde logo pela análise da evolução e a constatação do estado e natureza inacabada da própria arquitectura corporativa. Pois a verdade é que se tinha ficado a meio caminho, sem que tão pouco se completasse a organização primária e se atingisse o momento avançado das corporações, recorrendo e admitindo soluções espúrias, mas porventura possíveis e necessárias, como substitutos, dando lugar aos organismos de coordenação que em muitos casos se excederam nos seus papéis e ultrapassaram as funções cometidas... a breve trecho, a economia auto-dirigida converteu-se *numa forma de economia dirigida pelo Estado*.

A violação do princípio fundamental arrastaria outros desvios. A organização corporativa, em vez de orientar, passou, através dos seus organismos, mormente os grémios, a intermediário, muitas vezes privilegiado; concorreu, lucrou, exauriu e eliminou aqueles que devia servir, incorrendo em *desvios de função* que comprometeram a organização.

Não devendo eliminar a concorrência, mas sim regulá-la, constatava-se também no relatório que o comportamento da organização corporativa vinha marcando "tendências evidentes para o monopólio. Deve mesmo dizer-se que este foi um dos desvios mais generalizados da organização, que se prolongou até aos grémios facultativos e aos sindicatos, ao menos no aspecto de impor níveis de preços aos associados ou restrições proibitivas de admissão aos que pediam ingresso nos sindicatos". Cabia ao Estado reagir contra elas, confessa o relatório, embora a manifesta demissão e ineficácia de acção.

"Mas a coisa não acaba aqui" – refere o próprio relatório a propósito da descrição do processo de realização das tais tendências monopolísticas e da impotência dos comerciantes em fazer face às concentrações por uso abusivo da própria orgânica que impedia a sua inscrição a que tinha direito, obrigatória para o exercício da actividade, e ao insucesso ou morosidade dos recursos.

Daí o desabafo, sem peias mas sem consternação: "Esta falta de consideração da parte dos organismos pelos interesses que dominam é das coisas mais impressionantes com que topámos".

Assim se justifica uma citação mais extensa:

> *Obrigam-se os interessados, a perdas de tempo e deslocações desnecessárias, não se responde com brevidade regular às questões que põem, ou não se responde mesmo, e não se adoptam os meios mais eficientes para levar ao seu conhecimento o que é dever dos organismos divulgar. Isto acontece em relação ao público e acontece nas relações internas dos próprios organismos, mesmo dentro da via hierárquica[54].*
>
> *Queixa-se o público dos organismos e queixam-se, para se desculpar, os organismos da hierarquia. Como hão-de responder se lhes não respondem? Acrescentem-se, a isto faltas de atenção nos contactos pessoais, que, não raro, roçam pela grosseria, e compreender-se-ão as reacções dos interessados, que, como é do feitio português, podem desculpar soluções que lhes pareçam injustas sendo bem tratados, mas não perdoam que os tratem como importunos que é preciso afastar.*

[54] *Idem*, p. 738.

> *Nisto a experiência da comissão é definitiva. Não tinha poderes para resolver as questões que lhe eram postas. Podia apenas sugerir que as resolvesse a quem tinha competência para isso. Bastantes se resolveram assim e, quanto a bastantes também, se verificou ou que não comportavam solução diferente da que já lhes tinha sido dada ou que não era justa a solução desejada.*

E não era tudo! Até porque, na própria constatação da Comissão, a desordem era "mais extensa do que revela o que acaba de escrever-se", acusando "falhas evidentes, mesmo desprestigiantes, de coordenação e injustiças palpáveis, negando-se a uns o que se concede a outros, quando todos se encontravam nas mesmas condições". A descrição prossegue, desabrida, combinando a constatação da incompetência e a denúncia da desonestidade generalizada numa crítica a que não escapa o poder central, desde logo pela ausência ou ineficácia da punição.

Nesta razão de ser, encontra-se também, na convicção dos relatores, a "largueza de disponibilidades", contagiando, envolvendo, numa *psicose da abastança* geradora do luxo das instalações e do luxo dos quadros os organismos de coordenação e muitos dos grémios obrigatórios cujo volume de receitas convidava "à vida larga antes do que a uma vida parcimoniosa de administração rígida". Luxo ostentado, impressionando o povo e ofendendo os hábitos de todos. Nessa matéria, o Governo procurou actuar, ainda durante a Guerra, impondo disposições que acabariam porém por ficar inoperantes.

A análise compreende ainda a acção dos dirigentes e dos delegados do Governo, entendidos mais do que como "simples fiscais da legalidade, os animadores da ideia nova, do espírito novo que deve informá-la". Para tanto, deveriam ter uma preparação adequada, particularmente preparação económica, que, na prática, não se verificava. Registavam-se, também neste campo, evidentes "deficiências graves, quer no referente à competência económica, quer no referente à competência administrativa" parcialmente explicadas pela ausência de gente preparada e o recurso a improvisações. Daí resultara a criação, em 1945, de um gabinete de estudos no Conselho Técnico Corporativo; mas cujos efeitos, considera a comissão, pareciam ficar aquém do que era lícito esperar.

Perante tudo o que se constatou, pondera a comissão, entre múltiplos e inúmeros vícios de entendimento e comportamento, não era de estranhar que se tivesse instalado "no espírito público o ambiente de desconfiança e mesmo de hostilidade que se conhece contra a organização e do cavar, ao mesmo tempo, em larga escala o desprestígio desta". A isso se somavam os efeitos da guerra e o estado de carência.

E porém... na redenção da crítica e da organização corporativa, "o que seria a vida económica portuguesa nesses anos se não fosse a organização", perguntava-se.

Inflama-se a retórica, a propósito da lembrança do que foi no tempo da primeira Grande Guerra e do elogio dos feitos alcançados e dos benefícios oferecidos pela organização corporativa à economia e ao País. Salvaguardando, pela ordem, a conservação e a criação de riqueza, proporcionando condições de trabalho, protegendo da concorrência ruinosa, proporcionando lucros, propiciando protecção social, defendendo o consumidor, garantindo a distribuição. Conseguir-se-ia melhor sem a disciplina corporativa? "Far-se-ia melhor a distribuição sem a disciplina do sistema e sem intervenção da organização? Não se faria melhor. Não haveria, sequer, distribuição, no sentido socialmente justo da função distribuidora".

Por tudo isso e tudo o mais, revigorava-se o pressuposto original, apesar dos seus defeitos, a melhor solução era ainda a organização corporativa, provada a sua contribuição e utilidade:

> Quer isto dizer que o saldo positivo da organização não pudesse ser melhor? Não quer. Podia ser muito melhor. Não é, porém, disso que agora se trata. Do que agora se trata é de saber se a actividade da organização foi prejudicial ou inútil à vida económica do País, e, posta assim a questão, a resposta não é duvidosa: foi de utilidade evidente. Podia o rendimento ser maior. Sem dúvida. Mas o que se obteve chega, sem dúvida também, para lhe justificar a actividade.

Porventura, a acção dos diversos organismos, de comprovada pertinência, não corresponderia ao que se esperava; "Para isso hão-de ter contribuído as faltas dos homens e a falta de homens capazes de os dirigir. Vícios de funcionamento, e não falência do próprio princípio animador da organização".

Reconhecidos os desvios dos princípios informadores do sistema e os vícios de funcionamento, sobrevinha por fim a questão de compreender "porque é que o Governo não interveio a tempo para os corrigir".

Distinguindo entre uns e outros, aponta a comissão poder mesmo dizer-se que, quanto aos desvios, o Governo *em certa medida, os sancionou,* compreensivelmente, porque, num primeiro lugar perante a complexidade da organização houve que assumir soluções híbridas e em segundo lugar, os efeitos da guerra, por conta da qual se operaram os grandes desvios, assim o impôs.

Quanto aos vícios de funcionamento, que se não apresentam como pura consequência daqueles desvios, o Governo foi procurando actuar, "mas ainda aqui se compreende que tenha caminhado com cautela", pois, justifica-se, "nem sempre se pode mexer nas coisas que não estão bem como se quer e quando se quer".

De resto, trata-se da construção, sem experiência, dessa obra nova, que evidentemente resultou imperfeita: "Não escondamos os erros, mesmo para os corrigir, mas procuremos ser justos e reconheçamos que, se a obra tem muitas imperfeições, não deixa de ser melhor do que as ruínas do liberalismo sobre que houve de ser constituída".

Já noutro capítulo, respeitante à apreciação da acção das Casas do Pescadores e das Casas do Povo, as conclusões são deveras discrepantes, contrastando as "melhores impressões quanto às Casas dos Pescadores" em relação ao balanço feito para as Casas do Povo: "não podemos dizer das Casas do Povo nem que tenham funcionado igualmente bem nem que tenham tido eficiência parecida com as dos Pescadores".

Na verdade, das Casas do Povo nada de positivo se refere, tão distantes se encontravam, na palavra dos inquiridores, "do belo pensamento que inspirou a sua criação", nem como centros de acção educativa nem, em geral, como centros de acção social (colocação de desempregados, previdência e assistência).

O reconhecimento do insucesso das Casas do Povo é detalhado, assumindo como, em muitos casos, constituíram mais um "elemento de divisão, em vez de um penhor de paz, um motivo de perturbação local, em vez de ordem. Os que não puderam tê-las como um meio de acrescentar a sua influência, olharam-nas como causa de diminuição do seu prestígio e tornaram-se seus inimigos". Não parecia assim estranho, refere o relatório, a expressão de generalizada resistência passiva e activa por parte das populações, sujeitas além do mais, assim o reconhece o relatório, a represálias injustificadas e injustas.

Perante o fracasso, conclui-se: "Não vale a pena continuar. E palpável que se impõe, mesmo para as salvar, que sejam reorganizadas as Casas do Povo".

Por fim, as conclusões do inquérito, orientadas pelo reconhecimento prévio dos efeitos benéficos, "sem embargo das suas condições de funcionamento, na vida económica nacional". Inquérito feito, resultados apreciados, as conclusões reflectem-se num conjunto de dez recomendações, entre as quais de destaca:

- a extinção progressiva e substituição dos organismos de coordenação económica pelas corporações;
- a cessação, por parte dos organismos, da actividade intermediária de conta própria que não tenha como objectivo a regularização dos preços;
- o estabelecimento do condicionamento exigido para o exercício das profissões ou actividades económicas, de modo a evitar os efeitos do eventual espírito de monopólio por parte dos agremiados ou sindicados;
- a reorganização do Gabinete de Estudos do Conselho Técnico Corporativo;
- a reorganização das Casas do Povo;
- a criação de um tribunal especial para conhecer as questões relacionadas com a actividade da organização.

Foi longa e intensa a discussão que se seguiu no Parlamento, num tom crítico que não se afastou do que ficou patente no próprio relatório. Entre todos, apesar da retórica voluntarista e regeneradora da maioria, o sentimento era de embate profundo, dada a autêntica *devassa* do sistema, nas palavras de Bustorff da Silva. Mas enfim, o sistema sai "inteiramente salvo", não tivessem sido excelentes os princípios, "que continuarão a ser excelentes; servidos por homens que os saibam interpretar, que queiram actuar dentro da doutrina que os informa, satisfazem por completo às necessidades e aos interesses nacionais".[55]

Algumas intervenções foram porém um pouco mais violentas na crítica e profundas na percepção e interpretação do que efectivamente estava em causa. Assim aconteceu a propósito das observações relativas à ausência do tratamento dos sindicatos nacionais ou, relevante, no alargamento da crítica à situação registava ao nível do condicionamento industrial. Assim

---

[55] Sessão n.º 106, em 16 de Março de 1947, *Diário das Sessões*, n.º 106, 19 de Março de 1947.

se depreende também destas citações, ilustrativas, retiradas da extensa intervenção de Águedo de Oliveira referindo, na origem dos vícios e desvios de funcionamento, *dúvidas na doutrina e nas leis*[56] e, mais explicitamente, afirmando considerar, "ao contrário do que se diz logo de início no relatório da comissão, não é apenas o funcionamento da organização corporativa que está em causa, mas a própria organização em si"[57], refém de um corporativismo que considera "incompleto, fragmentário, e, sob muitos aspectos, superficial".

Algo porém ficou claro, nas palavras de Ulisses Cortês, a demonstração de *esforço de autocrítica, como coragem política, como insatisfação pela obra realizada e como anseio de perfeição.*

O resultado do debate foi como já se anunciou, ficando expresso na síntese que compôs a moção apresentada por Ulisses Cortês: "A Assembleia Nacional saúda a sua comissão de inquérito pelo trabalho realizado; considera que os princípios informadores da organização corporativa não saíram diminuídos do inquérito parlamentar e confia em que o Governo saberá zelar a defesa e o prestígio desses princípios, dando satisfação aos votos expressos nas conclusões do relatório".[58]

O crepúsculo da liberdade económica

Referiu-se já como, no essencial, a actuação das autoridades portuguesas no imediato pós-Guerra se subordinou, em matéria de orientações económicas, ao reforço do regime corporativo; à prossecução da sua aposta em matéria de independência económica, procurando a concretização das principais orientações definidas no tempo da Guerra, mas encarando de forma comedida a execução do programa industrial aprovado em 1945; tentando assegurar um clima de concertação de interesses entre os principais grupos económicos e sociais; salvaguardando a estabilidade monetária e financeira; apoiando e tentando minorar as dificuldades crescentes que afligiam a posição do seu comércio externo; e, como questão mais premente, gerir a recorrente 'questão das subsistências' que o fim da Guerra não permitiu superar.

---

[56] Sessão de 19 de Março, *Diário das Sessões*, n.º 107, de 20 de Março de 1947, p. 925.
[57] *Idem*, p. 928.
[58] Sessão de 21 de Março, *Diário das Sessões*, n.º 109, de 22 de Março de 1947, p. 980.

DESMANDOS DA ORGANIZAÇÃO CORPORATIVA E REENCONTROS DO CORPORATIVISMO

Porém, num primeiro momento, nos primeiros meses do pós-Guerra, são escassas as orientações das autoridades portuguesas em questões relacionadas com a posição e o futuro da economia nacional. "Instrução aos mais capazes, lugar aos mais competentes, trabalho a todos, eis o essencial; tudo o mais, como no Evangelho, virá por acréscimo"[59] – é a síntese proposta por Salazar e o que se pode encontrar de mais próximo sobre o seu pensamento orientador para o futuro económico do País, tal como o formulara em Outubro de 1945.

As primeiras intervenções de Salazar no pós-guerra em matéria económica reportar-se-iam precisamente ao reforço da identidade e da organização corporativa da economia portuguesa, prosseguindo naturalmente objectivos de carácter político.

A proximidade do acto eleitoral, anunciado para 18 de Novembro de 1945[60], propiciara uma oportunidade de reavivar o espírito do corporativismo e o seu enquadramento político-institucional e permitira reafirmar a lógica do "Tudo o que é nacional é nosso".[61] Mas o mais interessante ficou expresso numa frase, anunciando e condensando o repúdio do liberalismo económico em defesa do modelo corporativo: "Se alguma lição se deduz com nitidez desta guerra, é que o liberalismo se equivocara na equiparação da verdade e do erro".[62]

Não decorreu muito tempo para retomar publicamente a cruzada anunciada, desta feita de forma mais óbvia e veemente: "Continuo a crer que, para bem dos homens e da sua vida em sociedade, haverá a "autoridade necessária e a liberdade possível"; "mas, seja qual for o grau de liberdade política no futuro, já está moribunda no presente a liberdade económica".[63] E, pouco mais adiante, proclamando embora a fidelidade "à ideia de que uma razoável liberdade é salutar à vida económica", a defesa da intensifi-

---

[59] SALAZAR, António de Oliveira – "Votar é um grande dever", na sala da biblioteca da Assembleia Nacional em 7 de Outubro de 1945. Discursos..., cit. Vol. IV, p. 180.
[60] A dissolução da Assembleia Nacional, única durante a vigência do Estado Novo, foi promulgada em 6 de Outubro e a eleição geral para deputados foi marcada para 18 de Novembro.
[61] SALAZAR, António de Oliveira – "Votar é um grande dever", na sala da biblioteca da AN em 7 de Outubro de 1945, Discursos... Vol. IV, cit., p. 182.
[62] Idem, p. 183.
[63] SALAZAR, António de Oliveira – "Ideias falsas e palavras vãs (reflexões sobre o último acto eleitoral)". Proferido na reunião das comissões dirigentes da UN em 23 de Fevereiro de 1946, Discursos... Vol. IV, cit., p. 205-206.

CORPORATIVISMO, FASCISMOS, ESTADO NOVO

cação de "duas tendências que em si mesmas envolvem restrições à liberdade – a organização e o intervencionismo do Estado". Intervencionismo do Estado, entenda-se, moldado pela natureza política e económica decorrente do modelo instituído pelos diplomas fundamentais do Regime: "Que o Estado se converta ele próprio em produtor e distribuidor das riquezas criadas ou se limite a dar impulso e direcção superior à economia, a impor regras de justiça distributiva do trabalho, isso nos distinguirá, por exemplo, a nós dos socialistas e dos comunistas".[64] "Mas num caso ou noutro a organização e o intervencionismo serão a lei, e essa lei – queiramos ou não – é o crepúsculo da liberdade económica. Tão certo é que os homens não podem definir a sua liberdade, mas apenas usufruir a que a vida lhes consente".[65]

Por fim, uma nota de reforço da convicção do primado político; "Nenhum problema dos que formam a trama da vida nacional pode esperar solução conveniente sem que a tenha o problema político".[66]

Mais tarde, na sessão inaugural da já referida Conferência da União Nacional em 9 de Novembro de 1946, atento e sensível à mutação em curso, o Presidente do Conselho tinha feito breves alusões às formas emergentes de encarar a questão social, mas agora reporta-se-lhe mais explicitamente. Receoso em relação ao futuro, estava preocupado com a feição que o novo Estado moderno tendia a assumir e com a *fragilidade da vida portuguesa*[67], apreciou a forma como se vinha definindo a gestão de poderes na esfera internacional, referiu-se ao liberalismo e ao comunismo, e por fim abordou a questão de forma incisiva: "Seja como for, todo o Estado moderno, independentemente da sua fácies política, vai ser dominado pela preocupação do "social", preocupação que há-de certamente traduzir-se em intervenções mais ou menos profundas no domínio económico – propriedade e produção –, mas cuja finalidade se cifra em se conseguir melhor distribuição da riqueza produzida e na admissão da generalidade dos indivíduos aos benefícios da civilização", lançando, então a pergunta fundamental "qual a melhor forma de representação e de defesa dos trabalhadores no

---

[64] *Idem*, p. 206.

[65] *Idem*, p. 207.

[66] SALAZAR, António de Oliveira – "Relevância do factor político e a solução portuguesa". Proferido na sessão inaugural da I Conferência da UN, em 9 de Novembro de 1946. *Discursos...* Vol. IV, *cit.*, p. 245.

[67] *Idem*, p. 246.

Estado?"[68] a que responde com o elogio à excelência da organização corporativa e com necessidade do seu reforço.

Proclamada ficava, uma vez mais, a excepcionalidade do modelo corporativo encontrado em Portugal, solução de superioridade que evitava os caminhos do capitalismo e do socialismo, e cuja oratória de renovação e revivificação constante eram indispensáveis à tarefa de suplantar reservas internas e enfrentar os ventos da mudança internacional, onde os novos moldes que inspiravam o intervencionismo do Estado e a própria ascensão das esquerdas na Europa penetrava os governos dos países.

Mercado sem mão invisível, ou o lado vulnerável da economia do corporativismo

A par das convicções e do reconhecimento de vícios e desvios, algo mais ressumava da análise, das reflexões, das críticas e até da estratégia de confirmação e reforço da via corporativa e que tinha a ver com a sua própria natureza. A transição operada durante a Guerra, as alterações externas no funcionamento da actividade económica colocavam a questão com maior acuidade, quer em termos de concorrência interna quer externa, deixando à vista algumas das contradições que o sistema corporativo português encerrava.

O controlo da concorrência que o próprio corporativismo prosseguia, a estrutura corporativa e o condicionamento industrial produziam resultados contraditórios que se foram acentuando nos tempos da Guerra, no que respeita ao surgimento e à sobrevivência de pequenas unidades, à generalizada falta de modernização do tecido produtivo e à preferência por determinados sectores e unidades produtivas pouco exigentes em matéria de competitividade; a tudo se juntava o proteccionismo externo e a reserva dos mercados coloniais. Situações que a curto prazo, acabariam por comprometer o futuro das pequenas unidades economicamente pouco interessantes ou as indústrias, sobretudo de exportação que, sem se modernizar, tinham beneficiado com a Guerra; mas a prazo, comprometeriam também o sucesso das unidades industriais que dependiam das formas de protecção interna e externa, beneficiavam claramente da política geral de baixos salários e de contenção dos preços de bens primários, não sendo portanto incentivadas a procurar condições e meios que lhes permitissem impor-se de forma concorrencial no mercado interno ou internacional.

[68] *Idem*, p. 257.

CORPORATIVISMO, FASCISMOS, ESTADO NOVO

A questão da concorrência e a forma como foi equacionada e 'integrada' pelos teóricos do corporativismo foi estudada por Brandão de Brito, quer em termos gerais, quer especificamente em relação ao caso português[69], ou seja, no quadro do pensamento e da organização corporativa do Estado Novo. Em síntese, o autor chega à conclusão de que "os corporativistas, possivelmente incapazes de encontrar um substituto para a concorrência no quadro do sistema que afinal defendiam, aceitavam, de forma mais ou menos tácita, a concorrência imperfeita", conduzindo-os a uma "crescente necessidade de intervenção do Estado, no novo quadro da economia corporativa"[70] e a forma como os corporativistas portugueses encontraram uma *fórmula subtil* de resolver a questão da concorrência e a sua relação com o corporativismo: "Primeiro, porque o Estado só devia intervir de forma clara e directa no início do processo para facilitar o caminho à própria organização corporativa em fase de lançamento, encontrando-se por isso em má posição para lutar contra as grandes forças económicas já existentes (...) Segundo, porque, embora a organização corporativa reduza a concorrência entre os elementos nela incorporados, prevê-se a manutenção de um espaço que lhe fica reservado; na economia nacional organizada corporativamente a direcção é dos próprios interessados (conceito de economia autodirigida) embora sob os auspícios e o olhar atento do Estado".[71] Porém, a questão só aparentemente tinha ficado resolvida, porque em relação à situação encontrada logo surgiram vozes discordantes. De entre elas sobressaía a de Marcelo Caetano, sugerindo que "apesar da lógica da solução encontrada, alguma coisa de essencial pode ter sido sacrificada: as limitações e a disciplina imposta à concorrência não serão geradoras de efeitos perversos?"[72]

A prazo, os receios de Caetano revelar-se-iam plenos de fundamento, pondo à prova os alicerces da construção, denunciando a sua vulnerabilidade, questionando o carácter artificial e contraditório da solução encontrada pela fórmula corporativa: confrontado com os resultados conseguidos após dezassete anos de regime corporativo (o que nos remete para 1950),

---

[69] Ver BRITO, J. M. Brandão de – "Concorrência e Corporativismo". In *O Estado Novo. Das Origens ao Fim da Autarcia (1926-1959)*. Lisboa: Fragmentos, 1987. Vol. I: "Estudos, 1", p. 311-324 e *A Industrialização..., cit.*

[70] BRITO, J. M. Brandão de – "Concorrência...", *cit.*, p. 317.

[71] *Idem*, p. 318.

[72] *Idem.*

afinal transformado num imenso complexo burocrático dirigido por funcionários, não se coíbe de afirmar: "As vantagens da iniciativa privada – o espírito de mobilidade e de oportunidade, a consciência permanente do risco, o sentimento de que o sucesso da empresa está ligado à própria situação pessoal do empresário (...) – tudo isto de perdeu".[73]

A teoria e a organização corporativas portuguesas, recusando a ordem liberal mas tendo que assumir e integrar, mesmo que de forma truncada (em nome da correcção dos excessos socialmente indesejáveis), a sua 'mão invisível', ditaria o seu próprio paradoxo de procurar salvaguardar o sistema capitalista sem a sua categoria essencial. De uma forma ou de outra, a falibilidade da formulação escolhida, pelos efeitos contraditórios e negativos da solução encontrada para resolver a questão da concorrência, acabariam por vir ao de cima. O escolho da concorrência, sem dúvida, perturbou a lógica corporativa do Estado Novo. Ou, na síntese proposta por Brandão de Brito, referindo-se à concorrência como conceito central do sistema capitalista, aponta que "os autores portugueses que lhe dedicaram alguma atenção (...) nunca conseguiram resolver cabalmente as dificuldades apresentadas pela sua interpretação na economia corporativa. Daí que o corporativismo, na esfera económica, não tenha ultrapassado a fase de enunciado de princípios. O que caracterizou o corporativismo, visto nesta perspectiva a partir da concorrência, foi a gestão dos aspectos contraditórios entre a realidade e o dever ser, que acentuaram a sua tendência para se transformar num pragmatismo".[74]

De qualquer maneira, mesmo tendo presentes as críticas formuladas por Caetano em 1950, é de certa forma uma tentativa de reforço do corporativismo (e de correcção e moralização da organização corporativa) que Supico Pinto, entre outros aspectos, vai tentar prosseguir durante o seu mandato na fase do pós-Guerra. A prazo, as contradições sobrepuseram-se (interna e externamente), as dificuldades em concretizar os projectos económicos aumentaram, e a velha e insistente questão da crise das subsistências tornou-se mais aguda, fazendo recrudescer a agitação social (e também a política, interna e externa) e obrigando a interromper o caminho projectado (cumprida entretanto a estabilização política).

---

[73] *Idem*, p. 319 e CAETANO, Marcello – *Posição Actual do Corporativismo Português*. Lisboa: Centro de Estudos Corporativos do Centro Universitário de Lisboa, Mocidade Portuguesa, 1950. p. 20.
[74] *Idem*, p. 321.

A essa evolução não foi estranha a influência da conjuntura internacional, em que os países depauperados pela Guerra concentravam individual e colectivamente esforços no sentido de levar a cabo a tarefa da reconstrução e assegurar o caminho da sua recuperação económica. Nos meios internacionais, de uma forma ou de outra, e envolvendo protagonismos vários, procuravam-se novas fórmulas de entendimento entre os países, sugerindo formatos de relacionamento e solidariedade guiados pelo propósito colectivo de garantir a manutenção do cenário de Paz e procurar a prosperidade económica.

Conclusões

Termino sugerindo três reflexões essenciais e decorrentes da apreciação do inquérito sobre a organização corporativa e o debate que suscitou, e o contexto em que se inscreveu:

- a distinção entre o corporativismo, como enquadramento e proposta teórica, e o corporativismo efectivamente instituído como sistema e organização da economia e da sociedade portuguesas no quadro do Estado Novo, compreendendo a dimensão utilitária da sua legitimação e adopção e, noutro sentido, a visão pragmática que orientava a sua aplicação;
- a prazo, a realidade das coisas acabou por se sobrepor e, se dúvidas existissem, o quadro histórico, as alterações que a Guerra impôs, denunciaram o que sobrava.

Efectivamente, com a Guerra e o percurso do País, os paradoxos entram em irreprimível erupção. Para além do que decorria da adaptação e evolução da organização corporativa, o corporativismo, confrontado com a sua própria inconsistência prática, efectiva, teria que inevitavelmente adaptar-se à Guerra e, muito especialmente, ao novo paradigma de intervenção do Estado que o conflito obrigou e que se prolongou para além deste.

Se se quiser, a Guerra, a nova realidade em que o País se encontrou, inscrevendo-se num cenário internacional em mudança, surpreendeu e 'apanhou' o Regime numa das suas dimensões mais frágeis, ou vulneráveis (melhor dizendo); pondo à prova a organização corporativa da economia e da sociedade, acabou por pôr em causa não só, e de forma evidente, a racionalidade do sistema como a sua própria legitimidade.

DESMANDOS DA ORGANIZAÇÃO CORPORATIVA E REENCONTROS DO CORPORATIVISMO

– Foi o que aconteceu, numa primeira fase envolvendo a observação e revisão crítica do comportamento da organização corporativa durante a Guerra e, porventura, surpreendendo os observadores, acabando por suscitar a legitimidade do próprio sistema. Ou seja, 'encostado à parede' o regime não encontrou alternativa se não a de colocar a organização corporativa em inquérito e revisão, para, exorcizando os males, promover a sua correcção e renovação;

– Fê-lo, procurando a restituição do sistema à sua pureza inicial – procurando encontrar no saneamento da organização e na regeneração e recuperação dos princípios primitivos, reacertando o passo pelo reencontro e reforço do Estado corporativo;

– Porém, como se viu, a percepção crítica, a noção do comportamento desviante do corporativismo português em relação à sua formulação original era já manifesta; nessa medida, a guerra apenas precipitou o confronto e a constatação do que já era evidente; o corporativismo que existia distinguia-se do corporativismo projectado; o almejado corporativismo de associação fora arredado pelo corporativismo de Estado que, afinal, era ao que se resumia a experiência corporativa do portuguesa;

– O inquérito, conduzido por Mário de Figueiredo, foi, sem dúvida, uma estratégia de risco, contido é certo. Não se deve diminuir ou matizar o significado e alcance da crítica, muito mais violenta no diagnóstico do que ao nível das conclusões e a apreciação e a forma como, na prática, proporcionou reflexões que, na realidade, questionavam o próprio sistema;

– Nada disso, porém, se colocou de forma consequente, a não ser o caminho do reforço da ordem corporativa. Reforço, todavia, envolto numa certa forma de autismo, ou apenas sobrevivência, feito pelo isolamento, pela autarcia, contido pelos limites efectivos que a própria realidade colocava;

– Apesar da voracidade da crítica, genuína auto-crítica, a forma circular e redundante da análise não deixa contudo de surpreender, até porque, como afirmam as conclusões do inquérito, e reafirmam os participantes no debate da Assembleia Nacional, a culpa, a causa, decorreu da natureza humana, não comprometendo a legitimidade e os princípios das instituições e do sistema. Embora as frequentes derrapagens de expressão, desde logo, como se viu, por parte de alguns dos teóricos originais e/ou mais estrénuos defensores do modelo corporativo;

- De qualquer forma, o caminho definido era, comprovadamente, o *melhor dos mundos* e tudo seria melhor, como diria Pangloss; havendo erros, vícios ou desvios, como gongoricamente lhe chamam, esses deviam-se à natureza humana e às circunstâncias anormais da guerra e não à solução encontrada, à obra criada ou ao génio da sua criação;
- A prazo, porém, a realidade tornou-se mais forte e, de vez em quando foi surgindo... manifestando a insustentabilidade do modelo corporativo aqui e ali.

Duas notas essenciais a esse respeito, que compõem a última reflexão:

- Por um lado, é evidente a derrapagem teórica e científica em que muitos dos participantes, para além de outros teóricos, acabaram por cair e se deixar enredar – um dos casos mais notáveis é verificável na intervenção de Águedo de Oliveira e as suas observações sobre o papel do consumo e do consumidor;
- Depois, a realidade: a Guerra, o pós-Guerra, tendo exposto a fragilidade do tecido produtivo nacional, denunciado os perigos da dependência e a inviabilidade da via autárcica, que, como sabemos, conhecerá avanços e recuos em termos de correcção de rumo, suscitou confrontos múltiplos – bastando ponderar os efeitos do novo quadro nacional e internacional, envolvendo novas formas de inserção, outras solidariedades e dependências, e a emergência ou consolidação de novos paradigmas, entre os quais de salientar o papel do Estado e os novos desafios no campo económico;

De uma forma ou outra, a modernidade, a pressão no sentido da mudança, espreitava do exterior e também no interior do País; de uma forma ou de outra, essas novas realidades acabariam por corromper a ortodoxia, no plano prático e até, embora só tardiamente, se fosse assumindo no quadro teórico.

Entre tudo, porém, sobrevinha a teimosa persistência em preservar o País imutável – apesar da evidente erupção dos paradoxos que os tempos excitavam renovadamente. As novas realidades e as dificuldades do País em combinar a sua visão conservadora, a manutenção do regime e a preser-

DESMANDOS DA ORGANIZAÇÃO CORPORATIVA E REENCONTROS DO CORPORATIVISMO

vação do modelo corporativo procurando conciliar/combinar antagonismos desenhavam a clivagem e confronto do País com a modernidade tentadora e inevitável. A emergência de novas realidades e de novas ideias passam a remeter para uma nova concepção da economia que contradizia e convidava a reequacionar aspectos essenciais da economia corporativa inscritos não só nos documentos fundadores do regime – Constituição e Estatuto do Trabalho Nacional – mas em muitos outros documentos doutrinários que foram sendo produzidos ao longo do tempo. A prazo, a modernização dos conceitos, a adequação das categorias e das instituições acabaram por se impor, subordinando-se embora à imutabilidade da formulação original.

IV PARTE

A Corporativização dos Tempos Livres: a Acção da FNAT (1935-1958)

JOSÉ CARLOS VALENTE

A *Fundação Nacional para a Alegria no Trabalho* (FNAT), criada em 1935, será um dos principais instrumentos da "política social" do Salazarismo. No entanto, conforme procuraremos demonstrar, se a corporativização dos tempos livres dos trabalhadores portugueses não terá sido pacífica, o mesmo se poderá dizer – pelo menos até aos anos cinquenta – da plena integração da própria FNAT na "organização corporativa da Nação".

Ainda antes da institucionalização do *Estado Novo corporativo*, os sindicalistas bancários de Lisboa já preconizam, na *Associação Portuguesa dos Empregados Bancários* a criação de uma "*obra Após o Trabalho*", na qual os associados "possam entreter os seus tempos de ócio, distraindo proveitosamente o seu espírito e o de suas famílias", ou para "proporcionar aos sócios e suas famílias distração para o espírito, nas horas de descanso"[1].

O modelo é a *Opera Nazionale Dopolavoro (OND)* criada na Itália fascista em 1925[2], aproveitando a iniciativa avançada, desde 1919, por Mario Giani, gerente da filial italiana da *Westinghouse* e que os sindicalistas fascistas, desde 1923, tinham adaptado nos sindicatos sob sua influência. A *OND*, desde Abril de 1927, é controlada directamente pelo Partido e, em 24 de Maio de 1937, será integrada nas estruturas do Estado.

---

[1] Estatutos de 26 de Abril de 1933, Art.º 4.º.
[2] *Regio Decreto Legge* n.º 582, de 1 de Maio de 1925.

Entretanto, na Alemanha, em 1 de Julho de 1933, anuncia-se a constituição da *Deutsche Arbeits Front (DAF)* que, além do enquadramento do mundo do trabalho, também cuidará dos tempos livres dos trabalhadores alemães, inspirando-se no modelo da *Dopolavoro*. Em 27 de Novembro, constitui-se, como secção da *DAF*, a *Nach der Arbeit* que, algum tempo mais tarde, passa a denominar-se *Kraft durch Freude (KdF)*, literalmente *Força pela Alegria*.

Datam também de 1933, por alturas de Junho, quando da Conferência da *Organização Internacional do Trabalho*, em Genebra, os contactos de Pedro Teotónio Pereira, subsecretário de Estado das Corporações e Previdência Social, com Robert Ley, o chefe da *DAF*.

Os estatutos do *Sindicato Nacional dos Empregados Bancários do Distrito de Lisboa*, aprovados em 12 de Dezembro de 1933, retomam o projecto de criação da "obra Após o Trabalho". Em conformidade, entre Fevereiro e Abril de 1934, avançam os projectos de um regime de almoços para os seus sócios, em restaurantes, e de descontos em estabelecimentos comerciais. Segue-se, em Dezembro de 1934, a criação de uma cantina e, em Janeiro de 1935, é aprovada uma contribuição para criar uma Colónia de Férias.

Este projecto da Colónia de Férias, já partilhado com outros sindicatos do distrito de Lisboa (Escritórios, Seguros e Caixeiros), é levado à consideração da 6.ª Comissão do *Centro de Estudos Corporativos* da *União Nacional*, dedicada aos *Sindicatos Nacionais*. Trata-se de um órgão presidido por Higino de Queiroz[3], homem de confiança de Pedro Teotónio Pereira, secretariado por Jaime Ferreira, Presidente do Sindicato dos Bancários, integrando, ainda, Amaral Pyrrait, Castro Fernandes e Manuel Saraiva Vieira. A Comissão decide, em Dezembro de 1934, subscrever o projecto e, em Janeiro de 1935, considera-se constituída uma *Obra da Colónia de Férias*, com uma Comissão Organizadora e uma Comissão Executiva.

---

[3] Higino de Matos Queiroz e Mello, engenheiro electrotécnico (condiscípulo do "industrialista" Ferreira Dias Júnior, no Instituto Superior Técnico, onde ambos se diplomam em 1924) passara pelas fileiras nacional-sindicalistas e é um dos assistentes fundadores do *INTP* (nomeado em 16 de Novembro de 1933), passando a chefe da respectiva Repartição de Casas Económicas (6 de Junho de 1934). Na FNAT, será presidente da Comissão Administrativa (1935-1940) e da Direcção (1940-1950). Desde Janeiro de 1936, também será chefe de gabinete de Teotónio Pereira (quando Ministro do Comércio e Indústria) e presidente da *Comissão Reguladora do Comércio do Bacalhau* (1936-1960). Integra, ainda, as comissões preparatórias do *1.º Congresso da União Nacional* (1934) e, como técnico, a delegação portuguesa à *Conferência Marítima Preparatória da OIT*, em Genebra (Novembro de 1935).

Em Março de 1935, o projecto da *Obra* é exposto a Salazar através de Costa Leite (Lumbralles), em funções interinas de Subsecretário das Corporações, e obtém-se a cedência de terreno na Costa da Caparica.

Registe-se, como coincidência, que em 16 de Março, quando da primeira escala em Lisboa de um cruzeiro da *KdF* com milhares de trabalhadores alemães, Robert Ley visita o presidente Carmona e dá uma conferência de imprensa, enaltecendo as realizações do nacional-socialismo.

A 13 de Junho, a *Obra da Colónia de Férias*, lançada pelos bancários corporativistas de Lisboa, dá lugar a algo de muito mais amplo: a *FNAT – Fundação Nacional para a Alegria no Trabalho* [4].

A FNAT segundo os estatutos de 1935: *reconhecer* e *acatar* a organização corporativa

As organizações similares criadas sob o fascismo italiano, em 1925, ou sob o nacional-socialismo alemão, em 1933, têm sido comparadas com a FNAT, tanto no modelo estatutário e orgânico, como nos projectos que formularam e/ou concretizaram na sua actividade.

A *Opera Nazionale Dopolavoro* (OND), criada sob a égide do Duque de Aosta, primo do rei e conhecido chefe militar [5], é dirigida por Mario Giani, até passar ao controlo directo do Partido, sob Augusto Turati, em Abril 1927. Numa Itália em que a organização corporativa se estrutura em múltiplos *sindacati fascisti*, a OND irá criar uma rede orgânica de grande "capilaridade", conseguindo ainda a colaboração voluntária ou a integração forçada de numerosas associações populares. O seu crescimento inicial apoia-se em comissões provinciais integrando grandes industriais, proprietários, aristocratas e dignitários do partido fascista[6].

A *Kraft durch Freude* (KdF), por sua vez, nasce como área funcional da *Deutsche Arbeits Front* (DAF) e depende estreitamente do Partido Nacional-Socialista (NSDAP) [7]. A organização nazi alemã, apesar de se ins-

---

[4] Decreto-Lei n.º 25495, de 13 de Junho de 1935.

[5] Emanuel Filiberto d'Aosta, primo de Vitor Emanuel III e general, fôra comandante do 3.º Exército italiano durante a Grande Guerra.

[6] Para uma abordagem geral do caso da OND, veja-se o precursor estudo de GRAZIA, Victoria de – *The culture of consent. Mass organization of leisure in fascist Italy*. Cambridge: Cambridge University Press, 1981.

[7] Para o caso da *KdF* destaca-se o estudo de BARANOWSKI, Shelley – *Strenght through Joy. Consumerism and mass tourism in the Third Reich*. Cambridge: Cambridge University Press, 2004.

pirar na precedente italiana, vai ter uma dinâmica muito própria, com iniciativas com impacto fora das suas fronteiras, suscitando especial interesse, mesmo em países democráticos, como a Inglaterra[8] ou os Estados Unidos[9].

Quanto à *FNAT*, trata-se de promover "o aproveitamento do tempo livre dos trabalhadores portugueses por forma a assegurar-lhes o maior desenvolvimento físico e a elevação do seu nível intelectual e moral".

Ao contrário do que sucede com as suas congéneres, a FNAT não depende do partido único do regime nem integra formalmente o aparelho de Estado. Tem um carácter de Fundação e juridicamente é "uma pessoa moral, nos termos do artigo 37.º do Código Civil"[10]. É criada "sob o patrocínio do Estado mas aspirando a conseguir, num futuro breve, vida independente, sòlidamente alicerçada na generosidade e no civismo de uns, no entusiasmo e no reconhecimento de outros, na devoção de todos os que crêem nos altos ideais da Revolução Nacional"[11].

Assim, a sua Comissão Central integra individualidades do topo da hierarquia do regime, mas não por inerência do cargo estatutariamente

---

[8] Neville Henderson, embaixador inglês em Berlim em 1937-1939, dirá, a propósito da *KdF*, que "há, com efeito, na organização nazi e nas suas instituições sociais, muitas coisas diferentes da feroz ideologia nacionalista. Haveria todo o interesse em as estudar. Poderíamos inspirarmo-nos nelas para melhorar o nosso país e a nossa velha democracia"; e aponta, como exemplo, "*a* Força pela Alegria *que tem muito mais de* social *que de* nacional" (cf. *Dois anos junto de Hitler*. Lisboa: Parceria A. M. Pereira, 1940. p. 34-36. Orig.: *Failure of a Mission*. London: Hodder and Stoughton, 1940).

[9] Em 1938, um volumoso relatório (115 págs.) do embaixador dos EUA, Hugh Robert Wilson, acerca da *KdF*, enviado ao presidente Roosevelt, suscita um parecer da *Works Progress Administration*, a maior agência de execução do *New Deal*: "Disagreement with the fundamental philosophy of National Socialism should not blind us to the interesting aspects of their activities in the recreational field. It should be possible to adapt what is good in their leisure time program to our own democratic institutions without confusion of purpose, so long as the fundamental distinctions outlined above are clearly recognized.(...)". (Cf. WILLIAMS, Aubrey [Willis] – "Memorandum on Strength Through Joy Report", 18 Out.1938, bem como WILSON, Hugh R. – "The German Workers' Recreational Organization, Strength Through Joy", 11 Ago.1938, *Franklin D. Roosevelt Presidential Library and Museum*, http://docs.fdrlibrary. marist.edu/ PSF/BOX31/a301i01.html.

[10] Art.º 5.º dos Estatutos (Decreto-Lei supracitado).

[11] Preâmbulo do D-L supracitado.

A CORPORATIVIZAÇÃO DOS TEMPOS LIVRES: A ACÇÃO DA FNAT

estabelecido: Carmona, Salazar e Teotónio Pereira, coadjuvados por um empresário – Castro Fernandes [12] – e um sindicalista, Jaime Ferreira[13].

Compete a esta Comissão Central a "direcção e administração" do organismo, enquanto o Estado "superintende na administração e na acção", por intermédio do Subsecretário de Estado das Corporações[14], cargo que nessa altura é desempenhado pelo mesmo Teotónio Pereira, membro da Comissão Central.

Os estatutos de 1935 – redigidos por Amaral Pyrrait – visam traduzir a pretensão do regime a que a organização corporativa instituída dois anos antes, se não limite aos objectivos de ordem meramente material. Considera-se primordial "uma política de intensa espiritualização da vida com um forte apelo aos valores morais".

Ainda assim, o texto estatutário não é muito rígido nos vínculos que preconiza perante as estruturas do regime (art.º 3.º): "A FNAT reconhece e acata a organização corporativa nacional, limita a sua acção aos trabalhadores inscritos nos Sindicatos Nacionais e nas Casas do Povo e suas famílias e condiciona a sua orientação pelos princípios expressos na Constituição e no Estatuto do Trabalho Nacional".

Os estatutos de 1935 vincam bem que "a direcção (...) é da competência exclusiva da comissão central" que, no entanto, pode delegar a administração numa comissão administrativa (CA) [15]. Este órgão executivo será presidido por Higino de Queiroz e os membros inicialmente nomeados são Fernando Soares Teixeira de Abreu, Guilherme de Sousa Ottero Salgado, Manuel Saraiva Vieira e José Maria Miranda da Rocha. Este último – tal como Castro Fernandes e Higino de Queiroz, também proveniente do nacional sindicalismo (N/S).

---

[12] António Júlio de Castro Fernandes, um dos fundadores do Movimento Nacional-Sindicalista que tinha aderido ao Estado Novo, pertence ao INTP, está ligado à organização corporativa patronal (como presidente da Federação dos Vinicultores do Centro e Sul de Portugal) e participa, em Junho de 1935, na 19.ª sessão da Conferência Internacional do Trabalho como delegado patronal da delegação portuguesa.

[13] Jaime Ferreira, oriundo do Integralismo Lusitano, adepto do sindicalismo fascista, além de procurador sindical à *Câmara Corporativa*, preside à direcção do *Sindicato Nacional dos Bancários do Distrito de Lisboa* desde a sua fundação até 1939.

[14] Artigos 6.º e 7.º.

[15] Artigos 9.º e 10.º.

Na letra dos estatutos, os poderes da CA, embora "precedendo autorização da comissão central", podem ir desde a "criação de organismos periféricos autónomos de carácter desportivo, musical, dramático ou de beneficência" ou da "federação dos já existentes" até "realizar todas as iniciativas que, embora não previstas neste estatuto, sejam necessárias ou convenientes à realização do fim da F.N.A.T." [16].

O enunciado dos "meios de acção da FNAT" (art.º 4.º) reflecte, nos seus detalhes, a amálgama de antecedentes, influências e projectos que convergem na criação do organismo. "Em ordem a um maior desenvolvimento físico", referem-se colónias de férias, passeios e excursões; desafios, demonstrações atléticas, festas desportivas e cursos de ginástica e educação física; "em ordem à elevação do nível intelectual e moral", conferências, horas de música e de teatro, sessões de cinema educativo, visitas de estudo a museus, monumentos e outros locais de interesse histórico, intelectual ou técnico; nesta área, ainda, "cursos de cultura profissional ou geral, música e canto coral (...); bibliotecas populares" e, mesmo, "palestras radiofónicas diárias", estas até já intituladas nos estatutos, como os "dez minutos da FNAT".

Nestes "meios de acção", nomeadamente nos últimos que referimos, é visível algum vanguardismo relativamente ao atavismo que caracteriza o Estado Novo na matéria. Além de tudo o mais, a FNAT só terá um Regulamento em 1941 e o regime não tem um partido único com capacidades verdadeiramente totalitárias. Assim, nas circunstâncias desta segunda metade dos anos trinta, não bastará – como dizem genericamente os primeiros estatutos – *reconhecer* e *acatar* a *organização corporativa nacional*.

A FNAT e o Estado corporativo (1935-1940): vanguardismo e veleidades totalizantes

Os projectos iniciais da Comissão Administrativa da FNAT são expostos a Salazar, em Setembro 1935[17], de forma bastante singela:

> "(...) *Desejaríamos dispor de meios para proporcionar vida higiénica, no campo, no mar, e na cidade, a um grande número de pessoas, dando-lhes colónias de férias marítimas, ou de serra, facultando-lhes cursos de ginástica e desportos racionais, para os intervalos do trabalho.(...)*

[16] Art.º 13.º, alíneas d) e e).

[17] Carta da Comissão Administrativa, s/d. [Setembro (anterior a 23) de 1935] [Arquivo *INATEL*].

Aspirávamos a instalar e manter em Lisboa, no Porto, e, depois, nos outros centros populacionais, cada vez em maior número, salas de ginástica, piscinas para natação, cursos técnicos e conferências patrióticas.

Desejamos, desde já, construir a colónia de férias da Caparica, outra junto ao Porto, e outras, ainda, nos vários fortes abandonados, e cheios de pitoresco, que bordam a nossa costa, e que pediremos ao Ministério da Guerra, e queríamos lançar no Tejo, no Douro e no Mondego, umas dezenas de barcos de remo, que enrijem os músculos da juventude trabalhadora (...)".

No entanto, nos dois primeiros anos da FNAT (1935-1936), estas aspirações e desejos, ainda ficam por concretizar.

Assim, organiza-se, com 25 músicos de vários bairros de Lisboa, uma Orquestra Nacional de Bandolinistas; fazem-se passeios fluviais, a Setúbal, a convite do Sindicato dos Conserveiros, e no Tejo, quando da Festa dos Bacalhoeiros. Em 1936, também se faz uma Grande Excursão Corporativa ao Porto, quando da assinatura de alguns dos primeiros contratos colectivos; oferecem-se bilhetes para um concerto no Coliseu, integrado na Festa do Exército e até se financia uma Festa dos Arsenalistas da Marinha.

Refiram-se, ainda, outras realizações da FNAT até ao final de 1940, ou seja, durante a vigência do quadro estatutário que já resumimos. Em 1936, abre-se a sede em Lisboa e uma delegação no Porto, entrando também em funcionamento nos mesmos locais, dois "restaurantes económicos"; inaugura-se, em 1938, a colónia de férias da Costa da Caparica, que recebe o nome de "Um Lugar ao Sol" seguida, já em 1940, de duas colónias balneares infantis, na Foz do Arelho – "General Carmona" – e na Praia da Aguda – "Doutor Oliveira Salazar".

Na área desportiva, encontramos um Campeonato Nacional Corporativo de Remo (Agosto de 1935) e, já em 1940, o início das modalidades de Tiro e Futebol.

A actuação da FNAT, no entanto, vai ser mais assinável em outras iniciativas, algumas das quais "necessárias ou convenientes (...) embora não previstas" nos estatutos de 1935.

O *Centro de Cultura Popular* (1936)

Após o I Congresso da União Nacional (UN), é decidida, em 11 de Agosto de 1934, a criação do Centro de Estudos Corporativos (CEC) da

UN, do qual se consideram membros natos, "todos os funcionários com funções de responsabilidade na construção do Estado Novo Corporativo e dependentes do Sub-secretariado das Corporações"[18].

Durante a sua primeira sessão de trabalhos, de 12-14 de Setembro, é relevante o papel dos dissidentes do movimento N/S de Rolão Preto (ilegalizado em Julho), que haviam aderido ao Estado Novo, agora presentes no CEC como Delegados do *INTP*. Três desses funcionários apresentam 8 das 10 comunicações.

Preconiza-se para o CEC – em ligação com os Serviços de Propaganda da UN – um eficaz trabalho de inculcação doutrinária nos sectores sociais da organização corporativa. No entanto, a eficácia da UN numa propaganda corporativa de massas ou na captação de quadros de base popular, deixaria muito a desejar[19].

Neste contexto, surgem projectos de iniciativas mais próximas do terreno, como foi o caso, uma vez mais, do Sindicato dos Bancários de Lisboa onde, em Maio de 1935, se propõe a formação de "círculos de carácter social, como proveitoso labor de rectificação mental de que falava António Sardinha, tão necessário a uma clarividente compreensão dos princípios que informam o Estado Corporativo (...)" [20]. Também esta ideia dos sindicalistas de Jaime Ferreira, com algumas adaptações de conteúdo e organização, acaba por se concretizar através da iniciativa da FNAT.

Trata-se do Centro de Cultura Popular (CCP) que funciona em Lisboa, entre 1936 e 1940. Em Janeiro de 1936, Higino de Queiroz dirige-se a cinco personalidades, Manuel Maria Múrias, Luís Pastor de Macedo, Marcelo Caetano, Luís Chaves e Carlos Lobo de Oliveira, que aceitam integrar a Comissão Orientadora do CCP.

Anuncia-se que a *FNAT* "no desenvolvimento da missão que lhe foi atribuída", vai "organizar um Centro de cultura popular, onde, através de cursos regulares e de conferências por especialistas, se procurará elevar o nível intelectual e moral dos trabalhadores portugueses"[21].

---

[18] Cf. *Nota oficiosa à Imprensa da Comissão Central da UN*, relativa à sua reunião de 11 Agosto 1934.

[19] C.E.C. U.N. – *Instruções Provisórias para a Organização e Funcionamento do Centro de Estudos Corporativos*. Lisboa: Imprensa Artística, 1935.

[20] Acta n.º 12, de 27 de Maio de 1935, da Direcção do Sindicato Nacional dos Empregados Bancários do Distrito de Lisboa [Arq. Sind. Banc. Sul e Ilhas].

[21] Carta circular de 11 de Janeiro de 1936, de Higino de Queiroz (Arq. *INATEL*, Pasta "Centro de Cultura Popular").

Entre os docentes do Centro, contam-se Durval Pires de Lima, Rodrigo de Sá Nogueira, Jorge Pires de Lima, Xavier de Barros, Forsado Correia e Orlando Ribeiro. As matérias dos cursos nocturnos incluem *História de Portugal, História da Expansão Portuguesa, História das Corporações em Portugal e História da Arte Portuguesa.*

Entre os responsáveis do Centro, será notória a presença de destacados ex-militantes do N/S: além de Manuel Múrias, João Pinto da Costa Leite (Lumbrales), que preside à Comissão Orientadora, enquanto na Direcção do CCP fica António Rodrigues Cavalheiro[22].

Ao abrigo de uma definição de objectivos tão genérica como a dos Estatutos de 1935, a FNAT visa, de facto, criar um Centro onde se forme uma *élite operária*, um *escol* de sindicalistas dedicados ao regime.

Em 15 de Abril de 1936, num contexto fortemente influenciado pela precipitação dos acontecimentos que vão desencadear a Guerra Civil de Espanha, inauguram-se solenemente os cursos do CCP da FNAT, com discursos de Jaime Ferreira, Costa Leite (Lumbrales) e Higino de Queiroz.

O 2.º ano lectivo, inaugurado em 11 de Novembro de 1937, conta com 305 alunos e 40 alunas. É então criado o curso comercial, com as cadeiras de Português, Francês, Inglês, Alemão, Contabilidade e Escrituração Comercial, Matemática Elementar e Estenografia. No 3.º trimestre são criadas as cadeiras de História de Portugal, História da Literatura Portuguesa, História das Corporações, Elementos de Economia Política e Noções de Administração Política e Civil.

O Centro encerra em 1940, quando da publicação dos novos Estatutos da FNAT.

A *Legião Portuguesa* (1936)

Nos antecedentes da Legião Portuguesa (LP), merece atenção uma iniciativa avançada, em 1935, por sindicalistas de Lisboa, Pereira Ferraz e

---

[22] António Rodrigues Cavalheiro, licenciado em Ciências Histórico-Geográficas, ingressara em 1919 no Integralismo Lusitano, exerceu o magistério secundário e ingressou em 1932 nos serviços culturais da Câmara Municipal de Lisboa. Na cisão do MNS, acompanhou Manuel Múrias e, sob a direcção deste, foi secretário de *A Nação Portuguesa*. A.R. Cavalheiro dirige o CCP até 15 de Setembro de 1937. Sucede-lhe Miguel de Sá e Melo Moreira e, com o falecimento deste, em 22 de Maio de 1938, Rodrigo de Sá Nogueira. Pode referir-se, ainda, que quando do início dos contactos para a fundação do CCP e até 18 de Janeiro de 1936, o Ministro da Instrução Pública era outro ex-nacional sindicalista, Eusébio Tamagnini de Matos Encarnação.

Júdice de Abreu, dos Bancários, e Horácio Gonçalves, dos Caixeiros: a criação de Milícias Armadas Sindicalistas[23]. Trata-se, de facto, de uma "pressão social e política de base determinante para a criação da Legião Portuguesa", dadas as potencialidades de uma orgânica já implantada no terreno – os próprios sindicatos corporativos, onde poderia propagar-se – e a influência dos seus líderes numa outra estrutura de âmbito nacional, a FNAT[24].

A partir de 18 de Agosto de 1936, a imprensa dá notícia da FNAT ter decidido organizar um comício anti-comunista, iniciativa atribuída aos "sindicatos nacionais de todo o País" e "organizações patrióticas e nacionalistas do Estado Novo".

Entre os oradores do comício estão Higino de Queiroz, Castro Fernandes e Luís Pinto Coelho. Dias depois, anuncia-se que as inscrições na LP podem fazer-se nas sedes dos Sindicatos Nacionais, da UN, da FNAT, Liga 28 de Maio, Rádio Club Português e Casas do Povo[25]. Em 14 de Setembro, é entregue a Salazar a moção aprovada no Campo Pequeno em que se pede a criação de uma "legião cívica"[26].

Entre os documentos da FNAT depositados no INATEL encontra-se um conjunto de declarações de adesão de várias individualidades, bem como correspondência remetida por delegados do INTP, Governos Civis, Sindicatos e Casas do Povo, ou ainda pelo Rádio Club Português, referindo o envio de listas de inscrições para a LP. Esta documentação, datada da segunda quinzena de Setembro de 1936, revela, sobretudo, a especial competência concedida à FNAT na centralização das inscrições e na organização inicial da LP. Desde o major Botelho Moniz até aos governadores civis e delegados do INTP, todos se dirigem a Higino de Queiroz.

Nos anos subsequentes, serão muito estreitos os laços entre os dirigentes da FNAT e a LP.

O *1.º de Maio*, jornal *"de todos os trabalhadores"* (1939)

A adesão dos trabalhadores a uma grande jornada anual de conciliação de classes – se possível, um "1.º de Maio corporativo" – foi objectivo

---

[23] Cf. depoimento de Pereira Ferraz. In CASTANHEIRA, J. P. – *Os sindicatos e o salazarismo. A História dos Bancários do Sul e Ilhas 1910-1969*. Lisboa: SBSI, 1983. p. 95-96.

[24] RODRIGUES, Luís Nuno – *A Legião Portuguesa. A Milícia do Estado Novo (1936-1944)*. Lisboa: Editora Estampa, 1996. p. 55.

[25] *O Século*, 2 de Setembro de 1936, p. 2; e *Diário da Manhã, id.*, p. 1.

[26] *O Século*, 15 de Setembro, p. 1.

perseguido, pelo menos nos anos iniciais, na Itália fascista, na Alemanha hitleriana, ou na Austria de Dollfuss.

Em Portugal, um projecto equivalente – sempre com empenhada colaboração da FNAT – traduziu-se nas *Festas do Trabalho Nacional*, realizadas em 1934, em Braga, em 1935, em Guimarães, em 1936, em Barcelos, em 1937, em Vila Nova de Famalicão, e em 1938, em Viana do Castelo. Apesar dos sucessos apregoados e do impacto local que terão tido, estas festas confinam-se ao Minho e os pretendidos efeitos não atingem os grandes centros industriais e urbanos.

Assim se compreende que a FNAT, em 1939, em alternativa ao esgotado modelo do 1.º de Maio minhoto, tenha lançado um outro 1.º de Maio, desta vez, um "jornal de todos os trabalhadores".

O projecto é aprovado numa reunião das direcções de quase todos os sindicatos de Lisboa, e dá origem a uma "brigada de propaganda" destinada a percorrer o País em contacto com os Sindicatos Nacionais, Casas do Povo e Casas dos Pescadores [27]. Entre 21 de Abril e 6 de Maio de 1939, os "propagandistas" dão a volta a Portugal. O jornal *1.º de Maio*, nasce sob os auspícios da FNAT, que detém a propriedade, mas tem como director Mário Campos Lobo, presidente do SN dos Tipógrafos do Distrito de Lisboa, como editor Francisco Marques, presidente do SN dos Motoristas do mesmo distrito e, como administrador, Jaime Ferreira, do SN Bancários de Lisboa.

Em 17 de Junho de 1939 publica-se o primeiro número do semanário, sublinhando que as palavras de ordem deste 1.º de Maio "são as das leis fundamentais do Estado Novo e as regulamentares da própria instituição do Trabalho! São as palavras com que todos nos podemos entender, alargando-lhes o sentido e o benefício".

Não é preciso dizer mais para provocar engulhos a um patronato que ignora a Lei tanto quanto pode e encara os Sindicatos Nacionais como invasores do espaço mais tradicional do paternalismo de empresa. O 1.º de Maio passa a incluir extenso noticiário das organizações corporativas do trabalho e torna-se, de facto, algo de assinalável no incipiente universo do sindicalismo corporativo e da sua não menos incipiente "imprensa".

Além disso, o eco centralizado nestas páginas de algumas injustiças patronais ou das reivindicações de alguns sectores profissionais, é sempre

---

[27] CORTES, Pina – "Como nasceu o *1.º de Maio*". In *1.º de Maio*, n.º 53, 15 de Junho de 1940, p. 1 e 8.

CORPORATIVISMO, FASCISMOS, ESTADO NOVO

perturbador de uma ordem assente em sindicatos pulverizados por profissão e por distrito, que ainda nem sequer dispõem de qualquer estrutura federativa.

Numa das rubricas em destaque, "Falam os militantes sindicais", entrevistam-se os presidentes de sindicatos. Além disso, alguns sindicatos inserem no semanário páginas ou suplementos próprios, como O Trabalho Nacional, dos Caixeiros de Lisboa[28], e o Vida Ferroviária [29] .

A impossibilidade do regime responder a reivindicações que a letra da sua própria legislação contempla e de integrar na "paz corporativa" os sectores mais combativos do movimento operário, compromete este projecto da FNAT, obrigando a significativas alterações sob os estatutos de 1940.

A "expressão portuguesa do *Movimento Internacional Alegria e Trabalho*"

Desde Março de 1935, quando a FNAT ainda estava em gestação, os cruzeiros marítimos da *KdF* fizeram escalas em Lisboa em Março e Abril de 1936, em Outubro de 1937, Abril de 1938 e Maio de 1939. Por outro lado, Higino de Queiroz participa nos congressos anuais daquela organização, em 1937, 1938 e 1939.

Entretanto, em 1936, quando da realização dos Jogos Olímpicos de Berlim, a *KdF* promove, em Hamburgo, de 23 a 30 de Julho, um Congresso Internacional sobre os Tempos Livres dos Trabalhadores, que vai dar origem ao *Movimento Internacional Alegria e Trabalho*. Neste âmbito, a FNAT faz-se representar nas exposições internacionais de Atenas e Sofia (1937), no Congresso Mundial Trabalho e Alegria (Roma, 1938) e, nas reuniões do Comité Consultivo Internacional, em Londres, e do Comité Executivo, em Bucareste (ambas em 1939).

Em Agosto de 1939, dias antes do início da Guerra, o alemão Arthur Manthey, Secretário Geral daquele movimento internacional, visita Portugal, anunciando a preparação de uma importante reunião prevista para Lisboa, em coincidência com as comemorações do Duplo Centenário. A FNAT preparava-se para receber, durante a mesma efeméride, além de mais um cruzeiro da *KdF*, um outro organizado pela *Dopolavoro*.

---

[28] Desde o n.º 26, 9 de Dezembro de 1939.
[29] Suplemento de 6 págs. no *1.º de Maio* n.º 29, 30 de Dezembro de 1939.

A CORPORATIVIZAÇÃO DOS TEMPOS LIVRES: A ACÇÃO DA FNAT

Para além do mais, os contactos da FNAT com organizações congéneres e com o tal *Movimento Internacional* vão servir, sobretudo, perante o regime, de referências legitimadoras de um projecto totalizante, subjacente às reivindicações apresentadas no início de 1940.

Reivindicar a *integração na organização corporativa*... para melhor a comandar

Quando do Congresso de Roma, em 1938, na comunicação então apresentada por Castro Fernandes[30], o Secretariado de Propaganda Nacional (SPN), as Casas do Povo e as Casas dos Pescadores são consideradas instituições cujas iniciativas culturais se podem integrar na obra realizada "no espírito do Trabalho e Alegria", ou seja, sob a FNAT, que é a "expressão portuguesa" do respectivo movimento internacional.

Estas formulações são plenamente desenvolvidas, em Março de 1940, quando a Comissão Administrativa se dirige ao Subsecretário de Estado das Corporações a reivindicar uma "posição especial"[31].

Na fundamentação, considerando que "por toda a parte constitui hoje preocupação de primeiro plano o problema do aproveitamento do tempo livre dos trabalhadores", destaca-se a *Dopolavoro* e a *KdF* e citam-se os congressos mundiais de Los Angeles, Hamburgo e Roma. Assinala-se, depois, que "Portugal marcou ultimamente uma posição de relevo nestas manifestações", concluindo que "tudo isto nos cria responsabilidades muito especiais" para "manter a posição de prestígio internacional que conseguimos conquistar".

A partir daqui, as reivindicações da FNAT surgem como "necessidade lógica" inerente à sua capacidade ímpar de "constituir uma síntese da actividade dopolavorista" e, portanto, assegurar a necessária "unidade de comando".

Para que a *FNAT* possa desempenhar correctamente a sua missão "é necessário, antes de mais nada, que se lhe reconheça expressamente a sua posição de entidade única competente para prosseguir o objectivo do aproveitamento do tempo livre dos trabalhadores portugueses, o que equivale

---

[30] *Le Mouvement Travail et Joie au Portugal. Comunication présentée par la Fondation Nationale pour la Joie dans le Travail (Fundação Nacional para a Alegria no Trabalho) au Congrés Mondiale "Travail et Joie"* – *Rome, 1938*. Lisboa: Ed. Império, [s.d.] p. 4-5.

[31] Carta de 14 de Março de 1940, da Comissão Administrativa da *FNAT*, para o Subsecretário de Estado das Corporações (Arquivo *INATEL*).

CORPORATIVISMO, FASCISMOS, ESTADO NOVO

a dizer que se lhe deve atribuir a título exclusivo quanto se relaciona com essa função designadamente no campo da cultura popular".

O projecto totalizante que inspira a Comissão Administrativa da *FNAT*, também se fundamenta na falta de apoio do patronato – o primeiro alvo de malogradas campanhas iniciais de angariação de fundos – e na insuficiência dos subsídios do Estado, entretanto concedidos[32].

Cita-se a dispersão de esforços existente entre as realizações dos sindicatos, das Casas do Povo e dos Pescadores; mencionam-se, inclusive, entre as acções desenvolvidas pelo SPN, o Cinema e o *Teatro do Povo*, "iniciativas dignas do melhor aplauso", mas "que não estão dentro do seu quadro próprio, nem podem assumir a extensão que será necessário imprimir-lhes".

Desenvolvendo este considerando, a exposição acrescenta que "neste domínio da cultura popular, como em tantos outros, é preciso assegurar a unidade de comando e o órgão adequado é a FNAT que – no entanto – não pode receber o mandato de orientar os serviços públicos". Assim, "reivindica-se para a FNAT uma posição especial (...) propondo-se a sua integração na ordem corporativa nacional, aonde virá a constituir uma síntese da actividade dopolavorista que interessa de um modo geral à maioria dos organismos".

Por outro lado, em resultado dessa "necessidade lógica" que será a "integração na orgânica corporativa" deriva, em primeiro lugar, "a obrigação imposta aos organismos corporativos e de coordenação económica de concorrerem para a sua sustentação".

A pioneira ginástica feminina (1940)

A ginástica é uma área em que a FNAT está algo avançada para a época, no contexto do nosso País, mas não apenas pela sua utilização espectacular, na tentativa de seguir o modelo germânico. O mais assinalável é que, de facto, promoveu a sua prática regular pelos trabalhadores e, pela primeira vez, *ginástica feminina* por operárias e empregadas de várias fábricas e empresas.

Em 1940, a inauguração do Estádio Nacional prevista para Setembro, é adiada e só terá lugar em 10 de Julho de 1944. Mas, aquela primeira data, no ano do *Duplo Centenário*, dá bom pretexto para a FNAT expor as suas realizações de ginástica.

---

[32] O primeiro, de 250 mil escudos, em Setembro 1935; o segundo, de 350 mil escudos, em Outubro 1936.

Na verdade, pelo menos desde Julho de 1940, a FNAT já tem em actividade classes femininas de ginástica em várias empresas da região de Lisboa, enquadrando cerca de 400 praticantes e, em 7 e 8 de Dezembro, centenas de ginastas da FNAT apresentam-se no Pavilhão do Parque Eduardo VII, num espectacular *1.º Festival de Ginástica Feminina*[33].

A FNAT e as *colectividades de Educação e Recreio*

Ao longo de 1940, também se torna visível que o papel de comando que a FNAT reivindica na corporativização dos tempos livres, terá de abranger as *Colectividades de Educação e Recreio*, onde também estão os trabalhadores, mas organizados em livre associativismo.

As colectividades e os grupos desportivos populares já eram alvo de violentas críticas, a pretexto de algumas das suas insuficiências. O jornal *1.º de Maio* começa por denunciar "A praga dos grupos clandestinos", referindo-se aos grupos desportivos não filiados nas associações regionais, em que a maior parte dos associados é constituída por jovens operários[34].

Em breve, os dirigentes da FNAT passarão a expor claramente as competências para "Reunir, Coordenar" de que se reclamam também neste sector, invocando todo o peso dos modelos vigentes na Itália e na Alemanha[35].

Entretanto, desde Março de 1939[36], a Federação das Sociedades de Educação e Recreio (FSER) prepara, com o decisivo apoio do jornal *O Século*, o I Congresso Nacional das Colectividades de Educação e Recreio; e, em Dezembro daquele ano, António Ferro convida a FSER a colaborar em iniciativas do SPN.

O Congresso tem lugar em Lisboa, de 15 a 29 de Dezembro de 1940. No discurso de abertura[37], Leopoldo Nunes, d'*O Século*, reconhece que "através do SPN e da FNAT, o Estado tem realizado (...) uma notável obra

---

[33] *1.º de Maio*, n.º 79, 14 de Dezembro de 1940, p. 4.

[34] *1.º de Maio*, n.º 47, 4 de Maio de 1940, p. 5.

[35] "Reunir, Coordenar" (Editorial), *1.º de Maio*, n.º 58, 20 de Julho de 1940, p. 1.

[36] Resolução da Assembleia Geral de 13 de Março de 1939, com alterações na de 31 de Julho de 1939, cf. "Gerência de 1939. Relatório moral e financeiro da direcção da Federação das Sociedades de Educação e Recreio a apresentar à sessão da Assembleia Geral a realizar em 15 de Abril de 1940", dactilo. (Arquivo da Confederação Portuguesa das Colectividades de Cultura Recreio e Desporto).

[37] Cf. *O Século*, 16 de Dezembro de 1940, p. 1.

de assistência social e de cultura"[38], acrescentando que "a União Nacional e alguns sindicatos também têm organizado realizações de incontestável utilidade – mas – sublinha – tudo isso não basta, é necessário deixar trabalhar as sociedades de recreio, deixá-las educar e divertir o povo!".

Os estatutos de 1940 e os seus limites

Com os Estatutos de Dezembro de 1940[39], a FNAT vê satisfeitas algumas das reivindicações formuladas em Março. Os sócios beneficiários passam a ser, voluntariamente, todos os trabalhadores; e, obrigatoriamente, todos os organismos corporativos e de coordenação económica. Por outro lado, são reconhecidos à FNAT poderes de "orientação, coordenação e fiscalização de todas as iniciativas relativas à cultura popular" desde "que emanassem de organismos corporativos e de coordenação económica".

Os regulamentos de 1941 e 1942[40] reforçarão o controlo prévio sobre todas as iniciativas relacionadas com os lazeres, mas sempre desde que provenientes de organismos corporativos.

Ficam, assim, fora do controlo da FNAT, o SPN de António Ferro – um departamento governamental – bem como as "sociedades de recreio" – uma rede de associações não governamentais que persistem em furtar-se à corporativização. Por isso mesmo, o SPN e as "colectividades populares" continuam a convergir numa aliança tácita perante a vocação totalizante da FNAT.

Em Maio de 1941, o projecto de novos estatutos da Federação de Colectividades dá entrada no Governo Civil de Lisboa, mas a sua apreciação passará por uma tramitação acidentada onde a oposição da Direcção da *FNAT* tem papel decisivo. O processo vai arrastar-se por mais alguns anos, até 1950, quando tem despacho do Ministro da Educação Nacional[41].

Por outro lado, ainda no que respeita aos estatutos de 1940, quanto às Casas do Povo, embora se trate, obviamente, de organismos corporativos,

---

[38] Refere "o Teatro do Povo, o cinema ambulante, programas radiofónicos, as organizações de arte regional, os prémios literários, os cortejos regionais, as grandes provas desportivas, as colónias de férias, etc.".

[39] Decreto-Lei n.º 31036, de 28 de Dezembro de 1940.

[40] Regulamentos aprovados, respectivamente, pelos despachos do Subsecretário de Estado das Corporações, de 12 de Fevereiro de 1941 e 29 de Outubro de 1942.

[41] Despacho do MEN, de 6 Julho 1950, in *DG*, III s., n.º 162, de 14 Julho 1950 (rectif. *in* n.º 179, 3 Agosto.)

vai ser nítida a resistência dos sectores mais conservadores e ruralistas do regime, perante as dinâmicas e conteúdos preconizados pela Direcção de Higino de Queiroz.

A complexa década de quarenta

No início da década de quarenta, os novos poderes estatutários e recursos financeiros propiciam à FNAT o arranque e desenvolvimento de novas grandes iniciativas: abrem-se delegações ao longo do País, realizam-se *Festivais de Educação Física* e *Campeonatos Nacionais* por modalidades desportivas, iniciam-se os *Serões Culturais e Recreativos para Trabalhadores* e o *Teatro do Trabalhador*.

A FNAT está agora "integrada na organização corporativa" mas, há sectores da sociedade que ainda escapam à "unidade de comando" pretendida pela sua Direcção; e há actuações, dentro do próprio regime e da organização corporativa, no sentido de cercear a dimensão vanguardista e totalizante de certas concepções e projectos.

Em 1941, Castro Fernandes passa de vogal da extinta Comissão Central para vice-presidente da Direcção da FNAT. Uma primeira proposta, apresentada em 1 de Março, tem como alvo o *1.º de Maio*: afastamento dos sindicalistas da sua Direcção e Redacção, e mudança de título para *Alegria no Trabalho*, com o subtítulo *Órgão da FNAT* (em vez de *Jornal de todos os trabalhadores*). Só ficou o título, mas o último *1.º de Maio* sairá em Dezembro de 1942.

Em Janeiro de 1942, a FNAT inicia uma publicação destinada aos organismos corporativos e ao "público em geral", uma *Agenda Corporativa* "organizada para servir uma doutrina, e quantos a ela se dedicam"[42]. Constituída por 211 páginas de informações detalhadas acerca de todos os organismos e sectores da organização corporativa abrangendo, ainda, a Legião Portuguesa e a Mocidade Portuguesa. Até então, nada estava publicado na matéria com tão extenso conteúdo. Além de dados legislativos, regulamentares e orgânicos, bem como várias informações práticas, encontram-se introduções, comentários e análises que, obviamente, ultrapassam o que normalmente se encontra numa *Agenda*. Sintomaticamente, num primeiro texto intitulado "Transformação fundamental – Ano de 1933", além de Salazar

---

[42] "Apresentação". In *Agenda Corporativa para 1942*. Lisboa: Edições FNAT, [1942]; p. 1.

CORPORATIVISMO, FASCISMOS, ESTADO NOVO

e Teotónio Pereira, invoca-se Gonzague de Reynold[43] e a legislação fundadora do Estado Novo. No final do texto, retoma-se o escritor suíço para, de forma intrincada, sugerir o papel de vanguarda que a FNAT visa prosseguir[44]. No entanto, a *Agenda Corporativa* da FNAT apenas terá uma outra edição, relativa a 1943.

Ainda em 1942, um projecto de *Rádio Rural* fica misteriosamente abortado quando, no próprio dia inaugural, é "superiormente determinado que ficassem sem efeito essas emissões". Tinha-se realizado um inquérito às *Casas do Povo*, e tudo fôra planeado em colaboração, nomeadamente, com o INTP, a Emissora Nacional e o Ministério da Economia (Rafael Duque e Ferreira Dias).

Melhor sorte não terão os Centros de Cultura Popular, destinados nos estatutos de 1940, a dar cursos de "cultura geral e profissional" e de "formação de dirigentes sindicais". O Regulamento de 1941 refere-se a cursos de "orientação sindical" e para empregados da organização corporativa. Em editorial de um dos últimos *1.º de Maio* da 1.ª série (15 de Fevereiro), proclama-se que a FNAT vai organizar a "escola de chefes". Todavia, só se realizam alguns cursos de instrução primária – e já em 1945 – em Alcântara, Poço do Bispo e Barreiro [45].

Entretanto, Castro Fernandes, na sua passagem pela Direcção da FNAT, debruça-se sobre a problemática da *Heráldica Corporativa* e convida para a direcção do respectivo Gabinete, o erudito Franz Paul de Almeida Langhans que, desde Março de 1943, produzirá uma obra assinalável na matéria.

O mesmo Castro Fernandes será nomeado subsecretário de Estado das Corporações, em Setembro de 1944, ocupando o cargo até Outubro de 1948.

---

[43] Escritor e historiador suíço, católico conservador, admirador de Salazar, visitou Portugal em Outubro-Novembro de 1935, e publicou, no ano seguinte, *Portugal* (Paris: Editions SPES, 1936).
[44] Refira-se que Gonzague de Reynold (*vide* tb. *Portugal. Gestern-Heute*. Salzburg-Leipzig: Otto Müller, 1938), além de tecer considerações sobre o futuro do regime de Salazar, não deixa de referir o que considera pontos fracos do povo português: falta de higiene e, sobretudo, falta de amor à educação física. Salienta a importância da criação da Mocidade Portuguesa a propósito do trabalho "moral, desportista e pré-militar" que urge empreender.
[45] Em 1947, a Direcção de Higino de Queiroz obtém aprovação do Subsecretário das Corporações (Castro Fernandes) para a criação de um Círculo de Estudos para dirigentes sindicais, e chega a preparar um Instituto para Formação Social dos Trabalhadores Portugueses, inspirado na Escuela de Capacitación Social de Trabajadores da Delegación Nacional de Sindicatos espanhola; mas nada se concretiza.

A CORPORATIVIZAÇÃO DOS TEMPOS LIVRES: A ACÇÃO DA FNAT

Em 13 de Junho de 1945, Higino de Queiroz é alvo de um verdadeiro aviso público, na colónia da Caparica, perante centenas de dirigentes corporativos: "A obra da FNAT (...) tem sido até agora como que uma obra pessoal, obra duma vontade posta ao serviço da fé, mas que, pela sua projecção transcendeu já a vontade desse homem que a tem orientado, porque tem que ser obra colectiva". Castro Fernandes considera, ainda, que "tem sido por vezes esquecido determinado artigo do estatuto da FNAT, segundo o qual essa obra está integrada na organização corporativa do País"[46].

A Direcção de Higino de Queiroz vai defrontar-se, agora – depois do SPN e das "colectividades" – com uma resposta às suas pretensões de "unidade de comando" numa terceira área: as Casas do Povo. Essas centenas de organizações corporativas de base no mundo rural, quando se trate de "cultura popular", estão abrangidas pelos poderes estatutários da FNAT de "orientação, coordenação e fiscalização". Castro Fernandes vai, no entanto, criar um organismo superior onde a FNAT terá de se articular com outros poderes: a Junta Central das Casas do Povo (JCCP), criada em Janeiro de 1945[47].

Na Comissão Executiva da JCCP, presidida por Castro Fernandes, Higino de Queirós será um vogal em representação da FNAT. A instituição da JCCP é um marco decisivo no cerceamento das suas pretensões de controlo directo do associativismo popular rural.

Uma vez inserida na JCCP, a FNAT vê promulgado por Castro Fernandes o seu terceiro Regulamento, em Agosto de 1945[48]. Este, sucedendo aos de 1941 e 1942, é o primeiro a referir-se aos Centros de Alegria no Trabalho (CAT), marcando os seus limites, ao determinar que neles se agrupam estritamente "os trabalhadores da mesma empresa ou que residam no mesmo bairro de casas económicas"[49]. Até ao momento, no entanto, estavam constituídos pela FNAT, em Casas do Povo e grupos folclóricos, 19 dos 79 Centros de Alegria no Trabalho existentes.

---

[46] Discurso proferido nas comemorações do X Aniversário da *FNAT*, cf. *Alegria no Trabalho*, Ano I – n.º 7, Julho 1945, pp. 104-105.

[47] Decreto-Lei n.º 34373, de 10 de Janeiro de 1945.

[48] Despacho de 14 de Agosto de 1945, in *Boletim do INTP*, XII (n.º 15 – 15 Agosto 1945), pp. 435-437.

[49] Art.º 16.º. No art.º 17.º estabelece-se, ainda que os Centros de Alegria no Trabalho "reger-se-ão por estatutos sancionadas pela FNAT, de harmonia com o modelo que fôr submetido à aprovação do Subsecretário de Estado das Corporações (...)".

CORPORATIVISMO, FASCISMOS, ESTADO NOVO

A Direcção da FNAT, contra o restritamente explicitado neste último Regulamento, mantém uma interpretação alargada das suas competências estatuídas em 1940 (e regulamentadas em 1941 e 1942)[50].

Os anos 50: integração no aparelho e *cruzada corporativa*

Castro Fernandes, já depois da pasta das Corporações, sucede a Daniel Barbosa na Economia, entre 1948 e 1950, mas também cede o lugar a Ulisses Cortês que, finalmente, em oito anos de mandato, vai personificar a concretização de uma política industrialista coerente. A industrialização avança, mas enquadrada por um corporativismo reforçado no aparelho de Estado, através do novo Ministério das Corporações, onde Soares da Fonseca personifica um contra-ataque do sector ultramontano do regime.

As mudanças na FNAT – novos estatutos em 24 de Maio[51] e nova Direcção em 20 de Junho de 1950 – acontecem ainda sob o último subsecretário das Corporações, Mota Veiga. Higino de Queiroz é substituído por Quirino Mealha[52] que cumprirá um mandato de oito anos. A FNAT é – definitivamente – um "organismo (...) integrado na organização corporativa da Nação": à sua frente, além da Direcção, encontra-se agora um Conselho Geral de 10 membros designado pelo Conselho Corporativo e com representantes de todas as áreas da organização corporativa e da previdência social[53].

---

[50] "Promover a criação de organismos de carácter desportivo ou recreativo e a federação dos já existentes" (Estatutos de 28 de Dezembro de 1940, Art.º 5.º, n.º 8.º); "(...) orientação, coordenação e fiscalização de todas as iniciativas relativas à cultura popular e que emanem de organismos corporativos ou de coordenação económica" (*Idem*, art.º 6.º), "[nos organismos corporativos e de coordenação económica] constituir grupos especializados de acção cultural (...) directamente coordenados, orientados e fiscalizados pela FNAT" (art.º 2.º dos regulamentos de 12 de Fevereiro de 1941 e de 29 de Outubro de 1942).

[51] Publicados com o Decreto n.º 37836, de 24 de Maio de 1950. Consequentemente, também é publicado novo Regulamento, aprovado pela Direcção da *FNAT* em 22 de Dezembro de 1950, e visado pelo Ministro das Corporações e Previdência Social em 1 de Fevereiro de 1951.

[52] Quirino dos Santos Mealha (1908-1991), licenciado em Direito, inicia-se como delegado do INTP, em Outubro 1935, no distrito de Beja, onde se torna grande propagandista e organizador das Casas do Povo. Foi Governador Civil de Beja (1944-1950) e deputado à Assembleia Nacional (1942-1944 e 1961-1965). Ao mesmo tempo que passou a dirigir a FNAT, foi empossado (28 de Julho) como Chefe dos Serviços de Acção Social do INTP, cargo que ocupou até 1974.

[53] Organismos de coordenação económica (1); instituições de Previdência (2); grémios (2); sindicatos (2); Casas do Povo (2); Casas dos Pescadores (1).

A CORPORATIVIZAÇÃO DOS TEMPOS LIVRES: A ACÇÃO DA FNAT

Passam a existir dois tipos de agrupamentos de trabalhadores: os Centros de Alegria no Trabalho, por empresa, instituição ou serviço; e os Centros de Recreio Popular, por aglomerado populacional.

Até meados da década, as ideias dominantes na Direcção da FNAT ainda se traduzem em tomadas de posição impregnadas dum espírito de "cruzada corporativa", mas acatando sem quaisquer tensões o quadro institucional que vai sendo edificado pelo regime. O organismo, a partir de 1956, na Junta de Acção Social (JAS), até está "duplamente" representado por Quirino Mealha, como Presidente da FNAT e Chefe dos Serviços de Acção Social (SAS). Quando da implantação do Plano de Formação Social e Corporativa[54], o papel da FNAT, apesar de algumas pretensões mais vastas da sua Direcção, fica nitidamente diluído, ao mesmo tempo que se malogram as últimas tentativas de protagonismo na formação de quadros corporativos operários.

Nota final

Uma das características de todo o período de 1935 a 1950 é a influência na orientação da FNAT de uma linha radical e populista que se reclama dos fundamentos corporativos do regime, amálgama de alguns ex-militantes nacional-sindicalistas, exprimindo frequentemente um discurso anti-plutocrático. Igualmente é nítida nos projectos da FNAT uma influência das corrente industrialistas e do reformismo agrário.

A Direcção da FNAT, na primeira fase da sua actividade, tem um plano totalizante de controlo organizativo e de inculcação ideológica, sobre todas as formas da vida cultural e social dos trabalhadores portugueses, nos seus tempos de lazer.

Tal acontece, precisamente, em nome do corporativismo, em prol da "transformação fundamental" iniciada em 1933, ou mesmo antes, de que muitos desses dirigentes se consideram pioneiros. Por outro lado, tais conceitos e formas de "Acção" assumem contornos radicais, ao tentar transpor para Portugal modelos institucionais e conteúdos de actuação implantados no âmbito de regimes de facto totalitários.

Assim, a FNAT – apoiando-se, até, em dinâmicas internacionais – protagoniza um projecto de corporativização total dos tempos livres que ultra-

---

[54] Lei n.º 2085, de 17 de Agosto de 1956.

passava a própria organização corporativa, para atingir todas as áreas do Estado e da sociedade.

Inevitavelmente, a FNAT, nos seus primeiros quinze anos, tem de defrontar-se com crescentes obstáculos, nomeadamente, do patronato – industrial e rural – dos departamentos oficiais "paralelos", das organizações corporativas e associações populares privadas.

A FNAT tenta, especialmente, dinamizar a organização sindical, funcionando como cúpula coordenadora e, perante a organização corporativa em geral intenta, ainda, como grande prioridade, constituir-se em central de formação de um escol de quadros corporativos operários.

Só em 1950 a FNAT se integra plenamente na organização corporativa, sem conflitos de espaços e competências. Os conteúdos e objectivos de actividade estão já, no entanto, condicionados, no mundo rural pela JCCP, e nos âmbitos urbanos pela aliança tácita estabelecida entre o SNP e as colectividades populares.

No final dos anos cinquenta, a FNAT atinge capacidades e congrega recursos que farão deste organismo um notável instrumento das políticas sociais do regime, inclusivamente com algumas capacidades que – após 1974 – serão postas ao serviço da comunidade.

A Liquidação do Sindicalismo Livre

JOANA DIAS PEREIRA

A presente reflexão tem por base uma investigação empírica sobre a industrialização e a formação da classe operária, da sua consciência e do seu movimento, tendo como caso de estudo a Península de Setúbal. Esta análise tem vindo a revelar uma evolução da estrutura económico-social local, sobretudo a partir da última década de XIX, que se caracteriza fundamentalmente: pelo aumento exponencial do número de unidades de produção e da população operária; pela transformação progressiva das relações de produção; pelo desenvolvimento do movimento associativo e reivindicativo do operariado e de outras camadas do proletariado regional; e, finalmente, pela germinação local de uma cultura operária, na qual os diferentes postulados de emancipação social – o socialismo, o sindicalismo revolucionário, o anarco-sindicalismo e finalmente o comunismo – têm uma forte influência.

O movimento operário local acompanha o nacional: ascendente (ainda que com avanços e recuos conjunturais) desde 1891, quando são legalizadas as associações de classe, até ao primeiro pós-guerra, quando é fundada a Confederação Geral do Trabalho, agrupando perto de 100 mil sindicalizados; e descendente, a partir do refluxo da grande ofensiva operária que esteve na base destas conquistas orgânicas, refluxo que se agravará exponencialmente no decurso dos anos de 1920 com a reacção patronal, favorecida pela crise económica e o consequente aumento do desemprego, bem como por transformações significativas nas relações de produção, que enfraquecem a capacidade reivindicativa do operariado. O golpe militar de 28 de Maio enquadra-se nesta conjuntura.

Tendo em consideração estas premissas, considera-se pertinente recuar no tempo, quando o nosso objecto de estudo é a derrota do sindicalismo livre, extinto por decreto pelo regime salazarista. Este capítulo – que tem por objecto o ocaso do movimento operário que abalou a I República, entre o golpe militar de 1926 e a institucionalização do corporativismo em 1934 – procurará integrar este período num mais alargado ciclo histórico.

Muito embora tenha por base um caso de estudo circunscrito geograficamente, tenderá a comparar a difusão do sindicalismo na Península de Setúbal com o mesmo fenómeno noutros contextos urbanos e suburbanos industriais europeus. Inúmeros estudos de carácter regional demonstram que, no período de industrialização, o enquadramento das populações operárias por um tecido cerrado de associações locais deu origem a uma cultura nova, largamente tributária das diferentes doutrinas de emancipação social[1].

Na Península de Setúbal, os laços estreitos que se teceram entre cultura e política mostraram-se difíceis de penetrar pelo corporativismo, comprovando-se o enraizamento profundo que conquistaram os postulados sindicalistas revolucionários no período precedente à imposição de uma *Ordem Nova*. Não foi fácil ao fascismo inverter a evolução ideológica do movimento operário, que há muito seguia o caminho da luta de classes e da independência face ao Estado. Foram precisos sete anos de despedimentos, prisões e deportações para fazer vergar as mais poderosas associações de classe, impondo-lhes a sua capitulação ou extinção. Não chegaram, todavia, para que a doutrina subjacente ao Estatuto do Trabalho Nacional conquistasse o apoio das massas operárias, não obstante a abundante propaganda destinada às classes trabalhadoras que o regime fez nesta região.

Pelo contrário, durante a ditadura militar, reflecte-se com nitidez a impregnação doutrinária do sindicalismo livre, numa intricada teia de associações culturais, recreativas, desportivas, de beneficência, entre outras, que se desenvolveram nos subúrbios de Lisboa em formação, o que terá garantido uma relevante resistência à propaganda corporativista.

Esta, aliás, na Península de Setúbal, insere particularidades que importa destacar e que vêm fundamentar a ideia da influência social que o operariado organizado conquistara no período precedente. A partir de Maio de 1926 vieram a lume inúmeros jornais locais auto-designados de regionalistas, que empreendem a defesa na nova "situação".

---

[1] RAB, Sylvie – "Culture et loisirs, léncadrement des prolétaires". In AA.VV. – *Banlieue Rouge 1920-1960*. Paris: Autremant, 1992. p. 80 e seguintes.

A análise destes periódicos revela uma estratégia muito definida de sedução do operariado e do seu associativismo de classe. Elogia-se o carácter ordeiro das classes laboriosas, ao mesmo tempo que se elege o "sindicalismo revolucionário" e o "bolchevismo" como inimigos preferenciais. Os seus redactores sublinham que nesta região, e segundo os próprios, "o perigo bolchevista, não é apenas uma hipótese, um devaneio (...) É uma certeza"[2].

Esta *ameaça*, na opinião dos nacionalistas locais, bem como "a situação em verdade difícil do operariado português", justifica da parte do governo "a mais acrisolada atenção, um dos problemas para o qual devem ser desviados todos os olhares", sob o perigo de o operariado se deixar "arrastar por teorias falidas, correndo ao som do barulhento sindicalismo revolucionário, cuja perniciosidade está demais demonstrada[3]".

No entanto, bem mais do que a propaganda ideológica, é a própria acção dos governantes que comprova a influência social que o sindicalismo continuava a ter na região. Assim, é de destacar que uma das primeiras iniciativas do governador do novo distrito instaurado pela ditadura foi uma visita às associações de classe.

Segundo o *Distrito de Setúbal*, o "Sr. governador ofereceu o seu préstimo no sentido de auxiliar a classe aceitando todas as sugestões e indicações honestas" e "aconselhou os associados a estudarem sempre os problemas com a maior imparcialidade e isenção, dentro da ordem e disciplina tão necessária ao progresso e melhoramento de todas as colectividades"[4].

O associativismo operário e a sua influência política eram claros para os novos governantes, que começaram por procurar granjear o seu apoio. Em Outubro de 1927, os administradores dos concelhos enviam aos presidentes das juntas de freguesia, mas também às associações de classe, filarmónicas, clubes, etc., o seguinte ofício: "Para satisfazer o que me é exigido por sua Excelência o Governador Civil deste distrito, em circular 1060/84, expedida pela 1.ª Secção, rogo a Vossa Excelência que se digne a informar-me se essa colectividade apoia a minha acção.[5]"

---

[2] "O perigo bolchevista: o subsolo". In *O Distrito de Setúbal*, 8 de Março de 1927, p. 1.

[3] "O Operariado Português". In *O Distrito de Setúbal*, 10 de Março de 1927, p. 1.

[4] "A visita do sr. Governador Civil às Associações de Classe" In: *Distrito de Setúbal*, 3 de Maio de 1927, p. 1-2.

[5] Fundo Administração do Concelho de Almada, Registo da correspondência expedida, 31 de Outubro de 1927.

CORPORATIVISMO, FASCISMOS, ESTADO NOVO

Em Almada, apenas os tanoeiros respondem ao ofício, manifestando o seu apoio à situação, mais nenhuma associação de classe. Entre as restantes colectividades, muitas alegam que "em virtude da doutrina dos seus estatutos serem contrários a qualquer política", "se abstêm de responder"[6].

Nos anos seguintes, verifica-se nas fontes locais um crescente repúdio pela ditadura militar por parte de todo o associativismo operário, desde a cooperativa ao corpo de bombeiros, não obstante o endurecer das ameaças das autoridades. A maior parte dos conflitos documentados relacionam-se com a tentativa do regime em limitar a autonomia das agremiações locais.

Contudo, desde 1891, quando são legalizadas as associações de classe, até 1934, quando são extintas por decreto, o movimento operário, nas suas variadas expressões, percorre um longo caminho, não isento de contradições, avanços e recuos, mas no essencial autonomizando-se. Autonomizou-se progressivamente face à influência da igreja católica, ao caciquismo local, à instrumentalização partidária e ao paternalismo patronal.

A propaganda sindicalista revolucionária, divulgando a máxima marxista "a emancipação dos trabalhadores será obra dos próprios trabalhadores", encontrara largo eco nas vilas operárias da Península de Setúbal e após o 28 de Maio mantinha a sua influência. A actividade propagandística das associações de classe na Península de Setúbal, entre 1926 e 1934, manteve-se bastante significativa, como comprova o levantamento exaustivo das suas iniciativas na imprensa local.

Esta propaganda era normalmente efectuada através de conferências públicas, segundo a imprensa local "muito concorridas", em locais privilegiados – nas melhores salas das localidades. As temáticas focavam genericamente a situação económica e social das classes trabalhadoras, o valor do movimento associativo para a emancipação sociocultural das mesmas e as reivindicações de classe e dos consumidores em geral.

Por outro lado, os dirigentes associativos gozavam de considerável notoriedade pública. Eram, e continuaram a ser durante a ditadura militar, prestigiados e respeitados nos seus meios. Na imprensa local de todos os quadrantes surgia frequentemente, em discurso directo, a opinião dos sindicalistas[7].

---

[6] Fundo Administração do Concelho de Almada, Registo da correspondência recebida, Novembro de 1927.

[7] O novo código de Posturas Municipais e os operários da construção civil in *Eco do Barreiro*, 15 de Março de 1929, p. 2; Palavras oportunas: a questão da Pesca. *O Cezimbrense*, 8 de Outubro de 1933, p. 1; entre muitos outros exemplos.

256

A LIQUIDAÇÃO DO SINDICALISMO LIVRE

De facto, as doutrinas veiculadas pelo sindicalismo eram difundidas por diversos canais que não só as associações de classe – nomeadamente através das restantes agremiações locais, cujo papel na formação cultural das populações era determinante. O inventário da biblioteca da Sociedade de Instrução e Recreio Barreirense, segundo o *Eco do Barreiro* "um importante elemento de cultura espiritual" e a "melhor biblioteca do Barreiro"[8], em 1933 caracterizava-se pela abundância de traduções de Marx, Kropotkine, Gorki ou Zola. O seu movimento não era desprezível – entre Janeiro e Setembro de 1933, 1140 obras foram requisitadas[9].

De facto, no largo período que antecede a ascensão do fascismo, o associativismo de classe havia-se integrado nas redes sociais locais, compostas por variadas tipologias de sociedades – filarmónicas, cooperativas, clubes desportivos, entre outras, que diariamente congregavam centenas de operários.

Progressivamente, a partir da alvorada do século XX, mas com maior incidência no período entre-guerras, as diferentes agremiações populares começaram a participar em comícios e cortejos operários. Jogavam e actuavam em favor de grevistas e de presos por questões sociais. As suas sedes eram postas ao dispor das classes para iniciativas de carácter político. No fundo, acompanhavam o processo de autonomização do operariado, da sua luta e da sua cultura.

Desta forma, como Fátima Patriarca defende, quando é imposto o Estatuto do Trabalho Nacional, "o movimento sindical – ou a parte mais activa e exuberante desse movimento situava-se, em termos de valores e quadros de pensamento, no outro ponto extremo, em que dominavam princípios como o da liberdade e autonomia perante o poder político"[10]. Mas não era apenas o movimento sindical que assim se afirmava, era todo o contexto sociocultural em que o operariado se movimentava.

Esta autora, com base nos relatórios policiais das últimas assembleias das associações de classe lisboetas, traça algumas hipóteses quanto à aceitação ou recusa dos associados, concluindo que em alguns casos a tentação de uma protecção estatal, num período de desenfreada exploração capitalista, terá sido mais forte que as suas convicções libertárias.

[8] Bibliotecas *in Eco do Barreiro,* 15 de Março de 1929, p. 2.

[9] Espólio documental da Sociedade de Instrução e Recreio Barreirense (Os Penicheiros).

[10] PATRIARCA, Fátima – "A institucionalização do corporativismo – das associações de classe aos sindicatos nacionais (1933)". *Análise Social.* Vol. XXVI, 110 (1991) (1º) p. 50.

Não são conhecidas, infelizmente, fontes semelhantes para o caso das agremiações da Península de Setúbal. Todavia, segundo as respostas do delegado regional do Instituto Nacional do Trabalho e da Previdência, em 1938, referentes à extinção das associações de classe, ficamos a saber que muitas se haviam dissolvido muito antes do decreto[11].

Conta o administrador do Concelho de Almada que quando mandou selar as associações de classe do concelho, depois de ter chamado os seus dirigentes e todos terem afirmado que não haviam reformado os seus estatutos, estas agremiações encontravam-se em "extrema pobreza e absolutamente desorganizadas"[12].

Como se explica então a decadência de um movimento que no pós-guerra deu provas de tamanha difusão e cujas doutrinas, mesmo depois do 28 de Maio, continuaram a ter eco junto dos trabalhadores e das comunidades locais?

As divergências ideológicas decorrentes da recepção da revolução russa em Portugal têm vindo a ser sobrestimadas como factor explicativo para o ocaso do sindicalismo livre. No entanto, analisando o largo período em que germina o movimento operário, e observando-o desde a sua base, verificamos que diferentes doutrinas coexistem permanentemente no seu seio e que as dissidências estão sempre presentes de forma mais latente ou larvar. Não é possível, todavia, estabelecer uma relação causal entre estas e os avanços e recuos do movimento[13].

A investigação referente ao caso de estudo da Península de Setúbal sugere que, em 1926, o operariado, mais do que dividido pela sua direcção, encontrava-se dilacerado pelas repetidas derrotas que a reacção patronal e a repressão governamental lhe haviam imposto desde meados de 1919, no quadro de uma grave crise económica e de trabalho.

O factor desemprego é muitas vezes relativizado, nomeadamente em relação ao peso que adquiriu noutros países na decorrência da crise dos anos 1930, menosprezando-se assim a sua determinância na derrota do

---

[11] Processos das associações de classe (1891-1938). Fundo do Ministério do Trabalho e da Previdência Social. IANTT.

[12] Fundo da Administração do Concelho de Almada, Correspondência confidencial para o Governador Civil, 15 de Janeiro de 1934.

[13] Lembremos que a primeira grande ofensiva do operariado português, entre 1909 e 1912, terá coincidido com a fragmentação do movimento sindical entre reformismo e sindicalismo revolucionário.

A LIQUIDAÇÃO DO SINDICALISMO LIVRE

sindicalismo livre. No entanto, em Portugal o operariado industrial teria sofrido muito antes disso o impacte da crise internacional dos anos 1920, particularmente a partir de 1924-25, quando a produção recua substancialmente[14]. A imprensa local, a partir deste biénio, é inundada de artigos referentes à "crise do trabalho", reflectindo uma verdadeira chaga social que afectava particularmente os trabalhadores ligados à indústria e actividades anexas.

Os dados estatísticos são limitados para este período. Mas para ilustrar o impacto desta conjuntura refira-se que na 3.ª circunscrição, em 1922, a indústria de alimentos sólidos contava com 16813 efectivos, enquanto em 1926, apenas 9393 pessoas trabalhavam na indústria das conservas[15].

Segundo o recenseamento geral da população de 1930, é possível distinguir ainda a dimensão do "subemprego" na actividade industrial especificamente. Em 21865 assalariados, 32% eram designados como "membros da família auxiliando os respectivos chefes" – 7014 salários. Se somarmos aos salários complementares os 2775 salários femininos, concluímos que eram pelo menos 9789 os "empregados nos estabelecimentos industriais" que auferiam um salário que se quantificava em cerca de metade do de um operário masculino e adulto[16]. Ou seja, as 40998 pessoas dependentes destes postos de trabalho contavam apenas com 12026 salários de "chefes de família"[17].

Quer os dados estatísticos quer a literatura da época reflectem que, no contexto de superação/aproveitamento desta situação de crise, o patronato substituiu parte significativa da mão-de-obra masculina efectiva e especializada por uma legião de mão-de-obra barata e adventícia. Para isso beneficiou ainda da evolução tecnológica que se reflectiu em Portugal, ainda que de forma limitada. A introdução de maquinaria nas fábricas depre-

---

[14] MARQUES, A. H. Oliveira; ROLLO, Fernanda – "O Surto Industrial". In *Portugal da Monarquia para a República*, p. 115 e seguintes.

[15] Relatórios dos serviços da 3ª Circunscrição de 1922 e 1926, *Boletim do Trabalho Industrial*, n.º 126, 1924, p. 76; n.º 136, 1930, p. 121.

[16] Em Janeiro de 1921, no distrito de Lisboa, na indústria das conservas, um homem auferiria cerca de 3$87 ao passo que uma mulher receberia apenas 1$92. *Boletim do Trabalho Industrial*, n.º 14, Julho a Dezembro de 1923, p. 94-97; Entre Julho de 1914 e Dezembro de 1920 os salários masculinos subiram, na indústria das conservas, 524% e os das mulheres 463%. *Boletim do Trabalho Industrial*, n.º 14, Julho a Dezembro de 1923, p. 142-144.

[17] Cálculos efectuados a partir do Recenseamento Geral da População Portuguesa de 1930, p. 44-58.

CORPORATIVISMO, FASCISMOS, ESTADO NOVO

ciou o papel dos antigos operários de ofício, que estiveram na origem do progresso do movimento organizativo e reivindicativo dos trabalhadores desde a última década de oitocentos.

Nas fábricas de conservas de peixe da circunscrição de Lisboa, só no ano de 1926 foram instalados 14 motores de combustão interna e sete motores de vapor, "destinados a accionar cravadeiras que tão grande desenvolvimento têm tido – pelo número de instalações feitas – por tornarem a mão-de-obra muito mais económica". Em Setúbal, onde "os soldadores chegam a receber 4$00 (...), porventura por influência da sua associação de classe", as fábricas a empregar a soldagem manual são cada vez menos, uma vez que enquanto se fazem em regime manual 100 latas em 45 minutos, com duas máquinas de soldar, que requerem o trabalho de apenas dois operários indiferenciados, efectuam-se 7000 latas em 8 horas[18].

Em Outubro de 1931, a Associação Comercial e Industrial de Setúbal consegue que o Governador Civil imponha um novo acordo entre industriais e operários das fábricas de conservas. Segundo este, as mulheres podem manejar cravadeiras, estanhadeiras, máquinas de borracha e soldadeiras e os menores todas as máquinas menos as soldadeiras[19].

De facto, as mulheres haviam invadido as fábricas. Segundo os censos de 1911 e o recenseamento da população de 1930, o peso das mulheres na indústria na Península de Setúbal terá passado de 17% para mais de 41%[20]. Estes "membros da família auxiliando os respectivos chefes", a que se juntavam os milhares de migrantes que continuavam a chegar do campo[21], contribuíram para acentuar a queda dos salários reais, como demonstram até as estatísticas oficiais[22], e aumentar a jornada de trabalho.

[18] Relatório dos serviços das circunscrições industriais no ano de 1926 *in Boletim do Trabalho Industrial*, n.º 136, 1930.

[19] O horário de trabalho e a lei, *A Indústria*, 23 de Outubro de 1931, p. 1; Horário de trabalho nas fábricas de conservas, *A Indústria*, 6 de Novembro de 1931, p. 1.

[20] Cálculos efectuados a partir do Sétimo Recenseamento Geral da População (1 de Dezembro de 1930), p. 6.

[21] Estando amplamente documentada a explosão demográfica das duas grandes cidades neste período, é de referir que o crescimento populacional das áreas industrial da Península de Setúbal mantinha-se ininterrupto – em 1890 a população ascendia a 81744 pessoas, em 1911 era já de 120832, em 1920 as 137894, para chegar às 150132 pessoas em 1930.

[22] "Mapas e gráficos sobre preços e salários". In *Boletim de Previdência Social*. N.º 19, Janeiro-Julho de 1928.

A *classe* corticeira foi das mais vitimadas. Segundo *O Eco do Barreiro*, o desemprego entre os corticeiros devia-se não só à "diminuta fabricação de quadros e rolhas que se opera nas fabricas nacionais, em consequência da exportação de cortiça em prancha", como pela "substituição do trabalho dos homens pelo das mulheres e dos rapazes nessas fábricas". "O aumento do custo da cortiça veio dar margem ao retraimento nas compras, chegando algumas fábricas a encerrar as suas portas durante meses sucessivos, e a crise agravou-se a ponto dos operários corticeiros se verem obrigados a lançar mão de outros mesteres (...)".

Os corticeiros, ameaçados com a crise no seu sector, levaram a cabo inúmeras greves de defesa dos seus postos de trabalho – Janeiro de 1920, Julho de 1922 e Maio de 1924. Nas vésperas da queda da Primeira República, os corticeiros barreirenses levaram a cabo uma greve de 42 dias – "uma greve defensiva, contra a intenção dos industriais de aplicar uma segunda redução salarial de 10%"[23].

Em 1930 a crise continuava a lançar "no desemprego absoluto alguns milhares de trabalhadores. (...) A introdução, numa escala mais ampla da mão-de-obra dos menores, das mulheres e dos trabalhadores desqualificados (...) observa-se com maior nitidez à medida que a máquina invade a indústria corticeira". "(...) os salários – 12$ em média para a mão-de-obra masculina e 5$ para as mulheres e menores – e a jornada de trabalho (14 a 16 horas por dia), seguem em agravamento constante"[24].

Na outra indústria dominante na região, a de conservas de peixe, o acordo estabelecido entre industriais e operários, sob a tutela do Governador Civil de Setúbal, em Novembro de 1931 determinava que os soldadores e os "moços" trabalhavam 8 horas diárias, mas as mulheres poderiam trabalhar durante todo "o tempo costumado" (que chegava a ser 16 horas). Este acordo surge após uma intensa campanha patronal no seu órgão de imprensa para a flexibilização da lei, na qual alegam que a protecção às mulheres e aos menores só serviu para os "arrancar à oficina para os atirar para a rua, para o vício[25].

---

[23] A greve dos operários corticeiros e as suas consequências *in Eco do Barreiro*, 1 de Janeiro de 1926, p. 1.

[24] "O problema nacional do desemprego". In *O Proletário*, 13 de Setembro de 1930, p. 1.

[25] "O Horário de trabalho e a lei". In *A Indústria*, 23 de Outubro de 1931, p. 1; Horário de Trabalho nas Fábricas de Conservas de Setúbal, 6 de Novembro de 1931, p. 1.

Onde a crise económica e a substituição da mão-de-obra não assolaram a capacidade reivindicativa do operariado, a acção patronal e a repressão foram determinantes. Os ferroviários, uma das classes profissionais mais temidas durante a Primeira República, viram a sua antiga força significativamente debilitada pela política da *CP*, a partir da data em que esta se tornou arrendatária dos caminhos-de-ferro do Estado.

No diário de José António Marques, ferroviário do Sul e Sueste, e no órgão do sindicato, *O Sul e Sueste*, são relatados pormenorizadamente os acontecimentos que marcaram o Barreiro durante este período. São fontes inigualáveis para compreender como foi debelada a resistência da elite da aristocracia operária portuguesa.

Faltava pouco mais de um mês para a queda da República, quando os ferroviários vêem as suas reclamações recusadas e são alvo do maior ataque aos seus direitos e regalias: "Redução de 20% nos insignificantes ordenados dos reformados (...) Viagens nos rápidos (...) proibidas. (...) Castigos agravados (...). Ameaças de redução de salários e vencimentos", entre outras. "Tudo isto completado com a intimidação da entrega dos Caminhos de Ferro do Sul a uma Companhia"[26].

Talvez por isso, quando têm notícia de uma revolta contra António Maria da Silva, em Maio de 1926, resolvem baixar os braços. Os ferroviários "auxiliam os revoltosos e ao mesmo tempo aproveitam o ensejo para fazer várias reclamações". Em Agosto desse mesmo ano, porém, Miguel Correia, redactor do *Sul e Sueste*, já estava preso e o arrendamento das linhas do Estado à *Companhia Portuguesa (CP)* era decidido. Em Setembro começaram a chegar ao Barreiro forças militares para ocupar os Caminhos-de-Ferro. Miguel Correia é deportado para a Cidade da Praia. No mês seguinte outros destacados dirigentes ferroviários fogem do Barreiro "por motivo de ordem de prisão". Ao longo dos anos seguintes, as prisões multiplicam-se[27].

Apesar disso, o Sindicato Ferroviário resiste, bem como o seu órgão, o *Sul e Sueste*. Segundo este, em Novembro de 1926 iniciaram-se os despedimentos devido "à falta de verba e a ordens emanadas da Direcção", que afectaram "ferroviários com dez anos de serviço, (...), e ficam outros

---

[26] "Em presença do balanço". In *O Sul e Sueste*, 1 de Abril de 1926, p. 1.
[27] *Diário de José António Marques*. 1926-1934. Arquivo Municipal do Barreiro.

A LIQUIDAÇÃO DO SINDICALISMO LIVRE

com um mês", "indivíduos que (...) pelo seu contrato, nenhumas regalias, nenhumas garantias usufruem"[28].

O afastamento dos quadros, por decisão da *CP* e conivência da Comissão Liquidatária e do delegado do Estado, serviram para instaurar uma verdadeira "caça às bruxas" nos caminhos-de-ferro. Segundo o porta-voz do sindicato ferroviário, "de cada vez que um trabalhador reclama, é castigado com pena de suspensão"[29].

O apoio dos ferroviários à revolta de Fevereiro de 1927 terá consequências graves para estes trabalhadores. Simbolicamente, durante a repressão do movimento, a GNR faz do Sindicato dos Ferroviários o seu quartel-general. Todas as noites são feitas buscas a várias casas, as prisões contam-se às dezenas. No rescaldo do movimento, o sindicato é selado, o pessoal eventual dispensado, os efectivos transferidos para outros pontos da linha[30].

Todavia, o que distingue o período antes e depois do 28 de Maio de 1926, no que respeita a política governamental face ao movimento operário, não é a repressão à *posteriori*. Os sindicalistas já se haviam habituado às prisões e deportações. Não conheciam ainda, contudo, a vigilância preventiva que marcará a política coerciva da ditadura militar e do Estado Novo.

Segundo a *Voz Sindical* de Setúbal, logo no dia 20 de Junho de 1926, recebem todas as Associações de Classe da cidade um ofício do administrador do concelho afirmando: "A fim de não se alegar ignorância chamo a atenção de Vossa Excelência para o determinado no decreto de 26 de Julho de 1893", que obrigava à participação com antecedência de pelo menos 24 horas de qualquer reunião às autoridades, com a assinatura legível dos promotores, hora, local e temática, proibia a reunião fora da respectiva sede e discussões de matérias alheias à temática autorizada. Avisam as autoridades que à segunda infracção deste decreto a associação em causa será dissolvida"[31].

Na investigação desenvolvida nos fundos locais verificamos que esta obrigação se estendeu a todas as colectividades operárias – de cultura e recreio, desportivas, de socorros mútuos, etc. Relatórios policiais mostram

---

[28] *O Sul e o Sueste*. 16 de Novembro de 1926, p. 1.

[29] *O Sul e o Sueste*. 1 de Março de 1927, p. 1.

[30] Diário de José António Marques, Setembro de 1926 a Fevereiro de 1927. Arquivo Municipal do Barreiro.

[31] As classes trabalhadoras de Setúbal principiam a colher os frutos amargos da revolução caserneira *in Voz Sindical*, 20 de Junho de 1926, p. 1.

que a sua actividade passou a ser vigiada de perto. A não autorização de reunião ou a anulação das suas resoluções – e até as misericórdias foram atingidas por estes processos – serviram de constante ameaça sobre as agremiações locais.

Muito embora o endurecimento dramático da reacção e da repressão tenham conjunturalmente desarmado o operariado, a partir de 1929 a organização sindical conhecerá um ressurgimento, dando provas de que o movimento que abalara os alicerces do regime republicano não se dava por vencido.

As derrotas sucessivas do *Reviralho*, em que muitos apostaram as suas esperanças, vieram fazer ressurgir a velha ideia sindicalista de que os trabalhadores só poderiam contar com o seu próprio esforço. Em 1929, surgem *A Vanguarda Operária* e *O Proletário*, porta-vozes das correntes libertária e bolchevista na organização sindical. Anarquistas e comunistas também voltam a apostar tudo na organização. No início dos anos trinta, dá-se os primeiros passos para a constituição da Federação Anarquista da Região Portuguesa, enquanto Bento Gonçalves reorganizava já o Partido Comunista Português[32].

Na área de estudo, enquanto nos primeiros dois anos de ditadura não se haviam fundado quaisquer associações, entre 1929 e 1931 fundaram-se (e foram aprovados os seus estatutos segundo a lei de 9 de Maio de 1891) cinco novas associações de classe[33]. Outras deram provas de ressurgimento, como é o caso da dos Trabalhadores do Mar de Setúbal. Reorganizada em Agosto de 1926, levará a cabo o seu último grande movimento reivindicativo em 1931, um ano em que os setubalenses, como descrevem na petição ao governo contra a carestia de vida, estão "quase loucos de dor assistindo ao definhamento pela fome dos seus filhinhos". Álvaro Arranja, descreve o conflito que iria durar três meses e terminaria com a vitória dos marítimos sobre os armadores e o novo aparelho repressivo[34].

Em 1929, a Federação Nacional Corticeira ressurge, com uma conferência nacional e com a edição do seu órgão *O Corticeiro*. Em 1932 é constituída a Federação do Ramo da Alimentação, ideia que recua ao congresso dos

---

[32] "A consolidação "externa" do regime: a derrota do reviralhismo e do movimento operário". In ROSAS, Fernando – *O Estado Novo (1926-1974)*. p. 206-241.

[33] Processos das Associações de Classe. Fundo do Ministério do Trabalho e da Previdência Social. IANTT.

[34] ARRANJA, Álvaro – *Anarco-sindicalistas e republicanos: Setúbal na I República*. p. 117-120.

Operários do Ramo da Alimentação de Outubro de 1926. A esta aderirá o Sindicato Único dos Trabalhadores da Indústria de Conservas e muitas outras associações de classe da Península de Setúbal ligadas à indústria moageira. Os treze sindicatos aderentes terão voz através do seu órgão *A Alimentação*.

Os comunistas, ao mesmo tempo que procuravam massificar as reivindicações operárias redireccionando-as para a questão premente do horário de trabalho, esforçam-se para agregar as associações de classe em organismos cada vez mais amplos – a Federação Nacional dos Trabalhadores dos Transportes será a sua maior conquista orgânica.

Finalmente era levada a cabo a orientação do II Congresso Nacional Operário – no qual se fundou a Confederação Geral do Trabalho, em 1919 – de associar as classes trabalhadoras por indústria e não por ofício. Todavia, o esforço levado a cabo pelos sindicalistas revolucionários de romper com o tradicional corporativismo reformista e de adaptar a organização operária ao progressivo desaparecimento do operário de ofício e à proletarização vinha tarde demais, parcialmente, e contava com estratos – essencialmente mulheres e menores – pouco aptas a resistir à ofensiva patronal. No que se refere às escassas excepções, como a dos trabalhadores dos transportes, a repressão jogou um papel pivô, como foi descrito.

A repressão política, como já aventámos, direccionou não apenas para a resistência do operariado no campo das reivindicações económicas mas também para a influência sociocultural do sindicalismo revolucionário. Inúmeros espectáculos em benefício dos presos políticos, cantares e poesias contra a situação, ou mensagens subliminares em discursos de associativistas tornaram-se muito comuns nas iniciativas das agremiações operárias de carácter cultural e recreativo. A sua repressão foi igualmente implacável.

O derradeiro ano de 1933 terá sido aquele em que cultura operária e fascização da sociedade se confrontaram mais acirradamente nestas vilas industriais. Conta José António Marques que no dia 1 de Janeiro desse ano "foram postos avisos na *CUF*, pelas secções de serviço, para os operários que saibam música darem parte para fazer uma banda de música da Companhia, de contrário serão despedidos, também estão com vontade de fazer um clube de futebol"[35].

---

[35] *Diário de José António Marques*, 1 de Janeiro de 1933. AMB.

CORPORATIVISMO, FASCISMOS, ESTADO NOVO

Alfredo da Silva procurava controlar as manifestações socioculturais do seu pessoal. Desta forma pôde fazer-se representar, com a banda dos seus operários, no lançamento da primeira pedra da nova muralha do Barreiro em Junho desse ano, mais uma obra de propaganda do regime, à qual se recusaram a ir todas as bandas do Barreiro e do Lavradio. Segundo o diário do ferroviário: "Houve vivas à ditadura mas sem grande entusiasmo.[36]"

O chefe de Estado fez duas visitas ao Barreiro em 1933. Ao recusarem-se a participar na primeira, todas as bandas foram proibidas pelo administrador do concelho de tocar no coreto e de envergar as fardas. Quando foi intimada a abrilhantar a segunda visita, a participação da banda da Sociedade de Instrução e Recreio Barreirense foi discutida e decidida por maioria dos filarmónicos, recusando-se mais uma vez. O mesmo fez a sua congénere Sociedade Democrática Barreirense. Esta audácia custou-lhes caro e ambas foram dissolvidas[37].

Todavia, as iniciativas socioculturais promovidas pelas agremiações operárias ganhavam um cunho cada vez mais antifascista. Nas vésperas da extinção do sindicalismo livre, a *Penicheiros Jazz* estreia-se no 64.º aniversário da Sociedade Democrática. No discurso de apresentação, um associativista congratula-se pelas históricas sociedades barreirenses se unirem, após 64 anos de encarniçada rivalidade, e acrescenta que "entre os operários é que devia haver união!", sendo efusivamente aplaudido[38].

*

*   *

A instauração de um regime ditatorial em Portugal insere-se numa conjuntura específica, que terá determinado fenómenos políticos semelhantes, no entre-guerras, em diversos contextos nacionais e particularmente na Europa Meridional. Os seus aspectos sociais tendem a ser considerados como simples reflexos da crise económica e financeira. No entanto, enquadrando a Grande Depressão num mais largo ciclo histórico, que recua à I Guerra Mundial, é possível analisar este período sob o signo de uma crise estrutural na evolução das relações sociais. De facto, as tensões

[36] *Diário de José António Marques*, 6 de Junho de 1933. AMB.
[37] PAIS, Armando da Silva – *O Barreiro contemporâneo: a grande e progressiva vila industrial.* p. 60-61.
[38] *Diário de José António Marques*, 17 de Dezembro de 1933. AMB.

sociais determinadas pela industrialização, e que a guerra terá potenciado, não se constituem como mera consequência de uma conjuntura mas como sujeito no processo histórico.

Como nos restantes países periféricos, o desenvolvimento industrial português vinha a efectuar-se por surtos coincidentes com as crises internacionais que favoreciam a substituição das importações, como a de 1890-1891, a Grande Guerra, o pós-guerra e a Grande Depressão. No contexto de superação/aproveitamento dos efeitos destas crises, e particularmente da de 1929, é verificada uma considerável dinâmica industrial que terá determinado "alterações estruturais, ainda que limitadas", no tecido produtivo nacional[39].

Interessa aqui sublinhar de que forma foi alcançada esta "dinâmica industrial", bem como se reflectiram estas "transformações estruturais" no mundo do trabalho. Como Jean Paul Scot[40] tão bem ilustrou empiricamente para o caso francês, também em Portugal boa parte desta superação/aproveitamento da *Grande Depressão* se terá feito graças à redução significativa do peso do custo do factor-trabalho. Em Portugal, o desemprego e o recrudescimento do êxodo rural determinados pela crise, que se arrastava desde meados dos anos 1920, e a precariedade endémica dos postos de trabalho na indústria nacional, terão possibilitado a intensificação da já sobre--exploração dos trabalhadores portugueses pela progressiva substituição da mão-de-obra masculina especializada por mão-de-obra feminina indiferenciada; pelo aumento da jornada de trabalho e pela redução dos salários, como foi ilustrado através do caso de estudo da Península de Setúbal.

A instauração de um regime repressivo debelará consideravelmente as possibilidades de resistência por parte de um movimento reivindicativo que, até meados 1919, lutara animosamente para acompanhar a galopante inflação com constantes aumentos salariais no sector industrial e que no período de maior pujança, no pós-guerra, havia conquistado as oito horas de trabalho em alguns sectores. Este movimento, todavia, assentava ainda na capacidade reivindicativa que o "saber" conferia ao operário de ofício, ao qual se juntaram, no excepcional contexto do pós-guerra, milhares de trabalhadores indiferenciados recentemente arregimentados para a pro-

---

[39] "A "Indústria Nacional"". In ROSAS, Fernando (dir.) – *História de Portugal*. p. 82.

[40] SCOT, Jean Paul – "La crise sociale des annés trente en France: Tendences et contre-tendences dans les rapport sociaux". *Le Mouvement Social*. N.º 142 (Janeiro-Março de 1988) p. 75-99.

dução, e que no período de crescimento industrial conheceram uma relativa estabilização dos seus postos de trabalho.

No entanto, muito embora se substituam progressivamente algumas tarefas manuais por maquinaria, como foi referido, não se aposta em sectores de ponta como a metalurgia, a química, entre outras, à semelhança do que terá acontecido em parte dos países beligerantes. Ao operário de ofício sucede um operário indiferenciado, manipulando uma tecnologia rudimentar, e não o operário semi-qualificado concentrado em imensas unidades de produção, característico da segunda revolução industrial nas economias mais desenvolvidas.

O novo proletariado de fábrica que o surto industrial criara, quando as unidades de produção registadas na Península de Setúbal praticamente duplicaram[41], era fundamentalmente constituído por mulheres e crianças, trabalhadores adventícios e sobre-explorados, com muito poucas condições para engrossar as fileiras no movimento reivindicativo. Afectando a capacidade reivindicativa do operariado, esta evolução afectava dramaticamente o associativismo de classe.

Todavia, não obstante o refluxo do seu movimento reivindicativo e a repressão sobre as suas organizações, o operariado organizado continua a ter nesta região influência social e as suas doutrinas eco entre as populações. O papel destacado que conquistou nas dinâmicas sociais locais, nas vésperas da extinção das suas associações de classe, continuava a fazer-se sentir.

Na realidade, eram exactamente os mesmos protagonistas que organizavam as associações e as greves, dinamizavam as cooperativas, encenavam os teatros, tocavam nas filarmónicas, treinavam os clubes desportivos – José Custódio Gomes, por exemplo, "um apóstolo do associativismo" era o sócio n.º 1 do Centro Socialista de Almada e da Associação dos Corticeiros, n.º 2 da Cooperativa Almadense, n.º 7 dos Socorros 1.º de Dezembro, n.º 17 da Filarmónica Incrível e 19 da Academia. Em Abril de 1929, quando faleceu, foi a bandeira da associação de classe que lhe cobriu o caixão[42].

---

[41] Na Península de Setúbal, segundo os anuários comerciais de Portugal, entre 1910 e 1920 o número de fábricas registadas cresceu de 229 para 427 e as oficinas de 349 para 528. A crise de 1924-25 não estancou este crescimento, mas abrandou-o substancialmente, já que em 1930, contam-se 503 fábricas e 640 oficinas.

[42] *O Almadense* (7 de Abril de 1929) p. 2.

A LIQUIDAÇÃO DO SINDICALISMO LIVRE

Os dirigentes operários contaminavam todo o quotidiano com as suas aspirações, o que justifica em parte a eficácia da acção solidária das classes trabalhadoras e a fraca receptividade à propaganda da harmonização das classes em nome do interesse nacional. O sindicalismo revolucionário que orientou o movimento operário deste período havia-se difundido e impregnado nas complexas formas de sociabilidade que aqui germinavam. É por este motivo que a propaganda do novo regime aqui conheceu particularidades que se relacionam com a composição social da Península e que atestam a tese de que a preponderância das doutrinas de emancipação social nas redes sociais locais era um facto.

A oposição do associativismo operário, nas suas diferentes expressões, ao cercear da sua liberdade e autonomia, no quadro de uma ofensiva patronal inédita, favorecida pela crise económica e por um novo regime político altamente repressivo é por si só um fenómeno histórico, que encontra paralelos noutros contextos similares. Os distintos desfechos nacionais desta conjuntura relacionam-se, entre outras contingências, com a capacidade de resistência das forças democráticas, entre estas e o movimento operário, mas não necessariamente com as divergências ideológicas que o atravessavam, como tem vindo a ser sublinhado.

O problema mais dramático e incontornável com que os dirigentes operários se confrontaram não foi o das dissidências, mas a debilidade crescente das suas bases fustigadas pelo desemprego, pela repressão e pela sobre-exploração do elo mais fraco – a mão-de-obra feminina e infantil. É certo que no entre-guerras o movimento operário português se fragmentara devido a divergências ideológicas larvares, mas não mais que os seus congéneres além-fronteiras. Em França, por exemplo, a mítica CGT havia-se fragmentado em quatro organizações – a CGTU, afecta ao PCF; a CGT-SR, sindicalista revolucionária; a CFTC ligada à igreja católica; e a CGT reformista.

No entanto, após a *marche sur Paris* de 6 de Fevereiro de 1934, em apenas seis dias foi forjada a unidade exigida pelos trabalhadores franceses, particularmente os urbanos, que desde então se manifestavam contra a extrema-direita. Dia 12 de Fevereiro, dia da *riposte aux groupe fasciste par la grève générale*, para além de uma incomensurável adesão à paralisação, tiveram lugar centenas de manifestações em diferentes aglomerados urbanos. Nas grandes cidades – Paris, Marselha, Toulouse ou Bordéus – desfilaram dezenas de milhares de manifestantes. Em Paris, formaram-se dois cor-

CORPORATIVISMO, FASCISMOS, ESTADO NOVO

tejos distintos, da CGT e da CGTU, que acabaram por se mesclar ao som da palavra de ordem *Unité! Unité!*[43].

Em Portugal, pelo contrário, muito embora a greve geral revolucionária de 18 de Janeiro de 1934 tenha voltado a congregar as associações de classe anarco-sindicalistas, comunistas, independentes e até reformistas, não contou com adesão expressiva dos seus filiados, sentindo-se apenas nos minúsculos centros industriais nacionais.

O proletariado português, isolado em "pequenos núcleos urbanos", estava cercado por "um país dominantemente camponês"[44]. Não podia contar com o apoio do grande número de pequenos proprietários apegados ao seu estatuto, que ainda dominavam na sociedade portuguesa, nem com a participação das mulheres e crianças que integravam as suas hostes. Acabaria por sucumbir, perdendo parte das regalias que em mais de quarenta anos de luta havia conquistado.

Depois de derrotado, os canais por onde se difundiu o sindicalismo revolucionário não se fecharam e por eles terão penetrado novos postulados de resistência e luta. Francisco Caixeiro, caldeireiro da CUF, ao contar da sua mocidade nos anos 40, reflecte o mesmo perfil do corticeiro de finais dos anos 1920; era sócio de várias colectividades barreirenses, mas sublinha, "primeiro... sou sócio do Partido Comunista"[45].

Como Danielle Jalla faz notar, no que respeita aos bairros operários de Turim, os diferentes postulados de emancipação social que inspiraram o associativismo operário eram nas regiões industriais bem mais do que um *corpus* teórico ou uma linha política – as aspirações dos trabalhadores concretizavam-se nos bairros e nas vilas operárias em comportamentos, atitudes e valores reflectindo-se nesses círculos, nessas colectividades, nessas redes de activistas de bairro, que contribuíram para criar um novo tipo de relações sociais[46].

Estas redes de sociabilidade, esse tecido associativo, responsáveis pela difusão do socialismo, do sindicalismo revolucionário e, mais tarde, também do comunismo, mostraram-se pouco receptivas ao corporativismo, reflectindo, iniludivelmente, que esta sociedade dentro da sociedade

---

[43] POGGIOLI, Morgan – *La CGT du Front Populaire à Vichy.* p. 20 e seguintes.

[44] PEREIRA, José Pacheco – *As lutas operárias contra a carestia de vida em Portugal.* p. 18.

[45] ALMEIDA, Ana Nunes de – *A Fábrica e a família.* p. 47.

[46] JALLA, Danielle – "Les "barrières" ouvrières de Turin". *Mouvement Sociale.* (Janeiro-Março de 1982) p. 95.

se tornara impermeável a doutrinas "estranhas à classe", para usar uma expressão cara ao operariado da época. No *Borgo de San Paolo,* em Turim, o fascismo também teve muita dificuldade em penetrar, como descreve Danielle Jalla[47]. No *cinturón rojinegro* de Barcelona, Franco era esperado com armas na mão[48] e foi no *banlieu rouge* que os "nazis partiram os dentes"[49].

---

[47] JALLA, Danielle – "Les "barrières" ouvrières de Turin". *Mouvement Sociale.* (Janeiro-Março de 1982).

[48] OYÓN BAÑALES, José – "Historia urbana e historia obrera: refexiones sobre la vida obrera y su inscripción en el espacio urbano 1900-1950". *História Contemporánea.* 24 (2002) p. 11-58.

[49] LEQUIN, Yves– "Les ouvrirères dans la ville". *Mouvement Sociale.* (Janeiro-Março de 1982).

Estado Corporativo em Acção: sociedade rural e construção da rede de Casas do Povo

DULCE FREIRE

A 23 de Setembro de 1933, foi promulgado em *Diário do Governo* o decreto-lei que legitimou a criação das Casas do Povo. Este diploma insere-se na acção legislativa que se seguiu ao plebiscito da nova Constituição, realizado a 19 de Março desse ano, e expressa a vontade governativa de construir uma ampla organização que, respeitando uma rígida hierarquia institucional, ligasse todos os portugueses ao âmago do Estado. As Casas do Povo foram projectadas como organismos primários, vocacionadas para integrar no Estado Corporativo todos os que residiam nas freguesias rurais. Formar-se-ia, assim, a rede de organismos mais densa do sistema corporativo, garantindo que o Estado Novo estava próximo da maior parte da população do país.

Os fundamentos ruralistas da ideologia dominante, amplamente propalados durante o regime – "é a vida rural que realiza em cada povo, a mais alta proporção de nacionalismo", afirma, por exemplo, o Subsecretário de Estado das Corporações em Fevereiro de 1945 (*Casas do Povo*, 1945: 5) – desejavam ter nas Casas do Povo uma expressão institucional que se anunciava abrangente. É certo que continuam, em grande parte, por avaliar as formas e as circunstâncias em que essas ambições foram operacionalizadas nas diferentes zonas do território, mas os indícios já coligidos indicam que a edificação do Estado Corporativo foi lenta e, por vezes, conflituosa (FREIRE, 2002).

CORPORATIVISMO, FASCISMOS, ESTADO NOVO

Tendo em conta que o corporativismo português é um corporativismo de Estado, a configuração legal e os procedimentos necessários à criação de cada organismo tendem a revelar os mecanismos de construção do próprio Estado Novo. Como as Casas do Povo traduziam uma ambição de estender a ditadura até às mais recônditas freguesias, que eram também a base da rede administrativa do Estado, uma análise focada nestes organismos permite aprofundar os conhecimentos acerca de vários aspectos ainda escassamente estudados para o regime português. De entre estes, refiram-se dois que merecem mais destaque neste artigo. Por um lado, é essencial esclarecer as circunstâncias em que surgiram e em que funcionaram as extensões locais do Estado Novo. É necessário compreender como este "Estado em acção" (JOBERT e MULLER, 1987) progrediu no território, nomeadamente, identificando quais as formas institucionais e os mecanismos adoptados para enquadrar os vários grupos sociais que o povoavam. Torna-se, por isso, pertinente averiguar como se materializaram localmente as organizações e as decisões políticas que, perante os habitantes das diferentes regiões, conferiram legitimidade ao regime.

Por outro lado, é igualmente pertinente compreender como esses habitantes "experienciaram o Estado", porque, argumentam Rudolph e Jacobsen, mais do que generalizações teóricas, é a prática que revela os diferentes sistemas políticos (RUDOLPH e JACOBSEN, 2006: vii-xxiii). Neste caso, exige-se que se proceda a um exame mais atento das reacções locais às iniciativas governamentais que, por diversas vias, interferiam no quotidiano dos portugueses. As pesquisas que têm vindo a ser realizadas acerca de outras ditaduras de direita e de esquerda que marcaram a Europa durante o século XX, mostram que o aprofundamento dos conhecimentos impõe que sejam averiguadas as opiniões populares e as vivências do cidadão comum durante estes regimes (CORNER, 2009).

Ainda que em Portugal não abundem os estudos que permitam vislumbrar as reacções e opiniões dos grupos sociais que residiam nas áreas rurais durante a ditadura, algumas vertentes têm vindo a ser tratadas no âmbito de estudos focados nos movimentos sociais, formas de oposição e semi-oposição ou actuações dos sistemas repressivos[1]. Mas os discursos e

---

[1] A bibliografia sobre estas temáticas tem vindo a aumentar nos últimos anos, entre os títulos mais recentes contam-se: Almeida, 2008; Farinha, 1998; Freire, Rovisco, Fonseca, 2009; Godinho, 2001; Madeira, 2007; Pimentel, 2007.

as reacções de contestação à ditadura não esgotaram as modalidades de relacionamento com o Estado, sendo necessário esclarecer como estas estiveram associadas a expressões de consentimento e a negociações que viabilizaram a concretização das medidas promulgadas pelos órgãos de poder central (CABANA IGLESIA, 2009; FREIRE, 2009). Salienta Paul Corner que consentimento e contestação foram faces da mesma moeda, não se auto-excluem e aparecem indissociáveis no desenrolar do quoti-diano individual e colectivo sob os regimes ditatoriais (CORNER, 2009).

O aprofundamento da compreensão do funcionamento dos regimes autoritários que emergiram na Europa no período de entre as guerras, contribuindo para criticar a teoria do totalitarismo, tem vindo a alargar a relevância explicativa dos dados recolhidos através de análises *bottom up*. Nesta perspectiva, salienta-se que, para além do exame de discursos das elites, propaganda ou diplomas legislativos, analisar os regimes políticos pressupõe que sejam avaliadas as reacções dos vários grupos sociais e que seja identificada a amplitude geográfica das realizações estatais. No caso do Estado Novo, que ao contrário da maior parte dos regimes congéneres europeus sobreviveu muito para além da II Guerra Mundial, o exame destes aspectos é também crucial para explicar a longevidade da ditadura até 1974.

Este artigo[2], que visa contribuir para alargar estas perspectivas de análise, está dividido em duas partes. Na primeira, focada na acção do Estado Corporativo, apresentam-se as intenções que presidiram à constituição das casas do povo e acompanha-se a progressão da rede organizativa, que começou a ser construída a partir de 1933. Na segunda parte, centrada no processo de fundação da Casa do Povo de Alpiarça (distrito de Santarém), descrevem-se as estratégias dos poderes centrais e locais que viabilizaram a constituição de mais um elo da rede primária da organização corporativa, observando-se como essas iniciativas foram interpretadas localmente. A inserção deste caso particular nas tendências nacionais contribui para identificar alguns aspectos que rodearam a criação e o funcionamento das Casas do Povo, suscitando questões que poderão ser esclarecidas em futuras pesquisas.

---

[2] Este artigo beneficia de dados recolhidos em diferentes pesquisas em que tenho participado nos últimos anos e, também, dos primeiros resultados obtidos no projecto "Corporativismo, instituições políticas e comportamentos económicos. Contributos para a História Europeia", coordenado por José Luís Cardoso, Pedro Lains e António Costa Pinto, financiado pela FCT, que está a decorrer (2010-2012) no ICS-UL.

CORPORATIVISMO, FASCISMOS, ESTADO NOVO

1. Construção de uma rede nacional de Casas do Povo

No processo de edificação do Estado Corporativo, que ficou legitimado pela aprovação, em 1933, da Constituição Política da República Portuguesa e do Estatuto do Trabalho Nacional, a construção de uma rede de casas do povo apresentou-se como prioritária. Na pirâmide corporativa, que começou a ser alicerçada nesse ano, as Casas do Povo não motivaram tantas hesitações, como as Casas dos Pescadores (criadas a partir de 1937), nem foram um projecto que tenha aparecido tardiamente, como as federações de grémios ou as corporações, apenas constituídas nos anos 50. Pelo contrário, o diploma que disciplinou as Casas do Povo fez parte da legislação decisiva de Setembro de 1933 (decreto-lei n.º 23.051, 23-09-1933). Esta prontidão da iniciativa denota a relevância política conferida pelos órgãos centrais do Estado a estes organismos corporativos primários. Considerava-se que, como afirma o Subsecretário de Estado das Corporações, "é talvez no enquadramento orgânico da vida rural, através das Casas do Povo, que se proclama, por maneira mais clara e insofismável o realismo intransigente da nossa doutrina corporativa" (*Casas do Povo*, 1945: 5).

O diploma inaugural autoriza a constituição destes "organismos de cooperação social" em todas as freguesias classificadas como rurais, o que deveria conduzir ao aparecimento de cerca de quatro mil Casas do Povo, abrangendo a larga maioria dos mais de 7 milhões de habitantes que residiam no país na década de 30. Estas novas instituições destinavam-se a actuar em três áreas prioritárias: previdência e assistência, que visava garantir aos sócios protecção e auxílios em situações de doença, desemprego, inabilidade ou velhice; instrução, assegurando o ensino de adultos e crianças, actividades desportivas, diversões e cinema educativo; progressos locais, que corresponderia à cooperação nas obras de utilidade comum, comunicações, serviço de águas e higiene pública (decreto-lei n.º 23051).

Através das Casas do Povo, o Estado corporativo assume-se como localmente hegemónico. Fica claro que não seria "permitida a criação de qualquer outra organização da mesma índole e com fins idênticos" (decreto-lei n.º 23051) nas freguesias e, ainda que nada se diga acerca do destino de organizações que já existissem, a prática parece ter sido extingui-las ou esvaziá-las de funções[3]. Ficou também estipulado que "o Estado vigiará o

---

[3] Ainda que o movimento associativo anterior aos anos 30 possa ter sido em Portugal mais lento do que em outros países, como Espanha, existiam localmente associações para diversos

276

ESTADO CORPORATIVO EM ACÇÃO: SOCIEDADE RURAL E CONSTRUÇÃO

funcionamento das Casas do Povo", o que poderia levar a "suspender temporariamente a sua actividade ou dissolvê-las no caso em que a sua acção se torne prejudicial aos interesses da ordem política e social" (*ibidem*). Numa época em que pairava sobre o Ocidente o *perigo vermelho*, o Estado Novo procuraria afastar a população rural da *luta de classes* ou das *ideias dissolventes*, proibindo sindicatos e outras organizações de trabalhadores. Mas, com esse pretexto ou não, ansiava também aniquilar outras entidades susceptíveis de mobilizar a sociedade civil e capazes de concorrer nas áreas de assistência, educação e lazer contempladas nestes organismos corporativos.

Acreditava-se que, nas palavras de Marcelo Caetano, o *campo* era uma "comunidade de homens de diferentes classes que, pelas circunstâncias da sua vida colectiva, toda ao redor da terra, são chamados à cooperação" (CAETANO, 1938: 78). Estas convicções justificavam que as Casas do Povo fossem organismos mistos (juntando na mesma plataforma patrões e trabalhadores) e tentavam iludir as tensões associadas às diferenças de estatutos económicos entre os habitantes rurais. À semelhança de outros regimes fascistas dos anos 20 e 30, valorizava-se a *harmonia* e *ordem natural* que, supostamente, reinariam nos *campos*. Mas, ao mesmo tempo, os diplomas legais conferem carácter operatório a essas diferenças, quando fazem, por exemplo, distinções entre as várias categorias de sócios, tornando-se claro que o Estado Novo contava com as elites locais para desempenhar as várias funções inerentes à actuação dos organismos governamentais e corporativos. Contudo, tal como aconteceu em outros regimes ditatoriais (CORNER, 2009: 122-146), em Portugal estas elites nem sempre estiveram dispostas a colaborar para que fossem cumpridos localmente os objectivos traçados pelos órgãos centrais do Estado.

Aproximando-se mais da fundação do que da associação, especifica Marcelo Caetano, o estabelecimento de cada Casa do Povo requeria uma proposta de onze sócios fundadores, o que exigia a motivação das *forças vivas* da freguesia. Tanto mais que a definição do estatuto de sócio indica que caberia à elite local a principal contribuição para o financiamento do organismo. Acentuando o já habitual afastamento das mulheres das actividades públicas, estipulam-se as condições em que, preferencialmente,

---

fins (Villaverde, Lanero Táboas, prelo). Algumas, como os sindicatos, foram explicitamente combatidas e extintas, mas em outros casos a acção do Estado Novo parece ter exigido, como em Alpiarça, negociações e outras estratégias para transferir apoios e competências para a organização corporativa ou para outras entidades em que o regime tivesse forte ascendente.

chefes de família masculinos ficavam obrigados a cumprir os novos deveres inerentes a cada Casa do Povo. Fixam-se duas categorias de sócios: todos os chefes de família que fossem proprietários rurais na freguesia eram considerados "protectores natos", ficando obrigados a pagar uma quota no montante mínimo de 5$ mensais; todos os chefes de família que fossem trabalhadores rurais integravam a categoria de sócios efectivos, pagando mensalmente a quota fixa de 1$. Era entre os primeiros que seriam recrutados os dirigentes da Casa do Povo, mas apenas os sócios efectivos podiam ter assento na assembleia-geral, que anualmente deveria eleger a mesa da assembleia e a nova direcção. Para além destas contribuições obrigatórias, mais fundos poderiam ser obtidos através de outras vias: actividades desenvolvidas na Casa do Povo, doações de beneméritos e contribuições do Estado. A amplitude da acção das Casas do Povo ficava dependente das receitas regulares obtidas com as contribuições dos sócios. Na prática, a existência das Casas do Povo estava condicionada pela vontade das elites em pagar para assumir mais responsabilidades de representação local do Estado.

Observando a progressão da rede de Casas do Povo verifica-se que a extensão desta foi morosa e intermitente, o que sugere que as contrapartidas oferecidas pelo Estado não foram suficientemente aliciantes para que as elites locais se entusiasmassem com a edificação destes alicerces do corporativismo. É certo que o *Boletim do Instituto Nacional do Trabalho e Previdência* regista o empenho dos primeiros anos, que correspondeu à atribuição de dezenas de alvarás[4]. Mas, em 1942, essa exaltação corporativa traduzia-se em menos de 400 Casas do Povo, o que corresponderia à cobertura de cerca de 20% das freguesias. Entre 1950 e 1960, o número de Casas do Povo rondaria as 500, subindo para 627 em 1965. E, passados 30 anos sobre a publicação da legislação fundadora, estavam cobertas 1200 freguesias, o que representava menos de metade dos objectivos a que o Estado se tinha proposto (LUCENA, 1999: 245-250). Entretanto, um número indeterminado de Casas do Povo tinha perdido visibilidade local, por terem o alvará suspenso ou por inactividade.

A escassa cobertura do país torna-se, ainda, mais notória quando se avalia a distribuição geográfica das Casas do Povo. Verifica-se que a maioria

---

[4] Entre 1933 e 1974, o Instituto Nacional do Trabalho e Previdência publicou regularmente este boletim, que acompanha as actividades da organização corporativa.

ESTADO CORPORATIVO EM ACÇÃO: SOCIEDADE RURAL E CONSTRUÇÃO

das 1200 casas criadas até 1962 estavam nas regiões do Alentejo e do Ribatejo. Nota Afonso de Barros que, embora a legislação não estabelecesse prioridades regionais, na prática, foi no Alentejo que primeiramente se constituíram estes organismos: em 1940, quase metade das freguesias da região tinha Casa do Povo, dez anos mais tarde essa percentagem subia para 86 por cento (BARROS, 1986: 294). Em 1945, no distrito de Beja existiam 62, no de Portalegre 51, no de Évora 42 e no de Santarém 36 Casas do Povo. Esta tendência é confirmada pelo número de sócios: em 1942 as casas do povo destes distritos somavam perto de 150 mil associados, mais do que todas as outras do país juntas; em 1959 tinham perto de 200 mil associados, quando o total nacional era pouco mais de 430 mil. As casas substituíam os sindicatos e impunham uma plataforma institucional que abrangia obrigatoriamente patrões e trabalhadores. Para Afonso de Barros, a prioridade dada ao Sul "testemunha com clareza estar-se perante política guiada sobretudo pela preocupação de responder aos graves problemas com que o latifundismo se debatia em custear a reprodução da força de trabalho de que necessitava" (BARROS, 1986: 294). Nesta perspectiva, que tem sido partilhada por outros autores, esta seria mais uma das vias encontradas pelo Estado para sustentar a grande propriedade, impondo contratos de trabalho e atribuindo pequenos subsídios ou abrindo obras públicas nas épocas em que escasseavam os trabalhos agrícolas, ao mesmo tempo que alargava os mecanismos de controlo político dentro das comunidades. Garantir-se-ia, assim, mão-de-obra a baixos salários e, também, *paz social* em regiões que durante a I República tinham sido palco de intensos movimentos sociais.

Mas, contrariando esta tendência, desde os anos 40 que não era nestes distritos que se encontrava a maior densidade de Casas do Povo, mas antes no extremo Norte, no distrito de Braga. Era aqui que o empenhamento corporativo se mostrara mais acelerado e frutuoso: se em 1942 existiam apenas 27 Casas do Povo, em 1945 contabilizavam-se quase uma centena (LUCENA, 1976: 248). De facto, este era o distrito excepção a Norte do rio Tejo, já que nos outros a capacidade para criar tais organismos fora consideravelmente mais reduzida. A maioria das freguesias "continuava, portanto, a descoberto, sobretudo onde menos se esperaria", comenta Manuel de Lucena (LUCENA, 1999: 247). No Norte camponês e católico o ambiente social seria naturalmente mais propício à implantação do Estado Novo, do que no Sul *jornaleiro* e *subversivo*, mas a contabilidade geral de Casas

CORPORATIVISMO, FASCISMOS, ESTADO NOVO

do Povo e sócios não permite corroborar estas concepções. O distrito de Braga tem sido apontado como mera excepção num quadro nacional em que os do Sul eram a regra. Todavia, é necessário desenvolver mais pesquisa histórica para avaliar as dinâmicas regionais e locais que estiveram subjacentes a esta distribuição geográfica e, ainda, avaliar a longevidade e as actividades destas casas[5].

Na verdade, as dificuldades encontradas para estabelecer a pirâmide corporativa não se restringiram às Casas do Povo – o que em última instância levou a que esta nunca fosse concluída (CABRAL, 1980; ROSAS, 1994) – e eram na época reconhecidas por vários protagonistas do regime. Em Fevereiro de 1945, a constituição na Assembleia Nacional de uma comissão de inquérito ao sistema corporativo denota, justamente, uma preocupação em avaliar os resultados e em encontrar soluções que conduzissem à consumação do Estado Corporativo. O relatório geral apresentado em 1947, é categórico nas críticas ao funcionamento da maior parte dos organismos do sistema corporativo, sem esquecer as competências de delegados do governo, dirigentes e funcionários. Ainda que a análise desses comportamentos suscitem questões doutrinárias e políticas específicas, os problemas que afectavam as condições de delegação de competências e de exercício do poder entre o centro e as extensões locais dos serviços, aproximavam o processo de construção do Estado Novo ao dos restantes Estados europeus que se expandem durante o século XX.

Os membros desta comissão de inquérito ficaram particularmente perplexos, ou mesmo irritados, com o cenário pouco satisfatório que encontraram na rede nacional de Casas do Povo. Enquanto as Casas dos Pescadores foram elogiadas e consideradas exemplares, as congéneres destinadas aos agricultores e trabalhadores rurais causaram profunda insatisfação. Afirma-se categoricamente, "faz pena que, de instituições que têm na base o mesmo pensamento e no coração o calor do mesmo sentimento, umas floresçam e outras morram. Faz mais do que pena, faz raiva" (*Diário das Sessões...*, 1947). Seja qual for a perspectiva de observação, verifica-se que "de um modo geral, as Casas do Povo não têm correspondido ao belo

---

[5] Nessa avaliação deve ter-se em conta a densidade populacional e a estratificação social dos diferentes distritos. Recorde-se que Braga (que, entre 1940 e 1950, contabilizava cerca de cem por cento de habitantes como população activa agrícola), estava entre os mais povoados, enquanto Évora, Portalegre e, mesmo Beja, se encontravam entre os distritos menos habitados (ROSAS, 1994: 43).

pensamento que inspirou a sua criação" (*ibidem*). Acentuando o contraste, elogiam-se as actividades sociais e educativas das Casas dos Pescadores (contratos colectivos de trabalho, *escolas de mães*, postos de puericultura e internatos, jardins-escola e escolas primárias, oficinas de costura, etc.). Trata-se, enfim, de "uma obra notável realizada no aspecto social e a obra de todos os dias que se pode acompanhar e que chega a comover quando se assiste ao seu movimento" (*ibidem*).

Os promotores da organização corporativa desejavam que as instalações das casas do povo fossem igualmente espaços com "movimento" em "todos os dias", constituindo-se como locais privilegiados da vida social das comunidades. Mas, em 1947, reconhecia-se que tinha falhado essa missão prioritária de atrair os trabalhadores ou as respectivas famílias, desviando-os de ambientes apontados como perniciosos. Salienta-se que, "salvo os dois ou três primeiros dias da curiosidade da telefonia" – equipamento com que era apetrechada cada nova casa – "um ou outro caso de ensaio de filarmónicas, de ranchos populares ou de peças de teatro, a Casa do Povo não é frequentada" (*Diário das Sessões...*, 1947). Verificava-se que, mesmo quando os intentos do poder central tinham sido bem sucedidos e a casa estava instalada, falhava a capacidade de atracção dos habitantes sendo, assim, reduzidas as possibilidades de reeducar as populações rurais.

A principal causa deste panorama desolador, apontava para a qualidade e o empenhamento das elites locais: "nem o povo, nem as pessoas que, no meio dele, aparecem como autoridades sociais receberam (...) as Casas do Povo com acolhimento favorável" (*Diário das Sessões...*, 1947). Reconhecia-se que em poucos casos, concentrados no Alentejo, tinha sido possível encontrar "o dirigente carola e capaz", que conferisse visibilidade à acção da casa do povo. Na maior parte das freguesias, os membros das elites "foram um elemento de divisão em vez de um penhor de paz, um motivo de perturbação local, em vez de ordem. Os que não puderam tê-las como um meio de influência, olharam-nas como causa de diminuição do seu prestígio e tornaram-se seus inimigos" (*ibidem*). Estes foram factores que conduziram à "inimizade do pároco" e de paroquianos que costumavam estar "dispostos a colaborar nas obras de protecção e auxílio às populações" (*ibidem*). Afinal, mesmo observando apenas o comportamento das elites, tornava-se evidente que o *campo* não era *harmonioso*, mas essas realidades, que não eram ideologicamente reconhecidas, tiveram diferentes leituras políticas.

Se tais desarmonias não eram visíveis nas Casas dos Pescadores, um dos factores determinantes parece ter sido o *modelo de governação* altamente centralizado, comandado a partir da Junta Central da Casa dos Pescadores. Combinando empenhamento pessoal com disposições normativas, Henrique Tenreiro ignorou as comunidades de interesses, próprias de cada zona piscatória, e impôs os oficiais da marinha como dirigentes das Casas dos Pescadores. Exteriores às lógicas locais e reportando directamente à Junta e trazendo reais benefícios sociais para os pescadores, os oficiais que chefiavam as escassas dezenas de Casas dos Pescadores tornaram-se capazes de construir no mar a nova ordem corporativa que se vislumbrava difícil alicerçar em terra (GARRIDO, 2009: 172-189). Aqui, as diversidades locais, a extensão da rede a edificar, a debilidade das melhorias sociais e a dependência das iniciativas locais dificultaram o funcionamento dos mecanismos centralizadores. As Casas do Povo tornaram-se mais um factor em disputa nas dinâmicas e tensões que constituem as comunidades rurais. Os ideólogos do Estado Novo poderiam ser incapazes de reconhecer a existência desse *meio rural*, mas as realidades impunham-se e, em vez de "espírito de colaboração", as Casas do Povo fomentaram muitas vezes resistências não "só passivas, mas também activas", como refere a comissão de inquérito de 1947.

Em Janeiro de 1945, quando já era notório que essas atitudes de resistência estavam a dificultar as cobranças das quotas, tanto de sócios efectivos como de contribuintes, e que as casas estavam a "morrer à míngua", foi instituída a Junta Central das Casas do Povo (decreto-lei 34373, 10-01-1945). Inspirada na experiência bem sucedida das Casas dos Pescadores, visava-se promover uma "melhor coordenação de esforços" e impor uma "boa orientação geral" (*ibidem*). Interessava que as Casas do Povo levassem a cabo uma "obra intensa e extensa de agregação social", cumprindo assim plenamente as funções para que foram concebidas. Através da Junta tornar-se-ia possível uma "ligação cada vez mais apertada e a cada vez mais íntima colaboração entre as Casas do Povo e os Grémios da Lavoura" (*ibidem*). Uma década de dificuldades, em uniformizar as práticas sociais e em integrar as áreas rurais no âmago do Estado, levara o governo a tentar outra estratégia para a consolidação da rede nacional de casas do povo.

A inventariação dos problemas do sistema corporativo não deixou indiferentes os intelectuais do regime, entre os quais Marcelo Caetano. Depois

ESTADO CORPORATIVO EM ACÇÃO: SOCIEDADE RURAL E CONSTRUÇÃO

de, nos anos 30, ter sido um entusiasta pedagogo do corporativismo[6], reconhecia, em 1950, que em Portugal poderia existir um "Estado de base sindical corporativa, ou de tendência corporativa, mas não um Estado Corporativo" (CAETANO, 1950:12). As iniciativas governamentais desses anos – a criação do Ministério das Corporações, constituição do Gabinete de Estudos Corporativos, reorientação da Federação Nacional para a Alegria no Trabalho –, foram tentativas para resolver os problemas detectados, que, a partir da década de 60, abriram oportunidades para adequar a organização às novas exigências decorrentes das mudanças sociais em curso.

Uma das missões assumidas pelo Ministério das Corporações foi, precisamente, averiguar a situação das Casas do Povo que já tinham sido fundadas e encontrar formas para ultrapassar os obstáculos que impedissem a consolidação desta estrutura local do Estado Corporativo. No Verão de 1959, ao fim de quatro anos de actividade, em carta ao Presidente do Conselho, o Ministro das Corporações continua a sustentar a esperança: "Como Vossa Excelência sabe, tem-se desenvolvido um grande esforço no sentido de consolidar e estender a organização corporativa. Se bem que as dificuldades encontradas tenham sido grandes, creio que os resultados são animadores" (ANTT, AOS/CO/CR-4, Pt. 69, 8-8-1959). Refere em seguida que, desde 1955, esses resultados se traduziram na organização de 54 novas casas e no reinício de actividade de sete casas do povo.

A acção do Ministro das Corporações procurava, prioritariamente, colmatar as falhas mais evidentes na cobertura geográfica do país. Da lista de 54 Casas do Povo, estabelecidas entre Julho 1955 e Agosto de 1959, a esmagadora maioria distribuía-se pelos distritos a Norte do rio Tejo (ANTT, AOS/CO/CR-4, Pt69). Nessa carta que escreve a Oliveira Salazar, em 1959, o ministro refere que existiam 255 pedidos para constituir novas Casas do Povo, entre estas salientavam-se 28 provenientes do distrito do Porto, 23 do da Guarda, 20 do de Lisboa e, ainda, 14 do distrito de Santarém. Formalmente os pedidos para criação das Casas do Povo tinham que partir dos interessados, mas, tal como aconteceu com outros organismos corporativos, em muitos casos, foi o Estado que estimulou ou impôs a constituição das Casas do Povo. O aparecimento das federações distritais de Casas

---

[6] Na sebenta de Direito Corporativo, publicada em 1935, Marcelo Caetano apenas dedicou meia lição às Casas do Povo, depois de se deter durante duas lições e meia na análise dos sindicatos corporativos (CAETANO, 1935).

do Povo, a partir de 1957, insere-se também nessas estratégias governamentais para assegurar a consolidação destes organismos primários. Por isso, em 1959, o Ministro das Corporações não deixa de sublinhar que 12 federações estavam "a ensaiar os primeiros passos, sendo de esperar que as restantes se formem brevemente"[7] (*ibidem*).

Todavia, o impulso decisivo para completar a rede nacional foi dado pela lei de "reorganização das Casas do Povo e suas federações", promulgada em Maio de 1969 (lei 2144, 29-05-1969). As atribuições das casas do povo recentraram-se nas funções de previdência social, passando a assegurar "um esquema especial de prestações, bem como cooperar com as caixas sindicais de previdência na aplicação do respectivo regime geral e do regime especial de abono de família" (*ibidem*). As prestações regulares recorriam ao fundo de previdência e eram geridas pela Caixa Nacional de Pensões, que assegurava a generalização das atribuições aos trabalhadores rurais e pequenos proprietários. Para além deste e dos regimes especiais, ficava também previsto um auxílio complementar para os sócios efectivos e respectivas famílias em "situações de comprovada necessidade" (*ibidem*), o qual estava dependente das receitas próprias de cada Casa do Povo ou de subsídios eventuais.

Esta foi mais uma medida com que o regime procurava colmatar as notórias discrepâncias que afastavam Portugal dos sistemas de previdência social construídos na Europa do pós-II Guerra. O Salazarismo, que lentamente estava a intervir nos sistemas de previdência, já tinha promulgado em 1962 um novo enquadramento legal dessas funções (CARDOSO e ROCHA, 2003) e o Marcelismo ampliou a previdência a grupos sociais até então excluídos da acção do Estado Novo. Nesta altura, era notório que o alcance das mudanças sociais, com migrações (para estrangeiro e centros urbanos), e a redução do número de filhos por casal, estava a pôr em causa a solidariedade intergeracional e familiar. Quando a *sociedade previdência* estava em contracção, alargou-se o Estado previdência.

As medidas marcelistas foram a alavanca que impulsionou a multiplicação de Casas do Povo nas freguesias do Centro e do Norte, acabando com os desfasamentos que até então tinham marcado a geografia do país corpora-

---

[7] Entre 1958 e 1959 foram promulgados alvarás das federações de Casas do Povo dos distritos de Braga, Bragança, Castelo Branco, Évora, Faro, Guarda, Leiria, Lisboa, Portalegre, Santarém, Viana do Castelo, Viseu. Estavam em constituição as que faltavam para os restantes distritos (ANTT-AOS/CO/CR-4, pt. 69).

ESTADO CORPORATIVO EM ACÇÃO: SOCIEDADE RURAL E CONSTRUÇÃO

tivo. Nestas zonas, a taxa de cobertura subiu de 53 por cento, em 1970, para 98 por cento em 1974 (BARROS, 1986: 294). As promessas contidas na lei de 1969 e a insistência dos membros do governo foram igualmente decisivas para desbloquear as vontades em outras regiões, onde o entusiasmo não fora ainda suficiente para promover a constituição de Casas do Povo, como acontecia em algumas freguesias do Ribatejo. O processo da Casa do Povo de Alpiarça, analisado adiante, permite observar como a acção dos organismos centrais do Estado se articulou com os diferentes interesses locais para viabilizar, em 1969, a criação de mais um elo neste intrincado sistema corporativo que estava em construção desde a década de 30.

2. Alpiarça: *"Aquela casa onde o governo nos quer ver para nos controlar"*

Até 25 de Fevereiro de 1969, data de publicação do alvará fundador, Alpiarça fazia parte do longo rol das freguesias que não tinham Casa do Povo. Esta freguesia foi uma das muitas onde a legislação de 1933 foi *letra morta* e onde o Estado Novo transigiu com o prolongado desinteresse local pela criação da Casa do Povo. Apesar de Alpiarça fazer parte do Ribatejo e de ter uma herança de décadas de conflitualidade social suscitada por motivos políticos e laborais, verifica-se que não fez parte das prioridades estatais quanto ao enquadramento dos habitantes nestes órgãos de "cooperação social". O que, como vimos, contrasta com o que foram as tendências dominantes no Alentejo e Ribatejo.

Esta análise, mais do que discutir as circunstâncias que durante décadas levaram ao adiamento dessa fundação, centra-se no desenrolar das iniciativas e das negociações que, a partir de 1968, conduziram à instalação da Casa do Povo na vila. Não se detendo na descrição do funcionamento do organismo, procura-se, principalmente, contribuir para compreender as estratégias adoptadas pelo Estado para se implantar no território do concelho e as reacções dos vários grupos sociais presentes nesta comunidade.

Os diplomas legais mais relevantes da era marcelista foram publicados em 1969 e no ano seguinte. Contudo, as tarefas para incluir esta freguesia na rede nacional começaram em 1968 e não estiveram, certamente, desvinculadas da propaganda relacionada com as eleições para deputados à Assembleia Nacional que se realizaram em 1969[8]. Em Dezembro de 1968,

---

[8] Desde os anos 40 que os actos eleitorais eram momentos sensíveis nas relações políticas entre a comunidade e o regime, especialmente quando alguns alpiarcenses faziam parte de listas da oposição, como aconteceu em 1969 e em 1973 (FREIRE, 2007).

o mensário local *Voz de Alpiarça* apresentava mesmo a Casa do Povo como "uma justa aspiração do concelho que urge satisfazer" (*Voz de Alpiarça*, Dezembro/1968). Mas a documentação proveniente da Junta Central das Casas do Povo e do Governo Civil de Santarém sugerem, pelo contrário, que a criação deste organismo na vila resultou mais do empenhamento institucional e pessoal do delegado distrital do INTP do que dos interesses locais. O Secretário de Estado do Trabalho e Previdência[9] tinha assumido como missão estender a rede de Casas do Povo a todos os concelhos do distrito, onde até então tinha sido impossível erguer estes organismos. Com uma Casa do Povo em Alpiarça ficaria coberta toda a zona a Sul do Tejo e completada esta missão.

Na verdade, durante o desenrolar do processo de constituição da Casa do Povo, localmente os alicerces sociais e ideológicos do Estado Novo continuavam frágeis. A 4 de Janeiro de 1969, o Delegado do INTP em Santarém explica ao Presidente do instituto que esta é "uma zona onde nunca foi possível a penetração de organismos corporativos desta natureza dado o especial condicionalismo político de que se reveste, haverá a maior vantagem em não levantar quaisquer dificuldades à criação da Casa do Povo. (...) Assim, por se tratar de um caso especialíssimo, confio na melhor compreensão de Vª Exª até porque o organismo agora proposto tem indiscutível viabilidade financeira e não menos utilidade politíco-social" (ADS, Fundo: JCCP[10], Pc 800, Pt Alvará e Estatutos, 4-1-1969). Dias depois, a Junta Central das Casas do Povo reforça essa percepção, salientando que "o ambiente favorável à criação do organismo, tanto por parte da população rural como das entidades locais, excepcionalmente verificado neste momento, não se garante que se mantenha, caso a Casa do Povo demore a entrar em funcionamento. Ora, dado o que se tem verificado em outras Casas do Povo do mesmo distrito recentemente constituídas, para as quais se verifica clima favorável quando da constituição não se conseguindo depois realizar acordo com o Grémio da lavoura, forçando, deste modo, a aceitação de um regulamento (...)" (ADS, Fundo: JCCP, Pc 800, Pt Alvará e Estatutos, 7-1-1969). Estes eram relatos semelhantes aos apresentados por outros observadores nas décadas anteriores. Revelando sintomas da

---

[9] O cargo estava ocupado por Carlos Manuel de Melo Morão Paiva, que antes tinha sido Subdelegado do INTP em Santarém.

[10] ADS, Fundo: JCCP, corresponde a Arquivo Distrital de Santarém, Fundo: Junta Central das Casas do Povo.

ESTADO CORPORATIVO EM ACÇÃO: SOCIEDADE RURAL E CONSTRUÇÃO

constante tensão entre patrões e trabalhadores, representavam, ao mesmo tempo, reacções defensivas da comunidade contra mais uma tentativa do Estado de se imiscuir e de controlar as dinâmicas locais (Freire, 2007).

Em Junho de 1969, a Casa do Povo começou a funcionar ainda em instalações provisórias. Este foi o culminar de um processo complexo, que decorreu entre personalidades e instituições que por conveniência, convicção ou legalmente estavam vinculadas ao Estado Novo. Foi necessário formar uma comissão organizadora, preparar uma proposta de estatutos assinada por vários dos futuros sócios, conceber um projecto orçamental demonstrando a viabilidade financeira, encontrar instalações capazes para albergar a sede administrativa e as vastas actividades que se pretendiam promover. O processo foi desencadeado e protagonizado pelas extensões regionais dos órgãos centrais do Estado. Todavia, nos discursos veiculados para dentro da vila, nomeadamente por artigos publicados no jornal *Voz de Alpiarça* durante estes meses, salientam-se as vantagens do organismo e sugere-se um forte envolvimento da elite local. Por exemplo, quando se apresenta a comissão instaladora refere-se que estes membros aceitaram os cargos porque verificaram que a Casa do Povo traz grande benefício para o trabalhador rural, porque tem por "missão ser um Centro de Cooperação Social, promovendo o desenvolvimento e o progresso das populações rurais" (*Voz de Alpiarça*, n.º 140, Maio/1969).

Para iniciar o processo, o Secretário de Estado do Trabalho e Previdência teve que encontrar financiadores para custear os 296500$00 que se calculava serem as despesas anuais da Casa do Povo de Alpiarça. Antes de tudo, tivera que obter um prévio acordo, ainda que frágil neste caso, com os maiores patrões. Era algo que, em quase trinta anos de actividade, o Grémio da Lavoura tinha sido incapaz de conseguir, já que passava por estes organismos a iniciativa de fomentar as Casas do Povo nas suas áreas de influência. Os grémios eram geridos pelos maiores proprietários, os mesmos a quem cabia pagar a percentagem mais elevada dos orçamentos das casas do povo. Em Alpiarça, contava-se cobrar anualmente 200 mil escudos aos 500 sócios com estatuto de contribuintes. Obtida a concordância da direcção do grémio, todos os proprietários ficavam vinculados a esta decisão.

Foi igualmente necessário obter a aceitação tácita dos trabalhadores rurais, o que estava facilitado pela promessa que pairava de que o Estado iria atribuir subsídios de invalidez e outros. Até então estes não estavam inseridos em qualquer organização do Estado Novo, uma vez que era à Casa do Povo que caberia representá-los, mas grande parte sentir-se-ia abrangido pelas organizações que o Partido Comunista Português clandestinamente mantinha na comunidade. Foi por estas que passaram as tensas negociações laborais, que habitualmente decorriam na praça de jorna, e outras formas de resistência à ditadura que marcaram várias gerações de alpiarcenses. Na Casa do Povo, que procurou por diversas vias suplantar a relevância social e política dessas organizações clandestinas, os trabalhadores e os pequenos proprietários seriam os sócios efectivos. Calculava-se que fossem 1500 (todos os chefes de família) e que pagariam em quotas um montante global de 90 mil escudos anuais.

Às verbas colectadas localmente, acrescentava-se ainda um reforço de 14400$00 do Fundo Comum da Previdência Social (para subsídios de invalidez) e financiamentos provenientes dos orçamentos de diversas entidades oficiais. Do orçamento do Estado vinha um pequeno subsídio aquando da fundação do organismo, mas outras entidades participavam regularmente no financiamento nas suas áreas de especialização: Junta Central das Casas do Povo, Fundo Nacional de Abono de Família, Junta da Acção Social, Federação Nacional para a Alegria no Trabalho, Serviços Médicos da Previdência, Fundo de Desemprego, Federação das Casas do Povo. Algumas instituições já enviavam em diversas ocasiões financiamentos para entidades do município. Essas verbas passaram a ser preferencialmente canalizadas para a Casa do Povo, que assumiu as competências que justificavam essas transferências e esvaziou os cofres destas entidades. Conseguida a concordância das partes directamente interessadas, era ainda necessário garantir que a instituição teria instalações adequadas, para o que o Secretário de Estado solicitou o apoio da Câmara Municipal[11].

A partir de finais dos anos 60, as Casas do Povo apresentavam-se com grandes ambições: pôr em prática as medidas de previdência social e de assistência médica que o governo fosse promulgando; desenvolver actividades desportivas e culturais; promover as áreas do emprego e negociações laborais que já antes faziam parte dos seus atributos; ao abrigo da lei de fomento da habitação rural, poderia fazer empréstimos a longo prazo aos sócios para construção ou reparação das casas. Em Setembro de 1970,

---

[11] A Câmara Municipal concordou disponibilizar um terreno de 5315 metros quadrados no Eucaliptal, em área de recente expansão urbana da vila.

ESTADO CORPORATIVO EM ACÇÃO: SOCIEDADE RURAL E CONSTRUÇÃO

a Casa do Povo de Alpiarça desenvolvia já intensa actividade. Garantia assistência social, médica e comparticipação em medicamentos, promovia a construção de casas económicas, assegurava um curso de formação familiar rural. Tinha também uma intensa acção desportiva e recreativa: estavam em actividade equipas masculinas de Futebol, Ciclismo e Andebol de Sete, prevendo-se o início de equipas femininas de Basquetebol e Voleibol. Na parte recreativa decorriam os ensaios do Rancho Folclórico Infantil e do Grupo de Teatro e Variedades. Tanto os desportistas como os artistas actuavam nos circuitos de campeonatos, concursos e festivais da organização corporativa, promovidos pela FNAT[12]. Mas ainda que, em muitas freguesias do país, a concretização destas iniciativas constituísse uma novidade, em Alpiarça desde há décadas que estavam a funcionar instituições de carácter associativo que cobriam várias destas áreas de actividade. A formalização da Casa do Povo exigiu um forte empenhamento do Secretário de Estado das Corporações e não ficou isenta de polémicas, mas não provocou tensões amplamente mobilizadoras. Mas, pelo contrário, a *Casa do Povo em acção* conduziu a intensas disputas de competências, públicos, territórios, financiamentos e influências políticas.

Sendo a Casa do Povo um organismo criado pelo Estado, vai assumir a legitimidade e a hegemonia que este detém e procurar derramá-las pelos vários grupos sociais. Não só vinculando-os às regras legisladas[13] como, ainda, através das actividades e da propaganda[14]. A Casa do Povo permite ao regime consolidar uma presença material e imaterial no âmago desta comunidade. Tendo em conta as experiências oposicionistas, que habitualmente mobilizavam elevada percentagem dos habitantes da vila, o Marcelismo esperaria que esta fosse não só uma iniciativa que atenuasse a tensão social entre *ricos e pobres*, mas também que levasse a que as elites

---

[12] As provas de ciclismo foram uma das actividades privilegiadas pela Casa do Povo, dando aos ciclistas locais a possibilidade de concorrer, a partir de 1968, nas provas dos Campeonatos Distrital e Nacional da FNAT, trazendo para a vila mais algumas vitórias (Pais, 2002: 481-490). Numa altura em que, depois de anos de glórias, o ciclismo estava moribundo em *Os Águias*, estes eram *golpes* que adquiriam profundos sentidos políticos e simbólicos na comunidade.

[13] Entre essas novas regras contam-se, para os patrões: cálculo de percentagem para pagar previdência, datas e impressos específicos para prestar contas; para os trabalhadores: taxas obrigatórias para os sócios, que são todos, e procedimentos administrativos diversos, etc.

[14] Por exemplo, a Casa do Povo torna-se o veículo que agrega e atrai para a vila, a diversos pretextos (provas desportivas, actividades culturais, inaugurações e celebrações diversas), os responsáveis pelos órgãos de administração distrital e, mesmo, central.

CORPORATIVISMO, FASCISMOS, ESTADO NOVO

locais se sentissem inequivocamente atraídas para o Estado Novo. Tentando ultrapassar uma presença local do Estado que, desde os anos 40, os habitantes experienciavam como repressiva e conflituosa[15], o Marcelismo procurava exercer uma *violência doce*. A ditadura assumia-se como protagonista de actividades sociais, lúdicas e desportivas, que eram também acções de propaganda. Politicamente, ambicionava capitalizar uma fractura da comunidade que, separando claramente *afectos* e *desafectos*, criasse um *habitat* hostil aos militantes e simpatizantes das organizações clandestinas que proliferavam entre a população da vila. Na perspectiva do regime, as elites, tal como os outros habitantes do concelho, continuavam profundamente marcadas pelas heranças republicanas e anarquistas da época demo-liberal, às quais se juntaram, a partir dos anos 40, as simpatias comunistas. Era um concelho que o Estado Novo via como politicamente ambíguo ou profundamente subversivo, onde teve dificuldade em encontrar interlocutores em quem confiasse.

Todavia, a partir do momento em que a Casa do Povo se tornou mais um organismo implantado pela ditadura no concelho, as tensões intensificaram-se. Para *marcar um território* e ter acção efectiva, a Casa do Povo teria necessariamente que estabelecer mecanismos de relacionamento com os vários grupos sociais presentes na comunidade, o que acarretou inúmeros conflitos. Nuns casos porque as atribuições desta entraram em concorrência com as actividades desenvolvidas por associações de origem local, em outros porque vinha de facto colmatar lacunas, mas não o fazia com a eficácia que os visados consideravam necessária. Segundo Manuel de Lucena, depois dos anos 60, as principais actividades das Casas do Povo estiveram relacionadas com a distribuição de subsídios e pensões de reforma e com as negociações laborais. Estas não foram, porém, as vertentes que mais suscitaram o interesse dos alpiarcenses. O primeiro âmbito de acção era inteiramente novo, não encontrava concorrência local e mantinha expectantes os potenciais visados, os quais vão, por exemplo, manifestando individualmente dúvidas e interesses em cartas para a administração local e distrital. O segundo tinha perdido significado social e político com as mudanças que marcaram os anos 60, o que restava do forte movimento laboral das

---

[15] Dessa presença local, que além da GNR, foi materializada, entre 1962 e 1969, por um subposto da PIDE, resultaram dezenas de processos e de presos políticos (FREIRE, 2007; PAIS, 2005).

décadas anteriores continuava a ser inequivocamente liderado pelos habituais protagonistas ligados ao PCP.

Em Alpiarça, as atribuições da Casa do Povo que adquiriram forte relevância na mobilização dos interesses locais, que mereceram amplas discussões e negociações envolvendo várias instâncias do poder central, estiveram relacionadas, por um lado, com a assistência médica e social e, por outro, com as actividades desportivas e culturais. A análise destas vertentes permite compreender os significados locais adquiridos pela Casa do Povo e os impactos dos princípios da legislação de 1933, reiterados em 1969, quando explicitava que não seriam autorizadas nas freguesias organizações "com fins idênticos" aos daquelas.

a) Assistência médica e social

Desde o início do século XX, que várias personalidades locais tinham, a diversos títulos, feito doações de bens em benefício da comunidade. Para dar execução às disposições testamentárias dos beneméritos do concelho[16] tomou posse, em Março de 1944, a Comissão Executiva da Santa Casa da Misericórdia. Depois de alguma intranquilidade, causada por morosidades burocráticas e desconfianças quanto ao funcionamento do Estado, as quais obrigaram à intervenção directa do Ministro do Interior, para agilizar a concretização da "grande aspiração do concelho de Alpiarça que é a criação de uma Misericórdia"[17], as instalações da instituição, construídas de raiz, foram inauguradas em 1949. A Misericórdia deu prioridade à assistência médica e infantil. Com a comissão instaladora, começou a funcionar um posto de puericultura, dirigido para a assistência médica e alimentar às crianças com menos de um ano[18]. E, em 1949, a par da maternidade, foi

---

[16] Passaram a ser geridos pela Misericórdia bens rústicos, urbanos e outros doados por Álvaro Ferreira da Silva, Manuel Nunes Ferreira, José Relvas, Maria dos Anjos Rocha, Ana Pereira Piscalho (*Livros de Actas...*; AGCS, [cx de madeira s/ refª exterior], Pt Alpiarça D, 1944). Com os bens legados por José Relvas constituiu-se, no início dos anos 60, uma instituição com fins sociais e culturais próprios. AGCS, corresponde a Arquivo do Governo Civil de Santarém.

[17] Em Outubro de 1944, o Ministro do Interior recebeu o Presidente da Câmara Municipal, Manuel José Coutinho da Rama, e o Presidente da Comissão Instaladora, Alfredo Henrique Duarte Lagoa (AGCS, [cx s/ refª exterior], Pt. Alpiarça D, 1944).

[18] Nos anos 60, o médico Raul José das Neves (responsável pela União Nacional e que foi administrador do concelho) salientava que, com os cuidados de saúde infantil prestados pela Misericórdia, a mortalidade infantil baixou de 14 por cento para menos de um por cento.

inaugurado um infantário[19]. Em finais dos anos 50, a área da assistência médica incluía um dispensário antituberculoso; equipamentos de diagnóstico (raios X, infravermelhos, ultravioletas, etc.), um posto de socorros onde eram dadas consultas de clínica geral quatro vezes por semana; assistência domiciliária que além de médicos mantinha ao serviço uma enfermeira-parteira e um enfermeiro; uma ambulância para transporte de doentes aos hospitais da zona; fornecimento de medicamentos gratuitos ou a preços reduzidos[20]. Estas eram, em boa parte, competências que a nova Casa do Povo reivindicava.

Para a população da vila e do resto do concelho, a Misericórdia tornara-se uma instituição acarinhada. Tinha origem em doações realizadas por membros da comunidade que muitos tinham conhecido, era um dos símbolos de uma certa autonomia que alicerçava a identidade local, ali poderiam apelar nos momentos de maior vulnerabilidade e, desde 1945, era a organizadora da *Festa das Vindimas*. A parte substancial das festividades era o cortejo de oferendas realizado em Setembro, marcando o fim das vindimas, que terminava no recinto da Misericórdia, onde havia arraial, com quermesse, barraca de chá e outros divertimentos. Ainda que tenham passado por fases de maior e menor popularidade, as festas mantiveram-se um importante evento na vila até aos anos 70. A par das actividades de assistência médica e social, a Misericórdia desempenhava assim funções lúdicas e culturais mobilizadores dos vários grupos sociais locais e de forasteiros.

A par da Misericórdia, a 31 de Julho de 1959 um despacho do Ministro da Saúde e Assistência, que aprovou o regulamento para a execução do legado deixado por José Relvas, reconheceu existência legal à instituição que recebeu o nome do benemérito. Desde Outubro de 1929 que os alpiarcenses aguardavam pela realização da obra, dedicada prioritariamente aos idosos, idealizada por este republicano. O processo de constituição do que se tornou a Instituição José Relvas, passou ainda por alguns tumultos, mas em meados dos anos 60 estava em actividade. Ainda que tivessem passado pelas privações que marcaram as décadas de 30, 40 e 50 com mais expectativas do que apoios, no final dos anos 60 as iniciativas

---

[19] O infantário recebia entre 20 a 40 crianças, na faixa etária do um aos seis anos de idade, às quais fornecia três refeições diárias. No Verão, realizava-se uma colónia balnear durante vinte dias que mobilizava cerca de 60 crianças.

[20] A parir de 1950, a Misericórdia assumiu também o fornecimento da *sopa dos pobres*. Em seis anos, a Misericórdia forneceu cerca de 235 mil refeições.

ESTADO CORPORATIVO EM ACÇÃO: SOCIEDADE RURAL E CONSTRUÇÃO

dos beneméritos locais cobriam uma parte importante das necessidades de assistência médica e social da comunidade. Quando a acção da ditadura, mesmo assimilada a Estado Previdência, se começou a fazer sentir na vila através das disputas com estas prestigiadas instituições, surgiram novos focos de tensão e conflitos entre os interesses locais e os do Estado.

Na área da assistência médica e social, os objectivos da Casa do Povo colidiam, principalmente, com as actividades da Misericórdia. A definição da atribuição das competências de assistência médica tornou-se um problema mobilizador da população e das elites locais. Numa reunião, em Abril de 1970, mas prometida pelo Presidente da Câmara antes das eleições para a AN do ano anterior, com os representantes das diversas entidades associativas e estatais interessadas na questão[21], "foi sugerido e aceite unanimemente por todos os presentes na reunião que a assistência neste concelho passasse a processar-se por intermédio dos serviços clínicos já existentes na Misericórdia, mediante acordo a estabelecer com a Casa do Povo" (AGCS, E1/1 a G8/5 (00), 1970).

Perante esta resistência local em transferir a assistência médica para a competência da Casa do Povo, os ministérios da tutela esclarecem quais são os seus objectivos. Os ministérios das Corporações e Previdência Social e a Saúde e Assistência, respondem em Junho que "dentro de uma base de colaboração entre a Casa do Povo e a Câmara Municipal, seria a de o serviço de consultas externas, em funcionamento no Hospital, e cujas instalações parecem carecer de beneficiações, transitar para a Casa do Povo podendo o espaço devoluto ser utilizado para outros serviços do mesmo Hospital" (*ibidem*). Os ministros ignoram a autonomia da Misericórdia, colocando a tónica na Câmara Municipal, que era afinal a depositária dos legados dos beneméritos, e apelando à solidariedade institucional que deveria existir entre esta e a Casa do Povo.

Correspondendo a um processo mais alargado de centralização por parte do Estado de prestação dos cuidados médicos, estas valências da Misericórdia acabaram por ser transferidas para a Casa do Povo[22]. Num

---

[21] Corpo Administrativo do Concelho, Casa do Povo, Comissão Municipal de Assistência, Subdelegado de Saúde, Santa Casa da Misericórdia e Instituição José Relvas.

[22] Em Setembro de 1970, a Casa do Povo assegurava aos sócios efectivos e aos membros do respectivo agregado doméstico os seguintes serviços: assistência médica gratuita, que contemplava consultas no posto médico, visitas domiciliárias, pequenas operações e partos; subsídio de doença para o sócio que correspondia a 40 por cento do salário no primeiro mês

CORPORATIVISMO, FASCISMOS, ESTADO NOVO

despacho do Ministro das Corporações e Previdência Social e do Ministério da Saúde e Assistência, de Fevereiro de 1972, evidencia-se "a vantagem da cobertura de todo o território por Casas do Povo, como instituições de previdência e cooperação social", refere-se o "papel relevante que, na dinamização das estruturas locais, cabe às Misericórdias, bem como a actuação meritória das diversas instituições particulares de assistência" (AGCS, Y1/4 a Y1/8 (27), 1973, 25-2-1972), mas a prática mostrava quão difícil era essa articulação entre atribuições centrais e locais. Em Alpiarça, vencidos nas negociações com o Estado, os notáveis ponderaram o destino a dar ao que restava da Misericórdia, decidindo-se, em meados dos anos 70, que o património e as actividades promovidas por esta passariam a estar integrados na Instituição José Relvas[23].

b) Actividades desportivas e culturais

Na área das actividades desportivas e culturais, a Casa do Povo também encontrou obstáculos às acções que pretendia desenvolver. A criação e construção da sede da Casa do Povo coincidiram com a mudança de sede e o alargamento de instalações do clube *Os Águias*[24]. Ambas as entidades beneficiaram da participação da Câmara Municipal para a aquisição dos terrenos necessários nos locais e nas condições especiais, tendo em conta os fins comunitários a que se destinavam. E ambas tinham previsto construir um pavilhão gimnodesportivo para a prática de modalidades desportivas, solicitando financiamentos a várias instituições, entre as quais à câmara.

Contudo, o processo complicou-se com a disputa entre *Os Águias* e a Casa do Povo para construir o pavilhão com as dimensões consideradas adequadas à prática das diversas modalidades desportivas. Em 1969, a FNAT foi uma das entidades que se propôs financiar o pavilhão desportivo desta Casa do Povo, argumentando que, tendo em conta os cerca de

---

e 30 por cento no segundo e terceiro meses; subsídio de medicamentos equivalente a metade do receituário para os sócios e a um quarto para os familiares; subsídios de casamento, nascimento, invalidez e morte.

[23] Em meados da década a principal actividade da Misericórdia era a manutenção de um centro de assistência infantil (creche e jardim de infância) para 120 crianças, que tinha sido inaugurado em 1972 (*Colectividades de Alpiarça...*, 2001: 31).

[24] Esta associação, constituída em 1922, desenvolvia, além do ciclismo que a tornara nacionalmente célebre, diversas actividades de carácter desportivo e cultural, entre as quais se contava a manutenção de uma das três bibliotecas públicas da vila.

ESTADO CORPORATIVO EM ACÇÃO: SOCIEDADE RURAL E CONSTRUÇÃO

9500 habitantes do concelho, teria de ter dimensões e estrutura diferentes das dos pavilhões que até então tinham sido construídos no distrito. Considerou conveniente que tivesse as características internacionalmente estabelecidas para os diferentes jogos e que também permitisse a realização de espectáculos de teatro, folclore e outros. Esta esperança foi sendo alimentada por alguns responsáveis ministeriais[25], mas a decisão parece ter esbarrado nos meandros dos interesses das várias tutelas envolvidas, as quais não ignoravam as movimentações que estavam a desenrolar-se na vila.

Ao mesmo tempo que os responsáveis pela Casa do Povo faziam estas diligências, em *Os Águias* constitui-se, em Maio, uma comissão composta por 22 sócios com a finalidade de angariar fundos para construir uma nova sede[26]. Deste empreendimento fazia parte um pavilhão gimnodesportivo, que serviria também como salão de festas. A nova sede, de que se falava há alguns anos, era apresentada como um sonho antigo, o qual requeria o empenhamento dos que já eram sócios e também dos outros que se deveriam tornar membros da colectividade. Assim honrar-se-ia o passado, uma vez que a primeira sede tinha sido comprada com o empenhamento dos sócios, e tornar-se-ia possível o futuro desportivo e recreativo da comunidade. A angariação de fundos recorreu a múltiplos meios[27].

Foi na reunião ordinária de 4 de Fevereiro de 1970 que a Câmara Municipal deliberou ceder gratuitamente à Casa do Povo um terreno, que fazia parte do património municipal, destinado à construção da sede e de um pavilhão gimnodesportivo desta nova instituição. Tal como estipulava o *Código Administrativo*, esta cedência teria de ser autorizada pelo Ministro

---

[25] Por exemplo, em 21-1-1972, Nogueira de Brito, então Subsecretário de Estado do Trabalho e Previdência, prometeu a construção do pavilhão, com dimensões maiores do que as inicialmente previstas, numa reunião da direcção da Casa do Povo de Alpiarça realizada no seu gabinete (ADS, Fundo: JCCP, Pc 800, Pt Anexos).

[26] A comissão era composta por representantes das várias sensibilidades políticas presentes na vila, desde *afectos à situação*, passando por republicanos e comunistas (alguns dos quais com cadastro na PIDE). Numa altura em que o clube estava a atravessar uma fase em que suscitava menos entusiasmo, nomeadamente sem vitórias no ciclismo, este foi um factor de ampla mobilização de sócios e admiradores.

[27] Por exemplo, em 25 de Abril de 1970 fez-se uma *Festa da Saudade* como despedida da velha sede do clube e angariação de verbas para o novo. Mas o que os alpiarcenses mais recordam é o escrupuloso pagamento das prestações mensais que foram estipuladas para todos os sócios, mesmo por parte daqueles que viviam exclusivamente do seu salário e que a comunidade reconhecia como carenciados.

CORPORATIVISMO, FASCISMOS, ESTADO NOVO

do Interior, o que só foi solicitado pelo Presidente da Câmara a 7 de Setembro de 1971 (AGCS 1973 E1/1 a G10/4 (11). Tratando-se de um caso que requeria diligência, esta demora nos procedimentos legais denota alguma indecisão. Na resposta da Direcção-Geral de Administração Política e Civil, dada a 28 de Outubro de 1971, além de se fazerem algumas observações quanto às condições de alienação desse terreno, toca-se também no que verdadeiramente estava a causar polémica na vila: o pavilhão gimnodesportivo. Como o clube *Os Águias* também tinha solicitado terreno e verbas para construir instalações para os mesmos fins dos apresentados pela Casa do Povo, o director geral faz uma sugestão: não seria preferível a edificação de um único pavilhão num terreno municipal em que o direito de superfície seria conjunto e a utilização seria partilhada por ambas as entidades? Fazendo uma análise da situação distante da tensão social e política que alastrava na povoação, esta poderia ser uma solução exequível. Todavia, não era o caso.

Numa longa informação destinada a Lisboa, em que tenta justificar a pertinência da existência de dois pavilhões, o Presidente da Câmara, acentuando os indicadores que julga estarem mais em consonância com os propósitos do regime, apresenta a necessidade destas instalações não só pelas actividades que poderiam viabilizar como também pela afirmação ideológica e simbólica do Estado Novo na comunidade. Esclarece que a Casa do Povo precisa de instalações para ensaiar o rancho folclórico infantil, quase unicamente constituído por *filhos de rurais*, e também para conferências, festas, reuniões, ginástica e outros desportos. Com instalações amplas, a Casa assumir-se-ia como palco privilegiado para as negociações laborais, que até então tinham sido realizadas pelas tabernas da vila onde "a condução das conversas é na maior parte das vezes tão bem aproveitada por pessoas a quem a discórdia interessa..." (AGCS, 1973 E1/1 a G10/4 (11), 25-2-1972). As múltiplas actividades possíveis contribuiriam para que a Casa do Povo deixasse de ser vista como um mero departamento governamental, onde se vai ao médico de graça e receber o abono de família, mas também como um espaço natural de reunião e convívio. Na verdade, "isso ainda se não conseguiu, e a Casa do Povo ainda é olhada nesta localidade com um pouco de desconfiança pela população rural, assim como "aquela casa onde o Governo nos quer ver para nos controlar", embora essa impressão se vá desvanecendo lentamente, à vista dos reais benefícios que vai proporcionando aos seus associados, julga-se que o pavilhão gimnodespor-

ESTADO CORPORATIVO EM ACÇÃO: SOCIEDADE RURAL E CONSTRUÇÃO

tivo ajudaria muito a atenuar ou a afastar mesmo essa ideia" (AGCS, 1973 E1/1 a G10/4 (11), 25-2-1972).

Nesta informação destinada ao Ministério do Interior, o presidente da câmara mostra, contudo, que estes argumentos se revelam frágeis e mesmo pouco rigorosos. Estava a tornar-se difícil justificar a existência de duas infraestruturas dispendiosas e para os mesmos fins a poucas centenas de metros de distância uma da outra, numa vila com cerca de 9 mil habitantes. O que o presidente não revela aos poderes de Lisboa é o impacto deste caso no aprofundar da fractura política e ideológica que atravessava a vila.

Na sequência desta longa apresentação de frágeis argumentos, o Ministro do Interior, Gonçalves Rapazote, que teria outras fontes de informação acerca das dinâmicas locais além do Presidente da Câmara, reconheceu os perigos de acentuação da divisão e proferiu, a 13 de Abril de 1972, o seguinte despacho: "Dois pavilhões, em lugar de contribuírem para fazer uma perfeita comunidade, só poderão dividi-la mais". E recomendava ao Governador Civil que acompanhasse este problema de modo a obter a "solução justa de um único pavilhão" (AGCS, 1973 E1/1 a G10/4 (11), 13-04-1972).

Esta decisão do Ministro tem inúmeras consequências no alinhamento político dentro da comunidade. O assunto merece várias trocas de correspondência e reuniões entre as entidades envolvidas. Nessa sequência, no início de Outubro desse ano, o Presidente da Câmara esclarece que têm sido pesados os vários factores, dando especial atenção às "implicações políticas resultantes das duas opções possíveis". Assim "as consequências da actual política de previdência do Governo e a elevação do nível de vida das populações do concelho fizeram diminuir a eficácia da propaganda oposicionista pela menor permeabilidade das massas trabalhadoras. Uma negativa, neste momento, aos Águias, cuja popularidade é aqui enorme, não se nos afigurava pois sensata no aspecto político" (AGCS, 1973 E1/1 a G10/4 (11), 3-10-1972). Depois do despacho do Ministro do Interior, que não refere qual das duas instituições seria de apoiar, reuniu o Conselho Municipal que deliberou dar prioridade à proposta do clube desportivo e sugerir que a Casa do Povo conseguisse que a FNAT apoiasse a construção de uma piscina, equipamento de que o concelho ainda não dispunha. A direcção da Casa não se conforma com a decisão e, em finais de Novembro de 1972, pede audiência urgente ao Ministro das Corporações para tratar de "assunto relacionado com o desenvolvimento deste organismo no aspecto cultural e social desta população" (ADS, Fundo: JCCP, Pc 800, Pt Anexos, 29-11-1972). Tratava-se de procurar que este obtivesse junto do Ministro do Interior um despacho que autorizasse a Câmara Municipal de Alpiarça a ceder gratuitamente (em propriedade plena ou em simples direito de superfície) um terreno destinado à edificação do futuro pavilhão desportivo-recreativo da Casa do Povo (ADS, Fundo: JCCP, Pc 800, Pt Anexos, 29-12-1972).

O Delegado distrital do INTP, acarinhando o projecto da Caso do Povo, reforça a importância ideológica e social de as decisões do poder central beneficiarem este organismo. Haveria, por isso, "todo o interesse em prestigiar a Casa do Povo num meio que politicamente não é dos mais favoráveis. Nada obsta de resto, segundo supomos, a que edificado o pavilhão gimnodesportivo através da Casa do Povo, dele se utilize toda a comunidade em que o organismo se insere. Apenas deverá evitar-se que outro pavilhão venha a construir-se, pois tal facto representaria um gasto que se nos afigura desnecessário" (ADS, Fundo: JCCP, Pc 800, Pt Anexos, 29-11-1972). Não foram, porém, neste sentido as decisões dos órgãos superiores do Estado.

A 8 de Março de 1973, a direcção do clube e o Governador Civil de Santarém foram recebidos pelo Ministro das Obras Públicas, que disponibilizou um subsídio de 1500 contos para que as obras começassem de imediato. Para esta diligência de decisão não terá sido alheia a pressão das eleições para a Assembleia Nacional, previstas para Outubro desse ano, e para as quais estava em formação uma lista da oposição a que estavam ligados alguns alpiarcenses. Como o Presidente da Câmara e o Conselho Municipal não encontravam forma de contrariar o pedido do clube, mas sentiam o dever de apoiar moral e materialmente a Casa do Povo, sugerem, mais uma vez que esta construísse uma piscina. Aplicar-se-ia neste equipamento as verbas prometidas pela Fundação Nacional Alegria no Trabalho e servia-se mais amplamente os interesses dos sócios.

Todavia, no dia 31 de Março, o Presidente da Direcção da Casa do Povo enviou duas longas cartas, uma dirigida ao Governador Civil de Santarém e a outra ao Presidente da Câmara de Alpiarça, que revelam que esta solução não fora aceite. A ironia que atravessa a carta dirigida ao Governador Civil é notória desde as primeiras linhas. "Tivemos conhecimento da extraordinária atenção de V. Exª para com o Clube O Águias de Alpiarça, acompanhando os seus membros Directivos a Lisboa, para audiência com o Senhor

Ministro das Obras Públicas, conseguindo uma colaboração do Governo de 1500 contos, para auxílio da construção do ginásio sede deste popular clube ribatejano, de gloriosas tradições no ciclismo nacional" (AGCS E1/1 a G10/4 (11) 1973, 31-3-1973). Refere depois que, desde 1969, se arrasta a indecisão quanto à escritura do terreno para que está projectado "o Pavilhão Desportivo para espectáculos desportivos, teatro, variedades, folclore, etc., num projecto que foi ultimamente aprovado oficialmente, que decerto V. Exª tem conhecimento". No final, apresenta, então, o objectivo da missiva: "Consta-nos agora – mas não por qualquer comunicação oficial – de que o pavilhão do Águias será de toda a população" (*ibidem*). A carta dirigida ao Presidente da Câmara releva a fragilidade das relações que nessa altura existiam entre este e a Direcção do organismo corporativo, assumindo como decidido que pertencerá a *Os Águias* a construção do disputado pavilhão.

De facto, depois de uma reunião local com os representantes das várias entidades envolvidas, foi decidido que seria atribuída a *Os Águias* a construção de um pavilhão desportivo com as dimensões desejadas, ficando a Casa do Povo com um espaço mais pequeno, apto a receber algumas actividades culturais, recreativas e desportivas. A construção do pavilhão de *Os Águias* custou cerca de 5 mil contos. Metade da verba foi atribuída pelo Estado[28], a restante obtida em cotizações extraordinárias dos sócios e recorrendo a um empréstimo bancário. E "só com muito sacrifício e com a ajuda dos particulares e dos sócios do clube foi possível meter ombros a tal empreendimento" (AGCS, X-15/1 a Y 1/8 (21), 1974). O pavilhão e a nova sede do clube foram inaugurados a 7 de Dezembro de 1974, constituindo-se como uma comemoração da *força* e da *união* dos alpiarcenses e da capacidade inquebrantável destes para *lutar* contra a tirania. Uma festa que, ironicamente, tendo origem em opções determinadas pelas lógicas políticas da ditadura, celebrava a vitória da democracia.

Notas Conclusivas

Desde os anos 80, o desenvolvimento da historiografia acerca do Estado Novo tem vindo a produzir uma extensa bibliografia que permite entender diferentes aspectos do funcionamento do regime, nomeadamente, os

---

[28] O Ministério das Obras Públicas comparticipou com 2 mil contos e o Fundo de Fomento de Desporto com 500 contos (AGCS, X-15/1 a Y 1/8 (21), 1974).

fundamentos ideológicos e políticos, a constituição dos órgãos centrais do governo, as formulações e os principais impactos das políticas públicas, a caracterização das elites e de alguns grupos de interesse que estas constituíram. Contudo, o esclarecimento cabal do que significou o Estado Novo exige que, para além dos aspectos relacionados com os órgãos centrais do regime, sejam consideradas as modalidades de execução das decisões políticas e os impactos regionais e locais das mesmas.

O processo de construção da rede nacional das Casas do Povo, a par de outras organizações que expressaram a natureza fascista e corporativa do regime (Legião Portuguesa, Mocidade Portuguesa, Grémios da Lavoura, União Nacional, etc.), é um dos instrumentos que permite apreender o desenrolar das relações entre Estado e sociedade durante os longos anos de ditadura. As intenções do Estado Novo de criar, a partir de 1933, uma rede de Casas do Povo tornam estes organismos casos relevantes para apreender a diversidade de dinâmicas e tensões inerentes ao desenrolar da acção governativa. As Casas do Povo foram uma *invenção* do Estado e eram geridas *superiormente* por um ministério, mas careciam do empenhamento das elites locais para serem *fundadas* e para funcionarem assentavam na contribuição financeira destas e de outros membros das comunidades. Estavam, assim, na intercepção entre a imposição dos propósitos centralizadores do Estado e as redes de interesses locais que sustentavam a *vida em comunidade*, representando um instrumento analítico privilegiado para compreender o funcionamento do regime.

Os princípios ideológicos, os discursos políticos e, mesmo, os diplomas legislativos tendem a acentuar as facetas de um *Estado Forte*, que se apresenta com um centro de decisão sólido, omnipresente e dominador de toda a sociedade. Tem vindo a ser demonstrado pela historiografia como as decisões do Estado fomentaram atitudes de resistência e oposição, as quais se constituíram como justificação para criar um amplo sistema policial e repressivo. A análise dos mecanismos de construção regional e local do Estado Corporativo, confirma a matriz fascista do regime, mas indica que a execução das decisões políticas fomentaram, também, diversas estratégias de negociação e consentimento. Quer entre os vários níveis de decisão contemplados na hierarquia do Estado, quer destes com os diferentes grupos de interesses que constituem a sociedade. Nas interrelações que estabeleciam com as extensões regionais e locais dos serviços estatais e corporativos, os órgãos centrais do Estado Novo revelam não um exercício

ESTADO CORPORATIVO EM ACÇÃO: SOCIEDADE RURAL E CONSTRUÇÃO

monolítico do poder, mas antes um poder polissémico, em que as decisões dos vários órgãos do Estado podem gerar controvérsias e servir diferentes lógicas políticas.

A observação do alastramento das Casas do Povo e a análise particular de Alpiarça indicam que as relações entre o centro e as periferias eram marcadas por tensões com diferentes origens e objectivos. Se o Estado contava com as elites para a consolidação política, social e territorial da ditadura, verifica-se que estas nem sempre foram inequívocas aliadas do poder central. As solidariedades e os interesses locais, que podem congregar as elites e os outros grupos sociais, adquiriram, por vezes, capacidade para discutir e influenciar a aplicação das decisões do Estado. A construção da rede de Casas do Povo é um dos casos que demonstra que, para além de impactos regionais e locais, essas atitudes tiveram igualmente implicações na condução da política nacional.

Bibliografia citada

ALMEIDA, J. Miguel – *A oposição católica ao Estado Novo (1958-1974)*. Lisboa: Edições Nelson de Matos, 2008.

BARROS, Afonso – *Do latifundismo à reforma agrária. O caso de uma freguesia do Baixo Alentejo*. Lisboa: CEEA; Instituto Gulbenkian de Ciência, 1986.

CABANA IGLESIA, Ana – *Xente de Orde. O consentimento cara ao Franquismo en Galicia*. Santa Comba (A Coruña): Ed. TresCTres, 2009.

CABRAL, M. Villaverde – "O fascismo português em perspectiva comparada". In *O fascismo em Portugal. Actas do colóquio da Faculdade de Letras*. Lisboa: Edições Regra do Jogo, 1980.

CAETANO, Marcelo – *Posição actual do corporativismo português*. Lisboa: Império, 1950.

CAETANO, Marcelo – *Sistema corporativo*. Lisboa: [s.n.] 1938.

CAETANO, Marcelo – *Lições de Direito Corporativo*. Lisboa: Oficina Gráfica, 1935.

CARDOSO, J. Luís; ROCHA, Manuela – "Corporativismo e Estado Providência (1933-1962)". *Ler História*. N.º 42 (2003).

Casas do Povo. Lisboa: Edições SNI, 1945.

CORNER, Paul (ed.) – *Popular opinion in totalitarian regimes: fascism, nazism and communism*. Oxford: Oxford University Press, 2009.

CORNER, Paul – "Fascist Italy in the 1930s: popular opinion in the provinces". In CORNER, Paul (ed.) – *Popular opinion in totalitarian regimes: fascism, nazism and communism*. Oxford: Oxford University Press, 2009.

Diário das Sessões. Assembleia Nacional. Suplemento n.º 96, 1947

FARINHA, Luís – *O reviralho: revoltas republicanas contra a ditadura e o Estado Novo (1926-1940)*. Lisboa: Editorial Estampa, 1998.

FREIRE, Dulce; ROVISCO, Eduarda; FONSECA, Inês (coord.) – *Contrabando na fronteira luso-espanhola. Práticas, memórias e patrimónios*. Lisboa: Edições Nelson de Matos, 2009.

FREIRE, Dulce – "As vinhas da ira. Interesses locais e poder central durante o Estado Novo (anos 30 e 40)". In GODINHO, Paula; BASTOS, Susana; FONSECA, Inês (coord.) – *Jorge Crespo. Estudos de homenagem*. Loulé: 100 Luz, 2009.

FREIRE, Dulce – *Portugal e a terra. Itinerários de modernização da agricultura portuguesa na segunda metade do século XX*. Lisboa: Faculdade de Ciências Sociais e Humanas/ Universidade Nova de Lisboa, 2007. Dissertação de Doutoramento. Dactilografado.

FREIRE, Dulce – "Sector vinícola contra organização corporativa (1933-1937)". *Ler História*. Lisboa. N.º 42 (2002).

GARRIDO, Álvaro – *Henrique Tenreiro. Uma biografia política*. Lisboa: Temas & Debates; Círculo de Leitores, 2009.

GODINHO, Paula – *Memórias da resistência rural no Sul. Couço 1958-1962*. Lisboa: Celta Editora, 2001.

JOBERT, Bruno; MULLER, Pierre – *L´État en action. Politiques publiques et corporatismes*. Paris: Press Universitaires de France, 1987.

LUCENA, Manuel – "Casas do povo". In BARRETO, A.; MÓNICA, M. Filomena (ed.) – *Dicionário de História de Portugal*. Lisboa: Figueirinhas, 1999. Vol. VII: Suplemento A/E.

LUCENA, Manuel – *A evolução do sistema corporativo português. O Salazarismo*. Lisboa: Perspectivas & Realidades, 1976. Vol. 1.

MADEIRA, João (coord.) – *Vítimas de Salazar. Estado Novo e violência política*. Lisboa: Esfera dos Livros, 2007.

PAIS, J.J. Marques – *Gente de outro ver. Actividade política em Alpiarça, desde as Invasões Francesas até Abril de 1974*. Alpiarça: Garrido Artes Gráficas, 2005.

PAIS, J.J. Marques – *História do ciclismo em Alpiarça*. Alpiarça: Garrido Artes Gráficas, 2002.

PIMENTEL, Irene – *A História da PIDE*. Lisboa: Circulo de Leitores, 2007.

ROSAS, Fernando – "O Estado Novo". In MATTOSO, José (dir) – *História de Portugal*. Lisboa: Editorial Estampa, 1994. Vol. VII.

RUDOLPH, L.; JACOBSEN, J. Kurt (ed.) – *Experiencing the State*. Oxford; New York: Oxford University Press, 2006.

VILLAVERDE, M. Cabo; LANERO TÁBOAS, D. – "Asociacionismo agrario y transformaciones de la sociedad rural en España y Portugal: una visión a largo prazo (1880-1975)". In LANERO TÁBOAS, D.; FREIRE, Dulce (ed.) – *Agricultura e innovación tecnológica en la Península Ibérica (1946-1986)*. Madrid: MAPA (no prelo).

18 de Janeiro de 1934: as greves que não existiram[*]

FÁTIMA PATRIARCA

Debrucemo-nos sobre algumas das greves que, após Abril de 1974, foram florescendo pela pena de jornalistas, antigos militantes e até estudiosos. Deixemos de lado os casos da Marinha Grande, Lisboa e Coimbra, que já foram longamente analisados[1]. Concentremo-nos nas que foram assinaladas, embora de forma mais irregular, em localidades como "Alverca e Covilhã", "Minas de S. Domingos e Portimão", "Montijo, Vendas Novas e Porto" ou ainda "Setúbal"[2].

Alverca, Vendas Novas, S. Domingos e Montijo

Compulsemos os documentos do Ministério do Interior, a documentação policial constante do Arquivo PIDE-DGS ou ainda as provas tipo-

---

[*]Este texto é um capítulo inédito do livro *Sindicatos contra Salazar. A revolta do 18 de Janeiro de 1934*. Lisboa: ICS, 2000, que, dada a dimensão da obra, teve de ser retirado. Nascimento Rodrigues, que a recenseou, uma das críticas que lhe dirigiu foi eu nada ter dito sobre o que tinha acontecido em alguns importantes centros industriais e citou o Porto, Covilhã, Setúbal. Foi certeiro, como não podia deixar de ser.

1 V. PATRIARCA, Fátima – *Sindicatos contra Salazar. A revolta do 18 de Janeiro de 1934*. Lisboa: ICS, 2000.

2 Para as greves em Alverca e Covilhã, ver *Século* de 18 de Janeiro de 1975. Para as greves nas Minas de S. Domingos e Portimão, ver entrevista de José Francisco in *A Batalha*, de 18 de Janeiro de 1975. Para as greves no Montijo, Vendas Novas e Porto, ver SANTANA, Emídio [et al.] – *O 18 de Janeiro de 1934 e Alguns Antecedentes*. Lisboa: Regra do Jogo, 1978, e "A greve de 18 de Janeiro de 1934". In *Presos Políticos no Regime Fascista*. Para a greve em Setúbal, ver PCP – *60 Anos de Luta ao Serviço do Povo e da Pátria*. Lisboa: Edições Avante!, 1982.

CORPORATIVISMO, FASCISMOS, ESTADO NOVO

gráficas que o jornal *O Século* enviava para a Comissão de Censura, e não encontramos a mínima referência a movimentos de greve em Alverca, Vendas Novas, minas de S. Domingos e Montijo. Se passarmos em revista panfletos e jornais clandestinos publicados logo a seguir ao 18 de Janeiro de 1934, sejam eles de origem comunista ou anarquista, ou se inquirirmos a correspondência dos dirigentes anarquistas escrita em 1935, também não teremos melhor sorte. Nenhuma destas localidades é mencionada.

Aliás, as greves do Montijo e Vendas Novas – atribuídas a "trabalhadores rurais" que paralisam, "não só recusando o desconto de 2% como exigindo aumento de salário" – são um contra-senso. Em Março de 1932, altura a que remontava o decreto que viera instituir as contribuições de patrões e assalariados para a Caixa de Auxílio aos Desempregados, os trabalhadores rurais, porque apresentavam as mais altas taxas de desemprego, haviam sido exactamente isentos de qualquer contribuição. Mantendo-se a lei e a situação inalteradas em Janeiro de 1934, não se percebe como apareceriam a reivindicar o fim de um desconto a que nem sequer estavam submetidos, embora da Caixa de Auxílio fossem dos principais beneficiários.[3] Acresce que o que em 1934 estava em causa não era propriamente impostos e salários, mas o fim do sindicalismo livre.

Seja como for, estas greves no Montijo, Vendas Novas e S. Domingos, que aparecem citadas por anarquistas, em 1975 e 1978, não merecem uma única palavra nas cartas que os dirigentes máximos da CGT escrevem em 1935. Por sua vez, a "greve parcial em Alverca", que fora introduzida, em 1975, pelo jornal *O Século*, com base em fontes comunistas, e de que ninguém mais falou, jamais aparece referida nos artigos que o jornal clandestino *Avante!* havia dedicado ao 18 de Janeiro ao longo de 1934[4].

O caso do Porto

As "paralisações de trabalho no Porto" são tão inexistentes como o havia sido o corte de linhas telefónicas e telegráficas que o ministro do Interior chegara a assinalar para a capital nortenha.

---

[3] V. PATRIARCA, Fátima – *A Questão Social no Salazarismo 1930-1947.* Lisboa: IN/CM, 1995. p. 177-204.

[4] Baseando-se a peça de *O Século*, de 18 de Janeiro de 1975, em fontes exclusivamente comunistas, pode acontecer que esta "greve parcial" em Alverca resulte do tratamento de cosmética a que, então, é submetido o descarrilamento em Póvoa de Santa Iria. Mas também pode ser mera invenção do jornalista.

Também aqui, nem na documentação do Ministério do Interior, nem nos autos do dirigente anarquista Manuel Augusto da Costa – que fora para o Porto no dia 15 a fim de carregar os 100 invólucros de bombas e só regressara daquela cidade a 19[5] – nem nos já citados autos dos dirigentes anarquistas do Porto Tarcísio de Sousa e José Soares Lopes surge a mínima referência a qualquer movimento de greve. E o mesmo acontece nas provas tipográficas de *O Século*.

É verdade que Tarcísio de Sousa reconhece ter participado com Custódio Bresce de Lima, estofador e membro da delegação confederal da CGT no Porto, com Dionísio Gomes, antigo dirigente da AC dos Empregados da Carris do Porto, com J. Lima de Faria, antigo membro dos corpos directivos da União dos Empregados no Comércio, e com Jerónimo Moreira, na preparação do "movimento de protesto contra o decreto da nacionalização dos sindicatos e associações de classe"[6]. Tarcísio de Sousa chega mesmo a afirmar, embora lhe atribua o carácter de "atoarda", que as "classes proletárias" contavam com "a colaboração dos partidos políticos, os quais dispunham de tropas e tinham um depósito de espingardas na Rua das Taipas"[7]. E todos recebem, no dia 17 de Janeiro, a confirmação de que a "greve geral revolucionária" deveria eclodir na madrugada de 18. Tarcísio de Sousa – que nem sequer se apresenta ao trabalho a 18 e acaba por ser despedido – ainda se teria deslocado por duas vezes ao Largo Trindade, ponto de encontro com os seus colegas anarquistas. Mas se, de manhã, fica a saber que Bresce de Lima, porque procurado pela polícia, se encontra fugido, à tarde é informado por Dionísio Gomes de "que é impossível qualquer acção revolucionária no Porto", dada a abstenção dos políticos e o fracasso da greve em Lisboa[8].

Seja esta versão muito ou pouco convincente, a verdade é que a própria polícia, quer nos interrogatórios, quer na parte do relatório final que a estes dirigentes dedica, também não chega a mencionar qualquer movimento

---

[5] V. 2.º auto de declarações de Manuel Augusto da Costa, de 15-2-34, in Proc. 1011-SPS, cit. e carta do mesmo em 1935, in SANTANA, Emídio [et al.] – *O 18 de Janeiro de 1934 e Alguns Antecedentes*. Lisboa: Regra do Jogo, 1978. p. 126-127.

[6] V. autos de José Soares Lopes e de Tarcísio de Sousa, respectivamente, de 13 e 20-7-34, in Proc. 1237-SPS. A citação encontra-se no auto de Tarcísio de Sousa.

[7] V. auto de Tarcísio de Sousa, cit.

[8] *Idem*.

CORPORATIVISMO, FASCISMOS, ESTADO NOVO

de greve[9]. E, em 1935, na já citada correspondência interna aos meios anarquistas, Manuel H. Rijo e Manuel Augusto da Costa voltam a ser, igualmente, peremptórios: na capital nortenha o movimento não chegou a ser[10].

Covilhã

O mesmo se diga da greve na Covilhã. Ainda que a AC dos Operários da Indústria Têxtil da Covilhã não estivesse integrada na CGT, dirigentes como José Caetano e Joaquim Rodrigues Taborda, cujas simpatias são anarquistas, reconhecem, posteriormente, terem sido contactados pelo líder anarquista Mário Castelhano a fim de o pessoal da indústria têxtil "fazer uma paralisação de trabalho como protesto contra o [...] decreto da extinção dos sindicatos operários"[11]. Tinham estado, aliás, na posse de bombas, pormenor que silenciam. Tinham recebido o telegrama em cifra anunciando o dia e a hora de eclosão do movimento, aspecto que revelam[12]. Mas José Caetano, ao justificar o pouco interesse que a greve despertara, alega, com muita ou pouca verdade, ter considerado na altura que "qualquer movimento de protesto do operariado da Covilhã contra o encerramento da Casa do Povo" – onde se encontrava instalada a AC dos Operários da Indústria Têxtil – era em Janeiro um "movimento extemporâneo", pois a Casa do Povo já estava encerrada desde fins de Dezembro findo"[13].

Por sua vez, o governador civil de Castelo Branco assinala, para data posterior a 18 de Janeiro, um único facto anómalo, naquela cidade: o de a PSP ter descoberto, a 13 de Fevereiro de 1934, "uma bomba de choque de 3,300 [Kg] que se encontrava junto da antiga Casa do Povo, dentro de uma sarjeta" e que ali havia sido abandonada[14]. Acresce que o governador civil, ao justificar o pedido que então formula ao ministro do Interior no sentido de serem enviados àquela cidade dois agentes da Polícia de Defesa do Estado a fim de "descobrir toda a organização revolucionária" que os

---

[9] V. autos cit. e relatório do chefe de Serviços de Informação ela PVDE, de 2-10-34, in Proc. 1237-SPS, cit.

[10] V. cartas de 1935, in SANTANA, Emídio [et al.] – *Op. cit.* p. 126-127.

[11] V. autos de declarações de José Caetano e Joaquim Rodrigues, respectivamente, de 15 e 28-6-34, in Proc. 1237-SPS, cit.

[12] *Idem.*

[13] V. auto ele declarações de José Caetano, cit.

[14] Of.º não numerado, do governador civil de Castelo Branco, capitão Carlos Godinho, ao ministro do Interior, de 19 de Fevereiro de 1934. ANTT, Núc. MI, Gab. MI, maço 470.

18 DE JANEIRO DE 1934: AS GREVES QUE NÃO EXISTIRAM

"elementos da antiga Casa do Povo" continuavam a manter "clandestinamente", declara não se ter ela "posto ainda a descoberto", porque, segundo
lhe haviam afirmado, "quando da última tentativa" de greve [a de 18 de
Janeiro], foram prevenidos para se conservarem alheios a ela"[15].

É, aliás, de admitir, embora sujeito a caução, que tenha sido, na sequência do achado da bomba e do pedido feito pelo governador civil ao ministro do Interior – pedido a que José Catela, secretário da PVDE, dá parecer
negativo, aconselhando o governador civil a utilizar para o efeito dois guar-
das da PSP[16] –, que José Caetano e Joaquim Rodrigues Taborda são presos e transferidos, a 27 de Maio de 1934, para a PVDE em Lisboa. Mas se
a polícia, durante os interrogatórios, já não aludira a qualquer greve, na
parte do relatório que a estes dirigentes dedica, confirma expressamente
a sua inexistência[17].

O caso de Setúbal

O que se passa em Setúbal é, a vários títulos, diferente. A 11 de Janeiro,
havia sido preso um dirigente e, depois, a 15, tinham sido presos mais cinco
e apreendidas 59 bombas, as últimas das quais *O Século*, localizando-as
naquela precisa data, noticia a sua apreensão na edição de 19[18]. A descoberta do material explosivo, as prisões de uns e a fuga de outros – designadamente a do operário grelheiro Augusto Reis, em cuja residência haviam
sido encontradas as 59 bombas – já tinham esfacelado a organização anarquista e comprometido as operações de tipo insurreccional previstas, e que,
a acreditar no *Diário de Notícias*, envolveriam "atentados pessoais, destruição de Igrejas e edifícios públicos, entre os quais, a Estação dos Correios
e Telégrafos, Câmara Municipal, etc."[19].

Apesar destes desaires, militantes há, anarquistas e comunistas, que
na tarde de 17 distribuem manifestos de apelo à greve; e que, na noite de
17 para 18, alguns deles munidos de armas de fogo, se concentram no Parque do Bonfim. Mas a reunião acaba por ser abruptamente interrompida

---

[15] *Idem.*

[16] José Catela declara não ter agentes disponíveis. V. of.º de José Catela ao governador civil de
Castelo Branco, a 23 de Fevereiro de 1934, ANTT, Núc. MI, Gab. MI, maço 470.

[17] V. relatório do chefe dos Serviços de Informação da PVDE, de 2-10-34, in Proc. 1 237-SPS, cit.

[18] V. "Nestes últimos dias foram apreendidas bombas e material respectivo, feitas prisões e
malogrados atentados ferroviários", in *O Século*, de 19 de Janeiro de 1934.

[19] V. *Diário de Notícias*, de 24 de Janeiro de 1934.

CORPORATIVISMO, FASCISMOS, ESTADO NOVO

pela polícia, que prende uns e provoca a fuga de outros, não chegando os revoltosos a ter tempo e oportunidade para agir. E, no dia 18, a greve desvanece-se.

Aliás, se percorrermos, por um lado, os autos do marítimo Jaime Rebelo, ligado à organização anarquista e que se encarregara da paralisação da classe marítima, e os do empregado no comércio Adolfo Diniz Ayala, próximo da corrente comunista e que, a pedido de Augusto Nunes, do Sindicato dos Metalúrgicos de Setúbal, ajudara a confeccionar "1000 manifestos, convidando os trabalhadores de Setúbal a secundar a greve geral"; se analisarmos, por outro lado, as sentenças do Tribunal Militar Especial (TME) relativas ao operário conserveiro Jorge da Silva, ao serralheiro Augusto Nunes, ao soldador Manuel Graça – os dois últimos julgados à revelia – acusados de fazerem parte do "Comité Sindicalista Revolucionário de Setúbal, e de terem efectuado várias reuniões preparatórias do movimento nos arredores daquela cidade" ou ainda as sentenças relativas ao ferroviário Jorge Alves Raposo, acusado de ter transportado 30 bombas de dinamite do Barreiro para Setúbal, ao soldador da indústria de conservas José Bernardo, ao pedreiro Ricardo Julião, ao servente de pedreiro João Albino Pinto e aos serralheiros Joaquim António Rodrigues e Constantino Garradas, acusados de fazerem propaganda através de manifestos subversivos, com o intuito de preparar a greve geral, e, por fim, a sentença do grelheiro Augusto dos Reis, acusado de, a 14 de Janeiro, ser detentor de 59 bombas explosivas, não encontramos, nem nuns nem noutros, a mínima referência à existência de greve[20].

[20] Para Jaime Rebelo, v. auto de declarações e relatório policial, de 23-2-34, in Proc. 1 028-SPS. Para Adolfo Diniz Ayala, que consegue fugir à polícia na noite de 17 e entra em contacto, dias depois do 18 de Janeiro, com Francisco Paula de Oliveira "Pável", passando a integrar a Federação das Juventudes Comunistas Portuguesas, v. auto de declarações de Ayala, de 19-4-34, in Proc. 1 141-SPS, ANTT, Arquivo PIDE-DGS. Para José Bernardo, Jorge da Silva, Augusto Nunes, Manuel Graça e Bernardino Augusto Xavier (embora este último seja do Barreiro), v. Sentença do TME, de 10-10-34, in Proc. 963-A/SPS. Para Jorge Alves Raposo, que, tudo o indica, é preso em Almada a 18 de Janeiro, v. Sentença do TME, de 10-10-34, in Proc. 963-A/SPS. Para Ricardo Julião, João Albino Pinto, Joaquim António Rodrigues e Constantino Garradas, v. Sentença do TME, de 10-10-34, in Proc. 963-A/SPS. Não incluímos o serrador António Augusto Quaresma e o sapateiro Isaías dos Santos Costa, porque mesmo que tivesse havido greve, dela não podiam ser acusados, visto terem sido presos, respectivamente, a 11 e a 15 de Janeiro de 1934. Para estes arguidos, ver a Sentença do TME, de 10-10-34, cit.

O destroçar da direcção do movimento e a crise que grassa nos sectores piscatório e conserveiro de Setúbal[21] seriam suficientes para explicar a passividade da base operária a 18 de Janeiro, se um mês depois, mais concretamente a 17 de Fevereiro, num momento em que as condições organizativas e económicas tinham piorado, os operários conserveiros de Setúbal não tivessem, de forma inesperada, desencadeado um motim contra o não pagamento do subsídio do defeso, motim este que pusera a cidade em pé de guerra e provocara vítimas – um morto e um ferido – o que não chegara a acontecer em nenhuma das localidades do país tocadas pelo movimento de 18 Janeiro de 1934[22].

A serem verdadeiros os planos revelados muitos anos depois por Francisco Augusto Ferreira a António Moreira, planos segundo os quais o PCP o mandara regressar, em finais de 1933, à CUF, "para conseguir ácido sulfúrico" – missão que havia cumprido[23] – a fim de, a 18 de Janeiro, "queimarem todos os motores das fábricas de conservas de Setúbal", tal significava que os dirigentes comunistas e, provavelmente, também os anarquistas, não depositariam grande confiança na receptividade do operariado conserveiro ao "levantamento geral armado" dos primeiros ou à "greve geral revolucionária" dos segundos.

---

[21] V. "Indústria de Conservas. Numa reunião realizada em Setúbal tratou-se da assistência a prestar aos operários durante o período do defeso", in *Diário de Notícias*, de 20 de Janeiro de 1934.

[22] Sobre o motim dos conserveiros em Setúbal, ver nota oficiosa do governo, publicada na imprensa, a 18 de Fevereiro de 1934, e os cortes efectuados pela Censura na imprensa sobre o mesmo motim, in Boletins n° 98 e n° 99, da Comissão de Censura de Lisboa. Zona Sul. Cortes registados na semana de 5 a 18 de Fevereiro e de 19 de Fevereiro a 3 de Março de 1934, ANTT, Núc. MI, Gab. MI, maço 467. Ver também "Um conflito em Setúbal", "A crise de trabalho em Setúbal", e "Os acontecimentos de Setúbal", notícias insertas nas provas tipográficas de *O Século*, respectivamente, de 18 e 19 de Fevereiro, e que a Censura corta, ANTT, Arq. "Cortes ela Censura a *O Século*", caixa 61. A alegada atitude de "brandura" que alguns oficiais de Infantaria 11 teriam demonstrado perante operários que haviam entrado no Quartel "a exigir armamento para atacar a polícia" leva o governador civil do distrito de Setúbal, em telegrama ao MI, a julgar "muito conveniente, rigoroso inquérito", in telegrama do referido governador civil ao MI, a 22 de Fevereiro de 1934. Sobre o que se teria realmente passado em Infantaria 11, ver relatório do Comandante do mesmo Regimento, coronel Manuel Augusto Rodrigues da Silva Lopes, ao Governador Militar de Lisboa, a 25 de Fevereiro de 1934, ANTT, Núc. MI, maço 468.

[23] V. MOREIRA, António – "O 18 de Janeiro de 1934 no Barreiro. Entrevista com Francisco Augusto Ferreira ("Chico da CUF")". *Estudos sobre o Comunismo*. N° 2 (Agosto de 1984) p. 58.

CORPORATIVISMO, FASCISMOS, ESTADO NOVO

O mínimo que se pode dizer é que estamos perante um operariado – pelo menos o conserveiro, ou parte dele – relativamente rebelde, inclusivamente às próprias estruturas sindicais; e também aparentemente mais sensível e mobilizável por questões económicas do que políticas.

Portimão

A proclamada greve de Portimão – cujos sectores piscatório e conserveiro estão, igualmente, mergulhados em profunda crise[24] – também não tem fundamento.

É verdade que, na sequência de uma viagem organizativa de Mário Castelhano pela costa algarvia, é criado em Portimão um "Comité Sindicalista Revolucionário" (CSR). Fazem parte deste CSR ou participam nos preparativos da greve em Portimão, designadamente José Negrão Buisel, professor do ensino secundário, José Mendes do Carmo, proprietário de uma oficina, José Mateus da Graça, chauffeur marítimo, Luiz António, trabalhador, António Rodrigues, Manuel Arez e Artur da Silva "O Nicho", todos operários conserveiros, e ainda os militantes anarquistas, de profissão desconhecida, Joaquim Pedro, Abundâncio José, Gregório da Purificação, Manuel Dias Pereira e Manuel Marques[25].

Comité idêntico havia sido formado por militantes da corrente comunista, sendo alguns deles também membros do Socorro Vermelho Internacional, casos, nomeadamente, do empregado de escritório José de Oliveira Calvário, do estivador António do Carmo Carrasco, do carpinteiro naval Francisco da Glória Pérrolas e do operário conserveiro Francisco Diogo. E a este comité pertenciam ainda o serralheiro mecânico Francisco António da

---

[24] V. peça "No Algarve. Aspectos da crise", a publicar em *O Século*, de 14 de Janeiro de 1934, e que o censor corta quase por inteiro, in ANTT, Arquivo "Cortes da Censura a O Século", caixa 61. Sobre Olhão, é dito ter cessado o trabalho em 34 fábricas de conservas e encontrarem-se fundeados 10 cercos de pesca. Mas é referida, igualmente, a "miséria que sofre o povo de Olhão, Portimão, Vila Real e Lagos". Ver também Boletim n° 94, da Comissão de Censura de Lisboa. Zona Sul. Cortes registados na semana de 8 a 14 de Janeiro de 1934, ANTT, Núc. MI, Gab. MI, maço 460.

[25] Para todos estes elementos anarquistas, ver lista constante do Proc 27-A/34-SPS. Para António Rodrigues, Manuel Arez e Artur da Silva, ver também "biografias prisionais", in Proc, 27-A/34-SPS. Para José Mateus Graça e Luís António, ver ainda, Cadastros políticos n° 1 198 e n° 5 203, in Proc. 1 693-SPS. A participação de José Negrão Buisel e de Joaquim Pedro no Comité de Portimão e Faro é também referida em Emídio Santana *et al*, *op. cit.*, p. 71.

Luz, os padeiros Abílio da Luz e José Dantas, o trabalhador Venâncio José dos Santos e o operário conserveiro António José dos Santos "O Galaraz"[26].

Enquanto o comité anarquista de Portimão parece estar, em grande medida, dependente do comité congénere de Silves, através sobretudo de Virgílio Pires Barroso[27], no caso dos comunistas a relação parece ser a inversa: seriam os dirigentes comunistas de Portimão a garantir directamente as ligações com Lisboa e a ter a seu cargo a orientação do Comité Comunista de Silves[28].

Quaisquer que fossem os circuitos, os anarquistas estavam na posse de, pelo menos, 24 bombas de choque[29]. Os comunistas haviam igualmente adquirido armas e munições e tinham elaborado planos de ataque à força pública, embora estes últimos, a fazer fé na polícia, se destinassem mais a Silves do que a Portimão[30].

Apesar dos trabalhos preparatórios levados a cabo por anarquistas e comunistas e do arsenal de que uns e outros dispõem, nada ocorre digno de registo a 18 de Janeiro.

As bombas de choque não chegam a ser usadas, vindo a ser posteriormente encontradas pela polícia "ocultas numa bilha de zinco, debaixo de uma figueira"[31]. O plano de ataque às forças de segurança, se é que ele alguma vez existiu, terá permanecido no domínio das intenções. E greve e manifestações de rua também não chegam a existir. O já citado telegrama

[26] Ver cadastros e cópia do relatório do comandante da PSP em Faro, José da Rosa Mendes, de 1-3-34, relativo à "facção comunista" de Portimão, in Proc. 1 055-G-SPS, ANTT, Arquivo PIDE-DGS.

[27] Sobre o papel de Virgílio Pires Barroso, ver relatório do comandante da PSP em Faro, José da Rosa Mendes, de 16-3-34, na parte que se refere a António Alves Afonso, de Tunes, no já cit. Proc. 1 106. Ver também PIRES, Correia – *Memórias de um Prisioneiro do Tarrafal*. Lisboa: Ed. Dêagá, 1975. p. 67-68.

[28] V. relatório do comandante da PSP em Faro, José da Rosa Mendes, de 1-3-34, relativo à "facção comunista" de Portimão, na parte dedicada a José de Oliveira Calvário Júnior, in Proc. 1 055-G/SPS, cit. A subordinação da organização comunista de Silves à de Portimão será confirmada, em 1998, por António Estrela, corticeiro e, em 1934, dirigente comunista de Silves.

[29] V. notícia de 8 de Fevereiro, "Bombas apreendidas no Algarve", in *Diário de Notícias*, de 9 de Fevereiro de 1934.

[30] Ver o relatório do comandante da PSP em Faro, José da Rosa Mendes, de 1-3-34, relativo à "facção comunista" de Portimão, na parte dedicada a José de Oliveira Calvário Júnior, in Proc. 1 055-G/SPS, cit.

[31] Mais concretamente a 8 de Fevereiro de 1934. V. "Bombas apreendidas no Algarve", in *Diário de Notícias*, de 9 de Fevereiro de 1934.

CORPORATIVISMO, FASCISMOS, ESTADO NOVO

de trânsito emitido em Faro, às 16h45, de dia 18 de Janeiro, e que se destina ao ministro do Interior, dá conta de que, à excepção de Silves, o "resto do distrito" se encontra "normal"[32]. Por sua vez, o governador civil de Faro, João de Sousa Soares, em telegrama que emite às 20 h. do mesmo dia 18, afirma ao ministro haver "sossego completo [em] todo o distrito"[33]. Aliás, se percorrermos cadastros, relatórios policiais e sentenças do TME relativos a todos os dirigentes e militantes acima citados, verificamos que as acusações que lhes são imputadas jamais incluem o feito de greve ou de manifestação[34].

Em resumo, as greves, parciais ou totais, assinaladas para Alverca, Vendas Novas, S. Domingos, Montijo, Porto, Covilhã, Setúbal e Portimão, de que não encontrámos rasto nas fontes da época, são invenção póstuma.

[32] In ANTT, Núc. MI, Gab. MI, maço 468.

[33] Ver telegrama do governador civil de Faro, João de Sousa Soares, ao ministro do Interior, às 20 h. de dia 18 de Janeiro, in ANTT, Núc. MI, Gab MI, maço 468, cit.

[34] As acusações, no caso dos anarquistas, prendem-se com a realização de reuniões preparatórias do movimento; e, no caso dos comunistas, com a realização de reuniões, mas também com a elaboração de planos e a aquisição de armas e munições, actividade que se reporta ao período anterior a 18 de Janeiro.

BIBLIOGRAFIA ESSENCIAL SOBRE O "CORPORATIVISMO PORTUGUÊS"

AA.VV. – *O Estado Novo das Origens ao fim da autarcia*. 2 vols. Lisboa: Fragmentos, 1987.

ADLER, Franklin Hugh – *Italian Industrialists from Liberalism to Fascism. The Political Development of the Industrial Bourgeoisie, 1906-1934*. Cambridge: Cambridge University Press, 1995.

ALMEIDA, Pedro Tavares de; BRANCO, Rui Miguel C. (coords.) – *Burocracia, Estado e Território. Portugal e Espanha (séculos XIX--XX)*. Lisboa: Livros Horizonte, 2007.

ALMODOVAR, António; CARDOSO, José Luís – "Corporatism and the Economic Role of Government". In MEDEMA Steven G.; BOETTKE, Peter (eds.) – *The Role of Government in the History of Economic Thought*. Durham-London: Duke University Press, 2005. p. 333-354.

– *A History of Portuguese Economic Thought*. London; New York: Routledge, 1998.

AMARAL, Luciano – "Política e Economia: o Estado Novo, os latifundiários alentejanos e os antecedentes da EPAC". *Análise Social*. Vol. XXXI, N.ºs 136-137 (1996) p. 465-486.

AMARO, A. Rafael; NUNES, J. P. Avelãs; SEABRA, Jorge – *O CADC de Coimbra, a Democracia Cristã e os inícios do Estado Novo (1905-1934)*. 2ªed. Coimbra:

Colibri; Faculdade de Letras da Universidade de Coimbra, 2000.

ARENDT, Hannah – *As Origens do Totalitarismo*. Trad. do inglês. Lisboa: Dom Quixote, 2004.

AUDARD, Catherine – *Qu'est-ce que le libéralisme? Éthique, politique, société*. Paris: Gallimard, 2009.

AZPAIZU, J. J. – *The Corporative State*. St. Louis; London: B. Herder, 1951.

BAIÔA, Manuel (coord.) – *Elites e Poder. A crise do Sistema Liberal em Portugal e Espanha (1918-1931)*. Évora: Edições Colibri; CIDEHUS-EU, 2004.

BAPTISTA, Fernando Oliveira – *A Política Agrária do Estado Novo*. Porto: Edições Afrontamento, 1993.

BASTIEN, Carlos – *Para a História das Ideias Económicas no Portugal Contemporâneo. A Crise dos anos 1945-1954*. 2 vols. Lisboa: Instituto Superior de Economia da Universidade Técnica de Lisboa, 1989. Dissertação de Doutoramento em Economia, policopiada.

BASTIEN, Carlos; CARDOSO, José Luís – "Corporatism and the Theory of the Firm: Lessons from the Portuguese Experience". *Journal of the History of Economic Thought*. Vol. XXVI, N.º 2 (June 2004) p. 197-219.

– "From *homo economicus* to *homo corporativus*: A neglected critique of neoclassical economics". *The Journal of Socio-Economics*. N.º 36 (2007) p. 120-127.

BERNARDO, João – *Labirintos do Fascismo. Na Encruzilhada da Ordem e da Revolta.* Porto: Edições Afrontamento, 2003.

BESSA, Daniel – *O processo inflacionário português, 1945-1980.* Porto: Edições Afrontamento, 1988.

LE BOT, Florent – *La fabrique réacctionnaire. Antisémitisme, spoliations et corporatisme dans le cuir (1930-1950).* Paris: Sciences Po Les Presses, 2007.

BRAUN, Hans-Joachim – *The German Economy in the Twentieth Century. The German Reich and the Federal Republic.* London; New York: Routledge, 1990.

BRITO, José Maria Brandão de – "Concorrência e corporativismo". In AA.VV. – *O Estado Novo das Origens ao Fim da Autarcia, 1926-1959.* Vol. I. Lisboa: Fragmentos, 1987. p. 311-324.

– "Corporativismo". In ROSAS, Fernando; BRITO, José Maria Brandão de (dir.) – *Dicionário de História do Estado Novo.* Lisboa: Bertrand Editora, 1996. Vol. I, p. 216-224.

– "Corporativismo e industrialização: elementos para o estudo do condicionamento industrial". *Ler História.* N.º 6 (1985) p. 51-83.

– *A Industrialização Portuguesa do Pós-Guerra (1948-1965). O Condicionamento Industrial.* Lisboa: Publicações Dom Quixote, 1989.

– "Sobre as ideias económicas de Salazar". In ROSAS, Fernando; BRITO, José Maria Brandão de (org.) – *Salazar e o Salazarismo.* Lisboa: Dom Quixote, 1989. p. 33-58.

CABRAL, Manuel Villaverde – *Portugal na Alvorada do Século XX: Forças Sociais, Poder Político e Crescimento Económico, 1890-1914.* Lisboa: A Regra do Jogo, 1979.

CARDOSO, José Luís – *História do Pensamento Económico Português. Temas e Problemas.* Lisboa: Livros Horizonte, 2001.

– "Italian influences in Portuguese Economic Thought (1750-1950)". In ASSO, Pier Francesco (ed.) – *From Economists to Economists. The International Spread of Italian Economic Thought, 1750-1950.* Firenze: Edizioni Polistampa Firenze, 2001. p. 209-226.

CARDOSO, José Luís; ROCHA, Maria Manuela – "Corporativismo e Estado-Providência (1933-1962)". *Ler História.* N.º 45 (2003) p. 111-135.

CASTILHO, J. M. Tavares – *Os Procuradores da Câmara Corporativa, 1935-1974.* Lisboa: Assembleia da República; Texto Editores, 2010.

CAVALIEIRI, D. – "Il corporatismo nella storia del pensiero economico italiano: una rilettura critica". *Il Pensiero Economico Italiano.* II: 2 (1994) p. 7-49.

CERDEIRA, Maria da Conceição; PADILHA, Maria Edite – *As Estruturas Sindicais Portuguesas – Uma Análise Evolutiva, 1933 a Abril 1987.* Lisboa: Ministério do Emprego e da Segurança Social, 1989. 3 vols.

CHORÃO, Luís Bigotte – *A crise da República e a Ditadura Militar.* Lisboa: Sextante Editora, 2009.

COMÍN, Francisco; HERNÁNDEZ, Mauro; LLOPIS, Enrique (eds.) – *Historia Económica de España, siglos X-XX.* Barcelona: Crítica, 2002.

CONFRARIA, João – *Condicionamento Industrial. Uma Análise Económica.* Lisboa: Direcção-Geral da Indústria, 1992.

COTTA, Alain – *Le Corporatisme, stade ultime du capitalisme.* Paris: Fayard, 2008.

CRUZ, Manuel Braga da – *As origens da democracia cristã e do Salazarismo.* Lisboa: Editorial Presença, 1980.

– *O Estado Novo e a Igreja Católica.* Lisboa: Editorial Bizâncio, 1998.

– O Partido e o Estado no Salazarismo. Lisboa: Editorial Presença, 1988.

DOMINGOS, Nuno; PEREIRA, Victor (dirs.) *– O Estado Novo em questão.* Lisboa: Edições 70, 2010.

DONZELOT, Jacques *– L'invention du social. Essai sur le déclin des passions politiques.* Paris: Éditions du Seuil, 1994.

DUBAIL, René *– Une expérience d'économie dirigée: l'Allemagne nationale-socialiste.* Paris, 1962.

ELBOW, M. H. *– French Corporative Theory, 1789-1948.* New York: Columbia University Press, 1953.

DE FELICE, Renzo *– Le interpretazioni del fascismo.* Bari: Laterza, 1969.

– Mussolini. Tomo II: *Il Fascista.* Vols. 1 e 2; Tomo III: *Il Duce (1929-1940).* Vols. 1 e 2. Turin: Einaudi, 1967; 1974.

FERREIRA, Nuno Estevão *– A Câmara Corporativa no Estado Novo: Composição, Funcionamento e Influência.* Lisboa: Instituto de Ciências Sociais da Universidade de Lisboa, 2009. 2 vols. Dissertação de Doutoramento em Sociologia Política, policopiada.

– A Sociologia em Portugal: da Igreja à Universidade. Lisboa: Imprensa de Ciências Sociais, 2006.

LA FRANCESCA, S. *– La politica economica del fascismo.* Bari: Laterza, 1972.

FREIRE, Dulce *– Portugal e a terra. Itinerários de modernização da agricultura em Alpiarça na segunda metade do século XX.* Lisboa: Universidade Nova de Lisboa, 2008. Dissertação de Doutoramento em História Económica e Social Contemporânea, policopiada.

– Produzir e Beber. A questão do vinho no Estado Novo. Lisboa: Âncora Editora, 2010.

GARRIDO, Álvaro *– "Conjunturas políticas e economia".* In LAINS Pedro; SILVA, A. Ferreira da (orgs.) *– História Económica*

de Portugal. Lisboa: Imprensa de Ciências Sociais, 2005. Vol. III: "Século XX", p. 451-473.

– "O Estado Novo português e a institucionalização da 'economia nacional corporativa'". Estudos do Século XX. N.º 10 (2010) p. 297-316.

– Economia e Política das Pescas Portuguesas. Ciência, Direito e Diplomacia nas Pescarias do Bacalhau (1945-1974). Lisboa: Imprensa de Ciências Sociais, 2006.

– O Estado Novo e a Campanha do Bacalhau. 2ª ed. Lisboa: Círculo de Leitores; Temas & Debates, 2010.

– Henrique Tenreiro – Uma Biografia Política. Lisboa: Temas e Debates; Círculo de Leitores, 2009.

GRANT, Wyn (ed.) *– The Political Economy of Corporatism.* London: Macmillan, 1985.

HALL, Peter *– Governing the Economy. The Politics of State Intervention in Britain and France.* Cambridge: Polity Press, 1986.

HALL, Peter A.; SOSKICE, David (eds.) *– Varieties of Capitalism. The Institutional Foundations of Comparative Advantage.* New York: Oxford University Press, 2003.

HESPANHA, António Manuel *– "La funzione della dottrina giuridica nella costruzione ideologica dell'Estado Novo".* In MELIS, Guido (ed.) *– Lo Stato Negli Anni Trenta. Istituzioni e regimi fascisti in Europa.* Bologna: Società editrice il Mulino, 2008. p. 35-70.

– "Os modelos jurídicos do liberalismo, do fascismo e do Estado social: continuidade e rupturas". Análise Social. Vol. XXXVII, N.º 165 (2003) p. 1285-1302.

KAPLAN, Steven L.; MINARD, Philippe (dirs.) *– La France, malade du corporatisme? XVIIIe-XXe siècles.* Paris: Éditions Belin, 2004.

LAINS, Pedro *– Os Progressos do Atraso. Uma Nova História Económica de Portugal.* Lisboa: Imprensa de Ciências Sociais, 2003.

LEAL, António da Silva – "Os grupos e as organizações na Constituição de 1976 – a rotura com o corporativismo". In MIRANDA, Jorge (coord.) – *Estudos sobre a Constituição.* Lisboa: Livraria Petrony, 1979. 3º vol., p. 195-353.

LÉONARD, Yves – *Salazarismo e Fascismo.* Lisboa: Editorial Inquérito, 1998.

LINZ, Juan J. – *Régimes Totalitaires et Autoritaires.* Trad. do inglês. Paris: Armand Colin, 2006.

LOFF, Manuel – *O Nosso Século é Fascista! O mundo visto por Salazar e Franco (1936-1945).* Porto: Campo das Letras, 2008.

LOPES, José da Silva – *A Economia Portuguesa desde 1960.* Lisboa: Gradiva, 1996.

– "Organização Corporativa". In BARRETO, António; MÓNICA, Maria Filomena (coord.) – *Dicionário de História de Portugal.* Lisboa: Figueirinhas, 1999. Vol. VIII (suplemento) p. 669-672.

LUCENA, Manuel de – *Corporatisme au Portugal, 1933-1974. Essai sur la nature et l`ambiguité du régime salazariste.* In MUSIEDLAK, Didier (dir.) – *Les Expériences Corporatives dans L'Aire Latine.* Berne: Peter Lang, 2010. p. 153-202.

– *A evolução do sistema corporativo português.* Lisboa: Perspectivas & Realidades, 1976. 2 vols.

– "A herança de duas revoluções: continuidade e rupturas no Portugal post--salazarista". In COELHO, Mário Baptista (coord.) – *Portugal, O Sistema Político e Constitucional, 1974-1987.* Lisboa: Instituto de Ciências Sociais, 1989. p. 505-555.

– "Organismos de Coordenação Económica". In BARRETO, António; MÓNICA, Maria Filomena (coord.) – *Dicionário de História de Portugal.* Lisboa: Figueirinhas, 1999. Vol. VIII (suplemento). Lisboa, Figueirinhas, 1999. p. 654-666.

– (coord.) – *Relatório sobre a extinção dos Grémios da Lavoura e suas federações.*

Lisboa: Fundação de Ciências Políticas-Gabinete de Investigações Sociais, 1978. Vol. I (dactilografado).

– "Salazar, a fórmula da agricultura portuguesa e a intervenção estatal no sector primário". *Análise Social.* Vol. XXVI, N.º 110 (1991) p. 97-206.

– "Sobre a evolução dos organismos de coordenação económica ligados à lavoura". *Análise Social.* Vol. XIV, N.º 56 (1978) (I) p. 817-862; *idem,* Vol. XV, N.º 57 (1979) (II) p. 117-167; *idem,* Vol. XV, N.º 58 (1979) (III) p. 287-355.

MADUREIRA, Nuno Luís – *A Economia dos Interesses. Portugal entre as Guerras.* Lisboa: Livros Horizonte, 2002.

– "O Estado, o patronato e a indústria portuguesa (1922-1957)". *Análise Social.* Vol. XXXIII, N.º 148 (1998) p. 777-822.

MARQUES, Alfredo – *Política Económica e Desenvolvimento em Portugal (1926-1959).* Lisboa: Livros Horizonte, 1988.

MARTINS, Hermínio – *Classe, Status e Poder.* Lisboa: Imprensa de Ciências Sociais, 1998.

MATOS, Sérgio Campos (coord.) – *Crises em Portugal nos Séculos XIX e XX.* Lisboa: Centro de História da Universidade de Lisboa, 2002.

MEDEIROS, Fernando – *A Sociedade e a Economia Portuguesas nas Origens do Salazarismo.* Lisboa: A Regra do Jogo, 1978.

MENESES, Filipe Ribeiro – *Salazar. Uma Biografia Política.* Trad. do inglês. Lisboa: Dom Quixote, 2010.

MILZA, Pierre – *Les Fascismes.* Paris: Éditions du Seuil, 2001.

MIRANDA, Sacuntala de – *Portugal: o círculo vicioso da dependência (1890-1939).* Lisboa: Editorial Teorema, 1991.

MOREIRA, Vital – *Auto-Regulação Profissional e Administração Pública.* Porto: Livraria Almedina 1997.

– *O Governo de Baco. A organização institucional do Vinho do Porto.* Porto: Edições Afrontamento, 1998.

BIBLIOGRAFIA ESSENCIAL SOBRE O "CORPORATIVISMO PORTUGUÊS"

MORNATI, Fiorenzo – "Le corporatisme italien vu par les économistes français des anées trente", in DOCKES, Pierre; FROBERT, Ludovic; KLOTZ, Gérard; POTIER, Jean-Pierre; TIRAN, André (dirs.) – *Les traditions économiques françaises, 1848-1939*. Paris: CNRS Éditions, 2000. p. 725-736.

MUSIEDLAK, Didier (ed.) – *Les Expériences Corporatives dans L'Aire Latine*. Berne: Peter Lang, 2010.

NUNES, João Paulo Avelãs – *O Estado Novo e o Volfrâmio (1933-1947)*. Coimbra: Imprensa da Universidade de Coimbra, 2010.

OFFERLÉ, Michel – *Sociologie des groupes d'intérêt*. 2ª ed. Paris: Montchrestien, 1998.

OLIVEIRA, Pedro Aires; REZOLA, Maria Inácia (coord.) – *O Longo Curso. Estudos em Homenagem a J. Medeiros Ferreira*. Lisboa: Tinta-da-China, 2011.

ORY, Pascal – *Do Fascismo*. Trad. do francês. Mem Martins: Editorial Inquérito, 2007.

PAIS, José Machado [et at.] – "Elementos para a história do fascismo nos campos: a 'Campanha do Trigo': 1928-1938". *Análise Social*. Vol. XII, N.º 46 (1976) (I) p. 400-474; *idem*, Vol. XIV, N.º 54 (1978) (II) p. 321-389.

PAYNE, Stanley G. – *A History of Fascism*. Madison: The University of Wisconsin Press, 1996.

– "Salazarism: fascism or bureaucratic authoritarianism?". In AA.VV. – *Estudos de História de Portugal. Homenagem a A. H. de Oliveira Marques*. Lisboa: Editorial Estampa, 1983. Vol. II, p. 523-531.

PATRIARCA, Fátima – "A instituição corporativa – das associações de classe aos sindicatos nacionais (1933)". *Análise Social*. Vol. XXVI, N.º 110 (1991) p. 23-58.

– *A Questão Social no Salazarismo, 1930-1947*. Lisboa: Imprensa Nacional Casa da Moeda, 1995. 2 vols.

– *Sindicatos contra Salazar. A revolta de 18 de Janeiro de 1934*. Lisboa: Imprensa de Ciências Sociais, 2000.

PAXTON, Robert O. – *La France de Vichy, 1940-1944*. Trad. do inglês. Paris: Éditions du Seuil, 1999.

PEREIRA, João Martins – *Para a História da Indústria em Portugal, 1941-1965. Adubos azotados e siderurgia*. Lisboa: Imprensa de Ciências Sociais, 2005.

PEREIRA, Mirian Halpern – *Diversidade e Assimetrias: Portugal nos séculos XIX e XX*. Lisboa: Imprensa de Ciências Sociais, 2001.

– "As origens do Estado Providência em Portugal: as novas fronteiras entre o público e o privado". *Ler História*. N.º 37 (1999) p. 45-61.

PHELPS, Edmund S. – "Capitalism vs. Corporatism". *Critical Review*. N.º 21, 4 (2010) p. 401-414.

PINTO, António Costa – *Os Camisas Azuis. Ideologia, Elites e Movimentos Fascistas em Portugal, 1914-1945*. Lisboa: Editorial Estampa, 1994.

– (Coord.) – *Portugal Contemporâneo*. Trad. do inglês. Madrid: Sequitur, 2000.

– *O Salazarismo e o Fascismo Europeu. Problemas de interpretação nas Ciências Sociais*. Lisboa: Editorial Estampa, 1992.

PINTO, António Costa; MARTINHO, Francisco Carlos Palomanes (orgs.) – *O Corporativismo em Português. Estado, Política e Sociedade no Salazarismo e no Varguismo*. Lisboa: Imprensa de Ciências Sociais, 2007.

PINTO, Jaime Nogueira – *António de Oliveira Salazar. O outro retrato*. Lisboa: A Esfera dos Livros, 2007.

POLANYI, Karl – *La Grande Transformation*. Trad. do inglês. Paris: Gallimard, 2009.

REZOLA, Maria Inácia – *O Sindicalismo Católico no Estado Novo (1931-1948)*. Lisboa: Editorial Estampa, 1999.

ROLLO, Maria Fernanda – *Portugal e o Plano Marshall. Da rejeição à solicitação da ajuda norte-americana (1947-1952)*. Lisboa: Editorial Estampa, 1994.
– *Portugal e a Reconstrução Económica do Pós-Guerra. O Plano Marshall e a Economia Portuguesa dos anos 50*. Lisboa: Instituto Diplomático do Ministério dos Negócios Estrangeiros, 2007.

ROSANVALLON, Pierre – *L'État en France de 1789 à nos jours*. Paris: Éditions du Seuil, 1990.

ROSAS, Fernando – "A crise do Liberalismo e as origens do 'autoritarismo moderno' e do Estado Novo em Portugal". *Penélope*. N.º 2 (Fevereiro de 1989) p. 97-114.
– *O Estado Novo nos Anos Trinta, 1928-1938*. 2ª ed. Lisboa: Editorial Estampa, 1996.
– "O Estado Novo (1926-1974)". In MATTOSO, José (dir.) – *História de Portugal*. Lisboa: Círculo de Leitores, 1994. Vol. VII.
– *Portugal entre a Paz e a Guerra. Estudo do impacte da II Guerra Mundial na economia e na sociedade portuguesas, 1939-1945*. Lisboa: Editorial Estampa, 1995.
– *Portugal siglo XX (1890-1976). Pensamiento y Acción Política*. Mérida: Junta de Extremadura, 2004.
– *Salazarismo e Fomento Económico (1928-1948)*. Lisboa: Editorial Notícias, 2000.

ROSAS, Fernando; BRITO, José Maria Brandão de (org. e pref.) – *Salazar e o Salazarismo*: Lisboa: Dom Quixote, 2000.

ROSAS, Fernando; ROLLO, Maria Fernanda (coords.) – *História da Primeira República Portuguesa*. Lisboa: Tinta-da-China, 2009.

SÁNCHEZ RECIO, Glicerio; TASCÓN FERNÁNDEZ, Julio (eds.) – *Los Empresarios de Franco. Política y Economía en España, 1936-1957*. Barcelona: Crítica, 2003.

SANTOMASSIMO, Gianpasquale – *La terza via fascista. Il mito del corporativismo*. Roma: Carocci, 2006.

SCHWARTZMAN, Kathleen C. – *The social origins of democratic collapse*. Lawrence: University Press of Kansas, 1989.

SCHMITTER, Philippe C. – *Portugal: do Autoritarismo à Democracia*. Lisboa: Imprensa de Ciências Sociais, 1999.
– "Still the century of corporatism?". In SCHMITTER, Philippe C.; LEHMBRUCH, Gerhard (eds.) – *Trends Towards Corporatist Intermediation. Contemporary Political Sociology*. London: Sage Publications, 1979. Vol. I, p. 7-52.

SCHUMPETER, Joseph A. – *Ensaios. Empresários, inovação, ciclos de negócio e evolução do capitalismo*. Trad. do inglês. Oeiras: Celta, 1996.
– *History of Economics Analysis*. Oxford: Oxford University Press, 1954.

SERPIGLIA, Daniele – *La Via Portoghese al Corporativismo*. Roma: Carocci, 2011.

SERRÃO, José Vicente; PINHEIRO, Magda de Avelar; FERREIRA, Maria de Fátima Sá e Melo (orgs.) – *Desenvolvimento Económico e Mudança Social. Portugal nos últimos dois séculos. Homenagem a Miriam Halpern Pereira*. Lisboa: Imprensa de Ciências Sociais, 2009.

SILBERTIN-BLANC, Guillaume – *Philosophie Politique (XIXe-XXe siècles)*. Paris: Presses Universitaires de France, 2008.

SILVEIRA, Joel Frederico da – "Alguns aspectos da política económica do Fascismo: 1926-1933". In *O Fascismo em Portugal. Actas do Colóquio realizado pela Faculdade de Letras de Lisboa em Março de 1980*. Lisboa: A Regra do Jogo, 1982. p. 341-399.

TEIXEIRA, Nuno Severiano; PINTO, António Costa (coords.) – *A Primeira República Portuguesa entre o Liberalismo e o Autoritarismo*. Lisboa: Edições Colibri; Instituto de História Contemporânea da Universidade Nova de Lisboa, 2000.

TELO, António José – *Decadência e queda da Primeira República Portuguesa*. Lisboa: Vega, 1980-1984. 2 vols.

BIBLIOGRAFIA ESSENCIAL SOBRE O "CORPORATIVISMO PORTUGUÊS"

– "A obra financeira de Salazar: a 'ditadura financeira' como caminho para a unidade política, 1928-1932". *Análise Social*. Vol. XXIX, N.º 128 (1994) p. 779-800.

– *Portugal na Segunda Guerra (1941-1945)*. Lisboa: Vega, 1991. 2 vols.

TONIOLO, Gianni – *L'economia dell'Italia fascista*. Bari: Editori Laterza, 1980.

TORGAL, Luís Reis – *Estado Novo, Estados Novos*. Coimbra: Imprensa da Universidade de Coimbra, 2009. 2 vols.

– *Marcello Caetano antes do Marcelismo*. Coimbra: Centro de Estudos Interdisciplinares do Século XX, 2007. (Cadernos do CEIS20; 6).

VALENTE, Vasco Pulido, *Portugal – Ensaios de História e de Política*. Lisboa: Alêtheia Editores, 2009.

VALÉRIO, Nuno (coord.) – *Estatísticas Históricas Portuguesas*. Lisboa: Instituto Nacional de Estatística, 2001. 2 vols.

– *As Finanças Públicas portuguesas entre as duas guerras mundiais*. Lisboa: Edições Cosmos, 1994.

– *A Moeda em Portugal, 1913-1947*. Lisboa: Sá da Costa, 1984.

– "The Role of the government in Portuguese economic growth". *Estudos de Economia*. Vol. VII, N.º 1 (1986) p. 63-70.

WIARDA, Howard J – *Corporatism and development: the Portuguese experience*. Amherst: The University of Massachussets, 1977.

– "Corporativismo". In BARRETO, A.; MÓNICA, M. Filomena (coords.) – *Dicionário de História de Portugal*. Porto: Figueirinhas, 1999. Vol. VII, p. 421-425.

WILLIAMSON, O. E. – *The Economic Institutions of Capitalism*. New York: The Free Press, 1985.

WILLIAMSON, Peter J. – *Corporatism in Perspective. An Introductory Guide to Corporatist Theory*. London: Sage Publications, 1989.

WILSON, Thomas; SKINNER, Andrew (eds.) – *The Market and the State. Essays in Honour of Adam Smith*. Oxford: Clarendon Press, 1976.

NOTAS BIOGRÁFICAS DOS AUTORES

Fernando Rosas – Professor Catedrático de História Contemporânea do Departamento de História da Faculdade e Ciências Sociais e Humanas da Universidade Nova de Lisboa (FCSH/UNL). Presidente do Instituto de História Contemporânea (IHC/UNL).

Luís Reis Torgal – Professor Catedrático aposentado da Faculdade de Letras da Universidade de Coimbra. Investigador e coordenador de Grupo do Centro de Estudos Interdisciplinares do Século XX da Universidade de Coimbra – CEIS20.

Diogo Freitas do Amaral – Professor Catedrático aposentado da Faculdade de Direito da Universidade Nova de Lisboa. Professor da Faculdade de Direito da Universidade Lusófona.

José Luís Cardoso – Investigador Coordenador do Instituto de Ciências Sociais da Universidade de Lisboa. Até 2008 Professor Catedrático do Departamento de Economia do Instituto Superior de Economia e Gestão – ISEG da Universidade Técnica de Lisboa.

Carlos Bastien – Professor Associado com agregação do Instituto Superior de Economia e Gestão da Universidade Técnica de Lisboa desde 1996. · Membro do Gabinete de História Económica e Social.

Álvaro Garrido – Professor na Faculdade de Economia da Universidade de Coimbra, onde coordena o Grupo de História Económica e Social. Investigador do Centro de Estudos Interdisciplinares do Século XX da Universidade de Coimbra – CEIS20.

João Paulo Avelãs Nunes – Professor na Faculdade de Letras da Universidade de Coimbra. Investigador e membro da Direcção do Centro de Estudos Interdisciplinares do Século XX da Universidade de Coimbra – CEIS20.

Fernando Oliveira Baptista – Professor Catedrático do Instituto Superior de Agronomia/Universidade Técnica de Lisboa.

Maria Fernanda Rollo – Professora do Departamento de História da Faculdade de Ciências Sociais e Humanas da Universidade da Universidade Nova de Lisboa (FCSH/UNL). Investigadora e vice-presidente do Instituto de História Contemporânea (IHC/UNL).

José Carlos Valente – Investigador do Instituto de História Contemporânea (FCSH/IHC/UNL).

Joana Dias Pereira – Investigadora do Instituto de História Contemporânea (FCSH/IHC/UNL).

Dulce Freire – Doutorada em História Económica e Social Contemporânea. Investigadora do Instituto de Ciências Sociais da Universidade de Lisboa.

Fátima Patriarca – Investigadora do Instituto de Ciências Sociais da Universidade de Lisboa.